AÇÕES COLETIVAS
REPRESENTATIVIDADE ADEQUADA SOB A ÓTICA COMPARADA

DIEGO SANTIAGO Y CALDO

Kazuo Watanabe
Prefácio

Paulo Henrique dos Santos Lucon
Apresentação

AÇÕES COLETIVAS
REPRESENTATIVIDADE ADEQUADA SOB A ÓTICA COMPARADA

Belo Horizonte

2022

© 2022 Editora Fórum Ltda.

É proibida a reprodução total ou parcial desta obra, por qualquer meio eletrônico, inclusive por processos xerográficos, sem autorização expressa do Editor.

Conselho Editorial

Adilson Abreu Dallari
Alécia Paolucci Nogueira Bicalho
Alexandre Coutinho Pagliarini
André Ramos Tavares
Carlos Ayres Britto
Carlos Mário da Silva Velloso
Cármen Lúcia Antunes Rocha
Cesar Augusto Guimarães Pereira
Clovis Beznos
Cristiana Fortini
Dinorá Adelaide Musetti Grotti
Diogo de Figueiredo Moreira Neto (*in memoriam*)
Egon Bockmann Moreira
Emerson Gabardo
Fabrício Motta
Fernando Rossi
Flávio Henrique Unes Pereira
Floriano de Azevedo Marques Neto
Gustavo Justino de Oliveira
Inês Virgínia Prado Soares
Jorge Ulisses Jacoby Fernandes
Juarez Freitas
Luciano Ferraz
Lúcio Delfino
Marcia Carla Pereira Ribeiro
Márcio Cammarosano
Marcos Ehrhardt Jr.
Maria Sylvia Zanella Di Pietro
Ney José de Freitas
Oswaldo Othon de Pontes Saraiva Filho
Paulo Modesto
Romeu Felipe Bacellar Filho
Sérgio Guerra
Walber de Moura Agra

FÓRUM
CONHECIMENTO JURÍDICO

Luís Cláudio Rodrigues Ferreira
Presidente e Editor

Coordenação editorial: Leonardo Eustáquio Siqueira Araújo
Aline Sobreira de Oliveira

Rua Paulo Ribeiro Bastos, 211 – Jardim Atlântico – CEP 31710-430
Belo Horizonte – Minas Gerais – Tel.: (31) 2121.4900
www.editoraforum.com.br – editoraforum@editoraforum.com.br

Técnica. Empenho. Zelo. Esses foram alguns dos cuidados aplicados na edição desta obra. No entanto, podem ocorrer erros de impressão, digitação ou mesmo restar alguma dúvida conceitual. Caso se constate algo assim, solicitamos a gentileza de nos comunicar através do *e-mail* editoraforum@editoraforum.com.br para que possamos esclarecer, no que couber. A sua contribuição é muito importante para mantermos a excelência editorial. A Editora Fórum agradece a sua contribuição.

Dados Internacionais de Catalogação na Publicação (CIP) de acordo com ISBD

C146a	Caldo, Diego Santiago y
	Ações coletivas: representatividade adequada sob a ótica comparada / Diego Santiago y Caldo. - Belo Horizonte : Fórum, 2022.
	293p. ; 14,5cm x 21,5cm.
	ISBN: 978-65-5518-423-5
	1. Direito. 2. Direito Processual Civil. 3. Processo coletivo. I. Título.
2022-1763	CDD 341.46 CDU 347.9

Elaborado por Vagner Rodolfo da Silva - CRB-8/9410

Informação bibliográfica deste livro, conforme a NBR 6023:2018 da Associação Brasileira de Normas Técnicas (ABNT):

CALDO, Diego Santiago y. *Ações coletivas*: representatividade adequada sob a ótica comparada. Belo Horizonte: Fórum, 2022. 293p. ISBN 978-65-5518-423-5.

Aos meus pais e ao Leo.

AGRADECIMENTOS

Agradeço ao Professor Kazuo Watanabe, que me guiou por toda a pesquisa acadêmica com sabedoria, dedicação e paciência, bem como aos professores Ada Pellegrini Grinover (*in memoriam*) e Ricardo de Barros Leonel, cujas críticas durante a qualificação foram essenciais para lapidar o presente trabalho.

Registro também meus agradecimentos aos Professores Susana Henriques da Costa, Flávia Hellmeister Clito Fornaciari Dórea e Hermes Zaneti Jr., que, ao lado de Kazuo Watanabe, integraram a banca examinadora da dissertação que originou o presente livro e formularam indagações que me fizeram e ainda me fazem meditar sobre o tema. Ao Professor Paulo Henrique dos Santos Lucon, que marcou especial presença nas aulas da pós-graduação e no Grupo de Estudo Avançados em Processos Coletivos da Fundação Arcadas, compartilhando seu conhecimento e entusiasmo pela tutela coletiva.

Obrigado à Editora Fórum por tornar a publicação desta obra possível e aos amigos do escritório Pacífico, Advogados Associados, que me auxiliam e incentivam na profissão e na academia, especialmente ao Luiz Eduardo Boaventura Pacífico, com quem tenho aprendido tanto. Finalmente, aos colegas de mestrado – Cláudio Oliveira, Jean Carlo, Mário Aufiero e Matheus Lima – que me proporcionam momentos especiais de alegria e reflexão.

SUMÁRIO

PREFÁCIO
Kazuo Watanabe 13

APRESENTAÇÃO
Paulo Henrique dos Santos Lucon 17

INTRODUÇÃO 19
1   A tutela coletiva 19
2   A representatividade adequada como elemento essencial
     da tutela coletiva 22
3   Objeto de pesquisa 26

CAPÍTULO I
PERSPECTIVA HISTÓRICA DA TUTELA COLETIVA E DO
CONTROLE DA REPRESENTATIVIDADE ADEQUADA 27
1   Panorama 27
2   A ação popular romana e a gênese da representatividade
     adequada 28
3   Ações de grupo do direito medieval inglês e a representatividade
     social/institucional 30
4   As *class actions* norte-americanas 33
4.1 As ações coletivas das *Equity Rules* e o controle judicial da
     representatividade 35
4.2 *Federal Rules of Civil Procedure* e a consagração da
     representatividade adequada 37
4.3 O aprimoramento das *Federal Rules of Civil Procedure* 39
5   A construção da tutela jurisdicional coletiva no sistema brasileiro 42
5.1 A fundação do sistema 43
5.2 A consolidação do sistema e as primeiras discussões sobre o
     controle da representatividade adequada 46
5.3 Retrocessos e avanços legislativos 50
5.4 O Código de Processo Civil de 2015 52

CAPÍTULO II
A ESTRUTURAÇÃO DOS SISTEMAS PROCESSUAIS COLETIVOS 57

1 Aspectos gerais 57
2 Classificação dos direitos transindividuais brasileiros 66
3 Os tipos de ações coletivas norte-americanas 69
3.1 *Mandatory class actions* 69
3.2 *Non-mandatory class actions* 74

CAPÍTULO III
LEGITIMIDADE NAS AÇÕES COLETIVAS 81

1 Noções introdutórias 81
1.1 Modelos de legitimidade coletiva 82
1.1.1 Legitimação pública 83
1.1.2 Legitimação privada 84
1.1.3 Legitimação mista 87
2 Legitimidade das ações coletivas norte-americanas 89
2.1 O indivíduo como protagonista 90
2.2 A atuação governamental suplementar 100
3 A escolha do legislador brasileiro 102
3.1 Protagonismo de entes públicos e privados 104
3.2 O cidadão como ator coadjuvante 111

CAPÍTULO IV
COISA JULGADA COLETIVA 115

1 Coisa julgada coletiva brasileira 115
1.1 Direitos difusos e coletivos stricto sensu 116
1.2 Direitos individuais homogêneos 118
1.3 A aderência das pretensões individuais à ação coletiva 123
1.4 Transporte *in utilibus* da coisa julgada coletiva 125
1.5 Limites territoriais da coisa julgada coletiva 126
1.6 Coisa julgada no mandado de segurança e no mandado de injunção coletivos 128
2. O regramento norte-americano da coisa julgada 130

CAPÍTULO V
REPRESENTATIVIDADE ADEQUADA NAS *CLASS ACTIONS* 133

1	Considerações gerais	133
2	Certificação e controle da adequada representatividade	136
2.1	Litisconsórcio impraticável	139
2.2	Existência de questões de fato ou de direito comuns à classe	144
2.3	Relação entre as pretensões e defesas do porta-voz e dos integrantes da classe	147
3	Parâmetros de aferição da representatividade adequada	149
3.1	Adequação do intérprete da coletividade	150
3.2	Suficiência financeira do porta-voz da classe	154
3.3	A atuação do advogado	155
3.4	Ausência de conflitos de interesses	159
3.4.1	Conflitos envolvendo os membros do grupo e o seu porta-voz judicial	161
3.4.2	Conflitos envolvendo o advogado do grupo	165
3.5	Representatividade adequada no *Private Securities Litigation Reform Act*	170
4	Outros parâmetros sugeridos pela doutrina	171
5	Consequências da inadequada representatividade na *class action*	176
6	Representatividade adequada e preclusão	177
7	Algumas considerações sobre a prática forense	182

CAPÍTULO VI
REPRESENTATIVIDADE ADEQUADA NO DIREITO BRASILEIRO 187

1	A viabilidade do controle da representatividade no modelo brasileiro	187
2	Natureza jurídica	198
3	Parâmetros de controle da representatividade adequada	203
3.1	Pertinência temática	203
3.1.1	Das entidades associativas	206
3.1.2	Do Ministério Público	216
3.1.3	Da Defensoria Pública	224
3.2	Outros parâmetros jurisprudenciais de aferição da representatividade adequada	233

4	Critérios suplementares de aferição da representatividade	238
5	As consequências da inadequação do porta-voz da coletividade	246
6	Análise dos Projetos de Lei 4.778/2020, 4.441/2020 e 1.641/2021	253
7	Representatividade adequada no controle concentrado de constitucionalidade	256
8	Representatividade adequada do *amicus curiae*	260

CONCLUSÃO 269

REFERÊNCIAS 277

PREFÁCIO

Com esta importante obra, de "análise do instituto da representatividade adequada nos sistemas processuais estadunidense e brasileiro, como técnica garantidora da escorreita e eficaz proteção dos interesses coletivos por seu porta-voz em juízo", Diego Santiago y Caldo conquistou com brilhantismo o título de Mestre em Direito na Faculdade de Direito da Universidade de São Paulo.

O texto original foi enriquecido com o acolhimento das ponderações e sugestões recebidas dos ilustres processualistas que integraram a banca, Professores Susana Henriques da Costa, Hermes Zaneti Jr. e Flávia Hellmeister Clito Fornaciari Dórea (com o testemunho do autor deste prefácio na condição de orientador), e com um importante capítulo de análise dos Projetos de Lei nºs 4.778/2020, 4.441/2020 e 1.641/2021, surgidos posteriormente à defesa da dissertação.

Esclarece o autor, no introito do livro (Resumo), que "o trabalho parte da evolução histórica da representatividade adequada, desde o Direito Romano aos mais recentes movimentos de regulamentação nos ordenamentos confrontados. Prossegue com a atual estruturação da tutela metaindividual de ambos os sistemas, e com a análise da legitimidade de agir e da coisa julgada. Finalmente, aborda-se o controle da representatividade adequada nos sistemas comparados, abrangendo os critérios usualmente adotados e algumas alternativas de *lege lata* e *lege ferenda* para o aprimoramento do instituto no Brasil e nos Estados Unidos".

Um foco importante da obra, no estudo do instituto da representatividade, é a preocupação de assegurar que os direitos e as necessidades da sociedade sejam plena e corretamente asseguradas na demanda coletiva, e não a de "impedir ou dificultar o acesso à justiça dos interesses metaindividuais", objetivo indisfarçadamente buscado em algumas propostas legislativas.

No Brasil, em razão de algumas experiências negativas na utilização da ação popular e de outros fatores (como a dimensão continental do país, o nível cultural da população, alto índice de analfabetismo absoluto e funcional, a dificuldade de ampla divulgação das demandas coletivas), o indivíduo não foi legitimado para a propositura da ação coletiva, concedendo-se legitimação apenas para entes públicos e entes privados que preencham certos requisitos, e por isso, diferentemente do sistema norte-americano que adota, como bem ressalta o autor, "um modelo de legitimação predominantemente privado", nosso legislador não teve a mesma preocupação que o sistema estadunidense com o controle da representatividade adequada. É bem verdade que, no primeiro projeto de lei de ação coletiva de caráter geral surgido no Brasil, apresentado pelo Deputado Flávio Bierrenbach com base no anteprojeto de lei elaborado por uma Comissão liderada pela saudosa Professora Ada Pellegrini Grinover, da qual, em companhia dos processualistas Cândido Rangel Dinamarco e Waldemar Mariz de Oliveira Jr., tivemos a honra de fazer parte, constou expressamente o "requisito da representatividade adequada", mas em termos bem mais limitados que o sistema norte-americano (conforme texto do projeto de lei na obra *A tutela dos interesses difusos*, coordenada por Ada Pellegrini Grinover, Ed. Max Limonad, 1984, p. 189-191, arts. 2° e 4°). Mas acabou prevalecendo o projeto de lei apresentado pelo Ministério Público, que adotou o sistema da aferição *ope legis* da representatividade adequada, embora tenha aproveitado as demais ideias do projeto de Flávio Bierrenbach, com acréscimo de dispositivos destinados ao fortalecimento da instituição.

Mas, a práxis forense, como bem ressaltado na obra, demonstrou a insuficiência do critério de aferição *ope legis* da representatividade, ocorrendo casos de utilização abusiva da ação coletiva por entes privados organizados com o propósito único de obter ganho financeiro, como mencionado pelo autor, "com pretensões metaindividuais mal ajuizadas por legitimados despreparados, conduzidas de forma precária, ou cujos pedidos não traduzem as verdadeiras necessidades sociais". Bem por isso, sob o entendimento de que a avaliação judicial da representatividade adequada é implicitamente admitida no sistema processual brasileiro, ela "vem sendo praticada sob os mais distintos vieses".

E sublinha com razão Diego Santiago y Caldo: "em razão da relevância dos direitos tutelados e da existência de fragilidades na legislação pátria, entendemos ser de vital importância que o juízo processante da ação coletiva tenha uma postura ativa, não se limitando apenas a verificar os fatos e aplicar a lei, mas também apurar se os direitos coletivos estão sendo defendidos de forma escorreita, independentemente de a coletividade estar no polo ativo ou passivo da relação processual".

A obra, com o seu rico e importante conteúdo, contribuirá certamente tanto no âmbito acadêmico, para estimular outros trabalhos de igual relevância, como no plano da práxis forense, para o correto ajuizamento das ações coletivas em efetiva e escorreita tutela dos direitos coletivos, e também no plano legislativo, para o aperfeiçoamento da disciplina legal do instituto da representatividade adequada.

São Paulo, 03 de abril de 2022.

Kazuo Watanabe
Professor Doutor de Direito Processual Civil da Universidade de São Paulo.

APRESENTAÇÃO

Tenho a honra de apresentar a versão comercial da dissertação de mestrado arguida por Diego Santiago y Caldo na Faculdade de Direito da Universidade de São Paulo, com a orientação sempre segura do Professor Kazuo Watanabe. A banca contou também com a participação de Susana Henriques da Costa, Hermes Zaneti Jr. e Flávia Hellmeister Clito Fornaciari Dórea, o que valoriza ainda mais o conteúdo do presente livro.

Os temas ligados ao estudo do processo coletivo sempre despertaram a atenção dos profissionais que a ele se dedicam. Recentemente tais temas tomaram grande dimensão, principalmente por conta dos projetos de lei que no momento estão em andamento. Nesse particular, merece especial atenção o Projeto de Lei Ada Pellegrini Grinover, trabalho legislativo de envergadura apresentado por comissão por mim presidida e coordenada pelo Professor Kazuo Watanabe e cuja íntegra está na página oficial do Instituto Brasileiro de Direito Processual – IBDP (www.direitoprocessual.org.br).

E no processo coletivo, um dos temas mais delicados e que merece especial atenção é aquele tratado pelo autor na presente obra atinente à representatividade adequada.

Na introdução, o autor traz um apanhado geral sobre tutela metaindividual e apresenta o conceito de representatividade adequada, e sua importância como técnica de compatibilização do processo coletivo com o devido processo legal.

O primeiro capítulo apresenta inédito apanhado histórico do controle da legitimação adequada, desde o direito romano até os mais recentes movimentos legislativos nos ordenamentos comparados. Nesse escorço histórico, o autor aborda ainda como as transformações sociais impactaram a formação dos litígios coletivos, bem como a definição do melhor porta-voz judicial do grupo.

A estruturação dos sistemas de proteção de interesses coletivos nos ordenamentos confrontados é detalhada no capítulo dois, partindo-se de uma organização geral e comum a ambos (ação coletiva ativa e passiva, processo coletivo ordinário e estrutural ou de interesse público), para, em seguida, analisar-se as particularidades de cada sistema.

Por sua vez, os capítulos três e quatro tratam da legitimação e da coisa julgada coletivas no direito brasileiro e estadunidense, que, ao se diferenciarem significativamente das regras das demandas individuais, justificam a necessidade de efetivo controle legal ou judicial da qualidade da atuação do representante do grupo interessado na demanda.

No capítulo três, aborda-se a legitimidade das ações coletivas nos sistemas comparados e o contexto social e jurídico das escolhas políticas que levaram os norte-americanos a priorizar o cidadão na tutela coletiva, enquanto o modelo brasileiro optou por um esquema misto de legitimação, permitindo que entidades públicas e privadas manejem essas demandas. No capítulo também são analisadas ferramentas processuais estadunidenses pouco conhecidas no Brasil e que são igualmente vocacionadas à tutela de interesses coletivos, como as ações *qui tam*, *citizen suits* e *parens patriae*, que reforçam o protagonismo da sociedade naquele modelo processual e a atuação secundária dos entes estatais.

A coisa julgada coletiva nos ordenamentos jurídicos confrontados e a extensão dos seus limites subjetivos, a depender dos interesses envolvidos, da modalidade de ação metaindividual e das escolhas dos integrantes do grupo são detalhadas no capítulo quatro.

Finalmente, os capítulos cinco e seis abordam especificamente o controle da representatividade adequada nos dois sistemas, o atual estado da arte com amplo acervo jurisprudencial, os recentes movimentos reformadores, e as consequências decorrentes do decreto de inadequação do porta-voz do grupo. Ao tratar do ordenamento brasileiro, o capítulo seis também analisa os novos Projetos de Lei nºs 4.778/2020, 4.441/2020 e 1.641/2021 já referidos, além dos parâmetros de aferição da legitimação adequada no controle concentrado de constitucionalidade e do *amicus curiae*, com variado suporte doutrinário e jurisprudencial.

Por tudo isso, a obra que ora vem à lume consegue traçar com precisão e profundidade um perfil sistemático da representatividade adequada e certamente despertará vivo interesse dos profissionais e estudiosos da tutela jurisdicional coletiva.

Arcadas, 03 de fevereiro de 2022.

Paulo Henrique dos Santos Lucon
Professor Associado da Faculdade de Direito da Universidade de São Paulo. Presidente do Instituto Brasileiro de Direito Processual – IBDP.

INTRODUÇÃO

1 A tutela coletiva

A tradição romano-germânica, embebedada nos ideais do humanismo e da Revolução Francesa, foi moldada pela figura central do indivíduo singularmente considerado e livre, investido de direitos subjetivos de natureza individual e que supostamente está em pé de igualdade com os demais membros da sociedade.[1]

Com essa premissa, o processo desenvolveu-se essencialmente para solucionar conflitos individuais (entre Cássio, Tício e Mévio), permitindo a pluralização dos polos ativo e passivo de forma limitada, por intermédio do litisconsórcio e de algumas hipóteses de intervenção de terceiros. Sucede que esse modelo processual ortodoxo, pensado na legitimação individual do detentor do direito subjetivo e cujo resultado, em regra, não prejudica nem beneficiava terceiros, sofreu importantes mudanças.

O marco inicial desse novo paradigma processual foi erigido em 1917 com a Constituição do México, a primeira a incluir entre seus dispositivos os chamados direitos sociais, como medidas relativas ao exercício digno do trabalho. Dois anos mais tarde, em 1919, adveio a Constituição de Weimar, na qual o conceito de igualdade formal foi complementado pela noção de isonomia material, alavancada pela máxima aristotélica de tratar os desiguais na medida de suas desigualdades, para dar suporte àqueles que carecem de atenção especial do Estado.

---

[1] GRINOVER, Ada Pellegrini. A tutela jurisdicional dos interesses difusos. *In*: GRINOVER, Ada Pellegrini *et al.* (orgs.). *Processo coletivo:* do surgimento à atualidade. São Paulo: Editora Revista dos Tribunais, 2014. p. 39-40.

Com o avanço do liberalismo político e a deterioração do quadro social, evidenciou-se a necessidade real de o Estado atuar positivamente (dar, fazer e prestar) a fim de garantir igualdade material aos indivíduos. Da migração do Estado Liberal para o Estado Social, adveio a segunda onda de direitos fundamentais (denominados direitos econômico-sociais) cujo objetivo é proteger os grupos sociais mais vulneráveis, como o empregado, o menor e o idoso. O Estado abandona o seu papel de mero detentor do poder de império e assume a função de *mediador* dos conflitos entre categorias sociais e de *garante* do bem-estar dos indivíduos, através do desenvolvimento de ações positivas.

No curso dessa renovação política, econômica e social, reconheceu-se que determinados direitos pertencem indistintamente à sociedade, pois estão relacionados à melhora da qualidade de vida dos indivíduos, tais quais os direitos ao meio ambiente ecologicamente equilibrado, à paz, à saúde e à educação.

A característica nuclear desses novos direitos é que eles não estão inseridos na clássica divisão entre interesses públicos e privados. Não são privados, mas metaindividuais, porque pertencem à coletividade ou a grupos amplos de indivíduos; tampouco podem ser propriamente denominados públicos, pois o Estado não é seu único titular e frequentemente figura como violador desses direitos, assim como grandes conglomerados econômicos.[2]

Ocorre que o processo tradicional não se mostrava um instrumento adequado para efetivar esses direitos metaindividuais e pacificar os novos conflitos da sociedade contemporânea, advindo daí a necessidade de adaptá-lo para o fim de permitir que interesses supraindividuais tivessem acesso à justiça.

Com efeito, o processo foi pensado como ferramenta de solução de conflitos entre poucos indivíduos certos e definidos. Por conseguinte, como expõem Mauro Cappelletti e Bryant Garth, "direitos que pertencem a um grupo, ao público em geral ou a um segmento do público não se enquadravam bem nesse esquema", porque "as regras determinantes da legitimidade, as normas de procedimento e a atuação dos juízes não eram destinadas a facilitar as demandas por interesses difusos".[3]

---

[2] CAPPELLETTI, Mauro. Formações sociais e interesses coletivos diante da justiça civil. Trad.: Nelson Renato Palaia Ribeiro de Campos. *Revista de Processo*. São Paulo: Editora Revista dos Tribunais, v. 5, p. 132-136, jan./mar. 1977.

[3] CAPPELLETTI, Mauro; GARTH, Bryant. *Acesso à justiça*. Trad. Ellen Gracie Northfleet. Porto Alegre: Sergio Antonio Fabris Editor, 1988. p. 49-50.

Assim, os instrumentos processuais convencionais se mostravam ineficazes para garantir concretamente que esses novos direitos, advindos do *Welfare State,* ganhassem acesso a métodos de resolução de disputas que produzissem resultados socialmente justos, motivando a renovação (ou revolução) do plano processual.

A contemporânea sociedade de massa também enfrentava outro desafio que igualmente demandava ajustes no instrumentário processual: a violação seriada de direitos individuais homogêneos, pertencentes a titulares determinados. A resolução desse fenômeno exigia o desenvolvimento de uma técnica que propiciasse a substituição de inúmeras ações individuais por uma única demanda, cuja solução jurídica se aplicaria a todos os interesses lá representados.

A resolução concentrada e global do conflito diminuiria sensivelmente o risco de decisões contraditórias e o volume de processos, possibilitando resultados mais céleres, com menor dispêndio de recursos das partes envolvidas e do Poder Judiciário. Assim, incrementar-se-ia a eficiência da tutela jurisdicional, garantindo economia e segurança processuais.

Além disso, a aglutinação dessas pretensões individuais ainda franquearia acesso ao Poder Judiciário às lesões em massa que infligissem diminuto prejuízo aos membros da coletividade individualmente considerados, e que usualmente não eram judicializadas, pois o potencial benefício econômico individual não era compatível com o custo total[4] para movimentar a máquina judiciária. A possibilidade de concentração das diversas pequenas pretensões indenizatórias, mesmo que o seu desfecho não trouxesse benefício direto às vítimas, tornaria a pretensão economicamente viável, quer quanto aos custos processuais, quer quanto ao investimento de recursos do Poder Judiciário, revelando-se uma técnica de repressão efetiva contra práticas ilícitas de impacto econômico individual baixo.[5]

---

[4] Entende-se por *custo total* a taxa judiciária e as despesas com eventuais honorários advocatícios, locomoção, obtenção de documentos, além de todo o tempo investido pela parte para comparecer aos atos processuais que dependem de sua participação pessoalmente.

[5] GIDI, Antônio. *A class action como instrumento de tutela coletiva dos direitos*. São Paulo: Editora Revista dos Tribunais, 2007. p. 36. Em igual diapasão, William Rubenstein, Alba Conte e Herbert Newberg sustentam que *"where harms are small and dispersed, the defendants can avoid liability because no individual has sufficient incentive to sue. By avoiding liability, the defendants place the social cost of their actions on others. In enabling small-claim suits, class actions expose the defendants to the risk of liability and thereby deter them from engaging in wrongdoing in the first place"* (RUBENSTEIN, William; CONTE, Alba; NEWBERG, Herbert H. *Newberg on Class Actions*. 5. ed. Saint Paul: Thomson Reuters, 2011. v. 1, p. 21).

Com esse pano de fundo, doutrinadores e legisladores desenharam novas formas de participação no processo – agora de natureza coletiva –, para dar tratamento adequado aos direitos metaindividuais e individuais homogêneos, e impedir que esses temas de relevância social, econômica e política ficassem à margem da tutela jurisdicional.

O ponto mais sensível dessa modificação de paradigma exigia a adoção de critérios de legitimidade e de coisa julgada substancialmente distintos daqueles presentes no tradicional processo individual. A ausência de um titular específico dos direitos transindividuais poderia deixá-los sem proteção jurisdicional, caso não houvesse um porta-voz próprio para promover a ação. Ademais, a coisa julgada deveria assumir contornos mais amplos, para vincular positiva ou negativamente a todos os membros do grupo, ainda que estes não tivessem a oportunidade de participar do feito. Por fim, a transformação do processo implicaria também no aperfeiçoamento de outros institutos tradicionais da tutela jurisdicional, tais como competência, conexão, continência e liquidação da sentença.

O principal paradigma de sistema processual coletivo foi desenvolvido nos Estados Unidos e consolidado em seu ordenamento processual em 1939, ano em que entraram em vigor as *Federal Rules of Civil Procedure*.

O sucesso do modelo norte-americano inspirou os países de tradição romano-germânica que buscavam soluções para garantir o acesso à justiça dos direitos transindividuais. Dentre eles, o Brasil aderiu ao movimento de coletivização do processo a partir do transplante da técnica estadunidense adaptada à nossa realidade social e jurídica.

2 A representatividade adequada como elemento essencial da tutela coletiva

As ações coletivas têm forte impacto social, econômico e político, em razão das questões nelas debatidas (*v.g.* meio ambiente, relações de consumo e patrimônio cultural). Por isso, os interessados em determinado objeto litigioso podem variar de algumas dezenas até milhões de pessoas, números que inviabilizariam um processo construído sobre uma estrutura tradicional.

No processo civil ordinário, de viés individualista, aos litigantes devem ser oferecidos meios de participar do feito. Isto é, a eles dar-se-á ciência de todos os atos processuais praticados, como também será franqueada a oportunidade de participação, formulando pedidos e produzindo provas, tudo a fim de influenciar no convencimento do magistrado que julgará a causa.

A importância dessa oportunidade de participação, em cumprimento ao princípio do devido processo legal, reside no fato de que no tradicional processo civil, em regra, não é possível vincular um sujeito ao conteúdo (ou aos efeitos) de uma sentença exarada em litígio do qual não é parte, porque ele não integrou o contraditório lá instaurado.

Nas ações coletivas, por sua vez, os interesses são patrocinados por um representante legalmente habilitado, que participará do processo em nome dos indivíduos por ele representados. Conquanto não tenham participado formalmente do processo, os integrantes do grupo estarão vinculados ao resultado da contenda, ainda que em extensão diversa daquela que seria verificada em um litígio individual.

É nesse contexto, em que há claríssima modificação das antigas regras individualistas de legitimidade e dos limites subjetivos da coisa julgada, que o controle da representatividade adequada ganha importância.

Originário do sistema norte-americano, o instituto da legitimidade ou representatividade adequada (*adequacy of representation*) objetiva verificar se o porta-voz da classe que integra a relação processual possui capacidade técnica e econômica, seriedade e credibilidade para defender bem os interesses em jogo. Versa sobre critério exclusivamente qualitativo que apura se o representante do grupo é apto a defender suficientemente os interesses deste. É atributo que qualifica e legitima a atuação daquele que, em nome próprio, vai a juízo defender os interesses da coletividade.

Em outras palavras, não basta ao intérprete processual da coletividade ter legitimidade para ajuizar a ação, ele deverá também demonstrar sua qualificação para representar a classe de forma suficiente e compatível com os interesses envolvidos.

Cuida-se de instituto que atua como compatibilizador do devido processo legal com os objetivos de amplo acesso à justiça, economia e celeridade processuais alcançados pela tutela metaindividual.

Funciona como sistema de controle, cujas balizas podem ser definidas pelo magistrado ou vir expressamente previstas em lei, e trabalha contra eventual abuso na utilização indiscriminada das ações coletivas.[6]

---

[6] MANCUSO, Rodolfo de Camargo. *Interesses difusos:* conceito e legitimação para agir. 6. ed. São Paulo: Editora Revista dos Tribunais, 2004. p. 213. Em sentido similar, argumentando que a representatividade adequada nasceu da necessidade de se encontrarem pesos e

O controle da representatividade adequada não visa proteger o adversário da coletividade na relação processual contra atitudes temerárias do portador dos interesses em juízo. O objetivo precípuo do controle judicial da adequação do representante é resguardar os interesses dos integrantes do grupo substituído processualmente, que não podem ser prejudicados pela falta de seriedade ou idoneidade de seu porta-voz.

Muito mais do que mera formalidade processual, o controle da representatividade adequada se mostra fundamental ao prosseguimento sadio da ação metaindividual. É questão nuclear em qualquer demanda coletiva, porque supre o seu inerente déficit participativo. Com efeito, considerando que a ação supraindividual permite que um terceiro desconhecido defina as circunstâncias que poderão interferir na vitória ou derrota de todos os membros do grupo, a representatividade adequada surge como instrumento legitimador da sentença coletiva.[7]

A representatividade adequada também funciona como instrumento de concretização do escopo social do processo, pois cria condições favoráveis para que as reais insatisfações da sociedade sejam transplantadas ao processo coletivo e pacificadas por uma atividade jurisdicional desenvolvida de forma justa e mediante a observância de valores constitucionais. A inadequação do porta-voz processual da coletividade compromete a missão pacificadora do processo, porque o transforma em instrumento inidôneo, que elimina o conflito de modo injusto e desconectado da realidade social, sem correspondência com a melhor solução humanamente realizável. Alimenta a insatisfação da sociedade em vez de minimizá-la.

Aferir a suficiente representatividade não significa vedar o acesso ao judiciário a alguns legitimados privilegiando outros, mas garantir que determinados direitos, em razão de sua importância político-social, sejam defendidos em juízo por aqueles efetivamente capazes de fazê-lo. Pretende-se dar a esses interesses justo e adequado

---

contrapesos, poderes e controles da atuação do porta-voz da classe, ver CAPPELLETTI, Mauro. Formações sociais e interesses coletivos diante da justiça civil. Trad. Nelson Renato Palaia Ribeiro de Campos. *Revista de Processo*. São Paulo: Editora Revista dos Tribunais, v. 5, p. 149, jan./mar. 1977.

[7] Nos moldes do magistério de COSTA, Susana Henriques da. O controle judicial da representatividade adequada: uma análise dos sistemas norte-americano e brasileiro. *In*: SALLES, Carlos Alberto de (org.). *As grandes transformações do processo civil brasileiro*: homenagem ao Professor Kazuo Watanabe. São Paulo: Quartier Latin, 2009. p. 926-927; e NAGAREDA, Richard A. Administering adequacy in class representation. *Texas Law Review*. Austin: University of Texas School of Law, v. 82, p. 288, 2003.

acesso ao Poder Judiciário, garantindo um processo em que todas as garantias constitucionais (direito de ação e de defesa, contraditório e devido processo legal) são asseguradas, como forma de legitimar a opção do legislador em permitir que determinado ente seja o porta-voz judicial de um grupo, e também a amplitude dos limites subjetivos da coisa julgada.[8]

Ocorre que, ao contrário do que acontece no sistema processual estadunidense, o controle da representatividade adequada ainda não está suficientemente regulamentado no sistema brasileiro de tutela metaindividual, restringindo-se a aspectos objetivos da atuação das entidades associativas. A jurisprudência, por sua vez, fixou balizas complementares, por exemplo, quanto aos limites de atuação do Ministério Público e da Defensoria Pública.

A evolução legislativa e jurisprudencial do tema no Brasil, no entanto, não foi suficiente a estancar ou, ao menos, minimizar o risco de ocorrerem danos irreparáveis decorrentes da propositura de ações coletivas por atores despreparados ou maliciosos. Surge, assim, a necessidade de avaliar parâmetros complementares de controle da representatividade adequada na tutela metaindividual, a fim de garantir suficiente proteção dos interesses que são caros à sociedade.

Recentemente, a importância do instituto para a escorreita tutela dos interesses metaindividuais foi revigorada com a apresentação dos Projetos de Lei 4.778/2020, 4.441/2020 e 1.641/2021, que pretendem atualizar a Lei da Ação Civil Pública para, dentre outras coisas, regulamentar o controle da representatividade adequada, com a adoção de alguns parâmetros que vicejam no sistema norte-americano.

---

[8] Para Samuel Issacharoff, "*the concept of adequate representation present in the rules is anything other than the level of constitutional protection of absent class members interests necessary to deem their virtual participation in litigation fundamentally fair*" (ISSACHAROFF, Samuel. Governance and legitimacy in the law of class actions. *The Supreme Court Review*. Chicago: The University of Chicago Press, v. 1999, p. 353, 1999). Em igual diapasão, relacionando o controle da representatividade adequada com a amplitude dos limites subjetivos da coisa julgada, vide VIGORITI, Vincenzo. *Interessi collettivi e processo:* la legittimazione ad agire. Milão: Giuffrè, 1979. p. 266; COSTA, Susana Henriques da. O controle judicial da representatividade adequada: uma análise dos sistemas norte-americano e brasileiro. *In:* SALLES, Carlos Alberto de (org.). *As grandes transformações do processo civil brasileiro:* homenagem ao professor Kazuo Watanabe. São Paulo: Quartier Latin, 2009. p. 927; RUBENSTEIN, William; CONTE, Alba; NEWBERG, Herbert H. *Newberg on class actions*. 5. ed. Saint Paul: Thomson Reuters, 2011. v. 1, p. 321; e LEONEL, Ricardo de Barros. *Manual do Processo Coletivo*. 2. ed. São Paulo: Editora Revista dos Tribunais, 2011. p. 163-164.

3 Objeto de pesquisa

O presente trabalho desenvolve estudo comparativo do instituto da representatividade adequada nos sistemas processuais estadunidense e brasileiro. Serão analisados os parâmetros que vêm sendo utilizados por magistrados para garantir a prestabilidade da tutela jurisdicional, e, ainda, provocar a reflexão acerca de algumas alternativas de aferição de *lege lata* e *lege ferenda* para o sistema brasileiro.

O tema é desenvolvido em seis capítulos, iniciando-se com o escorço histórico da representatividade adequada e sua intrínseca relação com o desenvolvimento da tutela metaindividual, desde os seus primeiros registros no Império Romano, aos mais recentes movimentos de regulamentação nos ordenamentos jurídicos estadunidense e brasileiro.

O Capítulo II aborda a atual estruturação da tutela metaindividual nos ordenamentos confrontados, partindo de uma classificação mais generalista e comum a ambos, para, em seguida, analisar as particularidades de cada um dos sistemas. Ainda sob a ótica comparativista, os Capítulos III e IV abordam a legitimidade e a coisa julgada coletivas, que são institutos umbilicalmente ligados ao controle da adequação do representante da coletividade.

A aferição do controle da representatividade adequada no processo coletivo norte-americano é analisada no Capítulo V, que expõe os critérios usualmente adotados e as propostas para aprimoramento do instituto elaboradas por juristas e filósofos estadunidenses. O atual estado da arte do controle da justa representatividade no processo coletivo brasileiro, sua natureza jurídica e aspectos procedimentais estão expostos no Capítulo VI, no qual também se avaliam outras balizas possíveis para o seu exercício e os parâmetros sugeridos pelo legislador nos recentes projetos de lei apresentados.

É oportuno salientar que o presente trabalho não se afastará do necessário juízo crítico que deve permear estudos comparativos. Não se pretende efetuar um cotejo neutro das similitudes e diferenças dos sistemas normativos, e sim "a consideração do efetivo funcionamento dos sistemas e dos institutos, das opções subjacentes de política jurídica, das orientações da prática e dos princípios gerais que fundam a validade e a efetividade dos ordenamentos confrontados".[9]

---

[9] TARUFFO, Michele. Observações sobre os modelos processuais de Civil Law e de Common Law. Trad. José Carlos Barbosa Moreira. *Revista de Processo*. São Paulo: Editora Revista dos Tribunais, v. 110, p. 142, abr./jun. 2003.

CAPÍTULO I

PERSPECTIVA HISTÓRICA DA TUTELA COLETIVA E DO CONTROLE DA REPRESENTATIVIDADE ADEQUADA

1 Panorama

A evolução do controle da adequada representatividade não pode ser dissociada do desenvolvimento da tutela metaindividual. Isso porque somente a partir da maturação do processo coletivo nas tradições de *Common Law* e de *Civil Law* é que se identificou a necessidade de serem criados instrumentos para garantir a efetiva defesa dos interesses da coletividade que não participa diretamente do litígio, mas sofre os efeitos da decisão de mérito dele derivada.

O controle da aptidão do representante da coletividade em defender suficientemente os interesses desta foi pioneiramente realizado pelos romanos, no âmbito das ações populares, norteando-se pela busca daquele indivíduo de reputação ilibada que poderia atuar em defesa do interesse público. No entanto, o sistema adotado pelos romanos se perdeu após as invasões bárbaras.

A noção de adequada representatividade ressurgiu no feudalismo inglês, como característica inerente dos líderes sociais, pois sua posição hierárquica lhes habilitava automaticamente a litigar em favor de todos os demais integrantes do grupo. Com o desenvolvimento da sociedade inglesa, essa presunção foi sendo paulatinamente relativizada, permitindo que a própria coletividade escolhesse a pessoa mais qualificada a defender seus direitos na corte.

O ponto de ruptura desse sistema de escolha do porta-voz coletivo surgiu quando os grupos passaram a ser formados após a instauração do litígio, por pessoas que não se conheciam. Isto é, no lugar dos membros de uma paróquia, dos mineiros de determinada jazida ou mesmo dos acionistas de uma companhia, as ações metaindividuais começaram a envolver coletividades formadas ao acaso, porque seus integrantes foram expostos a um mesmo ato lesivo. Consequentemente, não se poderia cogitar que os próprios membros do grupo escolhessem aquele ou aqueles que falariam em seu nome, dado que não se conheciam as qualidades dos interessados no objeto litigioso, muito menos a sua seriedade e idoneidade.

A transferência da tarefa de identificar o melhor representante da classe para o Poder Judiciário (controle *ope iudicis*) ou para o Legislativo (controle *ope legis*) deu-se naturalmente, em resposta a essa nova forma de aglutinação dos interesses coletivos, que exigia outro olhar na aferição da capacidade de quem protagoniza o litígio em benefício de terceiros.

A seguir são detalhados os principais aspectos históricos da evolução do processo coletivo e como eles influenciaram o desenvolvimento do controle da representatividade adequada.

2 A ação popular romana e a gênese da representatividade adequada

Os primeiros registros históricos de ações objetivando a defesa de interesses coletivos remontam à fase monárquica do Império Romano.[10] Os romanos perceberam a existência de interesses indivisíveis, pertencentes a uma coletividade indeterminável, e cuja proteção demandava a modificação dos paradigmas processuais que vicejavam na época.

O exercício do direito de ação no processo romano estava vinculado à existência de um interesse pessoal e direto do titular do direito a ser reclamado perante o pretor. Por sua vez, a proteção da *res publica* exigia a reinterpretação da noção de *actio romana*, porque o objeto do processo não mais pertencia exclusivamente à esfera de direitos subjetivos do indivíduo (interesse pessoal e direto), mas sim a todos indistintamente.

Surgiu, assim, a ação popular romana na qual o cidadão excepcionalmente perseguia a condenação de qualquer pessoa que houvesse

---

[10] Cf. LEONEL, Ricardo de Barros. *Manual do Processo Coletivo*. 2. ed. São Paulo: Editora Revista dos Tribunais, 2011. p. 37; e LEAL, Márcio Flávio Mafra. *Ações coletivas*. São Paulo: Editora Revista dos Tribunais, 2014. p. 36.

causado dano ao patrimônio ou ao interesse público.[11] A atuação no cidadão na defesa da *res publica* estava assentada na premissa de que a República pertencia aos romanos, razão pela qual era seu dever defendê-la, mediante premiação em determinadas situações.[12]

A tutela reclamada na ação popular romana mostrava-se de natureza *sui generis*, porque "o autor atuava em seu próprio nome, defendendo um direito próprio, *uti civis*, coincidente com o interesse público, isto é, de todo o *populis*".[13]

A ação popular romana tinha por objetivo precípuo proteger bens e valores da comunidade, como a sepultura comum; garantir a segurança do povo romano, ao impedir a instalação de objetos em construções que pudessem ser lançados à rua; e punir os adulteradores do edito pretoriano ou dos limites entre propriedades. A sentença decorrente desses processos possuía caráter essencialmente condenatório, de âmbito penal, além de provimentos inibitórios da conduta lesiva e a aplicação de multas.

No âmbito das ações populares se encontra também o registro mais antigo de instituto similar ao controle da representatividade adequada, como técnica de identificação do melhor legitimado para defender a coletividade, caso se apresentassem vários indivíduos postulando em juízo o mesmo interesse.[14]

Essa preocupação em verificar o melhor defensor do interesse público repousava no fato de a coisa julgada decorrente das ações populares vincular todos os cidadãos romanos, recomendando a utilização do instituto para evitar colusão entre as partes.

O proponente das *actiones populares* deveria obrigatoriamente possuir reputação ilibada (Livro 47.23.4 do Digesto), ficando a cargo do pretor verificar, dentre os diversos autores apresentados, quem era o

---

[11] Nas palavras de Vittorio Scialoja, as ações populares são "*las que se dan a la persona singular, al individuo, no ya considerado como titular particular de un derecho, sino como participante en el interés público, y defensor por tanto de ese mismo interés público*" (SCIALOJA, Vittorio. Procedimiento civil romano. Trad. Santiago Sentis Melendo e Marino Ayerra Redin. Buenos Aires: Ediciones Jurídicas Europa-América, 1953. p. 472).

[12] Esclarece Humberto Cuenca que as ações populares podiam ser públicas, isto é, "*protegen los derechos de la comunidad, pueden ser denunciadas por cualquier ciudadano, pero el provecho que se obtenga de su ejercicio es en favor de la comunidad y el perseguidor sólo recibe un premio por su diligencia*", ou privadas, nas quais o "*derecho cuya reparación se persigue corresponde a un individuo, no como particular, sino como miembro de la comunidad*" (CUENCA, Humberto. Proceso Civil Romano. Buenos Aires: Ediciones Jurídicas Europa-America, 1957. p. 193-194).

[13] CRUZ E TUCCI, José Rogério; AZEVEDO, Luiz Carlos de. *Lições de história do processo civil romano*. 2. ed. São Paulo: Editora Revista dos Tribunais, 2013. p. 68.

[14] Cf. FADDA, Carlo. *L'Azione Popolare*: studio di diritto romano ed attuale. Roma: L'erma di Bretschneider, 1972. vol. I, p. 76-77.

mais apto e adequado a litigar em nome da coletividade (Livro 47.23.2 do Digesto).[15] Segundo magistério de Carlo Fadda, a adequação do autor da ação popular também era avaliada a partir do seu interesse no objeto do processo, uma vez que a dedicação do indivíduo proponente da demanda variava de acordo com os reflexos que a ele adviriam pela procedência dos pedidos. O jurista italiano exemplifica que, nas ações populares por violação de sepulcro, o titular do túmulo seria o proponente mais adequado e idôneo para ajuizar a demanda, em razão de sua intrínseca relação com o objeto litigioso.[16]

3 Ações de grupo do direito medieval inglês e a representatividade social/institucional

As ações coletivas encontraram terreno fértil para se desenvolver no direito medieval inglês, graças à organização da sociedade feudal. O feudalismo baseava-se na formação de pequenos grupos (aldeias, paróquias e clãs), que consubstanciavam o centro da vida econômica e social dos povoados. Se nos feudos a agricultura era grupal, assim como as orações e a organização política, era natural que esse laço entre os indivíduos também fosse transplantado para os litígios. A coletivização dos processos era, assim, "mera consequência da vida coletiva e de obrigações coletivamente assumidas".[17]

Esse contexto social – em que os indivíduos agiam essencialmente em grupo – fez surgir, no século XII, os primeiros litígios coletivos envolvendo discussões entre um pastor e seus paroquianos, a construção de um dique e conflitos entre diferentes grupos de burgueses.

Era comum no período que a coletividade de aldeões ou paroquianos fosse representada ativa ou passivamente por seus líderes, que atuavam no processo em favor e em nome do grupo, dado que "essa legitimação ou representação era normalmente aceita e efetivada

---

[15] Pontua Vittorio Scialoja que "*la primera acción popular intentada determina, naturalmente, una cosa juzgada, que necesariamente ha de oponerse, en una u otra forma, a quienes quieran accionar más adelante (L. 3, pr., cod. tit). Esto da lugar fácilmente a colusiones, que desaparecerán si no se las llega a descubrir hábilmente; (...) y el magistrado excluirá al ciudadano sospechoso y elegirá al ciudadano mejor*" (SCIALOJA, Vittorio. *Procedimiento civil romano*. Trad. Santiago Sentis Melendo e Marino Ayerra Redin. Buenos Aires: Ediciones Jurídicas Europa-América, 1953. p. 478-479).

[16] FADDA, Carlo. *L'Azione Popolare*: studio di diritto romano ed attuale. Roma: L'erma di Bretschneider, 1972. vol. I, p. 77.

[17] VITORELLI, Edilson. *O devido processo legal coletivo*. São Paulo: Editora Revista dos Tribunais, 2016. p. 210.

sem problemas".[18] Os grupos já estavam formados e organizados previamente ao conflito judicial, razão pela qual era natural que a liderança social também fosse transplantada às ações coletivas.[19] Vigorava a presunção absoluta de que somente o líder comunitário poderia defender adequadamente os interesses da comunidade, o que denominamos de representatividade *social*.

As ações coletivas ganharam relevância a partir do século XVI, amparadas pela atividade das Cortes de Equidade, cujos procedimentos eram dotados de grande flexibilidade e não estavam amarrados ao formalismo do *remedies precede rights*.[20] Naquele momento, a sociedade inglesa ganhava complexidade a passos largos, fazendo com que os litígios, que envolviam uma ou duas dezenas de indivíduos em tempos anteriores, passassem a englobar centenas de pessoas.

Foi nesse contexto que, no século XVII, as Cortes de Equidade adotaram a *Bill of Peace*, prática que permitia que os interesses de uma vasta coletividade fossem representados por um universo diminuto de indivíduos que partilhassem daquele mesmo direito em litígio. Nessas situações, na visão do tribunal, seria ineficiente que essas questões comuns fossem debatidas em diversos processos individuais distintos, já que poderiam ser decididas de forma reunida.[21]

Uma vez autorizado que a ação fosse processada pela *Bill of Peace*, o desfecho dado à lide vincularia a todos os integrantes do grupo, ainda que eles não tivessem efetivamente participado da lide.

As primeiras ações coletivas ajuizadas sob a égide do *Bill of Peace* ainda simbolizavam a sociedade agrícola inglesa do início do século XVII,

---

[18] MENDES, Aluisio Gonçalves de Castro. *Ações coletivas e meios de resolução coletiva de conflitos no direito comparado e nacional*. 3. ed. São Paulo: Editora Revista dos Tribunais, 2012. p. 50.

[19] A preexistência de grupos sociais ao litígio é considerada a essência das ações coletivas medievais, cf. REDISH, Martin H. *Wholesale justice:* constitutional democracy and the problem of class action lawsuit. Stanford: Stanford University Press, 2009. p. 6.

[20] A atuação do tribunal inglês (denominado de *Curia Regis*) estava lastreada no princípio *remedies precede rights* de acordo com o qual somente seriam reconhecidos direitos se contemplados em ação própria, com específico procedimento, com sequência própria de atos, regras de representação, limites probatórios e meios de execução. Com isso, a *Curia Regis* era a corte das causas reconhecidas pelo rei como importantes, e não uma jurisdição aberta a qualquer indivíduo. Inexistindo um *writ* adequado à pretensão formulada pelo autor, os tribunais reais não estavam habilitados a administrar a justiça (cf. CAENEGEM, Raoul C. *The birth of the English common law*. 2. ed. Cambridge: Cambridge Press, 1988. p. 29).

[21] De acordo com o escólio de CHAFFEE JR., Zechariah. *Some problems of equity*. Ann Arbor: University of Michigan Law School, 1950. p. 201.

com litígios envolvendo proprietários de terras e seus arrendatários, ou comunidades paroquiais.[22]

Houve, entretanto, uma mudança na forma de escolha do representante da coletividade. A identificação natural dos porta-vozes do grupo, por força de sua posição hierárquica, foi substituída pela escolha consciente do porta-voz processual. Isto é, a própria coletividade passou a apontar seus líderes "de acordo com suas características pessoais e com as necessidades da demanda: alguns dos mais ricos, ou dos mais prudentes, ou dos melhores combatentes".[23]

A título de ilustração, em *Brown v. Vermuden*, um vigário demandou um grupo de mineiros de chumbo para fazer valer um antigo costume local que o autorizava a comprar um décimo da extração mineral por preço abaixo do mercado. Na intenção de fazer a futura decisão ter efeitos *erga omnes*, o vigário formulou sua pretensão em face de todos os mineiros, que escolheram quatro dos seus integrantes para representá-los perante as Cortes de Equidade.[24]

No curso do século XVIII, a sociedade inglesa passou por transformações importantes, decorrentes de sua urbanização e industrialização. A criação das associações e das sociedades anônimas acabariam por coroar um novo paradigma social que refletiria no processo coletivo.

Os novos grupos das ações metaindividuais ostentavam um laço jurídico que unia seus integrantes (associados ou acionistas), que não havia entre os mineiros da paróquia ou os arrendatários rurais. Ainda assim, permanecia a característica de formação do grupo previamente ao litígio, sendo que o representante que adequadamente atuaria em prol da coletividade era aquele identificado no estatuto da entidade.[25] A representatividade adequada, desta forma, ostentava natureza *institucional*.

---

[22] Em *How v. Tenants of Bromsgrove*, o proprietário de uma grande gleba de terras ajuizou uma pretensão contra os seus arrendatários, na tentativa de estabelecer uma área imune à caça recreativa (*How v. Tenants of Bromsgrove*. 23 Eng. Rep. 277. Ch. 1681). Por sua vez, em *Jay v. Blaine*, os habitantes de Bridgenorth pretendiam afastar a obrigação de moer todo o milho colhido somente nos moinhos do proprietário das terras arrendadas (*Jay v. Blaine*. 21 Eng. Rep. 939. Ch. 1699).

[23] VITORELLI, Edilson. *O devido processo legal coletivo*. São Paulo: Editora Revista dos Tribunais, 2016. p. 211.

[24] *Brown v. Vermuden*. 22. Eng. Rep. 796. Ch. 1676.

[25] YEAZELL, Stephen C. From group litigation to class action part 1: The industrialization of group litigation. *UCLA Law Review*. Los Angeles: UCLA Press, v. 27, p. 533-534, 1979-1980. Destaca-se, ao ensejo, o fato de que naquele período ainda não havia uma separação clara entre as personalidades jurídicas das sociedades/associações e de seus sócios/associados.

No início do século XIX, alguns juízes passaram a adotar uma nova postura quanto à extensão dos limites subjetivos da coisa julgada em ações coletivas. Os interessados que não participaram do processo somente seriam abarcados pela *res judicata*, restando impedidos de ajuizar nova ação com o mesmo objeto, caso ficasse demonstrado que os seus interesses foram honestamente representados pelo porta-voz processual.[26]

Ainda assim, o instituto da representatividade adequada pouco se desenvolveu na península britânica, especialmente porque as ações coletivas foram se tornando cada vez mais raras nas Cortes de Equidade, provavelmente por conta da mentalidade individualista que contaminou o sistema judiciário inglês, importada tardiamente da França revolucionária.[27] Somente nos Estados Unidos é que a tutela metaindividual e a aferição da representatividade adequada ganharam tratamento amplo e sistematizado.

4 As *class actions* norte-americanas

A colonização dos Estados Unidos pelos ingleses levou ao novo continente as práticas jurídicas adotadas pelos colonizadores, dentre elas o procedimento do *Bill of Peace* das Cortes de Equidade. A tutela metaindividual foi se desenvolvendo paulatinamente, sofrendo diversas modificações para superar as dificuldades que eram identificadas pela práxis forense.

O conceito de representatividade adequada e os critérios de sua aferição surgiram de uma preocupação que era comum entre magistrados norte-americanos e ingleses: garantir que os interesses dos integrantes da coletividade fossem suficientemente defendidos pelo representante da classe, autorizando que a decisão proferida em processo metaindividual atingisse todos os envolvidos, inclusive aqueles que não participaram efetivamente do processo.

Para Joseph Story, citado por Aluisio Gonçalves de Castro Mendes como um dos pioneiros no estudo da tutela coletiva nos Estados Unidos, as demandas metaindividuais objetivavam a "redução do número de ações propostas (e com isso, a carga de processos sobre o

---

[26] Cf. CHAFFEE JR., Zechariah. *Some problems of equity*. Ann Arbor: University of Michigan Law School, 1950. p. 211-213, fazendo referência aos julgamentos proferidos em *Adair v. New River Co.*, 11 Ves. 429, 444 (1805) e *Meux v. Maltby* 2 Sw, 277 (1818).

[27] Como apontado em HENSLER, Deborah R. *et al*. *Class action dilemmas*: pursuing public goals for private gain. Santa Mônica: RAND Institute for Civil Justice, 2000. p. 10.

Judiciário)" e "facilitar a instauração de demandas que, de outra forma, não seriam formuladas, tendo em vista que os respectivos direitos, individualmente considerados, teriam valor muito reduzido (por conseguinte, o acesso à prestação jurisdicional seria incrementado)".[28] Story, contudo, consignava a impossibilidade de vinculação das pessoas ausentes, porém interessadas no conflito, em razão de elas não terem participado efetivamente do contraditório.[29]

Em *West v. Randall*,[30] julgado por Story em 1820, um morador de Massachusetts ajuizou ação sustentando que o seu patrimônio teria sido dilapidado pelo réu, que atuava como gestor de seus negócios. Em sentença, o juiz americano apresentou diversas considerações sobre a admissibilidade das ações de grupo inglesas, a despeito de a hipótese concreta ser individual. Já naquela ocasião, Story alertava sobre a necessidade de os interesses de todos os envolvidos na ação coletiva serem suficientemente representados, sob pena de não se fazer justiça.[31]

Nove anos depois, e integrando o corpo de juízes da Suprema Corte, Story participou do julgamento do caso *Beatty v. Kurtz*,[32] a primeira ação coletiva a chegar àquele tribunal envolvendo um grupo de luteranos que objetivava impedir a retomada, pelo proprietário, de um barracão no qual os religiosos faziam as suas pregações e do cemitério onde enterravam seus mortos. A vinculação dos membros ausentes

---

[28] MENDES, Aluisio Gonçalves de Castro. *Ações coletivas e meios de resolução coletiva de conflitos no direito comparado e nacional*. 3. ed. São Paulo: Editora Revista dos Tribunais, 2012. p. 65.
[29] Idem.
[30] *West v. Randall*, 29 F. Cas. 718 (R.I. 1820).
[31] Nas exatas palavras de Joseph Story, transcritas por Stephen Yeazell, "*where the parties are very numerous, and the court perceives that it will be almost impossible to bring them all before the court; or where the question is of general interest, and a few may sue for the benefit of the whole; or where the parties form a part of a voluntary association for public or private purposes, and may be fairly supposed to represent the rights and interests of the whole; in these analogous cases, if the bill purports to be not merely in behalf of the plaintiffs, but of all others interested, the plea of the want of the parties will be repelled, and the court will proceed to a decree. Yet, in these cases, so solicitous is the court to attain substantial justice, that it will permit the other parties to come in under the decree, and take the benefit of it, or to shew it to be erroneous, and award a re-hearing; or will entertain a bill or petition, which shall bring the rights of such parties more distinctly before the court, if there be certainty or danger of injury or injustice. [...] In these and analogous cases of general right, the court dispense with having all the parties, who claim the same right, before it, from the manifest inconvenience, if not impossibility of doing it, and is satisfied with bringing so many before it, as may be considered as fairly representing that right, and honestly contesting in behalf of the whole, and therefore binding, in a sense, that right. [...]. The court can proceed to do justice between the parties before it, without disturbing the rights or injuring the interests of the absent parties, who are equally entitled to its protection*" (YEAZELL, Stephen C. *From medieval group litigation to the modern class action*. New Haven: Yale University Press, 1987. p. 217 e 219).
[32] *Beatty v. Kurtz*, 27 U.S. 2 Pet. 566 566 (1829).

à decisão proferida na ação coletiva não se mostrou um problema ao julgamento do caso, porque o próprio grupo escolheu o porta-voz que foi a juízo representar os interesses dos demais, tal como nas ações da Inglaterra medieval (cf. já exposto no item 3, acima).

4.1 As ações coletivas das *Equity Rules* e o controle judicial da representatividade

As ações coletivas somente foram oficialmente regulamentadas em 1842, ocasião em que a Suprema Corte editou a *Equity Rule 48*.

Partindo da perspectiva de Joseph Story, a regra autorizava o ajuizamento de ação metaindividual objetivando pacificar conflitos de interesses comuns entre os membros de grupo suficientemente numeroso a ponto de impedir o litisconsórcio de todos os interessados, mas ressalvava a impossibilidade de a decisão proferida atingir os integrantes da coletividade que não participassem do processo.[33]

Ao restringir os limites subjetivos da coisa julgada aos participantes do litígio, a *Equity Rule 48* denegou o "caráter coletivo do processo, tendo em vista que apenas os presentes estariam vinculados ao *decisum*, não significando, assim, mudança substancial em relação ao resultado obtido com institutos processuais tradicionais, como o litisconsórcio".[34]

A despeito da disposição expressa da *Equity Rule 48*, há registros de precedentes julgados pela Suprema Corte, em que os efeitos da coisa julgada foram estendidos a todos os integrantes do grupo, inclusive àqueles que não participaram do litígio, com fundamento na qualidade da atuação do porta-voz do grupo.

A título de ilustração, em *Smith v. Swormstedt*,[35] julgado em 1853, a Suprema Corte decidiu que, havendo representatividade suficiente

---

[33] Dispunha a *Equity Rule 48* que "*where the parties on either side are very numerous, and cannot, without manifest inconvenience and oppressive delays, in the suit, be all brought before it, the court in its discretion may dispense with making all of them parties, and may proceed in the suit, having sufficient parties before it to represent all the adverse interest of the plaintiffs and the defendants in the suit properly before it. But in such cases the decree shall be without prejudice to the rights and claim of all the absent parties*".

[34] MENDES, Aluisio Gonçalves de Castro. *Ações coletivas e meios de resolução coletiva de conflitos no direito comparado e nacional*. 3. ed. São Paulo: Editora Revista dos Tribunais, 2012. p. 65.

[35] *Smith v. Swormstedt*, 57 U.S. 16 How. 288 (1853). A discussão envolvia a ilegal retenção de parte do produto da venda de itens religiosos por administradores da igreja metodista residentes ao norte dos Estados Unidos, que seria utilizado para o pensionamento de pregadores idosos e seus dependentes domiciliados na região sul. Ação foi ajuizada em

de todos os interesses perante o tribunal, o risco de os integrantes ausentes do grupo serem prejudicados era pequeno, razão pela qual eles deveriam ser atingidos pelos efeitos da decisão de mérito. Assim, a representatividade adequada dos membros ausentes do grupo foi despontando paulatinamente como elemento ampliador da extensão dos limites subjetivos da coisa julgada.

Analisando uma série de precedentes sobre o tema, julgados sob a égide da *Equity Rule 48*, a doutrina apurou ser mais comum que os ausentes se beneficiassem de uma sentença favorável ao grupo do que se prejudicassem por uma decisão desfavorável, aproximando-se da coisa julgada *secundum eventum litis* brasileira.[36] O contexto jurisprudencial indicava, portanto, a necessidade de atualização da *Equity Rule 48*, a fim de compatibilizá-la com a prática de foro estadunidense.

Em 1912, foi editada a *Equity Rule 38*,[37] que passou a autorizar a vinculação dos integrantes ausentes do grupo ao desfecho da lide, tendo o comitê reformador consignado que os amplos limites subjetivos da coisa julgada eram essenciais e inerentes a todo processo coletivo.

Com a vinculação da sentença proferida em ação coletiva a todos os integrantes da classe, a *Rule* 38 abriu caminho para a definição dos parâmetros que autorizavam essa ampla extensão subjetiva da coisa julgada, tal como ocorreu por ocasião do julgamento de *Supreme Tribe of Ben-Hur v. Cauble* pela Suprema Corte. Naquele caso, discutiu-se a possibilidade de os membros de uma coletividade serem afetados por uma sentença proferida em processo metaindividual anterior, no qual seus interesses foram representados por outros integrantes do mesmo grupo.[38] Ao chegar à Suprema Corte, a discussão centrou-se em verificar se os autores da segunda ação coletiva haviam sido representados de

---

favor de todos os pregadores do sul e em face dos administradores e de cerca de 3800 religiosos residentes ao norte.

[36] FOSTER JR., G. W. *The status of class action litigation*. Chicago: American Bar Foundation, 1974. p. 4. apud GIDI, Antônio. *A class action como instrumento de tutela coletiva dos direitos*. São Paulo: Editora Revista dos Tribunais, 2007. p. 45.

[37] O regramento das ações coletivas passou a ser o seguinte: *"when the question is one of common or general interest to many persons constituting a class so numerous as to make it impracticable to bring them all before the court, one or more may sue or defend for the whole"*.

[38] Um grupo de membros da associação "Supreme Tribe of Ben-Hur" ajuizou uma primeira ação coletiva, objetivando impedir a reorganização financeira da instituição, cujos pedidos foram julgados improcedentes. Cinco anos mais tarde, uma nova ação foi ajuizada, desta vez para que fosse reconhecida a subordinação de associados terceiros, residentes no estado de Indiana, à sentença proferida no primeiro processo metaindividual. As instâncias ordinárias afastaram a vinculação dos membros ausentes, que não participaram efetivamente do primeiro litígio, tendo a questão chegado à Suprema Corte por força de recurso da associação.

forma suficiente na primeira demanda, o que foi reconhecido pelo tribunal.

A decisão não esclarece exatamente quais as balizas que indicariam a qualidade da representatividade dos interesses dos membros ausentes do grupo na primeira ação, limitando-se a asseverar que eles integravam a classe e, portanto, seus interesses foram devidamente representados. Com esse pano de fundo, o tribunal concluiu que para a sentença ser efetiva e evitar conflito entre decisões, todo o grupo deveria ser afetado.[39]

4.2 *Federal Rules of Civil Procedure* e a consagração da representatividade adequada

Com o incremento na quantidade de ações coletivas na justiça norte-americana, percebeu-se a necessidade de aprimorar o processo metaindividual, inclusive para fixar hipóteses de cabimento específicas, longe dos vagos termos que caracterizavam as *Equity Rules*.

O novo regramento adveio em 1938, com a promulgação das *Federal Rules of Civil Procedure*, cuja *Rule 23* implantou importantes alterações no processo metaindividual.

Em primeiro lugar, detalhou três modalidades de ações coletivas (*true*, *hybrid* e *spurious class actions*), diferenciadas em linhas gerais pela possibilidade de os membros integrantes do grupo, que não tivessem participado diretamente do contraditório, serem atingidos pela coisa julgada.[40] Por versarem direitos indivisíveis, as *true class actions* obrigatoriamente vinculavam todos os integrantes do grupo, enquanto as decisões proferidas nas ações coletivas espúrias somente atingiam o porta-voz da classe e seus integrantes que optaram por serem abarcados pela *res judicata*. Por fim, nas demandas híbridas, algumas hipóteses autorizavam a vinculação de todos os integrantes da classe, e, em outras, apenas do seu representante.

Em segundo lugar, a *Rule 23* expressamente previu a adequada representatividade dos interesses da classe por seu porta-voz como atributo essencial de toda ação coletiva estadunidense, trazendo

---

[39] *Supreme Tribe of Ben-Hur v. Cauble* 255 U.S. 356 (1921).
[40] Respectivamente, itens (1), (2) e (3), da alínea (a) da *Rule 23* de 1938. Sobre as diferentes definições e aplicações das *true*, *hybrid* e *spurious class action*, ver CRUZ E TUCCI, José Rogério. *Class action e mandado de segurança coletivo*. São Paulo: Saraiva, 1990. p. 13-14; e KLONOFF, Robert H. *Class actions and other multi-party litigation in a nutshell*. Saint Paul: West Group, 1999. p. 9.

para o texto legal elemento que já se encontrava bastante presente na jurisprudência.[41]

A entrada em vigor das *Federal Rules of Civil Procedure* deu azo à formação de uma avalanche de ações supraindividuais, favorecidas também pela promulgação do *Fair Labor Standards Act*, no mesmo ano de 1938, que autorizou o ajuizamento de pretensões coletivas objetivando o recebimento de salários e adicionais por horas extras não pagos. Em poucos anos, era possível identificar demandas coletivas envolvendo os mais diversos temas, propostas por grupos variados.

Dentre os inúmeros casos analisados na vigência do novo regramento processual, merece destacar o julgamento de *Hansberry v. Lee*, realizado em 1940 pela Suprema Corte, e reconhecido como o precedente mais emblemático sobre o controle da representatividade adequada, em razão de ter sido o primeiro a abordar de forma exauriente o aspecto constitucional e a relevância do instituto para a definição dos limites subjetivos da coisa julgada.[42]

Moradores de uma comunidade de Chicago ajuizaram uma ação coletiva em face de quatro proprietários de imóveis, para fazer cumprir uma convenção que proibia a venda de imóveis a afrodescendentes. A pretensão foi julgada procedente, tendo transitado em julgado.[43]

O conflito entre Hansberry e Lee foi instaurado posteriormente, envolvendo partes distintas, mas também objetivando que a mesma convenção fosse cumprida. Na ocasião, o autor da segunda pretensão alegou que o demandado estava vinculado ao resultado da ação anterior, razão pela qual deveria se submeter aos efeitos da decisão lá proferida. Em contrapartida, o réu sustentou que seus interesses não foram defendidos suficientemente na ação matriz, notadamente em razão da colusão entre as partes do litígio primitivo, o que o imunizaria dos efeitos da coisa julgada formada anteriormente.

A Suprema Corte decidiu que a incidência do princípio do devido processo legal nas ações coletivas exige que os membros do grupo, que não participaram efetivamente do processo, somente serão afetados pela coisa julgada se suas questões comuns, de fato ou de direito, forem suficientemente defendidas por aqueles que os representaram

---

[41] Consoante o texto original da *Rule 23*, "*if persons constituting a class are so numerous as to make it impracticable to bring them all before the court, such of them, one or more, as will fairly ensure the adequate representation of all may, on behalf of all, sue or be sued, when the character of the right sought to be enforced for or against the class is (...)*".
[42] *Hansberry v. Lee*, 311 US 32 (1940), 61 S. Ct. 115, 85 L.Ed. 22.
[43] *Burke v. Kleiman*, 277 Ill. App. 519 (1934).

no litígio. Analisando especificamente a hipótese concreta, o tribunal entendeu que os interesses do porta-voz do grupo na primeira ação coletiva eram manifestamente antagônicos àqueles do demandado na segunda ação. Logo, a coisa julgada da ação primitiva não vincularia o réu do segundo litígio, pois seus direitos não foram adequadamente representados em juízo.[44]

4.3 O aprimoramento das *Federal Rules of Civil Procedure*

No início da década de 1960, verificou-se a necessidade de aprimorar a *Rule 23* por dois fatores principais.

Os Estados Unidos enfrentavam revolução social, que demandava a flexibilização da tutela metaindividual, tornando-a apta a participar dos novos desafios da sociedade de massa, da luta por direitos civis e do combate à segregação racial.[45]

Ademais, havia a necessidade de empreender uma revisão técnica da legislação, pois a divisão tripartite das modalidades de ações coletivas

---

[44] Nas palavras do juiz Stone, que capitaneou o julgamento da Suprema Corte, *"we decide only that the procedure and the course of litigation sustained here by the plea of res judicata do not satisfy these requirements. [...]. Because of the dual and potentially conflicting interests of those who are putative parties to the agreement in compelling or resisting its performance, it is impossible to say, solely because they are parties to it, that any two of them are of the same class. Nor, without more, and with the due regard for the protection of the rights of absent parties which due process exacts, can some be permitted to stand in judgment for all. It is one thing to say that some members of a class may represent other members in a litigation where the sole and common interest of the class in the litigation is either to assert a common right or to challenge an asserted obligation. [...]. It is quite another to hold that all those who are free alternatively either to assert rights or to challenge them are of a single class, so that any group merely because it is of the class so constituted, may be deemed adequately to represent any others of the class in litigating their interests in either alternative. Such a selection of representatives for purposes of litigation, whose substantial interests are not necessarily or even probably the same as those whom they are deemed to represent, does not afford that protection to absent parties which due process requires. The doctrine of representation of absent parties in a class suit has not hitherto been thought to go so far. [...]. Apart from the opportunities it would afford for the fraudulent and collusive sacrifice of the rights of absent parties, we think that the representation in this case no more satisfies the requirements of due process than a trial by a judicial officer who is in such situation that he may have an interest in the outcome of the litigation in conflict with that of the litigants"* (Hansberry v. Lee, 311 US 32 (1940), 61 S. Ct. 115, 85 L.Ed. 22).

[45] CAPPELLETTI, Mauro. Formações sociais e interesses coletivos diante da justiça civil. *Revista de Processo*. São Paulo: Editora Revista dos Tribunais, v. 5, p. 146, jan./mar. 1977. Na década de 1960, a eleição do Presidente John F. Kennedy, sucedido por Lyndon Johnson, criou um ambiente favorável à busca de novos direitos sociais. Nesse mesmo período, o Poder Judiciário procurava atribuir às *class actions* o importante papel de veículo para solucionar os conflitos relacionados com a segregação racial, que teve como ponto de partida o julgamento de *Brown v. Board of Education of Topeka* (347 U.S. 483), em 1954.

mostrava-se bastante nebulosa, o que dificultava sua aplicação e a fixação de parâmetros mais cristalinos dos limites subjetivos da coisa julgada.[46]

A reforma levada a cabo em 1966 substituiu as três categorias abstratas de ações coletivas por um novo critério pragmático, lastreado nas particularidades da pretensão formulada e em sua utilidade para pacificar o conflito metaindividual, e não mais na espécie de interesse levado a juízo.

As *class actions* passaram a ser admitidas para as hipóteses em que (1) o ajuizamento de ações individuais puder gerar consequências distintas e até mesmo contraditórias à parte contrária ou enfraquecer os interesses dos integrantes ausentes do grupo; (2) houver a necessidade de se concentrar as pretensões dos integrantes da classe em uma única demanda, para evitar que o *ex adverso* adote posturas processuais distintas e/ou contraditórias; e (3) havendo questões de fato ou de direito comuns à classe, verifique-se que a ação coletiva é o instrumento mais adequado para a solução do conflito.

A nova construção organizou os grupos litigantes exclusivamente a partir da natureza jurídica de suas pretensões e na eficiência da ação coletiva como técnica de pacificação de conflitos, inclusive daqueles essencialmente individuais envolvendo questões de fato e de direito comuns a diversas pessoas.

A nova regra definiu que a sentença proferida em ação coletiva vinculará toda classe litigante, ainda que o desfecho seja desfavorável ao grupo, ressalvada a possibilidade de, em alguns casos, os indivíduos excluírem-se voluntariamente da classe e, por consequência, da *res judicata* coletiva.

Antônio Gidi pontua que a eficácia *erga omnes* dada à coisa julgada aumentou a importância social e o poder político das ações coletivas. Entretanto, acrescenta o professor baiano que, da mesma forma que houve fortalecimento do grupo perante seu antagonista, os riscos em caso de eventual improcedência dos pedidos foram maximizados,

---

[46] A classificação das ações coletivas dada pela *Rule 23* das *Federal Rules of Civil Procedure* foi rotulada de obscura (KLONOFF, Robert H. *Class actions and other multi-party litigation in a nutshell*. Saint Paul: West Group, 1999. p. 10); e nebulosa (FRIEDENTHAL, Jack H.; KANE, Mary Kay; MILLER, Arthur R. *Civil procedure*. 4. ed. Saint Paul: Thomson West, 2005. p. 761); tendo sido duramente criticada, também, por REDISH, Martin H. *Wholesale justice*: constitutional democracy and the problem of class action lawsuit. Stanford: Stanford University Press, 2009. p. 8.

porque a sentença passou a atingir indistintamente todos os integrantes da classe.[47]

Objetivando equalizar esses riscos, a nova redação da *Rule 23* trouxe critérios claros para assegurar o respeito ao devido processo legal, cujo atendimento deve ser demonstrado pelo representante da classe especialmente durante a fase de certificação.

Somente são consideradas metaindividuais as pretensões que – além de estarem enquadradas em uma das três modalidades de ações coletivas já descritas – envolverem indivíduos que possuírem questões comuns de fato ou de direito (*commonality*), que dificilmente conseguiriam se organizar em litisconsórcio naturalmente (*joinder impracticability*), e que estejam bem representados nos autos por um membro do próprio grupo, que detenha os mesmos direitos e objetivos (*adequacy of representation* e *typicality*).

Estas quatro grandes condições devem estar obrigatoriamente presentes na ação coletiva, sob pena de os limites subjetivos da coisa julgada cingirem-se ao autor da pretensão ou, no limite, à parcela do grupo cujos interesses foram suficientemente resguardados no processo.

Nas três décadas seguintes à reforma, foram ajuizadas inúmeras ações coletivas, especialmente na área da responsabilidade civil, por danos em massa (*mass torts*) decorrentes da exposição de soldados ao Agente-Laranja durante a Guerra do Vietnã; dos efeitos tóxicos do amianto; e da utilização de produtos defeituosos.[48]

Muitas dessas demandas resultaram em acordos multimilionários, com a fixação de elevadíssimos honorários advocatícios, inclusive superiores aos montantes destinados aos integrantes ausentes do grupo. Era comum também a substituição das indenizações pretendidas pelos consumidores por vale-compras (*coupon settlements*), que favoreciam exclusivamente as empresas adversárias do grupo nas ações coletivas e os advogados da classe, já que seus honorários permaneciam sendo pagos em espécie.[49]

Organizou-se, nesse contexto, um novo movimento reformador do sistema de ações coletivas, objetivando reforçar a representatividade

---

[47] Cf. GIDI, Antônio. *A class action como instrumento de tutela coletiva dos direitos*. São Paulo: Editora Revista dos Tribunais, 2007. p. 58.
[48] Tal como apresentado por HENSLER, Deborah R.; PETERSON, Mark A. Understanding mass personal injury litigation: a socio-legal analysis. *Brooklyn Law Review*. Brooklyn: Brooklyn Law School, v. 59, p. 1019-1026, 1993/1994.
[49] A prática recebeu críticas da doutrina, especialmente de BLYDENBURGH, Candace A. Class actions: a look at past, present and future trends. *In: Recent trends in class action lawsuits*. Nova York: Thomson Reuters/Aspatore, 2015. p. 59.

adequada, garantindo benefícios justos aos membros da classe, tanto em caso de procedência dos pedidos, como para as hipóteses de transação, coibindo abusos que se tornaram frequentes.

Em 2003, na intenção de perpetuar na legislação as balizas de segurança que já eram adotadas pela jurisprudência, foi acrescida a alínea "g" à *Rule 23*, demarcando critérios de aferição da representatividade adequada dos advogados que patrocinam os interesses da coletividade, como a qualidade do trabalho dos patronos, sua experiência em ações coletivas e seu conhecimento acerca do direito aplicável.

Dois anos depois, em 2005, foi editado o *Class Action Fairness Act* (CAFA), que, dentre outras providências, estabeleceu para todas as espécies de ações coletivas amplo regramento para garantir prevalência dos direitos dos indivíduos que integram a classe sobre os interesses dos advogados envolvidos no litígio, inclusive mediante a imposição de balizas para a análise da razoabilidade dos acordos previamente à sua homologação.

O período pós-reforma também ficou marcado pela definição dos critérios de apuração da qualidade da representatividade pelas cortes norte-americanas. A *Rule 23* das *Federal Rules of Civil Procedure*, mesmo após as modificações de 1966, não fixou um rol objetivo de situações em que a classe litigante está suficientemente representada, tarefa esta que foi delegada à atividade criadora da jurisprudência.

Amplo conhecimento da causa pelo representante da classe, inexistência de conflitos de interesses, capacidade financeira para arcar com os custos do processo e o zelo do advogado responsável pela condução do feito são alguns dos elementos atualmente avaliados pelos magistrados para medir a suficiência da defesa judicial dos interesses da classe, e que são minutamente abordados no Capítulo V, *infra*.

5   A construção da tutela jurisdicional coletiva no sistema brasileiro

Ao contrário dos sistemas jurídicos da *Common Law*, que já no século XVII regulamentaram técnicas de solução de conflitos coletivos, os países de tradição romano-germânica tardaram muito para buscar soluções capazes de permitir a defesa dos interesses metaindividuais. A demora causa surpresa, pois a matriz desses sistemas jurídicos é o direito romano, que contava com a *actio popularis*, pedra fundamental das ações coletivas (cf. exposto no item 2, acima).

Sucede que, por influência do Estado Liberal, os ordenamentos romano-germânicos se voltaram exclusivamente à tutela de direitos individuais, "ancorados como estavam a conceitos como a coincidência entre o titular do direito material e o titular da ação e dos limites subjetivos da sentença e de sua imutabilidade, que não poderia atingir terceiros".[50]

Dentre os ordenamentos da *Civil Law*, o Brasil foi pioneiro na construção de um complexo microssistema de processos coletivos, que se iniciou de maneira tímida nas Ordenações do Reino e na Constituição Imperial de 1824, e se desenvolveu posteriormente com a Lei da Ação Popular, atingindo a maturidade com a Constituição Federal de 1988 e a entrada em vigor do Código de Defesa do Consumidor em 1990.

5.1 A fundação do sistema

As Ordenações Manuelinas (1521) e Filipinas (1603) previam a *acção popular* como instrumento processual que permitia a defesa de bens de uso comum pelo cidadão, posteriormente consagrada no art. 157 da Constituição Imperial de 1824, com o objetivo de penalizar a prática de atos contrários ao interesse público (suborno, peita, peculato e concussão).

A entrada em vigor do Código Civil Beviláqua, no entanto, inviabilizou o ajuizamento dessa espécie de demanda, ao atrelar o exercício do direito de ação à existência de legítimo interesse econômico e moral sobre o objeto litigioso (art. 76, CC/1916). Com isso, restou temporariamente inviabilizada a tutela dos interesses metaindividuais, porque ela ultrapassava os limites do direito subjetivo do autor e de seu exclusivo interesse. Para o idealizador do Código Civil, os atos que poderiam ser objeto das ações populares passaram a constituir crimes previstos no Código Penal, razão pela qual deveriam ser processados e julgados apenas pela Justiça Criminal.[51]

A ação popular ressurgiu na Constituição da República de 1934, que autorizava qualquer cidadão a pleitear a declaração de nulidade ou

---

[50] CINTRA, Antônio Carlos de Araújo; GRINOVER, Ada Pellegrini; DINAMARCO, Cândido Rangel. *Teoria geral do processo*. 31. ed. São Paulo: Malheiros, 2015. p. 377. Ainda sobre o tema, ver ZANETI JR., Hermes. A tutela dos direitos coletivos deve ser preservada no Novo Código de Processo Civil: o modelo combinado de remédios e direitos como garantia de tutela. *In*: ZANETI JR., Hermes (coord.). *Processo Coletivo*. Salvador: JusPodivm, 2016. p. 23-27.

[51] Cf. BEVILAQUA, Clóvis. *Código Civil dos Estados Unidos do Brasil*. 11. ed. v. 1. São Paulo: Livraria Francisco Alves. 195, p. 257.

anulação dos atos lesivos ao patrimônio da União, Estados ou Municípios (art. 113, n. 38, CF/1934), mas logo foi suprimida pela Carta de 1937.

Finalmente, em 1946, a ação popular foi reinserida no art. 141, §38, da Constituição Federal, ampliando seu escopo para atingir os atos lesivos do patrimônio dos Entes Federativos, das entidades autárquicas e sociedades de economia mista.

Nas duas décadas seguintes, advieram os primeiros diplomas infraconstitucionais da tutela de interesses supraindividuais, que permitiram entidades de classe a representar seus associados. A Lei 1.134/1950 autorizou as associações regularmente instituídas, sem qualquer caráter político e que congregassem funcionários ou empregados de empresas industriais, a representar seus associados perante as autoridades administrativas e judiciárias. A promulgação da Lei 4.215/1963, por sua vez, concedeu à Ordem dos Advogados do Brasil a prerrogativa de representar em juízo e fora dele os interesses gerais dos advogados, desde que relacionados ao exercício da profissão.

O marco infraconstitucional que efetivamente deu vida ao microssistema de tutela dos direitos metaindividuais foi estabelecido com a promulgação da Lei 4.717/1965, que regulamentou a ação popular, instituindo importante instrumento de titularidade do cidadão para a defesa dos interesses da sociedade contra atos praticados por agentes públicos.

Nesse momento, foi dado o primeiro grande passo rumo à "introdução, no sistema, de instrumentos até então desconhecidos do direito positivo, destinados (a) a dar curso a demandas de natureza coletiva, (b) a tutelar direitos e interesses transindividuais, e (c) a tutelar, com mais amplitude, a própria ordem jurídica abstratamente considerada".[52]

A partir da Lei da Ação Popular, o conceito de patrimônio originalmente previsto na Constituição de 1946 foi ampliado para abranger os bens e direitos de valor econômico, artístico, estético, histórico ou turístico (art. 1º, §1º, da Lei 4.717/1965); excepcionou-se a vinculação do exercício do direito de ação à existência de legítimo interesse econômico e moral sobre o objeto litigioso, originalmente prevista do Código Civil; e foram estabelecidos critérios de formação de coisa julgada nunca antes encontrados no sistema brasileiro (ver Capítulo IV, *infra*). Entretanto, não foram fixadas balizas de aferição

---

[52] ZAVASCKI, Teori Albino. *Processo Coletivo*: tutela dos direitos coletivos e tutela coletiva de direitos. 7. ed. São Paulo: Editora Revista dos Tribunais, 2017. p. 18.

da representatividade adequada do cidadão portador dos interesses coletivos em juízo.

A Lei 4.717/1965 impulsionou a doutrina a voltar seus olhos para a tutela metaindividual, merecendo destaque os estudos pioneiros de Barbosa Moreira sobre a ação popular como instrumento de proteção de interesses coletivos, e nos quais se desenhou a clássica topologia de direitos que serve como espinha dorsal para o nosso microssistema.[53]

A ação popular, no entanto, era insuficiente para proteger os direitos supraindividuais, pois se verificou que as violações a esses interesses não advinham apenas de ações ou omissões do Poder Público, mas também de agentes privados no exercício de suas atividades empresariais. Outrossim, a legitimação exclusiva dos cidadãos para o exercício da ação popular impedia a participação de corpos intermediários e de outros entes mais preparados técnica e financeiramente para combater ameaças e lesões de massa.

A identificação dessas deficiências somou-se ao intenso debate que tomou conta dos países de tradição romano-germânica sobre a necessidade de aprimorar os seus sistemas processuais, a fim de dotá-los de técnicas que pudessem promover a adequada defesa de todas as modalidades de direitos coletivos. O amadurecimento dessa consciência pela coletivização do processo – que surgiu a partir da década de 1970 com o Projeto Florença – demonstrava uma especial preocupação com o meio ambiente, cada vez mais degradado por agentes poluidores, e com os consumidores expostos a produtos e serviços viciados ou defeituosos.

Os primeiros frutos dessa nova consciência instrumental advieram com a Lei Complementar 40/1981, que, ao regulamentar as atribuições do Ministério Público, instituiu a legitimidade do *parquet* para ajuizar ação civil pública, e com a Lei 6.938/1981, que atribuiu ao órgão ministerial legitimação para a tutela do meio ambiente. Com a redemocratização do Brasil e o incentivo à participação popular na elaboração de projetos de lei, intensificou-se o movimento de sistematização do instrumentário processual para a tutela jurisdicional dos direitos metaindividuais.

---

[53] Vide MOREIRA, José Carlos Barbosa. A ação popular do direito brasileiro como instrumento de tutela jurisdicional dos chamados "interesses difusos". *In*: GRINOVER, Ada Pellegrini *et al.* (orgs.). *Processo Coletivo:* do surgimento à atualidade. São Paulo: Editora Revista dos Tribunais, 2014. p. 26-27.

5.2 A consolidação do sistema e as primeiras discussões sobre o controle da representatividade adequada

A promulgação da Lei 7.347/1985 instituiu a ação civil pública como ferramenta processual de responsabilização por danos causados ao meio ambiente, ao consumidor e a bens e direitos de valor artístico, estético, histórico, turístico e paisagístico.

Trata-se de importante marco da consolidação dos processos metaindividuais no Brasil, e é considerado o verdadeiro salto do direito brasileiro à contemporaneidade, elevando-o ao nível das formulações mais avançadas sobre o tema em diferentes sistemas jurídicos, como o dos Estados Unidos.[54]

Em atenção às críticas da doutrina quanto à limitada legitimação de agir da ação popular e aos riscos inerentes ao protagonismo exclusivo do cidadão, a Lei 7.347/1985 atribuiu legitimidade para o ajuizamento da ação civil pública ao Ministério Público, à União, aos Estados, Distrito Federal e Municípios, além de entes intermediários, como autarquias, empresas públicas, fundações, sociedades de economia mista e associações (art. 5º da Lei 7.347/1985).

A Lei da Ação Civil Pública (LACP) partiu da premissa de que os legitimados, ao atenderem os requisitos legais, tornam-se automaticamente porta-vozes idôneos dos interesses metaindividuais, razão pela qual não foram instituídos critérios de aferição judicial da representatividade adequada.

A inexistência de instrumentos que permitiriam avaliar efetivamente a representatividade adequada levou o legislador a excluir o cidadão do rol de legitimados para manejar a ação civil pública. Na perspectiva do legislador, conferir legitimidade à pessoa física sem ferramentas de controle da qualidade de sua representatividade fragilizaria a ação civil pública, pois importaria no risco de haver um enorme número de demandas irrelevantes, além do perigo de a tutela coletiva ser utilizada como instrumento de pressão política, tal como vinha ocorrendo com as ações populares.[55]

O projeto de lei que deu origem à LACP (Projeto de Lei 4.984/1985) foi elaborado a partir do anteprojeto desenvolvido por Antônio Augusto

---

[54] Cf. BARROSO, Luis Roberto. A proteção do meio ambiente na Constituição Brasileira. *Revista Forense*. Rio de Janeiro: Renovar, v. 317, p. 176-177, jan./mar. 1992.
[55] Em conformidade com o exposto por Kazuo Watanabe em GRINOVER, Ada Pellegrini *et al. Código brasileiro de defesa do consumidor:* comentado pelos autores do anteprojeto. 12. ed. Rio de Janeiro: Forense, 2019. p. 875.

Mello de Camargo Ferraz, Édis Milaré e Nelson Nery Junior, mas ele não foi o único desenvolvido na ocasião. Outra proposição legal foi apresentada ao Congresso por Fábio Bierrenbach, na qual se previu critério distinto de controle da suficiente representatividade do proponente da ação coletiva.

O Projeto Bierrenbach (Projeto de Lei 3.034/1984, da Câmara dos Deputados) – elaborado por Ada Pellegrini Grinover, Cândido Rangel Dinamarco, Kazuo Watanabe e Waldemar Mariz de Oliveira Júnior, e enriquecido com a contribuição de Barbosa Moreira – "havia preferido combinar critérios próprios das *class actions* e da *Civil Law*, confiando ao juiz, caso a caso, o exame discricionário da adequação e da capacidade do portador do interesse".[56] A pré-constituição e as finalidades institucionais das associações seriam apenas dois dos muitos dados que poderiam ser tomados em consideração pelo magistrado para aferir a capacidade de o autor da demanda atuar em favor da coletividade (arts. 2º e 5º do Projeto de Lei). Contudo, o projeto foi arquivado durante o processo legislativo.

A promulgação da Constituição Federal de 1988 deu início à segunda fase da tutela coletiva brasileira, que teve como característica o aperfeiçoamento e ampliação dos instrumentos processuais já existentes para adaptá-los às necessidades dos novos tempos e aos desafios que foram identificados a partir do manejo de ações populares e civis públicas.

De um lado, a Carta da República elevou diversos direitos difusos a patamar constitucional, como o meio ambiente, a cultura, educação e saúde, que, por expressa previsão do constituinte, merecem ampla proteção (*v.g.* arts. 196, 205, 215 e 225, CF/1988). De outro, dedicou diversos dispositivos à proteção desses interesses metaindividuais, ao legitimar as associações para representar seus filiados judicialmente e os sindicatos para a defesa dos interesses coletivos da categoria (arts. 5º, inciso XXI, e 8º, inciso III, CF/1988); ao alargar o objeto das ações populares; ao autorizar o Ministério Público a instaurar inquérito civil e ajuizar ações civis públicas destinadas a tutelar qualquer espécie de direito difuso e coletivo; e, finalmente, ao criar a modalidade coletiva do mandado de segurança (arts. 5º, inciso LXXIII; 129, inciso III, e 5º, incisos LXIX e LXX, CF/1988).

---

[56] GRINOVER, Ada Pellegrini. Ações coletivas para a tutela do ambiente e dos consumidores. *Revista de Processo*. São Paulo: Editora Revista dos Tribunais, v. 44, p. 116, out./dez. 1986.

A Constituição amplificou de forma definitiva o princípio da inafastabilidade da jurisdição, disposto em seu art. 5º, inciso XXXV, autorizando que toda e qualquer lesão ou ameaça a direito, tenha ela natureza individual ou coletiva, seja objeto de tutela jurisdicional.[57] Criaram-se, assim, as condições necessárias para se alcançar a ordem jurídica justa que, na clássica denominação de Kazuo Watanabe, é representada pela conjugação do amplo acesso ao processo com a plena participação das partes, e com a eficácia das decisões proferidas.[58]

A Constituição Federal instaurou verdadeira efervescência legislativa ao estabelecer condições favoráveis à promulgação de leis para regulamentar o exercício de direitos transindividuais e implementar instrumentos processuais para sua efetivação.

Nessa nova onda legislativa favoreceu-se o tratamento coletivo de determinados interesses individuais e divisíveis com origem comum. A título de ilustração, a Lei 7.913/1989 regulamentou a defesa dos investidores do mercado de valores mobiliários e estatuiu a possibilidade de o Ministério Público ajuizar ação civil pública para evitar prejuízos ou obter o ressarcimento de danos causados aos titulares de valores mobiliários e aos investidores do mercado. Em moldes similares, a Lei 8.069/1990 previu a proteção judicial dos interesses individuais homogêneos da criança e do adolescente, sem prejuízo da tutela jurisdicional de direitos difusos e coletivos *stricto sensu* (art. 1º da Lei 7.913/1989 e art. 210 da Lei 8.069/1990).

As Leis 7.913/1989 e 8.069/1990 permitiram que determinados interesses individuais homogêneos fossem aglutinados em uma mesma ação, mas ainda de forma bastante restrita. Esse cenário mudaria radicalmente com a promulgação do Código de Defesa do Consumidor (CDC).

O CDC (Lei 8.078/1990) estabeleceu inédito modelo estrutural e principiológico para todas as ações coletivas, e não apenas para aquelas que versam sobre direito das relações de consumo. Descreveu precisamente todas as espécies de direitos transindividuais, aprimorou as tutelas cabíveis para a defesa desses interesses, o regramento da

---

[57] O entendimento é compartilhado por CINTRA, Antônio Carlos de Araújo; GRINOVER, Ada Pellegrini; DINAMARCO, Cândido Rangel. *Teoria geral do processo*. 31. ed. São Paulo: Malheiros, 2015. p. 55-58 e por NEVES, Daniel Amorim Assumpção. *Manual de Processo Coletivo*. 3. ed. Salvador: JusPodivm, 2016. p. 41.

[58] WATANABE, Kazuo. Acesso à justiça e sociedade moderna. *In*: GRINOVER, Ada Pellegrini; DINAMARCO, Cândido Rangel; WATANABE, Kazuo. *Participação e processo*. São Paulo: Editora Revista dos Tribunais, 1988. p. 128-129.

relação entre demandas e a extensão dos efeitos da coisa julgada. Ademais, ampliou o rol dos entes legitimados a ajuizar a ação coletiva. Além disso, consolidou a tendência instaurada pelas Leis 7.913/1989 e 8.069/1990 de permitir o manejo de ações transindividuais para a defesa de direitos individuais homogêneos, cuja origem comum os torna suscetíveis a tratamento coletivo.

Formou-se, assim, o microssistema de processos coletivos, composto precipuamente pelas leis da ação popular, da ação civil pública e o Código de Defesa do Consumidor, e que foi sendo gradualmente complementado por legislação esparsa superveniente.[59]

Da legislação extravagante promulgada posteriormente ao CDC, a Lei do Mandado de Segurança (Lei 12.016/2009) contribuiu de forma mais problemática para o microssistema de processos coletivos. A despeito de aclarar a aplicabilidade da ferramenta processual para direitos coletivos e individuais homogêneos, o legislador criou uma série de incompatibilidades,[60] especialmente no que tange aos limites subjetivos da coisa julgada, o que se repetiu também na Lei 13.300/2016, que instituiu o mandado de injunção coletivo.[61]

---

[59] Sob o enfoque da relação da administração pública e dos administrados com o erário, merecem destaque as leis de improbidade administrativa (Lei 8.429/1992) e anticorrupção (Lei 12.846/2013), que, além de estabelecerem sanções diversas, contêm regras processuais sobre os instrumentos de defesa dos interesses eventualmente prejudicados pela prática dessas atividades ilícitas. As leis de defesa da ordem econômica e da livre concorrência (Leis 8.884/1994 e 12.259/2011) reconheceram o cabimento de ações de responsabilidade por danos patrimoniais e morais coletivos, causados por infração das regras nelas previstas. Foi no âmbito das garantias a direitos fundamentais que a atividade legislativa se concentrou de forma mais intensa, não apenas sob a ótica do direito material, mas também para reforçar a natureza difusa desses direitos e a necessidade de serem tutelados por intermédio das ações coletivas. Confira-se, a esse respeito, a promulgação de diplomas legais versando o valor das anuidades escolares (Lei 9.870/1999); políticas de desenvolvimento urbano (Lei 10.257/2001); e os direitos do consumidor de serviços desportivos (Lei 10.671/2003), do idoso (Lei 10.741/2003), das mulheres vítimas de violência doméstica (Lei 11.340/2006), da população negra (Lei 12.288/2010) e da pessoa com deficiência (Lei 13.146/2015).

[60] A primeira incongruência refere-se aos interesses que podem ser objeto do mandado de segurança coletivo. De acordo com o parágrafo único do art. 21, da Lei 12.016/2009, somente os direitos coletivos *stricto sensu* e os individuais homogêneos podem ser tutelados através do *writ*, deixando de lado eventuais violações a interesses difusos que possam ser líquidos e certos. Há incompatibilidades igualmente nos limites subjetivos da coisa julgada, na forma de aderência do autor individual à pretensão do *mandamus* coletivo, na formação da coisa julgada *secundum eventum probationis*, *secundum eventum litis* e de seu transporte *in utilibus*, abordadas detalhadamente no item 1.6 do Capítulo IV, *infra*.

[61] Cf. exposto no item 1.6 do Capítulo IV.

5.3 Retrocessos e avanços legislativos

No último período evolutivo do processo metaindividual, ainda ocorreram sabotagens legislativas de iniciativa do Poder Executivo, voltadas a excluir matérias tributárias e previdenciárias da tutela coletiva;[62] restringir territorialmente os efeitos da coisa julgada, como determinava a Lei 9.494/1997;[63] e reduzir os limites subjetivos da *res judicata* de ações propostas por associações.[64] Outrossim, a sucessão de leis versando sobre aspectos materiais e processuais dos direitos metaindividuais estabeleceu uma complexa sobreposição legislativa, dificultando a compreensão e interpretação do instrumentário coletivo, eclodindo até mesmo conflitos entre normas infraconstitucionais.

Surgiu, nesse contexto, a iniciativa de elaborar uma codificação para tratar o processo coletivo de forma unificada e sistêmica, imune às interferências do Poder Executivo e em moldes similares ao Código Modelo de Processos Coletivos para Ibero-América, aprovado no ano de 2004 para servir como harmonizador da defesa dos interesses e direitos transindividuais em países de tradição romano-germânica.

O primeiro anteprojeto de Código Brasileiro de Processos Coletivos teve sua elaboração coordenada por Ada Pellegrini Grinover, com importante contribuição de Kazuo Watanabe, Carlos Alberto de Salles, Paulo Henrique dos Santos Lucon e pós-graduandos da

---

[62] A Medida Provisória 2.180-35/2001, eternizada pela Emenda Constitucional 32/2001, inseriu parágrafo único ao art. 1º da Lei 7.347/1985, segundo o qual "não será cabível ação civil pública para veicular pretensões que envolvam tributos, contribuições previdenciárias, o Fundo de Garantia do Tempo de Serviço – FGTS ou outros fundos de natureza institucional cujos beneficiários podem ser individualmente determinados".

[63] O STF proclamou a inconstitucionalidade do art. 16 da Lei 7.347/1985, cuja redação havia sido alterada pela Lei 9.494/1997, e consignou que os efeitos e a eficácia da sentença coletiva são definidos pelos limites da lide, sendo que a competência para processar e julgar as ações de efeitos nacionais e regionais deve observar o art. 93, II, do CDC (STF, RE 1.101.937, Rel. Min. Alexandre de Moraes, DJe 14.06.2021). Como consequência do julgamento, foi reestabelecida a redação original do art. 16 da LACP, segundo a qual "A sentença civil fará coisa julgada *erga omnes*, exceto se a ação for julgada improcedente por deficiência de provas, hipótese em que qualquer legitimado poderá intentar outra ação com idêntico fundamento, valendo-se de nova prova".

[64] Determina o art. 2-A da Lei 9.494/1997 que "a sentença civil prolatada em ação de caráter coletivo proposta por entidade associativa, na defesa dos interesses e direitos dos seus associados, abrangerá apenas os substituídos que tenham, na data da propositura da ação, domicílio no âmbito da competência territorial do órgão prolator", sendo que "nas ações coletivas propostas contra a União, os Estados, o Distrito Federal, os Municípios e suas autarquias e fundações, a petição inicial deverá obrigatoriamente estar instruída com a ata da assembleia da entidade associativa que a autorizou, acompanhada da relação nominal dos seus associados e indicação dos respectivos endereços" (cf. parágrafo único do mesmo dispositivo).

Faculdade de Direito da Universidade de São Paulo. O anteprojeto foi posteriormente enriquecido com sugestões do Instituto Brasileiro de Defesa do Consumidor (Idec), dos Ministérios Públicos de Minas Gerais, Paraná, Rio Grande do Sul e São Paulo, da Casa Civil, da Secretaria de Assuntos Legislativos e Procuradoria Geral da Fazenda Nacional.

Outro anteprojeto foi desenvolvido nos programas de pós-graduação *stricto sensu* da Universidade Estácio de Sá e da Universidade do Estado do Rio de Janeiro, sob comando de Aluisio Gonçalves de Castro Mendes. Os debates do grupo, originalmente reunido para refletir sobre aprimoramentos ao anteprojeto formulado em São Paulo, resultaram em uma versão reestruturada do texto original.

Todos os anteprojetos empreenderam uma nova tentativa de inserir o controle *ope judicis* da representatividade adequada, inclusive para as ações coletivas passivas, e que levaria em conta, dentre outros fatores, a credibilidade, capacidade, o prestígio e a experiência do legitimado; seu histórico de proteção judicial e extrajudicial dos interesses dos membros do grupo; sua conduta em outros processos coletivos; e a compatibilidade entre os interesses dos membros da classe e o objeto do processo.[65]

Um último anteprojeto de Código de Processos Coletivos foi elaborado por Antônio Gidi, também abordando a possibilidade de proceder à aferição judicial da representatividade adequada (arts. 2.5 e 3.1), e inspirado na experiência norte-americana com a *Rule 23*.

A aferição da representatividade adequada não foi levada adiante na versão final dos três projetos de lei efetivamente apresentados ao Congresso entre 2009 e 2014 para remodelar o processo coletivo,[66] por

---

[65] Ver art. 20, inciso I e §§2º e 3º, do anteprojeto de São Paulo e art. 8º, inciso I e §1º, do anteprojeto fluminense, cujos conteúdos se assemelham ao art. 2º e §2º do Código-Modelo para Ibero-América; e arts. 38 a 40, do anteprojeto paulista e art. 42 do anteprojeto do Rio de Janeiro, ambos inspirados na regra do art. 35 do Código-Modelo para Ibero-América.

[66] O primeiro deles (Projeto de Lei 5.139/2009, da Câmara dos Deputados) objetivava dar tratamento uniforme à tutela jurisdicional coletiva por meio de nova regulamentação da ação civil pública. A segunda frente renovadora foi iniciada no ano de 2012, com a apresentação do Projeto de Lei 282 do Senado Federal, que tinha por objetivo atualizar o Título III do Código de Defesa do Consumidor, que trata especificamente do microssistema de processos coletivos. Por fim, o Projeto de Lei 8.058/2014 da Câmara dos Deputados propôs a regulamentação do controle jurisdicional de políticas públicas, que, conquanto seja amplamente realizado pelos tribunais brasileiros, carece de parâmetros para ser conduzido de forma segura, especialmente durante a fase de cumprimento de sentença. A proposição legislativa que trata do controle jurisdicional de políticas públicas até a publicação desta obra se encontrava em tramitação perante a Comissão de Finanças e Tributação da Câmara dos Deputados. Os demais projetos, por sua vez, não avançaram no processo legislativo.

conta da pressão política de grandes associações, que receavam ter sua atividade restringida pela adoção de tal instrumento.

Somente no ano de 2020 é que duas novas proposições legislativa dariam tratamento suficiente ao tema. O Projeto de Lei 4.778/2020 da Câmara dos Deputados, resultado da pesquisa do Grupo de Trabalho do Conselho Nacional de Justiça, apresenta rol exemplificativo de critérios de aferição da qualidade da representatividade, como o número de associados, capacidade financeira, histórico de atuação e quadro de especialistas (art. 5º), bem como a possibilidade de o magistrado avaliar constantemente a suficiência da atuação do ente legitimado, sob pena de sua substituição ou extinção do feito (art. 5º, §§4º, 5º e 6º). Além disso, estabeleceu que o deferimento de tutela provisória, em ação coletiva ajuizada por associação, está condicionado à prévia avaliação da representatividade adequada do proponente da ação (art. 10º, §4º).

Por sua vez, o Projeto de Lei 1.641/2021, apresentado em homenagem à jurista Ada Pellegrini Grinover, que muito contribuiu para a evolução da tutela dos direitos transindividuais, foi elaborado a partir de comissão constituída por membros do Instituto Brasileiro de Direito Processual. Apresentada pelo Deputado Paulo Teixeira, como substitutivo do Projeto de Lei 4.441/2020, de autoria do mesmo parlamentar, a proposição 1.641/2021 traz outras balizas de controle da representatividade adequada, como a aderência da finalidade institucional do porta-voz processual à situação litigiosa (art. 7º, §1º), credibilidade, capacidade e experiência do legitimado, e conduta em outros processos coletivos (art. 7º, §2º). Impõe, ainda, a representatividade adequada dos interesses do grupo como princípio para a autocomposição coletiva (art. 37, IV), sob pena de ser desconstituída por ação rescisória (art. 41, I).

Ambos os projetos estão em fase bastante embrionária no processo legislativo, e rogamos que eles não tenham o mesmo destino de todas as demais proposições que tentaram aprimorar a tutela coletiva, mas não avançaram por falta de vontade política, afinal, é certo que o Poder Executivo não aprecia um eficiente sistema de tutela metaindividual, pois receia os desdobramentos que poderão advir contra si.

5.4 O Código de Processo Civil de 2015

No ano de 2015, foi promulgado o novo Código de Processo Civil, fruto da mais recente etapa da reforma da legislação processual brasileira. Durante a instalação da comissão responsável pelo seu anteprojeto, no ano de 2009, muito se discutiu sobre a pertinência de reformular o microssistema de tutela coletiva, com a inserção de um livro específico sobre o tema.

Entretanto, ficou assentado que o anteprojeto não abarcaria procedimentos previstos em leis especiais, porque o finado Projeto de Lei 5.139/2009 estava em tramitação no Congresso, e nele se pretendia exatamente dar nova disciplina à tutela coletiva.[67]

Mesmo tendo perdido a chance de promover harmonia e integração entre os processos individuais e coletivos, o CPC/2015 trouxe em seu bojo alguns instrumentos que repercutem no universo da tutela metaindividual de forma *complementar*.

O art. 139, X, CPC/2015, atribui ao juiz o dever de oficiar aos legitimados para a ação metaindividual acerca da existência de demandas individuais massificadas ou potencialmente repetitivas, franqueando-lhes conhecer os fatos para promover a respectiva demanda coletiva. Através do compartilhamento de informações entre o Poder Judiciário e os legitimados sobre possíveis lesões massificadas de origem comum, o legislador objetivou incentivar a propositura de ações supraindividuais, por serem a via mais adequada e eficiente para tratar dessas questões.

Outro dispositivo relacionado ao processo coletivo é o parágrafo único do art. 18, CPC/2015, segundo o qual nas ações em que há substituição processual, tal como nas ações metaindividuais, o substituído poderá intervir como assistente litisconsorcial para pluralizar e qualificar o contraditório, aprimorando a proteção da coletividade.

Ainda com esse espírito de aperfeiçoar o contraditório, o art. 138 do CPC/2015 possibilita a intervenção do *amicus curiae* em controvérsias relevantes ou que tenham repercussão social, desde que o interessado detenha representatividade adequada (vide Capítulo VI, item 7, *infra*).

Tratando especificamente das ações possessórias, o CPC/2015 reconheceu a possibilidade de serem ajuizadas pretensões metaindividuais passivas envolvendo grupos sociais multitudinários, cujos

---

[67] Hugo Nigro Mazzilli defende que a exclusão da tutela coletiva se deve muito mais a puro conforto da comissão responsável pela elaboração do código e do legislador, dado que "a disciplina cabal do processo coletivo é desafio técnico mais complexo, que sabidamente iria enfrentar forte resistência dos congressistas e até do governo" (MAZZILLI, Hugo Nigro. O processo coletivo e o Código de Processo Civil de 2015. *In*: ZANETI JR., Hermes (coord.). *Processo Coletivo*. Salvador: JusPodivm, 2016. p. 201). Fernando Gajardoni, por sua vez, atribui a falta de protagonismo do processo coletivo no CPC/2015 a "uma ideologia individualista secular e que contamina as estruturas do direito processual civil brasileiro, inclusive no âmbito do Novo CPC" (GAJARDONI, Fernando da Fonseca. O processo coletivo refém do individualismo. *In*: ZANETI JR., Hermes (coord.). *Processo Coletivo*. Salvador: JusPodivm, 2016. p. 134).

integrantes não possam ser identificados por questões práticas, com intervenção obrigatória do Ministério Público e da Defensoria Pública, esta última caso verificada a existência de réus em situação de vulnerabilidade (art. 554, §1º, CPC/2015).

Ademais, o Código de Processo estatuiu o Incidente de Resolução de Demandas Repetitivas (IRDR), em seus arts. 976 e seguintes, a ser instaurado caso se verifique ações cuja controvérsia resida sobre a mesma questão de direito e haja risco de ofensa à isonomia e à segurança jurídica.

Mediante requerimento das partes, do Ministério Público, Defensoria Pública ou do magistrado responsável pelo julgamento em qualquer instância, o tribunal instaurará o incidente e, ao julgar o caso modelo, definirá a tese jurídica que será aplicada de forma uniforme a todos os processos individuais e coletivos, presentes e futuros, que versem sobre idêntica questão de direito.

Trata-se de mecanismo de coletivização às avessas, pois pressupõe a coexistência de múltiplas ações idênticas, às quais será aplicada a mesma tese jurídica, definida a partir de um caso piloto. A solução, portanto, decorrerá de um incidente instaurado por força da multiplicidade de demandas similares, enquanto na tutela coletiva a solução é extraída de um único processo.

Nesse contexto, há vozes na doutrina que não hesitam em afirmar que, a despeito de se limitar a padronizar questões de direito, o IRDR cumpriria papel equivalente ao da ação coletiva, sem se submeter a limitações de matéria (*v.g.* questões tributárias, previdenciárias e de FGTS).[68]

Na verdade, o processo metaindividual não restará esvaziado pela existência do IRDR, pois tal mecanismo de julgamento de ações seriadas terá pouca interferência na tutela de direitos difusos e coletivos em sentido estrito, cujas ações raramente são numerosas a ponto de permitir a instauração do incidente.

O CPC/2015 instituiu também o incidente de assunção de competência, que não tem por objetivo decidir questões objeto de múltiplos litígios, mas aquelas que potencialmente poderiam ser discutidas em caráter seriado. Cuida-se de instrumento que permite ao tribunal julgar recurso, remessa necessária ou ação de competência originária que verse tese jurídica de grande repercussão social, tal como nas ações coletivas.

---

[68] Ver, a título de ilustração, TALAMINI, Eduardo. A dimensão coletiva dos direitos individuais homogêneos: ações coletivas e os mecanismos previstos no Código de Processo Civil. *In*: ZANETI JR., Hermes (coord.). *Processo Coletivo*. Salvador: JusPodivm, 2016. p. 126-127 e 130.

A relevância dos direitos em discussão justifica a fixação de uma única tese jurídica a fim de que estes não sejam expostos a julgamentos conflitantes. É nesse contexto em que a assunção de competência tem por finalidade a prevenção ou composição de divergência entre julgados, estabelecendo interpretação única à tese jurídica que vinculará todos os juízes e órgãos fracionários daquela corte (art. 947, §3º, CPC/2015).

Finalmente, o novel Código de Processo Civil previa o incidente de coletivização em seu art. 333, no qual o polo ativo da demanda individual passaria a ser integrado por um dos legitimados a ajuizar ação metaindividual, que litigaria em defesa, não apenas do direito do autor originário da demanda, mas também da coletividade inserida no mesmo contexto fático e jurídico.

A intenção principal do dispositivo "era a de tratar um verdadeiro processo coletivo como tal, com todas as vantagens apontadas em favor das demandas coletivas, levando a uma coisa julgada *erga omnes*, universal e unitária".[69]

A técnica processual mirava duas hipóteses específicas. Em primeiro lugar, a ação que veiculasse pedido de alcance difuso, de modo que a sentença favorável atingiria toda a coletividade de forma reflexa (art. 333, I, CPC/2015), por conta da coincidência nos resultados da pretensão individual e coletiva. Exemplo amplamente aceito pela doutrina é a demanda individual reclamando indenização por danos pessoais derivados de poluição ambiental gerada por indústria. A ação é individual, mas o seu alcance é coletivo, pois pode beneficiar potencialmente todas as pessoas que se encontram na mesma situação, justificando a sua coletivização.[70]

O incidente de coletivização ainda se aplicaria às demandas pseudoindividuais, isto é, aquelas em que o objeto versa sobre uma mesma relação plurilateral, incindível, cuja solução judicial deva ser necessariamente uniforme para todos, quer em razão de disposição legal, quer por força do vínculo jurídico discutido (art. 333, II, CPC/2015).

A despeito de sua importância para a adequação da tutela processual aos direitos em litígio, a técnica da coletivização sofreu veto presidencial, porque poderia levar à conversão de ação individual em

---

[69] GRINOVER. Ada Pellegrini. Réquiem para a reforma dos processos coletivos. *Revista do Advogado*. São Paulo: Associação dos Advogados de São Paulo, v. 130, p. 12, ago. 2016, ano XXXVI.

[70] WATANABE, Kazuo. Relação entre demanda coletiva e demandas individuais. *In*: GRINOVER, Ada Pellegrini; WATANABE, Kazuo; MENDES, Aluisio Gonçalves de Castro (coords.). *Direito processual coletivo e o anteprojeto de Código Brasileiro de Processos Coletivos*. São Paulo: Editora Revista dos Tribunais, 2007. p. 157.

coletiva de maneira pouco criteriosa. O veto acrescentou que o Código já contemplaria mecanismos para tratar demandas repetitivas, sem se atentar ao fato de que os instrumentos possuem objetivos olimpicamente diferentes.[71][72]

O que se pode concluir é que o novel *codex* processual, tal como a codificação de 1973, apenas complementa o microssistema de proteção aos direitos metaindividuais, que está muito longe de ser obsoleto. As novas técnicas previstas no CPC/2015, conquanto sejam interessantes e teoricamente eficientes à pacificação de conflitos individuais, não substituem o instrumentário coletivo, tampouco se mostram mais atuais, efetivas e adequadas à tutela dos interesses supraindividuais, pelas razões já expostas no presente capítulo.

---

[71] Em outra oportunidade, defendemos que o incidente de resolução de demandas repetitivas se restringe a padronizar questões de direito, enquanto o instrumento de coletivização de demandas individuais unifica questões de fato e de direito. O primeiro, portanto, tem como objetivo principal evitar contradições lógicas; o segundo visa a impedir contradições lógicas e fáticas. A técnica de resolução de demandas repetitivas pressupõe a efetiva repetição de processos, razão pela qual sua aplicação somente ocorre após a consolidação do fenômeno de massificação. A coletivização, por sua vez, atua preventivamente à formação da anomalia, pois permite tratamento adequado à questão de natureza coletiva a partir do ajuizamento de uma única ação. A coletivização ainda permite paridade de armas desde o início do processo, porque a demanda individual é assumida por um sujeito com maior habitualidade forense, o que lhe permite responder adequadamente às pressões da parte contrária (cf. CALDO, Diego Santiago y. O veto ao incidente de coletivização e a chance perdida para solucionar o fenômeno das ações individuais repetitivas. *Revista dos Tribunais*. São Paulo: Editora Revista dos Tribunais, v. 965, p. 52-55, mar. 2016).

[72] Ao ensejo, merece registro a nova empreitada legislativa para implementar a técnica de conversão da ação individual em coletiva no ordenamento processual, por meio do art. 50 do Projeto de Lei 1.641/2021, da Câmara do Deputados.

CAPÍTULO II

A ESTRUTURAÇÃO DOS SISTEMAS PROCESSUAIS COLETIVOS

1 Aspectos gerais

A tutela metaindividual amadureceu a ponto de permitir que todas as violações a interesses coletivos ocorridas em determinado território possam ser objeto de um processo judicial tecnicamente adequado para pacificar o conflito, independentemente da quantidade de interessados.

Os dois ordenamentos jurídicos confrontados atingiram esse estágio evolutivo mediante a estruturação de seus sistemas coletivos sobre os interesses que deveriam ser por eles tutelados e sobre as pretensões que os grupos detentores desses mesmos interesses poderiam formular, desenvolvendo modalidades específicas de ações para dar tratamento suficiente e adequado às diferentes espécies de conflito metaindividual.

Em termos gerais, do ponto de vista do objeto litigioso, o processo coletivo pode ser classificado de duas formas distintas.

A primeira é o processo transindividual ordinário ou genérico, direcionado à solução de conflitos coletivos comuns, em que determinada coletividade busca impedir ou cessar uma prática danosa a seus interesses ou ser reparada pelos prejuízos causados.

O feito é subordinado ao princípio dispositivo e ao tradicional "contraditório adversarial", por meio do qual as partes travam um embate sobre a existência ou não do direito reclamado. A atuação do magistrado é regida pela típica neutralidade garantista e as partes expõem suas razões e produzem suas provas. Ao final, a sentença é resultado da aplicação do direito material preexistente a fatos passados, restringindo-se a comandos de pagar, fazer ou não fazer.

Por sua vez, o processo estrutural ou de interesse público diferencia-se em sua essência do processo genérico, porque visa à reforma ou implementação de políticas públicas, e cuja ampla repercussão social reclama adaptações procedimentais necessárias à efetividade da tutela coletiva.

O magistrado atua como verdadeiro agente político, responsável por intervir, remodelar ou criar a política pública objeto da lide que a ele se apresenta para julgamento, com o fim precípuo de dar efetividade aos princípios constitucionais. O processo de controle jurisdicional de políticas públicas tem condução multidisciplinar, que exige do juiz conhecer a lei e compreender fenômenos complexos, habilitando-o a ter consciência da realidade social que o cerca e que nem sempre pode ser compreendida exclusivamente de dentro de seu gabinete.

O processo passa a ser visto sob sua ótica teleológica, isto é, como instrumento de pacificação social, capaz de proporcionar um resultado justo, seguro e em tempo razoável. Dessa visão instrumentalista, é permitido ao juiz sugerir às partes a flexibilização do procedimento, adaptando-o às específicas características do litígio, respeitadas as garantias constitucionais do devido processo e do contraditório.

O magistrado passa a deter maior interferência no processo, que decorre da relevância dos direitos tutelados. Além de auxiliar as partes durante a tramitação do feito, o juiz conduz o processo de modo a transformar o "contraditório adversarial", que se limita a uma dinâmica de tese e antítese, em um "contraditório dialogal", envolvendo partes e os três poderes, uma vez que a solução que se vislumbra é estrutural.[73]

Como desdobramento do contraditório dialogal, a relação processual não é construída de forma estável e bilateral, com possibilidades restritas de intervenção de terceiros, como no processo tradicional. No processo estrutural há diversos interesses concorrentes, de múltiplos sujeitos, com pontos de vista convergentes e divergentes, que devem participar para juntos construírem a solução para aquele específico Estado de Coisas Inconstitucional. Além das partes, há grupos técnicos, entidades civis, membros da sociedade e integrantes dos poderes Executivo e Legislativo que podem (e devem) participar

---

[73] Cf. GRINOVER, Ada Pellegrini. *Ensaio sobre a processualidade:* fundamentos para uma nova teoria do processo. Brasília: Gazeta Jurídica, 2016. p. 48-49 e 52; e CHAYES, Abram. The role of the judge in public law litigation. *Harvard Law Review.* Cambridge: Harvard Law Review Association, v. 89, p. 1284, 1976.

do contraditório a todo momento, inclusive na fase de cumprimento de sentença, seja como terceiro interveniente, seja por meio de reuniões e audiências públicas. Com isso, o processo estrutural ganha especial complexidade em razão da multipolaridade que lhe é característica.

A despeito de a sentença tradicionalmente indicar o esgotamento da atividade jurisdicional do juiz com relação a determinado feito, no âmbito dos processos estruturais, o *decisum* apenas firma o início de uma nova etapa processual, na qual o juiz prolonga e aprofunda[74] a sua participação na solução do conflito.

A sentença nas ações que envolvem políticas públicas tem por premissa o resultado do diálogo exercido durante a fase de cognição. A decisão de mérito, portanto, se baseia primordialmente em uma lógica distributiva e de consenso. O julgamento não se direciona à análise de fatos passados, mas se projeta para o futuro,[75] pois o magistrado elabora sua sentença de forma prospectiva, identificando os possíveis problemas que poderão surgir durante a fase de cumprimento e formas de evitá-los ou solucioná-los.

Ao julgar o mérito, o juiz estabelece critérios abertos à implementação da política pública objeto dos autos, respeitadas as limitações orçamentárias e materiais notoriamente enfrentadas pelos entes estatais.

Na etapa final do processo, o cumprimento da sentença será pautado pelo planejamento elaborado pela Administração com base nos ditames da sentença. A atuação do juiz, entretanto, não se limitará a verificar se a política pública objeto da lide foi implementada (ou reformada), para então extinguir o processo. Por conta da flexibilização do cumprimento da sentença, o magistrado ou um administrador por ele nomeado acompanhará cada uma das etapas de criação ou adequação da política pública em discussão, junto com os órgãos públicos envolvidos, terceiros independentes e a própria comunidade que será beneficiada pela intervenção do Poder Judiciário.[76]

O processo coletivo de natureza estrutural tem sido amplamente aplicado nos Estados Unidos, onde o juiz e as partes possuem margem

---

[74] É de Abram Chayes o entendimento de que a sentença de mérito *"prolongs and deepens, rather than terminates, the court's involvement with the dispute"* (CHAYES, Abram. The role of the judge in public law litigation. *Harvard Law Review*. Cambridge: Harvard Law Review Association, v. 89, p. 1298, 1976).

[75] CINTRA, Antônio Carlos de Araújo; GRINOVER, Ada Pellegrini; DINAMARCO, Cândido Rangel. *Teoria Geral do Processo*. 31. ed. São Paulo: Malheiros, 2015. p. 385.

[76] Tal como apresentado por GRINOVER, Ada Pellegrini. *Ensaio sobre a processualidade:* fundamentos para uma nova teoria do processo. Brasília: Gazeta Jurídica, 2016. p. 50-51.

para moldar o procedimento de acordo com as circunstâncias do caso concreto, favorecidos pela flexibilidade daquele sistema processual.

O *leading case* dos processos estruturais nos Estados Unidos é *Brown v. Board Education of Topeka*,[77] em que foi declarada a inconstitucionalidade da política de segregação racial nas escolas pela Suprema Corte estadunidense em 17 de maio de 1954, a partir do princípio da igualdade estampado na 14ª emenda da Constituição. Naquela ocasião, percebeu-se que a simples declaração de inconstitucionalidade era insuficiente para corrigir o problema, porque não bastava afirmar que as crianças brancas e pretas poderiam frequentar juntas a mesma escola, era necessário implementar reformas que garantissem a efetivação dessa política pública, inclusive para impedir práticas discriminatórias dentro das unidades de ensino. Seriam necessárias modificações na estrutura do ensino público nos Estados Unidos, como a construção de novas escolas, definição de novos critérios para escolha de alunos e professores, reorganização da forma de distribuição de recursos entre as escolas etc., o que começou a ser implementado seguindo como norte uma decisão estrutural proferida no intitulado *Brown v. Board of Education of Topeka II*.[78]

No Brasil, por sua vez, esse modelo de processo metaindividual estratégico não possui regulamentação até o presente momento, mas há iniciativa legislativa para regulamentá-lo (Projetos de Lei 8.058/2014 e 1.641/2021 da Câmara dos Deputados). A despeito do vácuo legislativo, a flexibilização dos processos envolvendo políticas públicas nos parece plenamente viável. Na fase de conhecimento, através do dever de cooperação (art. 6º, CPC), aliado aos negócios processuais (art. 190, CPC) e aos deveres do juiz de flexibilizar o processo para adequá-lo às necessidades do conflito (art. 139, VI, CPC). E, para o cumprimento de sentença, por força de medidas executivas amplas para assegurar o cumprimento de ordens judiciais (art. 139, IV, CPC) ou obter resultado prático equivalente (art. 536, CPC).

No âmbito dos ordenamentos confrontados, as ações coletivas também podem ser classificadas de acordo com a posição da coletividade na relação processual. A pretensão metaindividual pode ser ativa (*plaintiff class action*) ou passiva (*defendant class action*).

A ação proposta em face da coletividade não tem por objetivo apenas dar efetividade a direitos transindividuais – o que pode ocorrer,

---

[77] *Brown v. Board Education of Topeka*, 347 U.S. 483 (1954).
[78] *Brown v. Board of Education of Topeka II*, 349 U.S. 294 (1955).

por exemplo, quando uma associação ajuíza uma ação coletiva em face de órgão representativo dos comerciantes de determinada cidade, na intenção de fazer valer regra de proteção dos consumidores –, mas também corrigir eventuais desvirtuamentos ou abusos durante o exercício desses mesmos interesses metaindividuais, tal como ocorre em ação ajuizada por uma indústria em desfavor de sindicato, para impedir abusos no exercício do direito de greve.[79]

Na ação coletiva passiva, determinado indivíduo ou entidade atua defensivamente em favor de um grupo em face do qual foi ajuizada a pretensão. E, tal como em sua modalidade ativa, enfrenta os mesmos dilemas quanto à identificação da condição do representante adequado da coletividade demandada, e no tocante à extensão dos limites subjetivos da coisa julgada. De outro lado, a ação coletiva passiva igualmente compartilha o potencial para gerar economia e celeridade processuais, além de acesso à justiça.

No Brasil, não há unanimidade na doutrina acerca do cabimento das ações coletivas passivas. Aqueles que negam a possibilidade de ajuizamento de pretensões em face da coletividade defendem que a legislação vigente foi idealizada a partir de uma postura ativa do grupo, na qual a sociedade figura como credora da tutela jurisdicional coletiva.[80] Adicionam que a viabilidade das ações metaindividuais passivas estaria condicionada à reforma legislativa estabelecendo que a coisa julgada somente poderia ser formada para beneficiar o grupo e

---

[79] Cf. aduz Diogo Maia, "o incentivo à organização e reunião de pessoas – físicas ou jurídicas – no entanto, deve ser contrabalanceado com a possibilidade de se limitar a sua atuação e a força. Os atos, quando organizados em grupo, são executados de forma descentralizada e fluida, produzindo efeitos que podem ser ainda mais genéricos e tornar praticamente impossível o seu controle por meio do tradicional processo individual. Se a lesão é coletiva, a defesa da sociedade também deve ser efetivada de forma coletiva. Nestes termos, a ação coletiva passiva desponta como necessidade imperativa para solução de conflitos aparentemente não jurisdicionalizáveis, sustentada pela promessa fundamental da garantia constitucional de inafastabilidade da tutela jurisdicional" (MAIA, Diogo Campos Medina. A ação coletiva passiva: o retrospecto histórico de uma necessidade presente. *In*: GRINOVER, Ada Pellegrini; MENDES, Aluisio Gonçalves de Castro; WATANABE, Kazuo (coords.). *Direito Processual coletivo e o anteprojeto de código brasileiro de Processos Coletivos*. São Paulo: Editora Revista dos Tribunais, 2007. p. 321).

[80] Cf. ALVIM NETTO, José Manoel de Arruda *et al*. *Código do Consumidor comentado*. 2. ed. São Paulo: Editora Revista dos Tribunais, 1995. p. 347; LEONEL, Ricardo de Barros. *Manual do processo coletivo*. 2. ed. São Paulo: Editora Revista dos Tribunais, 2011. p. 206 e 434; e GIDI, Antônio. *Coisa julgada e litispendência em ações coletivas*. São Paulo: Saraiva, 1995. p. 51-52.

não para prejudicá-lo;[81] e à fixação de critérios de aferição da capacidade do representante em defender suficientemente os interesses da classe.[82]

No outro extremo, estão juristas igualmente de peso que entendem pela viabilidade do ajuizamento das ações supraindividuais passivas. Ada Pellegrini Grinover defendeu de forma pioneira a possibilidade de *lege lata* da formulação de pretensões coletivas passivas no Brasil, sustentada no art. 5º, §2º da LACP, que permite a formação de litisconsórcio em qualquer dos polos da relação processual; no art. 107, CDC, que prevê a convenção coletiva de consumo; e no art. 83, CDC, que não impõe restrições para a efetividade da tutela coletiva. Todavia, a saudosa professora ponderou a necessidade de garantir que os interesses do grupo representado sejam adequadamente defendidos pelo seu porta-voz, e que o espírito da lei somente estará resguardado se o regime da coisa julgada operar exclusivamente para favorecer a classe.[83]

Revisando posicionamento anterior, Antônio Gidi argumenta que, se as associações têm legitimidade para defender os direitos de seus membros em juízo, esse poder de representação não está limitado às ações coletivas ativas, abarcando também aquelas pretensões ajuizadas em face dos seus afiliados, já que eles próprios escolheram a entidade como representante de seus interesses.[84]

Também atualizando seu entendimento, Ricardo de Barros Leonel passou a defender o cabimento da ação coletiva passiva de *lege lata*, desde que a tutela jurisdicional seja direcionada a criar imposições no plano coletivo, isto é, para a entidade que congrega os interesses do grupo. A vinculação dos membros da coletividade, no plano individual, somente poderá ocorrer se a instituição representativa tiver autorização estatutária para representar ou substituir os seus associados ou filiados passivamente.[85]

Pedro Lenza, em sentido análogo, argumenta que as ações coletivas passivas são admissíveis em nosso ordenamento processual,

---

[81] MAZZILLI, Hugo Nigro. *A defesa dos interesses difusos em juízo*. 18. ed. São Paulo: Saraiva, 2005. p. 321.

[82] MANCUSO, Rodolfo de Camargo. *Ação civil pública*. 13. ed. São Paulo: Editora Revista dos Tribunais, 2014. p. 219.

[83] GRINOVER, Ada Pellegrini. Ações coletivas ibero-americanas: novas questões sobre a legitimação e a coisa julgada. *Revista Forense*. Rio de Janeiro: Forense, v. 361, n. 98, p. 7-9, mai./jun. 2002.

[84] GIDI, Antônio. *A class action como instrumento de tutela coletiva dos direitos*. São Paulo: Editora Revista dos Tribunais, 2007. p. 415.

[85] LEONEL, Ricardo de Barros. *Manual do Processo Coletivo*. 2. ed. São Paulo: Editora Revista dos Tribunais, 2011. p. 208-209.

desde que proposta em face de pessoa, coletividade ou ente dotado de personalidade jurídica e que tenha seus interesses protegidos por um porta-voz adequado.[86]

A prática tem demonstrado a viabilidade das ações coletivas passivas no Brasil, havendo variado repertório de pretensões ajuizadas em face de grupos organizados.[87] Kazuo Watanabe analisou alguns exemplos de demandas metaindividuais passivas ajuizadas em face de torcidas organizadas, sindicatos de comerciários e associações de moradores, objetivando que os integrantes desses grupos cessassem atividades ilícitas.[88] Camilo Zufelato, partindo dos casos colacionados por Kazuo Watanabe, abordou ações coletivas passivas na esfera da Justiça do Trabalho, envolvendo dissídios coletivos entre empregadores e empregados, e concluiu que "o Brasil admite, inclusive em âmbito constitucional, a propositura de ações judiciais intentadas pró e contra sindicatos, autoriza a inserção deles no polo passivo da demanda trabalhista e, em última análise, permite a ação coletiva passiva".[89] E o legislador introduziu formalmente em nosso ordenamento a ação possessória coletiva, prevista no art. 554, CPC, que é uma típica pretensão metaindividual passiva, na opinião de juristas importantes.[90]

A partir dessa constatação da prática de foro, parece-nos superada a discussão doutrinária sobre o cabimento ou não das ações coletivas passivas no sistema brasileiro, devendo-se direcionar o debate à definição dos parâmetros para identificar aqueles que podem figurar no polo

---

[86] Cf. LENZA, Pedro. *Teoria Geral da ação civil pública*. 3. ed. São Paulo: Editora Revista dos Tribunais, 2008. p. 198.

[87] A despeito da variedade de temas objeto das ações coletivas passivas brasileiras, sua presença no cotidiano forense ainda é diminuta, cf. ZUFELATO, Camilo. Ação coletiva passiva no direito brasileiro: necessidade de regulamentação legal. *In*: GOZZOLI, Maria Clara *et al.* (coords.). *Em defesa de um novo sistema de processos coletivos*: Estudos em homenagem a Ada Pellegrini Grinover. São Paulo: Saraiva, 2010. p. 90.

[88] GRINOVER, Ada Pellegrini *et al. Código brasileiro de defesa do consumidor*: comentado pelos autores do anteprojeto. 12. ed. Rio de Janeiro: Forense, 2018. p. 916-917.

[89] ZUFELATO, Camilo. Ação coletiva passiva no direito brasileiro: necessidade de regulamentação legal. *In*: GOZZOLI, Maria Clara *et al.* (coords.). *Em defesa de um novo sistema de processos coletivos*: Estudos em homenagem a Ada Pellegrini Grinover. São Paulo: Saraiva, 2010. p. 108. Rodolfo de Camargo Mancuso traz outra hipótese de possível cabimento da ação coletiva passiva, envolvendo pretensão declaratória promovida por indústria, a fim de obter decisão judicial reconhecendo que tenha cumprido a obrigação legal de instalação de filtros antipoluição (MANCUSO, Rodolfo de Camargo. *Interesses difusos*: conceito e legitimação para agir. 6. ed. São Paulo: Editora Revista dos Tribunais, 2004. p. 185).

[90] Vide GRINOVER, Ada Pellegrini *et al. Código brasileiro de defesa do consumidor*: comentado pelos autores do anteprojeto. 12. ed. Rio de Janeiro: Forense Universitária, 2019. p. 863 e 918; e ARENHART, Sérgio Cruz; OSNA, Gustavo. *Curso de Processo Civil Coletivo*. São Paulo: Revista dos Tribunais, 2019. p. 397.

passivo e quais técnicas são hábeis a garantir que os interesses dos membros do grupo demandado serão adequadamente defendidos, a autorizar que eles sejam atingidos pela coisa julgada emanada desses conflitos, sem que haja violação ao devido processo legal.

Parece-nos que as ações coletivas passivas podem ser ajuizadas em face de grupos organizados e regularmente constituídos (*v.g.* associações, sindicatos, cooperativas e partidos políticos), mas os seus associados somente serão atingidos pelos efeitos provenientes da coisa julgada se houver previsão estatutária autorizando a entidade a representar os interesses de seus filiados em juízo.

Além disso, entendemos ser igualmente possível a propositura de ações coletivas passivas em face de grupos de fato, mediante a adoção de providências que permitam aos integrantes dessa coletividade não organizada tomar conhecimento da existência da demanda, ainda que de forma ficta, bem como que seus interesses sejam suficientemente defendidos. Um recente exemplo é o ajuizamento de ações em face de grupos de adolescentes que promoviam aglomerações em shopping centers organizadas pelas redes sociais.[91]

Outro exemplo são as ações possessórias ajuizadas em face de movimentos populares de moradia. O STJ vinha admitindo que as decisões proferidas atingissem a todos os invasores integrantes do grupo – organizado ou não –, ainda que eles não tivessem sido individualizados na petição inicial.[92] Com a entrada em vigor do CPC/2015, foi expressamente reconhecida a possibilidade de serem ajuizadas pretensões metaindividuais passivas de natureza possessória, ficando autorizada a citação pessoal dos ocupantes que forem encontrados no local e a citação editalícia dos ausentes, cujos interesses serão inicialmente resguardados pela atuação do Ministério Público e, se for o caso, da Defensoria Pública (art. 554, §1º, CPC/2015).

Nestes casos, a inexistência de estrutura organizacional impede que os próprios indivíduos escolham voluntariamente quem será o terceiro que irá defender seus interesses em juízo. Logo, para que a ação coletiva passiva seja compatível com o princípio do devido processo legal, exige-se que o grupo de fato seja substituído pelo Ministério

---

[91] Os chamados "rolezinhos" foram analisados em ZUFELATO, Camilo. O caso "rolezinho" como ação coletiva passiva e a intervenção da Defensoria Pública para garantir a representatividade adequada do grupo. *Revista de Processo*. São Paulo: Editora Revista dos Tribunais, v. 253, p. 273-298, mar. 2016.

[92] Vide, dentre muito outros, REsp 154.906/MG, rel. Min. Barros Monteiro, DJ 04.05.2004; REsp 326.165/RJ, rel. Min. Jorge Scartezzini, DJ 17.12.2004; REsp 1.355.076, rel. Min. Paulo de Tarso Sanseverino, DJe 06.08.2014; e Ag 1.408.417/PR, rel. Min. Marco Buzzi, DJe 01.09.2015.

Público e pela Defensoria, órgãos constitucionalmente vocacionados para defender os interesses dos hipossuficientes e vulneráveis (cf. itens 3.1.2 e 3.1.3 do Capítulo VI, *infra*).

A atuação dos porta-vozes judiciais, de grupos organizados ou não, estará ainda sujeita ao controle da representatividade adequada, técnica necessária a garantir o devido processo legal também nas ações coletivas passivas.

De forma muito mais clara que na sistemática brasileira, a Rule 23 das *Federal Rules of Civil Procedure* regula as ações metaindividuais em que a coletividade figura no polo ativo da pretensão e aquelas em que o grupo é demandado.[93]

A *defendant class action* também tem os mesmos caracteres da ação coletiva ativa, isto é, um grande universo de indivíduos será incluído nos limites subjetivos da coisa julgada coletiva, garantindo economia e celeridade processuais, tenham eles participado ou não ativamente do contraditório. Consequentemente, diminui-se a possibilidade de uma mesma questão ser judicializada de forma atomizada, eliminando o risco de conflito entre decisões.

A busca por economia e celeridade processuais deve ser equilibrada com a garantia de que os interesses dos membros integrantes da classe serão suficientemente representados. Esse dilema tem feito com que as *defendant class actions*, conquanto estejam presentes no sistema processual norte-americano desde a primeira versão da *Rule 23*, sejam pouco utilizadas por dificuldades em identificar um intérprete adequado para os interesses do grupo réu.[94]

As pretensões mais comuns objeto de ações coletivas passivas são ajuizadas em face de grupos de autoridades públicas para questionar

---

[93] Nos exatos termos da atual regra estadunidense, *"one or more members of a class may sue or be sued as representative parties on behalf of all members"*.

[94] Cf. NAGAREDA, Richard A. *The law of class actions and other aggregate litigation*. Nova York: Foundation Press, 2009. p. 354-355, e COFFEE JR., John C. Class action accountability: reconciling exit, voice, and loyalty in representative litigation. *Columbia Law Review*. Nova York: Columbia University Press, v. 100, p. 388, 2000. A baixa presença das ações coletivas passivas nas cortes é fenômeno que já havia sido apontado por Vincenzo Vigoritti, para quem *"si potrebbero, ad esempio, configurare azioni di mero accertamento (positivo o negativo) promosse da un imprenditore, o da altri soggetti comunque interessati, e dirette ad eliminare incertezze sulla legittimità e sull'adeguatezza di impianti di depurazione, sulla sufficienza dei mezzi adottati per tutelare la salute dei membri di una certa comunità, o di un'impresa, ecc. Lo spazio per ipotesi di questo tipo (o di altro tipo) è ovviamente assai ridotto, ma è difficile negarlo del tutto"* (VIGORITI, Vincenzo. *Interessi collettivi e processo:* la legittimazione ad agire. Milão: Giuffrè, 1979. p. 99-100).

a validade de leis,[95] como técnica equivalente ao controle abstrato de constitucionalidade que inexiste no sistema processual norte-americano. É igualmente possível o ajuizamento das *defendant class actions* objetivando a declaração de licitude de determinada conduta praticada contra grupo, bem como ventilando pedidos de natureza mandamental e declaratória, formulados em face de um universo de pessoas que cometeram violação a uma mesma patente.[96]

Ademais da categorização geral, Brasil e Estados Unidos estruturaram a tutela coletiva de forma própria, adotando critérios distintos de classificação, compatíveis com a realidade de cada um dos países e os problemas identificados pela doutrina e jurisprudência durante a maturação de seus respectivos sistemas.

2 Classificação dos direitos transindividuais brasileiros

O sistema processual brasileiro de proteção dos direitos metaindividuais foi construído tendo como ponto de partida a clássica categorização de Barbosa Moreira,[97] que dividiu ditos interesses em três categorias, cada qual com regras específicas quanto à formação da coisa julgada, que serão detalhadas no Capítulo IV, *infra*.

A classificação dos direitos metaindividuais, disposta no art. 81, do Código de Defesa de Consumidor, foi norteada, como bem coloca Arruda Alvim, "(i) pela dificuldade de se individualizar seu titular; (ii) pela dificuldade de se dividir seu objeto, ou, ainda, (iii) em virtude da sua dimensão social e da inviabilidade de tutelá-los de maneira individual, isolada".[98]

Em primeiro lugar estão os direitos difusos, definidos pela lei como "os transindividuais, de natureza indivisível, de que sejam titulares pessoas indeterminadas e ligadas por circunstâncias de fato" (art. 81, I, CDC). São interesses cujas características transcendem a esfera jurídica

---

[95] RUBENSTEIN, William; CONTE, Alba; NEWBERG, Herbert H. *Newberg on class actions*. 5. ed. Saint Paul: Thomson Reuters, 2012. v. 2, p. 405.

[96] Vide WOLFSON, Barry M. Defendant class actions. *Ohio State Law Journal*. Columbus: Ohio State Law – Moritz College of Law, v. 38, p. 475, 1977.

[97] Cf. MOREIRA, José Carlos Barbosa. A ação popular do direito brasileiro como instrumento de tutela jurisdicional dos chamados "interesses difusos". *In*: GRINOVER, Ada Pellegrini *et al.* (orgs.). *Processo Coletivo*: do surgimento à atualidade. São Paulo: Editora Revista dos Tribunais, 2014. p. 26-27.

[98] ALVIM NETTO, José Manoel de Arruda. Coisa julgada nas ações coletivas e identidade de causas entre ação civil pública e ação popular. *In*: MILARÉ, Édis. *Ação civil pública após 30 anos*. São Paulo: Editora Revista dos Tribunais, 2015. p. 106.

dos indivíduos, a impedir que se determine com precisão quem são seus titulares, pertencendo, exatamente por isso, indistintamente a toda a coletividade. É a antítese do direito subjetivo.[99]

A indivisibilidade dos interesses difusos faz com que haja uma forte união entre todos os indivíduos indeterminados, de forma que a violação ao direito é disseminada, atingindo indistintamente toda a coletividade. Nesse contexto de indivisibilidade, não pode um indivíduo isoladamente defender sua parcela de direito coletivo em uma ação individual, porque indubitavelmente também estaria objetivando proteger interesse de terceiros.

O compartilhamento do direito difuso entre seus titulares não decorre de uma relação base ou de um vínculo jurídico específico, mas tão somente de circunstâncias de fato extremamente genéricas, acidentais e mutáveis. São consumidores, idosos, crianças ou moradores de determinada cidade.

É nesse ponto que os direitos difusos divergem daqueles denominados pela lei de coletivos *stricto sensu* (art. 81, II, CDC), pois, enquanto naqueles a inexistência de uma relação jurídica base traz indefinição subjetiva, nestes há um laço que une o grupo, categoria ou classe de pessoas, entre si ou com a parte contrária, permitindo que os interessados sejam identificados. O vínculo jurídico concede maior grau de determinabilidade das pessoas titulares do direito, tal como ocorre, por exemplo, com os acionistas de uma sociedade anônima, ou os integrantes de um sindicato, ou ainda os membros de uma mesma carteira de seguro-saúde.

O direito a ser tutelado – que igualmente possui natureza transindividual e indivisível – é comum a todos os integrantes do grupo, por força do laço jurídico que os amarra.

Ademais dos direitos essencialmente metaindividuais, nos quais estão inseridos os interesses difusos e coletivos *stricto sensu*, o microssistema também dá guarida à tutela coletiva de direitos individuais homogêneos.

Em sua essência, são direitos individuais, divisíveis e de titularidade determinada, mas que gozam da tutela jurisdicional coletiva por conta de a lesão ter origem comum, que lhes dá dimensão social, e que pode ter como fonte uma questão de fato (como a ocorrência de

---

[99] Vide MANCUSO, Rodolfo de Camargo. *Interesses difusos:* conceito e legitimação para agir. 6. ed. São Paulo: Editora Revista dos Tribunais, 2004. p. 97.

um acidente aéreo ou o incêndio em uma casa noturna) ou de direito (uma cláusula abusiva em contrato de adesão).

O núcleo de homogeneidade recomenda que esses interesses individuais sejam tratados conjuntamente, quer para atender ao princípio da economia processual, quer ainda para garantir tratamento isonômico a todos os interessados, atribuindo maior segurança à solução da lide.

Conquanto a definição das três categorias de direitos pareça simples, a prática tem demonstrado a complexidade da questão, notadamente quanto à identificação do correto objeto da lide.

Um mesmo fato jurídico pode violar simultaneamente interesses transindividuais e indivisíveis de uma coletividade indeterminada, direitos de um grupo vinculado a uma mesma relação jurídica e, ainda, afetar a esfera individual de diversas pessoas singularmente consideradas. Pensemos no exemplo de uma casa noturna que desrespeita os limites sonoros fixados por lei após determinado horário. Esse mesmo fato (poluição sonora) pode causar danos difusos aos vizinhos da casa noturna, coletivos aos funcionários sindicalizados que trabalham próximos aos equipamentos que emitem os sons, e individuais homogêneos aos consumidores que frequentam o estabelecimento. Nesses casos, somente a causa de pedir e o pedido poderão fazer a correta distinção dos interesses que serão objeto da demanda coletiva, tal como observam Kazuo Watanabe, Rosa Nery e Nelson Nery.[100]

---

[100] Abordando especificamente da qualificação dos direitos envolvidos na demanda, Kazuo Watanabe destaca que "a natureza verdadeiramente coletiva da demanda depende não somente da legitimação ativa para a ação e da natureza dos interesses ou direitos nela veiculados, como também da causa de pedir invocada e do tipo de abrangência do provimento jurisdicional postulado, e ainda da relação de adequação entre esses elementos objetivos da ação e a legitimação *ad causam* passiva" (WATANABE, Kazuo. Demandas coletivas e os problemas emergentes da práxis forense. *Revista de Processo*. São Paulo: Editora Revista dos Tribunais, v. 67, p. 23, jul./set. 1992). Rosa e Nelson Nery não discrepam, defendendo que "o que qualifica o direito como difuso, coletivo ou individual homogêneo é o conjunto formado pela causa de pedir e pelo pedido deduzido em juízo. O tipo de pretensão material, juntamente com o seu fundamento, é que caracterizam a natureza do direito" (NERY JUNIOR, Nelson; NERY, Rosa Maria de Andrade. *Leis civis comentadas*. 3. ed. São Paulo: Editora Revista dos Tribunais, 2012. p. 339). Teori Albino Zavascki critica tal posicionamento por entender que ele "produz um resultado absurdo: o de negar que o direito tenha alguma natureza antes de ser objeto de litígio em juízo" (ZAVASCKI, Teori Albino. *Processo coletivo*: tutela dos direitos coletivos e tutela coletiva de direitos. 7. ed. São Paulo: Editora Revista dos Tribunais, 2017. p. 38-39, nota 29). José Roberto dos Santos Bedaque discorda igualmente, consignando que "o interesse ou direito é difuso, coletivo ou individual homogêneo independentemente da existência de um processo. Basta que determinado acontecimento da vida o faça surgir. De resto, é o que o ocorre com qualquer categoria de direito" (BEDAQUE, José Roberto dos Santos. *Direito e processo*: influência do direito material sobre o processo. São Paulo: Malheiros, 1995. p. 35).

3 Os tipos de ações coletivas norte-americanas

O sistema coletivo norte-americano abandonou o esquema abstrato voltado à natureza do direito objeto do litígio em 1966, substituindo-o por uma divisão pragmática, norteada pelas peculiaridades do conflito metaindividual, sem descuidar dos problemas decorrentes da propositura de ações individuais seriadas e dos óbices de acesso à justiça.

Em primeiro lugar estão as hipóteses voltadas a proteger os integrantes do grupo e seu adversário do risco de serem proferidas decisões contraditórias envolvendo indivíduos inseridos em um mesmo contexto jurídico. O objetivo primordial desta modalidade de ação é resguardar a classe de decisões que possam beneficiar alguns de seus membros em detrimento dos demais.

Em segundo lugar estão as ações coletivas que se propõem a pacificar conflitos cuja natureza indivisível recomenda tratamento molecularizado, na intenção de eliminar ou instituir conduta padronizada e compatível com os interesses em litígio.

Em último lugar estão as ações metaindividuais ajuizadas para dirimir litígios de natureza indenizatória, e que visam proporcionar precipuamente acesso à justiça e equilíbrio de forças entre as partes litigantes.

O enquadramento da pretensão coletiva em uma dessas três hipóteses deve ser demonstrado pelo demandante, a quem caberá o ônus de compatibilizar o objeto da ação com um dos tipos legalmente previstos, salientando os benefícios à classe, ao adversário ou ao próprio Poder Judiciário que advirão da pacificação do conflito pela via da ação supraindividual.

Havendo equívoco na categorização ou caso a pretensão se ajuste a mais de uma modalidade, o magistrado adotará o tipo de ação coletiva que entender ser mais adequado globalmente à situação concreta, respeitados o pedido e a causa de pedir apresentados. Os tipos de ações coletivas estadunidenses e suas particularidades são detalhados nos itens a seguir.

3.1 *Mandatory class actions*

Estabelece a *Rule* 23(b)(1), que as ações coletivas serão cabíveis se o processamento de pretensões individuais de natureza mandamental ou declaratória com o mesmo objeto criar risco de sentenças estabelecerem obrigações de fazer ou não fazer conflitantes ao *ex adverso* da classe, ou o julgamento das ações individuais puder prejudicar os interesses de parte dos integrantes da coletividade, que não integrarem a relação processual.

O processamento da ação coletiva nessa hipótese não exige que ambos os requisitos estejam presentes, ou seja, a existência de risco aos membros da classe e ao seu adversário, caso existam múltiplas ações individuais. Basta a demonstração de um deles, para que a ação seja obrigatoriamente processada de forma metaindividual.

O objetivo dessa primeira modalidade de ação coletiva é evitar que o exercício da atividade jurisdicional, provocado por um litigante individual, venha a causar prejuízos ou dificuldades aos demais membros da coletividade e ao adversário da classe. Para tanto, a *Rule 23* estabeleceu hipótese em que o interesse assume caráter indivisível, de modo que deve obrigatoriamente ser processado e julgado como ação coletiva, estendendo os efeitos da coisa julgada a todos os integrantes do grupo.

São situações em que, na visão de Antônio Gidi e de André Vasconcelos Roque, haveria litisconsórcio necessário para assegurar o justo e completo julgamento da controvérsia, sem prejudicar os interesses de terceiros que igualmente serão atingidos ainda que reflexamente pelos efeitos da coisa julgada.[101] Em outras palavras, cuida-se de modalidade que garante que todos aqueles situados em um mesmo contexto fático e jurídico sejam tratados de forma equânime.

A primeira parte da *Rule* 23(b)(1) é voltada ao antagonista da classe, e tem por objetivo impedir a superveniência de sentenças mandamentais ou declaratórias que estabeleçam resultados conflitantes em diversas ações individuais, que dificultariam a manutenção de conduta uniforme; isto é, a formação de conflito prático entre decisões, que imporia ao adversário da coletividade um dilema sobre qual comando judicial cumprir.[102]

A doutrina traz exemplos de aplicação dessa modalidade de ação coletiva, como as pretensões ajuizadas contra empresas de seguro-saúde, de telecomunicações ou de distribuição de água, gás ou energia, postulando que pratiquem ou deixem de praticar algo contra todos

---

[101] GIDI, Antônio. *A class action como instrumento de tutela coletiva dos direitos.* São Paulo: Editora Revista dos Tribunais, 2007. p. 146; e ROQUE, André Vasconcelos. *Class actions – Ações coletivas nos Estados Unidos:* o que podemos aprender com eles? Salvador: JusPodivm, 2013. p. 162.

[102] Cf. *Larinoff v. U.S.*, 533 F.2d 1167 (D.C. Cir. 1976), referendado pela Suprema Corte em 431 U.S. 864, 97 S.Ct. 2150, 53 L.ed.2d. 48 (1977); e *Ali v. Ashcroft*, 213 F.R.D. 390 (W.D.Wash. 2003), confirmado em 346 F.3d 873 (9th Cir. 2003).

os seus consumidores.[103] Na jurisprudência, há registros igualmente ilustrativos, como o ajuizamento de ação mandamental para impedir a emissão de resíduos radioativos por uma fábrica e a propositura de pretensão para questionar a constitucionalidade de política carcerária que impedia a transferência de presos hispânicos para determinados presídios.[104]

O risco de serem fixadas indenizações em valores distintos para os membros do grupo não serve de fundamento para a utilização dessa espécie de ação coletiva, porque o adversário da classe, nessa hipótese, não se encontrará em uma situação concreta de impasse.

Uma ação indenizatória não reconhece a ilicitude da conduta do réu, nem o proíbe de continuar a praticá-la no futuro, como acontece no caso da formulação de uma pretensão mandamental. Ações indenizatórias individuais com resultados conflitantes não criam para o opositor da classe padrões incompatíveis de conduta, que somente podem advir de sentenças individuais declaratórias ou mandamentais contraditórias e inconciliáveis.[105] O que se pretende evitar é que uma decisão determine que o adversário da classe faça algo, enquanto outra proíba a prática desse mesmo ato.

A segunda parte do dispositivo, por sua vez, mira a proteção do grupo, ao permitir o processamento coletivo de uma ação sempre que a coexistência de diversas pretensões individuais puder criar risco aos interesses dos membros da coletividade ou prejudicar substancialmente a capacidade de estes defenderem seus direitos.

O dispositivo tem sido aplicado frequentemente em situações em que há um grande número de pessoas afetadas, mas o patrimônio do adversário da classe não é suficiente para arcar com as indenizações, caso as ações individuais sejam todas julgadas procedentes.[106] Com

---

[103] ROQUE, André Vasconcelos. *Class actions – Ações coletivas nos Estados Unidos: o que podemos aprender com eles?* Salvador: JusPodivm, 2013. p. 167; e GIDI, Antônio. *A class action como instrumento de tutela coletiva dos direitos.* São Paulo: Editora Revista dos Tribunais, 2007. p. 148. Outros exemplos são apresentados em KLONOFF, Robert H; BILICH, Edward K. M.; MALVEAUX, Suzette M. *Class actions and other multiparty litigation:* cases and materials. 2. ed. Saint Paul: Thompson West, 2006. p. 168

[104] *Boggs v. Divested Atomic Corp.*, 141 F.R.D. 58 (S.D. Ohio 1991); e *Franklin v. Barry*, 909 F.Supp. 21 (D.D.C. 1995), respectivamente.

[105] Afirmando que *"prejudice is not found when the risk merely is that the opposing party will have to pay damages to some claimants and not others, as might occur if individual actions are brought following a mass accident"*, ver FRIEDENTHAL, Jack H.; KANE, Mary Kay; MILLER, Arthur R. *Civil procedure.* 4. ed. Saint Paul: Thomson West, 2005. p. 769.

[106] De acordo com o exposto em GIDI, Antônio. *A class action como instrumento de tutela coletiva dos direitos.* São Paulo: Editora Revista dos Tribunais, 2007. p. 151; ROQUE, André Vasconcelos. *Class actions – Ações coletivas nos Estados Unidos: o que podemos aprender com eles?* Salvador:

isso, pretende-se evitar que apenas os indivíduos que ajuizaram rapidamente suas pretensões sejam favorecidos, em prejuízo daqueles que tardaram para tomar consciência de seus direitos ou para vê-los reconhecidos em juízo.

Nesse contexto, a segunda parte da *Rule* 23(b)(1), objetiva garantir a todos os litigantes condições iguais para que tenham seus direitos reconhecidos e satisfeitos, sem que isso dependa da rapidez com que ajuizaram suas ações individuais. Se se pensar no patrimônio do adversário da classe como uma torta, tal espécie de ação supraindividual visa dar a todos os envolvidos uma fatia do mesmo tamanho.

Somente a concentração de todos os indivíduos interessados, capitaneados por um único porta-voz e perante um mesmo juízo, poderá criar cenário ideal a instrumentalizar a paridade de tratamento e a divisão igualitária *per capita*. Isso, evidentemente, não ocorrerá se houver dispersão, assimetria e descontrole inerentes à existência de diversas ações individuais com mesmo objeto, ajuizadas em momentos e perante juízos diferentes.[107]

Caberá ao interessado no processamento coletivo da ação demonstrar a concreta possibilidade de múltiplas ações individuais serem propostas e que, caso os pedidos sejam julgados procedentes, o patrimônio do adversário do grupo não será suficiente para arcar com todas as indenizações.[108] A comprovação desses fatos poderá ser realizada por qualquer elemento probatório, inclusive perícias e testemunhas técnicas, não sendo admitidas previsões ou conjecturas não fundamentadas.

A segunda modalidade de *mandatory class action*, prevista na *Rule* 23(b)(2), é voltada às situações em que uma sentença mandamental ou declaratória é necessária para pacificar conflito decorrente da prática de condutas omissivas ou comissivas de determinado ente que viola os interesses da coletividade.

A hipótese foi pensada pelo comitê responsável pela reforma de 1966 para dar solução aos conflitos discriminatórios, especialmente de cunho racial, que se mostravam bastante comuns na sociedade

---

JusPodivm, 2013. p. 167; e RUBENSTEIN, William; CONTE, Alba; NEWBERG, Herbert H. *Newberg on class actions*. 5. ed. Saint Paul: Thomson Reuters, 2011. v. 1, p. 8.

[107] GIDI, Antônio. *A class action como instrumento de tutela coletiva dos direitos*. São Paulo: Editora Revista dos Tribunais, 2007. p. 151.

[108] Como argumentado pela Corte Distrital do Sul de Nova York, em *Doe v. Karadzic*, 192 F.R.D. 133 (S.D. NY, 2000), os julgamentos de temas impactantes criam cenário de dilapidação patrimonial do causador do dano, em detrimento dos interesses da classe, mostrando-se importante que todas essas questões sejam submetidas a uma única *limited fund class action*.

norte-americana da década de 1960, sendo chamada de *civil rights class actions*.[109]

Por se tratar de questão que atinge de forma indiscriminada um número muito grande de indivíduos, a técnica coletiva mostra-se mais apropriada para defender os interesses não só daqueles efetivamente afetados pela conduta discriminatória, como também de todos os demais que estão igualmente expostos a tais práticas, porque presentes no mesmo contexto.[110]

Sua aplicação abrange ainda outras situações que podem ser resolvidas por decisões mandamentais e declaratórias, como demandas envolvendo questões trabalhistas, ambientais, concorrenciais e de patentes. Mesmo assim, é no campo dos direitos e liberdades civis que essa modalidade de ação coletiva se faz mais presente.

A conduta ilícita objeto da ação coletiva não necessita atingir a todos os membros da classe, mas deve ser praticada de forma consistente, criando um padrão que, além de afetar alguns dos integrantes do grupo, pode exponencialmente prejudicar de modo uniforme os demais indivíduos.[111]

A sentença irá declarar a licitude ou ilicitude do comportamento da parte contrária ao grupo, seja ele comissivo ou omissivo, estabelecendo, nesta última hipótese, um modelo de conduta a ser levado a efeito pelo infrator.

A despeito da *Rule* 23(b)(2) restringir a aplicação dessa modalidade de ação coletiva às pretensões mandamentais e declaratórias, a possibilidade da formulação de pedido indenizatório tem sido reconhecida pela doutrina e jurisprudência, desde que seja incidental aos demais. Significa dizer que a cumulação de uma pretensão indenizatória somente será permitida se esta for decorrência imediata da procedência dos pedidos de natureza mandamental ou declaratória, calculável a partir

---

[109] Vide os apontamentos de KAPLAN, Benjamin. Continuing work of the civil committee: 1966 amendments of the Federal Rules of Civil Procedure (I). *Harvard Law Review*. Cambridge: Harvard University Press, v. 81, p. 389, 1967; e YEAZELL, Stephen C. *Civil Procedure*. 8. ed. Nova York: Wolters Kluwer, 2012. p. 880.

[110] Cf. GIDI, Antônio. *A class action como instrumento de tutela coletiva dos direitos*. São Paulo: Editora Revista dos Tribunais, 2007. p. 153; e WRIGHT, Charles A.; MILLER, Arthur R.; KANE, Mary K. *Federal Practice and Procedure*. 3. ed. Nova York: Thomson/West, 2005. v. 7A, p. 448.

[111] Vide as decisões proferidas em *Ashmus v. Calderon*, 935 F. Supp. 1048 (N.D.Cal.1996); *Sorenson v. Concannon*, 893 F.Supp. 1469 (D.Or.1994); *Johnson v. American Credit Co. of Georgia*, 581 F.2d 526 (5th Cir.1978) e *Hess v. Hughes*, 500 F.Supp. 1054 (D.Md.1980).

de uma fórmula padronizada cabível a todos,[112] como a aplicação de multa pecuniária prevista em lei a ser paga em favor do Estado ou das vítimas da prática discriminatória.

André Vasconcelos Roque avalia que a análise da predominância ou da incidentalidade do pedido indenizatório deverá ser realizada objetivamente e a partir de cada caso concreto, levando em consideração a relevância da pretensão para a solução do conflito apresentado em juízo.[113]

O impedimento à formulação de pedidos indenizatórios baseados em danos materiais ou morais, inclusive de natureza punitiva, junto com as pretensões mandamentais e declaratórias, decorre do fato de a quantificação desses prejuízos depender de provas individualizadas do quanto cada um dos indivíduos integrantes da classe foi afetado, inserindo novas questões de fato ou de direito que romperão com a indivisibilidade e homogeneidade dos interesses a serem tutelados nessa modalidade de ação metaindividual.[114]

Havendo prevalência da pretensão indenizatória sobre aquelas de natureza mandamental e declaratória, a presunção de unidade do grupo diminui, porque a intensidade do dano sofrido por cada um não é a mesma.

3.2 Non-mandatory class actions

Por último estão as *mass tort class actions*, ações coletivas de cunho essencialmente indenizatório, em que as pretensões dos membros das classes são individuais, mas, por questão de conveniência e economia processual, a lei permite a concentração dessas demandas, para viabilizar o seu acesso ao Poder Judiciário e equilibrar as forças das partes.

A explosão de um shopping, a queda de um avião, a formulação de um contrato de adesão com cláusulas ilícitas, ou a venda de um produto defeituoso são acontecimentos que podem atingir grande número de pessoas. Autorizar que essas vítimas ajuízem suas ações

---

[112] Nos termos dos fundamentos apresentados nos julgamentos de *Simer v. Rios*, 661 F.2d 655 (7th Cir. 1981); *Eubanks v. Billington*, 110 F.3d 87, 95 (D.C. Cir. 1997); *Arnold v. United Artists Theatre Circuit, Inc.*, 158 F.R.D. 439 (N.D. Cal. 1994); e *Rice v. City of Philadelphia*, 66 F.R.D. 17 (1974).

[113] ROQUE, André Vasconcelos. *Class actions – Ações coletivas nos Estados Unidos: o que podemos aprender com eles?* Salvador: JusPodivm, 2013. p. 179. Na jurisprudência, ver *In re Sch. Asbestos Litig.*, 789 F.2d 996, 1008 (3d Cir.1986).

[114] Como decidido em *Allison v. Citgo Pretroleum Corp.* 151 F.3d 402 (5th Cir. 1998).

individualmente causará transtornos ao cotidiano forense, em razão da necessidade de serem praticados muitos atos repetitivos, como a expedição de documentos seriados, uma infinidade de despachos, audiências e sentenças.

Esses fatos possuem núcleos de homogeneidade, baseados em uma mesma causa de fato ou de direito, que permitem que as pretensões das vítimas sejam tuteladas por uma única ação, garantindo eficiência na prestação da atividade jurisdicional, lastreada na economia de atos processuais.

Os elevados custos processuais norte-americanos inviabilizam o ajuizamento de ações individuais de baixo valor econômico, permitindo que essas microlesões fiquem impunes. Assim, a tutela coletiva prevista pela *Rule* 23(b)(3) soluciona o problema, ao oportunizar que as despesas processuais sejam compartilhadas entre todos os membros da coletividade, garantindo que esses temas ganhem acesso ao Poder Judiciário.[115]

Há benefícios também para os casos em que os montantes envolvidos em cada uma das pretensões individuais são elevados. A coletivização da tutela permite a substituição do litigante casual, com pouca experiência e disponibilidade financeira para investir na produção de provas e suportar os demais custos do processo, por um protagonista metaindividual, que representará a classe com maior habitualidade de foro, e com fôlego financeiro capaz de torná-lo menos suscetível às pressões da parte contrária.

A doutrina aponta que essa modalidade de ação coletiva serviu de base para o sistema brasileiro de proteção aos interesses individuais homogêneos, que igualmente prevê a tutela coletiva a direitos essencialmente individuais, para fins de economia, celeridade e equiparação de armas processuais,[116] valendo ressaltar que a versão brasileira se limita a fixar a responsabilidade do réu pelos danos causados (art. 95, CDC),

---

[115] RUBENSTEIN, William; CONTE, Alba; NEWBERG, Herbert H. *Newberg on class actions*. 5. ed. Saint Paul: Thomson Reuters, 2011. v. 1, p. 9. Ao julgar *Deposit Guaranty Bank v. Roper*, 445 U.S. 326, 339 (1980), a Suprema Corte destacou que *"the aggregation of individual claims in a classwide suit is an evolutionary response to the existence of injuries unremedied by the regulatory action of the government. Where it is not economically feasible to obtain relief within the traditional framework of a multiplicity of small individual suits for damages, aggrieved persons may be without any effective redress unless they may employ the class action device"*.

[116] Cf. GIDI, Antônio. *A class action como instrumento de tutela coletiva dos direitos*. São Paulo: Editora Revista dos Tribunais, 2007. p. 161; e GRINOVER, Ada Pellegrini. Da class action for damages à ação de classe brasileira: os requisitos de admissibilidade. *In*: GRINOVER, Ada Pellegrini *et al.* (orgs.). *Processo Coletivo*: do surgimento à atualidade. São Paulo: Editora Revista dos Tribunais, 2014. p. 171-172.

deixando a liquidação das indenizações individuais e sua execução para etapas autônomas posteriores (arts. 97 e 98, CDC).

A *Rule 23* reconhece que nem todas as hipóteses envolvendo *mass tort litigation* trarão ganhos em celeridade e economia processuais, fixando dois critérios que deverão estar presentes para que esses valores sejam atingidos: predominância e superioridade.

Economia e celeridade processuais somente serão atingidas se houver predominância das questões de fato ou de direito comuns ao grupo. Isto é, o núcleo de homogeneidade da controvérsia envolvendo os integrantes do grupo deve prevalecer de forma significativa sobre as particularidades desses indivíduos.[117] A predominância das questões comuns também serve como salvaguarda ao devido processo legal e à adequada representatividade dos membros da coletividade que não participam ativamente do litígio, por restringir a atuação do porta-voz do grupo aos pontos que lhes são comuns.

A avaliação da predominância não se dá pelo confronto entre a quantidade de questões comuns e individuais, mas pela relevância do ponto comum para dar solução ao conflito ou, ao menos, para sinalizar o início do fim da disputa como um todo.[118]

A complexidade para chegar a um denominador comum levou alguns doutrinadores a sugerir a avaliação do critério da predominância por outro ponto de vista, da dissimilaridade. A existência de questões de fato e de direito comuns a todos os integrantes da classe transformam a ação coletiva em um instrumento eficiente e interessante de utilização. No entanto, para Allan Erbsen, é a falta de diferenças substanciais entre essas mesmas questões que torna o processo metaindividual viável. Não basta a presença de um elevado número de pontos homogêneos entre os membros do grupo para o processamento supraindividual, mas a inexistência de divergências que venham a tornar o processamento da demanda impossível ou extremamente complicado.[119]

---

[117] Cf. *Jenkins v. Raymark Industries*, 782 F.2d 468, 472 (5th Cir. 1986) e *Castano v. The American Tobacco Co.*, 160 F.R.D. 544 (1995).

[118] Vide *Matoon v. City of Pittsfield*, 128 F.R.D. 17, 20 (D.Mass. 1989). Haverá predominância se o julgamento da ação coletiva significar avanço material na solução do conflito, mediante o julgamento das questões comuns, em consonância com o julgamento de *In re School Asbestos Litigation*, 789 F.2d 996, 1010 (3d Cir. 1986), sem se descuidar das provas necessárias ao deslinde do feito, como decidido em *O'Sullivan v. Countryside Home Loans, Inc.*, 319 F.3d 732, 738 (5th Cir. 2003).

[119] ERBSEN, Allan. From "predominance" to "resolvability"? A new approach to regulating class actions. *Vanderbilt Law Review*. Nashville: Vanderbilt University Law School, v. 58, p. 1005-1006, 2005.

Nessa modalidade de ação coletiva, as circunstâncias particulares não desaparecem pela predominância das questões comuns. São temporariamente descartadas, pois sua análise será levada a cabo em momento posterior, em ação individual ajuizada pelo indivíduo, que terá como ponto de partida a sentença proferida na ação metaindividual.

Em mais de 40 anos de discussão doutrinária e jurisprudencial,[120] alguns parâmetros foram definidos para indicar as hipóteses que sinalizariam o "início do fim" ou a inexistência de "dissimilaridade substancial" em demandas comumente ajuizadas com arrimo nessa modalidade de ação supraindividual.

Nas ações de responsabilidade civil tem sido frequente limitar a pretensão coletiva à comprovação de que um produto é capaz de causar determinada doença se utilizado por certo período (*general causation*). Por se tratar de matéria de difícil prova técnica, que demanda vultosos investimentos em exames laboratoriais, a solução dessa primeira etapa já se mostraria suficiente para justificar a propositura de uma ação metaindividual. A economia está no aproveitamento das questões de mérito decididas na ação coletiva em cada uma das pretensões individuais, acobertando com a coisa julgada temas que obrigatoriamente seriam revisitados individualmente.[121]

A demonstração de que uma doença foi efetivamente causada aos integrantes da coletividade em decorrência da utilização de um produto é de caráter individual, dependendo de provas bastante complexas que jamais poderiam ser produzidas no âmbito do processo coletivo, porque se relaciona a fatos extremamente heterogêneos. Há necessidade de perquirir questões singulares de cada um dos membros da classe, como a possibilidade de a enfermidade decorrer da idade, predisposição genética ou elemento tóxico.[122]

Havendo a possibilidade de os danos individuais serem quantificados por métodos estatísticos ou outras fórmulas matemáticas, aplicáveis a toda a classe, tal como ocorre em ações envolvendo

---

[120] KLONOFF, Robert H; BILICH, Edward K. M.; MALVEAUX, Suzette M. *Class actions and other multiparty litigation:* cases and materials. 2. ed. Saint Paul: Thompson West, 2006. p. 245.

[121] GIDI, Antônio. *A class action como instrumento de tutela coletiva dos direitos.* São Paulo: Editora Revista dos Tribunais, 2007. p. 168-169.

[122] Cf. ROQUE, André Vasconcelos. *Class actions – Ações coletivas nos Estados Unidos:* o que podemos aprender com eles? Salvador: JusPodivm, 2013. p. 190-191. Consoante motivação apresentada por ocasião do julgamento de *Benner v. Becton Dickinson & Co.*, 214 F.R.D. 157 (S.D.N.Y. 2003), *"products-liability actions often fail to meet this requisite because the individual character of the issues of causation and damages predominates over any common questions".*

securitização, então, o processamento da pretensão com espeque na *Rule* 23(b)(3) será possível.[123]

Sob o viés pragmático, a ação coletiva também deve ser superior às demais técnicas existentes no processo civil norte-americano, para que a pretensão seja enquadrada nessa modalidade.

Em razão de as *class actions* serem um procedimento caro, complexo e oneroso para o Judiciário, precipuamente por conta da dedicação que magistrados e serventuários devem investir para que elas sejam processadas e julgadas adequadamente, é dever do interessado comprovar que não existem alternativas processuais mais eficientes para resolver o litígio de forma justa.[124]

A depender das características do caso concreto, alguns instrumentos processuais podem substituir eficientemente as *class actions*. Dentre elas, a *consolidation*, prevista na *Rule 42*, que permite a aglutinação de processos envolvendo questões comuns de fato ou de direito em um mesmo juízo, para processamento conjunto integral ou apenas para a realização de determinados atos, como audiências e produção de provas. Por sua vez, o instituto da transferência, regulado na Seção 1404 do *United States Code* (USC), autoriza a redistribuição de uma ou mais ações de uma corte federal para outra, na intenção de otimizar custos e permitir julgamentos mais rápidos e eficientes. Há, ainda, a técnica de julgamento por casos-teste, em que processos representativos de um universo de pretensões repetitivas são julgados, aplicando-se o entendimento lá fixado a todos os demais.

A *Rule 23* elenca também um rol exemplificativo de parâmetros que podem servir de norte para o magistrado verificar se o critério da superioridade está presente.

O primeiro deles é o legítimo interesse dos próprios membros da coletividade em individualmente conduzirem a sua defesa dentro

---

[123] Conforme RUBENSTEIN, William; CONTE, Alba; NEWBERG, Herbert H. *Newberg on class actions*. 5. ed. Saint Paul: Thomson Reuters, 2012. v. 2, p. 209. No mesmo sentido, o Tribunal do Distrito Leste da Virginia, ao julgar *Brown v. Cameron-Brown Co.*, 92 F.R.D. 32 (E.D. Virginia, 1981), decidiu que "*courts have recognized that individual damage questions will not be held to predominate to the preclusion of a class action where liability has been found to be common to the class, where the issues of liability and individual damages can be treated separately, or where damages are susceptible to mathematical or formula calculation*".

[124] Em estudo empírico sobre a duração e a eficiência das ações metaindividuais norte-americanas, Willging, Hooper e Niemic concluíram que os juízes investem, em média, 11 vezes mais tempo em uma ação coletiva do que em uma ação individual (WILLGING, Thomas E.; HOOPER, Laural L.; NIEMIC, Robert J. An empirical analysis of Rule 23 to address the rulemaking challenges. *New York University Law Review*. Nova York: New York University School of Law, v. 71, p. 97, abr./mai. 1996).

do processo. Nesse caso, a motivação não deve se mostrar um capricho ou simples interesse pessoal, mas justificativa relevante que anime grande parte dos integrantes do grupo a querer pessoalmente proteger seus direitos.[125] Outra hipótese que também sinaliza o desejo em litigar individualmente é a intenção dos membros em adaptar as táticas e estratégias processuais às necessidades de cada um.[126]

Nas ações coletivas descritas na alínea "b", item 3, os integrantes da classe podem optar por serem excluídos do grupo envolvido, imunizando-se de eventual coisa julgada coletiva. O exercício em massa do direito de autoexclusão transmite ao juiz a mensagem de que os componentes da classe não reconhecem a *class action* como instrumento legítimo para representar os seus interesses, de modo que preferem conduzir pessoalmente as próprias demandas.[127]

Antônio Gidi defende a existência de relação entre o montante envolvido nas pretensões individuais e o desejo dos indivíduos em conduzirem pessoalmente suas próprias ações. Para o professor baiano, nos casos em que o valor é reduzido, também é diminuta a vontade dos membros da classe em propor uma ação individual. Quanto maior a indenização pretendida, maior é o interesse do indivíduo em protagonizar sua ação.[128]

O segundo fator elencado pela lei para aferição da superioridade da *class action* é a existência de diversas ações individuais com o mesmo objeto, que indicaria uma predisposição ao esvaziamento da tutela metaindividual, diante da possibilidade de os litigantes singulares insistirem nas suas próprias pretensões, transformando a ação coletiva em um procedimento de pequena relevância na administração da justiça.[129]

---

[125] WRIGHT, Charles A.; MILLER, Arthur R.; KANE, Mary K. Op. cit., p. 563-564. A título de exemplificação, em *Hobbs v. Northeast Airlines*, 50 F.R.D. 76 (E.D. PA 1970), o juiz denegou a *class action* ajuizada em defesa dos sobreviventes e dos familiares dos falecidos em um acidente aéreo, com fundamento no forte interesse emocional dos membros do grupo em litigar independentemente.

[126] Tal como ocorreu em *Hobbs v. Northeast Airlines*, 50 F.R.D. 76 (E.D. PA 1970).

[127] Cf. KAPLAN, Benjamin. Continuing work of the civil committee: 1966 amendments of the Federal Rules of Civil Procedure (I). *Harvard Law Review*. Cambrigde: Harvard University Press, v. 81, p. 391, 1967.

[128] GIDI, Antônio. *A class action como instrumento de tutela coletiva dos direitos*. São Paulo: Editora Revista dos Tribunais, 2007. p. 179.

[129] Vide *In re Masonite Corp. Hardboard Siding Prod. Liab. Litig.*, 170 F.R.D. 417 (E.D. La.1997). A inexistência de ações individuais, por sua vez, indica a ausência de barreiras à ação coletiva, conforme os julgamentos de *Haley v. Medtronic, Inc.*, 169 F.R.D. 643 (C.D. Cal.1996) e de *Bentkowski v. Marfuerza Compania Maritima, S.A.*, 70 F.R.D. 401 (E.D. Pa.1976), o que também ocorre com a identificação de múltiplas pretensões singulares ainda em fase inicial.

O momento processual dessas ações individuais é igualmente relevante para verificar a utilidade da tutela coletiva. Se as diversas ações já estiverem julgadas ou maduras para julgamento, a demanda coletiva mostrar-se-á desnecessária e significará desperdício da atividade jurisdicional já realizada no âmbito das pretensões singulares.[130]

O terceiro fator a ser considerado pelo juiz é a conveniência de concentrar as pretensões de todos os integrantes da classe em uma única corte distrital ou federal. O critério envolve considerações de agilidade, economia processual e conveniência para as partes, as testemunhas e o Poder Judiciário. A análise abrange também aspectos como a proximidade do local em que os fatos ocorreram e das provas que eventualmente serão produzidas, especialmente das testemunhas a serem ouvidas em audiência.[131]

Finalmente, deve o juiz avaliar se o processamento do litígio coletivo é manejável, isto é, se não implicará problemas de administração para a própria ação e para o andamento dos demais processos. Dentre os aspectos que podem comprometer o manuseio da ação coletiva, a doutrina destaca a complexidade e a numerosidade das questões fáticas e jurídicas individuais; dificuldades causadas pelo elevado custo para notificação dos membros ausentes do grupo; e o número excessivo de integrantes exercendo o direito de autoexclusão.[132]

---

[130] GIDI, Antônio. Op. cit., p. 180.
[131] Nos termos de RUBENSTEIN, William; CONTE, Alba; NEWBERG, Herbert H. *Newberg on class actions*. 5. ed. Saint Paul: Thomson Reuters, 2012. v. 2, p. 281-283; e WRIGHT, Charles A.; MILLER, Arthur R.; KANE, Mary K. *Federal Practice and Procedure*. 3. ed. Nova York: Thomson/West, 2005. v. 7A, p. 573.
[132] Vide RUBENSTEIN, William; CONTE, Alba; NEWBERG, Herbert H. Op. cit., v. 2, p. 291-296, 301-302; WRIGHT, Charles A.; MILLER, Arthur R.; KANE, Mary K. Op. cit., v. 7A, p. 574-585; e FRIEDENTHAL, Jack H.; KANE, Mary Kay; MILLER, Arthur R. *Civil procedure*. 4. ed. Saint Paul: Thomson West, 2005. p. 774.

CAPÍTULO III

LEGITIMIDADE NAS AÇÕES COLETIVAS

1 Noções introdutórias

O surgimento dos conflitos metaindividuais na sociedade contemporânea demandou a transformação do processo individual, a fim de impedir que essas questões de grande impacto social, econômico e político ficassem à margem da tutela jurisdicional.

Mauro Cappelletti argumenta que a adaptação de institutos tradicionais do processo civil não implica total abandono dos esquemas clássicos, mas a acomodação dos mais sagrados princípios da justiça natural a essa nova realidade, como condição para uma tutela jurisdicional efetiva dos direitos supraindividuais.[133]

Um dos pontos mais importantes dessa releitura de paradigmas processuais repousa na adoção de critérios de legitimação distintos daqueles que vigoram nos processos individuais. Para Vittorio Denti, em se tratando de interesses metaindividuais, é um erro recorrer aos esquemas tradicionais de legitimação, pois estes estão intimamente ligados a uma concepção de ação modelada na proteção de direitos subjetivos.[134]

A legitimidade para proteção dos interesses essencialmente coletivos não pode ser definida a partir da sua titularidade, porque os

---

[133] Nas exatas palavras de Mauro Cappelletti, *"even the most sacred principles 'of natural justice' must therefore be reconsidered in view of the changed needs of contemporary societies; reconsideration, however, does not mean abandonment, but rather adaptation"* (CAPPELLETTI, Mauro. *The judicial process in comparative perspective*. Oxford: Claredon Press, 1989. p. 304).

[134] DENTI, Vittorio. Relazione introduttiva. *Studi nelle scienze giuridiche e sociali*: Le azioni a tutela di interessi collettivi. Atti del convegno di studio. Padova: Cedam, v. 17, p. 15, jun. 1976.

direitos transindividuais são indivisíveis e fluidos, pertencentes a toda uma coletividade mais ou menos determinável, a depender da espécie de direito objeto do litígio.

Da mesma forma, ainda que o direito seja divisível e tenha titulares bem identificados, tal como ocorre com os interesses individuais homogêneos, a multiplicidade de detentores desses direitos de origem comum, recomenda que a sua proteção seja realizada de forma molecularizada por um único porta-voz, na intenção de garantir celeridade e economia processuais, além da pacificação uniforme do conflito.

Nesse contexto, foram desenvolvidas alternativas de adaptação da legitimidade de agir às particularidades dos interesses versados no processo coletivo, de forma que a aptidão daquele que atuará em defesa da coletividade é aferida pela averiguação das suas qualidades, ou a partir de parâmetros abstratos definidos em lei.

A escolha dos titulares da proteção dos interesses supraindividuais é ponto nuclear da construção de qualquer sistema de tutela coletiva, diante da necessidade de garantir que os direitos dos membros ausentes da coletividade serão defendidos de forma suficiente e tenaz pelo intérprete judicial. A definição dos legitimados também se traduz em um ato político, pois define uma maior ou menor participação da sociedade civil na administração do bem comum ou de sua capacidade de influenciar a tomada de decisões sobre o espaço público, aproximando-a do ideal democrático.

1.1 Modelos de legitimidade coletiva

A definição daqueles indivíduos ou entidades que serão os detentores da legitimação *ad causam* para proteger os interesses metaindividuais é fruto da política legislativa, orientada pelas peculiaridades sociais de cada país.[135] Como bem observa Ricardo de Barros Leonel, as diferentes conjunturas sociais e políticas das nações fazem com que um modelo legislativo que funcionou em determinado país não seja

---

[135] Vincenzo Vigoriti afirma que *"il problema della legittimazione ad agire è prima di tutto una questione di scelte di politica legislativa e, poi, un problema tecnico, per cui se appena ci si preoccupa di indagare sul fondamento degli attuali criteri di determinazione dei soggetti legittimati ad affermare e contraddire, si avverte subito quella che potrebbe essere definita come la 'relatività' delle soluzioni accolte nel nostro ordinamento"* (VIGORITI, Vincenzo. Interessi collettivi e processo: la legittimazione ad agire. Milão: Giuffrè, 1979. p. 66).

igualmente exitoso caso venha a ser simplesmente transplantado para outro.[136]

Nas ações coletivas a legitimação pode ser classificada em três vertentes distintas, de acordo com os principais protagonistas escolhidos pelos ordenamentos para exercer a proteção dos interesses metaindividuais, cada qual com seus benefícios e fragilidades.

A legitimação poderá ser pública, se atribuída primordialmente aos órgãos governamentais; privada, quando a sociedade civil participa da defesa dos direitos metaindividuais, por meio de pessoas físicas ou entidades não governamentais; e mista, em que entes públicos e privados exercem o direito de ação em igualdade de condições.

1.1.1 Legitimação pública

Na qualidade de gestores da coisa pública, os órgãos governamentais representam entes primários na defesa dos direitos metaindividuais. Atribuir legitimação de agir a essas entidades nada mais é do que concretizar as finalidades supremas do Estado, consubstanciadas pela defesa da ordem, do bem-estar e do progresso do seu povo.

A atuação do Estado na defesa de interesses metaindividuais ocorre de duas formas distintas. Em primeiro lugar, extrajudicialmente, por meio do exercício do poder de polícia por agências reguladoras e outros órgãos da administração pública, altamente especializados em temas como consumidor, meio ambiente e práticas anticoncorrenciais, de forma preventiva ou repressiva às infrações cometidas. Em segundo lugar, judicialmente, atribuindo legitimação de agir a agentes autorizados a invocar a tutela dos interesses supraindividuais, como o Ministério Público, o *attorney general* dos países de *Common Law*, e as agências reguladoras.

A despeito da tendência natural das entidades estatais em defender os interesses da sociedade, a adoção do modelo público de legitimação mostra-se insuficiente para dar tratamento adequado aos litígios metaindividuais.

A atuação governamental enfrenta limitações financeiras e burocráticas inerentes a qualquer orçamento público, mesmo em órgãos eficientes e bem estruturados quanto a recursos humanos e financeiros. Como consequência, a execução de funções institucionais – como a

---

[136] LEONEL, Ricardo de Barros. *Manual do processo coletivo*. 2. ed. São Paulo: Editora Revista dos Tribunais, 2011. p. 147.

proteção judicial e extrajudicial de interesses metaindividuais – torna-se lenta, inflexível e passiva.[137]

Ademais, tratando-se de órgãos essencialmente políticos, suas atividades estão mais expostas a pressões internas, tornando pouco provável que essas entidades atuem contra práticas violadoras de interesses supraindividuais originadas de atos governamentais, ou que foram praticadas com a condescendência da administração pública.[138]

Essas deficiências atingem também órgãos importantes como o Ministério Público de diversos países e o *attorney general*, que ainda sofrem com a falta de treinamento e experiência necessários para que sejam eficientes na proteção dos direitos coletivos, especialmente em questões envolvendo discriminação racial e meio ambiente.[139]

Por fim, as agências públicas e regulamentadoras altamente especializadas, conquanto sejam importantes para regulamentar e fiscalizar temas caros à sociedade (*v.g.* relações de consumo e meio ambiente), "inclinam-se a atender mais facilmente a interesses organizados, com ênfase nos resultados das suas decisões, e esses interesses tendem a ser predominantemente os mesmos interesses das entidades que o órgão deveria controlar".[140]

1.1.2 Legitimação privada

As limitações do Poder Público – que o tornam imperfeito a defender os interesses metaindividuais – levaram à reflexão sobre um

---

[137] CAPPELLETTI, Mauro; GARTH, Bryant. *Acesso à justiça*. Trad. Ellen Gracie Northfleet. Porto Alegre: Sergio Antonio Fabris Editor, 1988. p. 55. A opinião é compartilhada por Vincenzo Vigoriti, para quem a atividade estatal somente deve ser acionada quando for indispensável, haja vista os condicionamentos burocráticos e os vínculos existentes (VIGORITI, Vincenzo. *Interessi collettivi e processo:* la legittimazione ad agire. Milão: Giuffrè, 1979. p. 247-249).

[138] CAPPELLETTI, Mauro. Vindicating the public interest through the courts: a comparativist's contribution. *Buffalo Law Review*. Buffalo: University of Buffalo Law School, v. 25, p. 652, 1975-1976.

[139] Ibid., p. 653. Posteriormente, Mauro Cappelletti reconheceu que as deficiências por ele apontadas aos órgãos estatais não se aplicariam ao Ministério Público brasileiro, em razão da sua independência organizacional e financeira asseguradas pela Constituição Federal, e ampla especialização de seus membros na defesa de interesses difusos, características indispensáveis ao êxito do modelo público de legitimação. A prática tem revelado a atuação combativa dos integrantes do Ministério Público, bem como sua intensa atividade na proteção dos interesses metaindividuais no país (cf. CAPPELLETTI, Mauro. O acesso dos consumidores à justiça. *Revista de Processo*. São Paulo: Editora Revista dos Tribunais, v. 62, p. 208, abr./jun. 1991).

[140] CAPPELLETTI, Mauro; GARTH, Bryant. *Acesso à justiça*. Trad. Ellen Gracie Northfleet. Porto Alegre: Sergio Antonio Fabris Editor, 1988. p. 52.

modelo de legitimação privatista, no qual a sociedade civil exerce a defesa dos seus próprios direitos.

Incluem-se nesse arquétipo os integrantes da sociedade singularmente considerados e os chamados corpos intermediários, entidades formadas no seio do grupo social, fruto da organização de seus membros e vocacionadas à proteção de interesses supraindividuais, e que se posicionam entre os indivíduos e o Estado.

A adoção do modelo privatista de legitimidade transforma o processo em importante ferramenta de consolidação da democracia, ao conceder à sociedade civil meios de controle dos poderes político e econômico, quando estes ameaçarem ou violarem os interesses metaindividuais. Como bem avalia Kazuo Watanabe, o arquétipo eleva a legitimação a ser uma das principais técnicas de incentivo à participação da sociedade na gestão de seus interesses nucleares.[141]

O modelo privado expande o campo de atuação política da sociedade nos espaços de interação, propiciando formas adicionais de participação social e, consequentemente, novas alternativas ao exercício da democracia. Essa transformação, segundo Boaventura de Sousa Santos, implica a ruptura da teoria democrática do Estado Liberal, fazendo emergir uma nova concepção pós-moderna, inspirada no conceito aristotélico de cidadania como elo entre todo homem livre e a cidade, que o autoriza a atuar e interagir com as fontes decisórias estatais.[142]

O processo metaindividual possui dimensões política, econômica e social, pois serve de instrumento para a pacificação de conflitos complexos, que impactam diretamente em temas relevantes para a sociedade, como meio ambiente, mercado de consumo, saúde e direito das relações de trabalho. A ampliação do rol de atores que podem promover a ação coletiva legitima o sistema processual e o próprio poder jurisdicional, mediante o compartilhamento do múnus de proteção dos interesses supraindividuais com a sociedade civil.

Franquear legitimidade na tutela dos interesses coletivos ao povo significa dispor, por meio do processo, de uma ferramenta de controle "que a democracia liberal e a social democracia não previram nem efetivaram, salvo pelo mecanismo do voto e pela pressão da opinião

---

[141] GRINOVER, Ada Pellegrini *et al*. *Código brasileiro de defesa do consumidor*: comentado pelos autores do anteprojeto. 12. ed. Rio de Janeiro: Forense, 2019. p. 874.

[142] SANTOS, Boaventura de Sousa. *Pela mão de Alice*: o social e o político na pós-modernidade. 7. ed. Porto: Edições Afrontamento, 1999. p. 237.

pública, que se revelaram insuficientes e insatisfatórios".[143] Cuida-se da clara concretização da premissa de que a jurisdição é a manifestação do poder do Estado, poder este que emana do povo e em seu nome é exercido.

O acolhimento de novas formas de interação da sociedade com a defesa de seus interesses, configura uma forma de apropriação coletiva de bens comuns e de participação na gestão da coisa pública por intermédio da justiça, permitindo que se alcance um dos escopos do processo, que é a conscientização social e política da população, através do adequado exercício da jurisdição.

Autorizar o povo a levar suas insatisfações coletivas para serem remediadas em juízo transforma os membros do tecido social em indivíduos mais conscientes quanto à necessidade de zelar pelos seus direitos (individuais ou supraindividuais) e pela observância dos interesses dos demais integrantes da comunidade.[144]

Sucede que a legitimidade privada apresenta algumas fragilidades identificadas pela doutrina, tal como o modelo público.

Para Mauro Cappelletti, a atribuição de legitimação ao indivíduo pode se mostrar problemática nas hipóteses em que o valor do prejuízo individualmente sofrido por ele for baixo. Nesse caso, não haverá incentivo financeiro suficiente para que o interessado contrate advogado, arque com o pagamento de custas judiciais e leve a questão a juízo, mesmo que o desfecho da lide beneficie terceiros que se encontrem em igual contexto fático e jurídico.[145]

A legitimação individual privada também pressupõe o natural desequilíbrio de forças entre as partes da relação processual, que poderá prejudicar a tenaz defesa dos interesses grupais. De um lado, o litigante esporádico (aquele integrante da coletividade que ajuíza a ação para

---

[143] PASSOS, J. J. Calmon de. Democracia, participação e processo. *In*: GRINOVER, Ada Pellegrini; DINAMARCO, Cândido Rangel; WATANABE, Kazuo (coords.). *Participação e processo*. São Paulo: Editora Revista dos Tribunais, 1988. p. 92. Vale rememorar lição de Cândido Rangel Dinamarco de que "todas as formas de influência sobre os centros de poder são participativas, no sentido de que representam algum peso para a tomada de decisões; conferir ou conquistar a capacidade de influir é praticar a democracia" (DINAMARCO, Cândido Rangel. *A instrumentalidade do processo*. 13. ed. São Paulo: Malheiros, 2008. p. 202).

[144] DINAMARCO, Cândido Rangel. Op. cit., p. 192.

[145] CAPPELLETTI, Mauro. Vindicating the public interest through the courts: a comparativist's contribution. *Buffalo Law Review*. Buffalo: University of Buffalo Law School, v. 25, p. 651, 1975-1976. Também destacando o custo do processo e o desequilíbrio de forças como obstáculos do modelo privado de legitimação, vide PISANI, Andrea Proto. Appunti preliminari per uno studio sulla tutela giurisdizionale degli interesse collettivi (o piu esttamente: superindividuali) innanzi al giudice civile ordinaria. *Studi nelle scienze giuridiche e sociali:* Le azioni a tutela di interessi collettivi. Atti del convegno di studio. Padova: Cedam, v. 17, p. 275, jun. 1976.

defender interesse próprio e dos demais, com pouca habitualidade forense e recursos limitados) e, de outro, um litigante habitual (empresa ou entidade governamental com ampla prática de foro, técnicos e advogados altamente especializados, além de disponibilidade financeira para arcar com o custo do processo e produzir todas as provas necessárias à sua defesa).[146]

Ao abordar a legitimidade privatista na tutela metaindividual, Andrea Proto Pisani argumenta que o modelo expõe a coletividade ao risco de ações serem ajuizadas exclusivamente para fins egoísticos do próprio autor, seja ele um indivíduo, seja uma associação, correndo o risco de essa importante ferramenta transformar-se em instrumento de locupletamento e colusão.[147]

Partindo dessas premissas, o jurista conclui que a legitimação deve ser concedida de forma temperada, com a implementação de mecanismos que permitam aferir a seriedade do porta-voz do grupo, podendo ser fixados de forma genérica pelo legislador e aplicados pelo juiz de acordo com o caso concreto.[148]

Também tratando do tema, Vicenzo Vigoriti argumenta que a outorga de legitimidade exclusiva aos integrantes da sociedade civil constitui um grave risco ao Estado, que ficará sem a possibilidade de aferir se os indivíduos estão efetivamente capacitados para proteger os interesses coletivos.[149]

1.1.3 Legitimação mista

A combinação de elementos dos modelos privatista e publicista resulta em um arquétipo misto, que atribui legitimidade tanto a órgãos

---

[146] CAPPELLETTI, Mauro; GARTH, Bryant. *Acesso à justiça*. Trad. Ellen Gracie Northfleet. Porto Alegre: Sergio Antonio Fabris Editor, 1988. p. 60. Cuidando especificamente da fragilidade do homem médio diante do litigante habitual em uma ação coletiva, Mauro Cappelletti argumenta que "se é legitimado a agir não meramente para si, mas pelo grupo inteiro do qual é membro, tal herói será subtraído ao ridículo destino de Dom Quixote, em vã e patética luta contra o moinho de vento" (CAPPELLETTI, Mauro. Formações sociais e interesses coletivos diante da justiça civil. Trad. Nelson Renato Palaia Ribeiro de Campos. *Revista de Processo*. São Paulo: Editora Revista dos Tribunais, v. 5, p. 137, jan./mar. 1977).

[147] PISANI, Andrea Proto. Appunti preliminari per uno studio sulla tutela giurisdizionale degli interesse collettivi (o piu esttamente: superindividuali) innanzi al giudice civile ordinaria. *Studi nelle scienze giuridiche e sociali*: Le azioni a tutela di interessi collettivi. Atti del convegno de studio. Padova: Cedam, v. 17, p. 274-275, jun. 1976.

[148] Ibid., p. 275-276.

[149] VIGORITI, Vincenzo. *Interessi collettivi e processo*: la legittimazione ad agire. Milão: Giuffrè, 1979. p. 141-142.

públicos como a entes privados. Trata-se de modelo que concretiza amplo acesso à justiça e todos os seus reflexos na construção de um novo modelo democrático, ao permitir que múltiplos atores, de diversas esferas, possam exercer a tutela dos interesses metaindividuais.[150]

Considerando que os modelos público e privado de legitimação possuem vantagens e inconvenientes inerentes às características dos entes legitimados, o modelo misto concilia todos os aspectos positivos, mitigando os problemas dessas alternativas.

Para Vittorio Denti, a substituição de um modelo polarizado (publicista ou privatista) por um modelo conciliador (público e privado) evita, de um lado, a exclusão de qualquer forma de participação e controle judicial na gestão do interesse coletivo, e, de outro, a adoção de técnicas individualistas de proteção, que impedem que se conheça a relevância coletiva do conflito e da sua pacificação.[151]

A abertura dos esquemas de legitimação autoriza que diversos segmentos da sociedade civil e da administração pública combinem esforços para a eficiente tutela dos interesses metaindividuais, uns suprimindo as deficiências dos outros, quer no âmbito técnico, quer em termos geográficos, quer ainda quanto a aspectos econômico-financeiros.

A título de ilustração dessa sinergia entre as esferas pública e privada, grupos não governamentais podem atuar na judicialização de políticas públicas, suplementando ou substituindo as ações estatais que não tenham sido executadas por deficiências orçamentárias, barreiras burocráticas ou mesmo desinteresse institucionalizado. Outros direitos, cuja proteção nem sempre interessa aos grupos particulares, tal como o meio ambiente, contariam com a ação das entidades públicas legalmente obrigadas a exercer esse múnus.

Assim, o critério pluralista e participativo nos parece ser a melhor técnica para tutelar os direitos metaindividuais, porque intensifica a possibilidade de que todas as violações a interesses coletivos alcancem o Poder Judiciário, e não fica restrita à atuação de alguns entes privados ou governamentais.

---

[150] O modelo misto, dessa forma, impede que ocorra a sub-representação de determinados direitos, ao garantir acesso à justiça a múltiplos interesses, que podem ser defendidos em juízo por entes com vocações e aspirações distintas (SALLES, Carlos Alberto de. Políticas públicas e legitimidade para defesa de interesses difusos e coletivos. *Revista de Processo*. São Paulo: Editora Revista dos Tribunais, v. 121, p. 50, mar. 2006).

[151] DENTI, Vittorio. Giustizia e partecipazione nella tutela dei nuovi diritti. *In*: GRINOVER, Ada Pellegrini; DINAMARCO, Cândido Rangel; WATANABE, Kazuo (coords.). *Participação e processo*. São Paulo: Editora Revista dos Tribunais, 1988. p. 18.

2 Legitimidade das ações coletivas norte-americanas

Em termos gerais, a legitimidade (*standing to sue*) é um dos elementos que atribuem a determinada pretensão a qualidade de poder ser submetida ao Poder Judiciário norte-americano (*justiciability*), e que são extraídos da interpretação do art. III da Constituição estadunidense.

Atenderá ao critério da legitimidade aquele que comprovar sua vinculação ao objeto litigioso (*personal stake*), invocando ter sofrido lesão ou ameaça de lesão a um direito próprio legalmente protegido (*injury-in-fact*); que tenha relação de causalidade com ato praticado pela parte adversária (*causation*); e que possa ser objeto de uma decisão judicial de mérito (*redressability*).[152] Outrossim, deve ser demonstrado que o instrumento processual utilizado é adequado a reparar ou evitar a lesão invocada, alcançando o fim prático por pretendido pela parte, aproximando a legitimação de agir do caractere da "adequação" do interesse de agir brasileiro. Da conjugação desses elementos, é possível averiguar se o promovente da ação possui uma posição de interesse na solução do litígio.[153]

A amplitude dos conceitos de *personal stake* e *injury-in-fact* fez com que os tribunais criassem um requisito complementar e igualmente indeterminado para caracterização da legitimação para agir, denominado *zone of interest*.[154] O critério, entretanto, não foi definido adequadamente até o presente momento, e vem sendo aplicado de forma discricionária pelos tribunais. Consoante Jack Friedenthal, Mary Kay Kane e Arthur Miller, é comum ver juízes declararem o atendimento do requisito da zona de interesse sempre que não houver no caso concreto alguma especial razão para denegar a legitimidade.[155]

---

[152] Cf. *Lujan v. Defenders of Wildlife*, 504 U.S. 555, 559 (1992). Mais recentemente, decidindo que a legitimidade de agir somente existe nas hipóteses em que o autor demonstrar *"a personal injury fairly traceable to the defendant's allegedly unlawful conduct and likely to be reddressed by the requested relief"*, vide o acórdão da Suprema Corte proferido em *Already, LLC v. Nike, Inc.*, 133 S. Ct. 721, 726 (2013).

[153] SALLES, Carlos Alberto de. Class actions: algumas premissas para comparação. *In*: GRINOVER, Ada Pellegrini *et al.* (orgs.). *Processo coletivo*: do surgimento à atualidade. São Paulo: Editora Revista dos Tribunais, 2014. p. 245. Ainda sobre o *personal stake in the outcome*, ver JOLOWICZ, John Anthony. *On civil procedure*. Cambridge: Cambridge University Press, 2000. p. 100.

[154] Cf. JOLOWICZ, John Anthony. Op. cit., p. 100, citando decisões da Suprema Corte proferidas em *Association of Data Processing Service Organization, Inc. v. Camp*, 397 US 150, 90 S.Ct. 827, 25 L.Ed.2d 184 (1970) e *Barlow v. Collins*, 397 US 159, 90 S.Ct. 832, 25 L.Ed.2d 192 (1970).

[155] FRIEDENTHAL, Jack H.; KANE, Mary Kay; MILLER, Arthur R. *Civil procedure*. 4. ed. Saint Paul: Thomson West, 2005. p. 348.

Como consequência da averiguação da legitimidade a partir das características de cada caso concreto, é difícil identificar um padrão nas decisões, uma *ratio decidendi* que defina com segurança em que hipóteses os fatos narrados estão inseridos na zona de interesse do autor.[156]

A insegurança decorrente dessa indefinição, que relega a aferição da legitimidade à livre discricionariedade dos juízes de diferentes instâncias, pode levar a situações absurdas, como o reconhecimento de ilegitimidade do proponente de uma demanda após muitos anos de litígio.

2.1 O indivíduo como protagonista

O sistema processual coletivo norte-americano adota um modelo privado, construído a partir da atribuição de legitimação preponderantemente a pessoas físicas, que podem agir individualmente ou organizadas em entidades não governamentais.

A adoção do arquétipo privatista de legitimação reflete, na opinião de Owen Fiss, a dúvida do povo norte-americano acerca da efetiva capacidade de o Estado proteger adequadamente os interesses da comunidade.[157]

A desconfiança origina-se da consciência de que os recursos estatais são limitados, tornando a administração pública incapaz de tomar para si a responsabilidade de fiscalizar isoladamente todas as infrações cometidas. Ademais, entende-se que o modelo liberal pressupõe que a atuação do ente governamental está restrita às suas funções típicas e aos casos de urgência, reforçando a busca de soluções privadas à proteção dos interesses supraindividuais. Há ainda o natural entendimento de que o Estado é um agente violador de direitos metaindividuais, de forma omissiva ou comissiva, razão pela qual a atribuição de legitimação à sociedade permite fiscalizar e coibir tais práticas, por intermédio do Poder Judiciário.[158]

---

[156] O problema foi apontado e duramente criticado nos acórdãos proferidos por ocasião dos julgamentos de *Simon v. Eastern Kentucky Welfare Rights Organization* 426 U.S. 26 (1976) e de *Allen v. Wright* 468 U.S. 737 (1984), como também no magistério de JOLOWICZ, John Anthony. *On civil procedure*. Cambridge: Cambridge University Press, 2000. p. 100.

[157] Vide FISS, Owen. *Um novo processo civil*. Coord. Trad. Carlos Alberto de Salles. São Paulo: Editora Revista dos Tribunais, 2004. p. 236.

[158] Nos moldes apresentados por NAGAREDA, Richard A. *The law of class actions and other aggregate litigation*. Nova York: Foundation Press, 2009. p. 27-37; e ISSACHAROFF, Samuel. Governance and legitimacy in the law of class actions. *The Supreme Court Review*. Chicago: University of Chicago Press, v. 1999, p. 337-340, 1999.

O modelo privatista encampado pelo sistema estadunidense, primado pela forte participação do indivíduo na defesa dos interesses da comunidade em que ele está inserido, pode ser também justificado no natural espírito participativo da sociedade norte-americana, pilar de sua consolidada democracia.

É da obra de Alexis de Tocqueville, escrita em meados do século XIX, o retrato mais fiel da cultura de participação coletiva na tomada de decisões da sociedade norte-americana. Segundo o pensador francês, "parece que o único prazer que o americano conhece é tomar parte do governo e discutir as suas medidas".[159]

O espírito participativo estadunidense pode ser vislumbrado em outra passagem da obra de Tocqueville, de acordo com a qual "os americanos de todas as idades, de todas as condições, de todos os espíritos, estão constantemente a se unir", para "dar festas, fundar seminários, construir hotéis, edifícios, igrejas, distribuir livros, enviar missionários aos antípodas; assim também criam hospitais, prisões, escolas".[160]

A conjugação de todos esses elementos permitiu a frutífera e natural construção de um modelo de tutela supraindividual centrado no engajamento cívico do indivíduo, a quem é concedida legitimação ativa ou passiva para defender os interesses de toda uma coletividade da qual faça parte, desde que ele esteja em posição similar a dos demais membros. Apresenta-se como legitimação ordinária concorrente e disjuntiva,[161] em que o representante da classe invoca a tutela de interesse

---

[159] Tocqueville prossegue relatando que "mal desembarcamos no solo americano, vemo-nos no meio de uma espécie de tumulto; de todas as partes, eleva-se um confuso clamor; mil vozes chegam ao mesmo tempo aos nossos ouvidos, cada qual a exprimir algumas necessidades sociais. Em nossa volta, tudo se movimenta: aqui é o povo de um bairro que se reúne para saber se há de construir uma igreja; ali, trabalha-se para escolher um representante; mais além, os delegados de um cantão dirigem-se à cidade a toda pressa, a fim de deliberar sobre certos melhoramentos locais; noutra parte, são os agricultores de uma aldeia que abandonaram seus arais para discutir o plano de uma estrada ou de uma escola. Reúnem-se cidadãos com a finalidade exclusiva de declarar que desaprovam a marcha do governo, ao passo que outros se reúnem a fim de proclamar que os homens da administração são os pais da pátria. [...]. Até parece que o único prazer que o americano conhece é tomar parte do governo e discutir as suas medidas" (TOCQUEVILLE, Alexis de. *A democracia na América*. Trad. Neil Ribeiro da Silva. 3. ed. Belo Horizonte: Itatiaia, 1987. p. 187-188).

[160] Ibid., p. 341-342.

[161] Cuida-se de legitimação ordinária, nas palavras de Vincenzo Vigoriti, porque "*l'attore si presenta come legittimato ordinario, e cioè come una real party in interest: in tale veste egli chiede di tutelare l'interesse proprio e, di sua iniziativa, prescindendo cioè da ogni predeterminazione legislativa, si offre insieme come 'representative' di quelli altrui di contenuto identico al proprio*" (VIGORITI, Vincenzo. *Interessi collettivi e processo*: la legittimazione ad agire. Milão: Giuffrè, 1979. p. 273-274). Ademais, é concorrente e disjuntiva, pois qualquer indivíduo interessado

próprio e dos demais componentes da coletividade, independentemente de autorização para agir ou de consenso da classe.

A atribuição de legitimidade ao indivíduo, para defender interesse próprio coincidente com o dos demais membros da coletividade, que estejam em um mesmo contexto fático e jurídico, aproxima as *class actions* do direito norte-americano da ação popular brasileira, na medida que em ambas a tutela de direitos supraindividuais é perseguida por pessoas naturais.

Dois fatores, contudo, distanciam os instrumentos processuais. O campo de atuação da pessoa física no modelo processual norte-americano é muito mais amplo, em razão do universo de questões que podem ser questionadas grupalmente. Ademais, as consequências derivadas dos atos praticados pelo autor ideológico têm maior repercussão, por força da vinculação de toda a coletividade ao desfecho dado à pretensão, seja ele favorável ou não, contrapondo as regras de temperamento da coisa julgada no microssistema brasileiro.

Os requisitos definidores da legitimação do indivíduo para as ações coletivas não diferem daqueles previstos pelo direito norte-americano para as pretensões individuais. Isto é, tal como em uma ação individual, cabe ao autor da pretensão coletiva demonstrar ter interesse direto (*personal stake*) ou sofrido dano efetivo ou iminente para que possa propor uma ação em face de outrem. A caracterização da *legitimatio ad causam* depende da prova de que o proponente tenha sofrido ou está para sofrer iminente dano (*injury-in-fact*), vinculado diretamente a ato do adversário (*causation*), e passível de reparação através da aplicabilidade da lei ao caso concreto (*redressability*).

A atuação do indivíduo como porta-voz do grupo em uma *class action*, no entanto, quer no polo ativo, quer no polo passivo, dependerá do atendimento dos critérios de certificação, que, em resumo, permitem ao tribunal aferir a necessidade da tutela coletiva, a sinergia entre representante e representados, e a capacidade do primeiro em defender os interesses dos segundos (cf. Capítulo V, *infra*). Será necessário, ainda, averiguar se a pretensão se insere em uma das modalidades de ações coletivas, apresentadas no Capítulo II, *supra*.

Em adição à legitimidade do indivíduo, outro fator que coloca a *class action* norte-americana em uma nova dimensão dos esquemas processuais é a adoção da prática de incentivos, denominada *private*

---

pode ajuizar a ação, quer litisconsorciando-se com outros integrantes do grupo que por ele será representado, quer fazendo-o isoladamente.

attorney general doctrine, na qual o advogado da coletividade é gratificado monetariamente pelo antagonista da relação processual, como em um princípio da causalidade elevado exponencialmente, caso o desfecho da ação beneficie um número significativo de pessoas por ele representadas.

A adoção da lógica de incentivos cria um segundo universo de interessados na proteção dos interesses coletivos. Ademais dos titulares dos direitos metaindividuais, diretamente atingidos pela prática lesiva, surgem novos atores que, conquanto não sejam legitimados para defender os interesses dos integrantes da coletividade, possuem motivação meramente econômica. Se, de um lado, esse aspecto se mostra positivo à eficiente proteção dos interesses da sociedade norte-americana, de outro, cria espírito de mercantilização da defesa dos interesses da coletividade, transformando os *private attorneys general* em gananciosos caçadores de recompensa ou empreendedores de litígios.

Há uma mistura de motivações públicas e privadas na atuação do *private attorney general*. Ao mesmo tempo em que sua intervenção está voltada à obtenção de um bem comum (a defesa dos interesses de uma coletividade prejudicada), atribuindo importância social à função desempenhada pelo advogado das massas, há também inegável impulso financeiro que o move nessa direção. Isso faz com que sua atuação seja vista com cauteloso entusiasmo, dado que não é possível aferir se, em determinado caso concreto, o porta-voz do grupo e seu advogado estão sendo movidos pelo interesse em garantir o bem-estar da sociedade ou apenas para receber vultosa honorária.

As associações também têm especial papel no modelo privado de legitimação norte-americano, notadamente na proteção de interesses públicos relacionados a direitos e liberdades civis, meio ambiente e consumidor.[162]

Estruturadas sob o modelo de *organizational private attorney general*, as associações voltam-se à "promoção de interesses públicos não estatais, utilizando-se largamente das ações coletivas como instrumento de atuação e cumprimento de direitos conquistados nos movimentos

---

[162] Cf. CAPPELLETTI, Mauro; GARTH, Bryant. *Acesso à justiça*. Trad. Ellen Gracie Northfleet. Porto Alegre: Sergio Antonio Fabris Editor, 1988. p. 64. Consoante Antônio Gidi, a análise da legitimidade das associações para a defesa dos interesses coletivos tem sido negligenciada pela doutrina norte-americana, existindo pouquíssimo material que aborde a questão com a profundidade que ela merece (cf. GIDI, Antônio. Class Actions in Brazil: a model for Civil Law countries. *University of Houston Law Center, Public Law and Legal Theory Research Paper Series*. Houston: Houston Law Center RPS, v. 2006-A-11, p. 393, 2006).

sociais das últimas décadas e positivados nos sucessivos *Civil Rights Acts* desde 1964".[163]

A participação das associações no polo ativo qualifica o contraditório, em razão de sua estrutura institucional amparada em advogados e equipe administrativa altamente preparados, que permite uma melhor organização de todos os dados úteis à defesa dos interesses supraindividuais. Nas ações coletivas passivas, por sua vez, essas organizações são frequentemente selecionadas como representantes da coletividade, como forma de garantir a efetiva representatividade dos interesses dos membros ausentes.

Em qualquer dos polos da relação processual, o principal benefício da participação das associações nas ações coletivas repousa no fortalecimento do poder de barganha do grupo, bem como no crescimento de seu poder político. Por se tratar de uma entidade especializada em demandas metaindividuais, que desfruta de estrutura organizada e recursos financeiros, tais organizações podem lançar mão de ferramentas nem sempre disponíveis às pessoas físicas, como a veiculação de campanhas educativas sobre o objeto de determinada lide ou a contratação de especialistas para atuar como assistentes, testemunhas técnicas ou *amicus curiae*, tudo a criar um cenário propício a pressionar o *ex adverso* e, assim, obter melhores bases à autocomposição.

A lógica de incentivos que impulsiona os *private attorneys general* também se encontra presente na atuação das associações na proteção de interesses metaindividuais, já que para muitas delas os ganhos financeiros com esse tipo de atuação constituem suas principais fontes de receita.

O benefício econômico instituído em favor do *private attorney general* e do *organizational private attorney general* não é demérito do sistema processual norte-americano, tampouco descaracteriza o espírito participativo da sociedade estadunidense, que se manifesta muito antes da instauração do processo, nas escolas, igrejas e associações de bairro, e na intensidade com que esses grupos interagem e interferem extrajudicialmente na administração pública, sem que haja qualquer premiação ou contrapartida financeira.

A *Rule 23* não prevê expressamente a possibilidade de as associações civis ajuizarem *class action*, mas é frequente encontrar organizações não governamentais atuando judicialmente para defender

---

[163] LEAL, Márcio Flávio Mafra. *Ações coletivas:* história, teoria e prática. Porto Alegre: Sérgio Antônio Fabris Editor, 1998. p. 132.

os interesses de seus associados, desde que respeitados os critérios fixados pela Suprema Corte norte-americana no início da década de 1970, com o julgamento de *Hunt v. Washington Apple Advertising Commission*. Naquela ocasião, a Suprema Corte reconheceu que a legitimidade de qualquer organização em defesa dos seus associados somente será reconhecida se pelo menos um dos membros do ente associativo for legitimado, em tese, para ajuizar ação individual pretendendo a tutela dos mesmos interesses que estão sendo defendidos pela associação. Outrossim, o objeto da ação deve ser compatível com a finalidade institucional da entidade, para demonstrar que a associação possui capacidade técnica para representar seus afiliados. Por fim, o decreto de procedência da pretensão não deve estar condicionado à participação individual dos membros da associação, como ocorreria caso cada um dos integrantes tivesse que produzir prova acerca da ocorrência de danos individuais.[164]

O julgamento pela Suprema Corte do caso *Warth v. Seldin* bem exemplifica o último pressuposto legitimador das associações. Nessa hipótese concreta, uma associação formulou pretensões de natureza declaratória, mandamental e indenizatória em favor dos seus membros. Com relação aos dois primeiros pedidos, a Suprema Corte entendeu que uma sentença com carga declaratória ou mandamental seria plenamente viável, pois se reverteria indistintamente em favor de todos os associados. No entanto, a procedência da pretensão indenizatória estava condicionada à demonstração da ocorrência e da extensão dos danos causados a cada um dos membros da organização autora, o que inviabilizaria a análise do pedido tal como formulado.[165]

Excepcionalmente, a organização estará autorizada a elaborar pedido indenizatório se ela própria também suportou prejuízo pecuniário indenizável.[166] Para tanto, deve a associação demonstrar que ela integra o grupo lesado, detendo um interesse pessoal (*personal stake*) na solução do litígio, decorrente da violação a direito próprio, atendidos os demais requisitos de legitimidade previamente analisados e os requisitos específicos de certificação, debatidos no Capítulo V, *infra*.[167]

---

[164] Cf. *Hunt v. Washington Apple Advertising Commission*, 423 US 333, 342 (1977), referido em RUBENSTEIN, William; CONTE, Alba; NEWBERG, Herbert H. *Newberg on class actions*. 5. ed. Saint Paul: Thomson Reuters, 2011. v. 1, p. 65-66, nota 2. Mais recentemente, a obrigatoriedade dos mesmos requisitos foi reiterada no julgamento de *Bano v. Union Carbide Corp.*, 361 F.3d 696,714 (2d Cir. 2004).

[165] *Warth v. Seldin*, 422 U.S. 490, 515-516 (1975).

[166] Cf. *Irish Lesbian & Gay Org. v. Giuliani*, 143 F.3d 638 (2d Cir. N.Y. 1998).

[167] Vide *Ctr. for Law & Educ. v. United States Dep't of Educ.*, 315 F. Supp. 2d 15 (D.D.C. 2004).

O sistema processual estadunidense também concede legitimidade a qualquer pessoa física para ajuizar medidas com a finalidade de obrigar terceiros a cumprir leis ambientais.

As denominadas *citizen suits* surgiram na década de 1970, no auge do movimento ambientalista nos Estados Unidos. Na ocasião, havia o sentimento de que as agências reguladoras ambientais norte-americanas estavam próximas das indústrias poluidoras, o que resultava em uma atividade fiscalizatória excessivamente branda.[168]

Na intenção de garantir efetividade à legislação ambiental, definiu-se em duas leis aprovadas à época (o *Clear Air Act* e o *Clean Water Act*)[169] a legitimação de pessoas físicas para ajuizar ações objetivando proteger o meio ambiente, através de medidas mandamentais para suspender a prática dos atos lesivos e aplicar penalidades pecuniárias a serem revertidas em favor do Tesouro, desde que atendidos os critérios constitucionais de *standing*.

Aproximando a *citizen suit* da ação popular brasileira, Antônio Herman Benjamin afirma com propriedade que o instrumento tem dupla função no sistema processual estadunidense. Em primeiro lugar, "'incentivar' a atuação dos órgãos públicos encarregados de executar a política ambiental e 'substituir' tais órgãos quando se quedem inoperantes, seja por descaso, seja por carência de recursos", e, em segundo lugar, "obrigar, judicialmente, os poluidores e o próprio Estado a respeitarem a legislação ambiental".[170]

A despeito de não serem consideradas ações tipicamente coletivas, regulamentadas pela *Rule 23* das *Federal Rules of Civil Procedure*, as *citizen suits* caracterizam-se claramente como ferramenta de proteção a interesses difusos, possuindo fundamental importância para a defesa do meio ambiente.[171]

---

[168] Tal como explanado em GARNER, Bryan A. (Ed.). *Black's Law Dictionary*. 8. ed. Saint Paul: Thomson West, 2004. p. 261.

[169] Leis ambientais supervenientes passaram igualmente a estabelecer o cabimento das *citizen suits*, como o *Safe Drinking Act*, de 1974, o *Resource Conservation and Recovery Act*, de 1976, e o *Surface Mining Control and Reclamation Act*, de 1977.

[170] BENJAMIN, Antônio Herman V. A citizen action norte-americana e a tutela ambiental. *Revista de Processo*. São Paulo: Editora Revista dos Tribunais, v. 62, p. 61, abr./jun. 1991. A equiparação da *citizen suit* à ação popular brasileira é igualmente defendida por SALLES, Carlos Alberto de. Class actions: algumas premissas para comparação. *In*: GRINOVER, Ada Pellegrini *et al.* (orgs.). *Processo coletivo*: do surgimento à atualidade. São Paulo: Editora Revista dos Tribunais, 2014. p. 250-251.

[171] Cf. SALLES, Carlos Alberto de. Class actions: algumas premissas para comparação. *In*: GRINOVER, Ada Pellegrini *et al.* (orgs.). *Processo coletivo*: do surgimento à atualidade. São Paulo: Editora Revista dos Tribunais, 2014. p. 250-251.

A importância das *citizens suits*, como técnica para fazer valer o interesse público, tem motivado a ampliação gradativa de seu campo de incidência, para igualmente abarcar questões vinculadas a direitos e liberdades fundamentais.[172] No entanto, é no âmbito do direito ambiental em que se concentra a maior parte das ações ajuizadas.

Finalmente, há no instrumentário processual norte-americano uma modalidade especial de ação, denominada de *qui tam action*, através da qual uma pessoa física ou jurídica atua em nome próprio, objetivando a recuperação de valores desviados mediante fraude ao Erário. Caso se consagre vencedor da demanda, o proponente da ação é remunerado com prêmio financeiro, tal como na Ação Popular Romana,[173] calculado sobre o montante que vier a ser recuperado em favor da administração pública.

Presente na legislação estadual desde a época colonial,[174] a ação *qui tam* foi regulamentada em nível federal pela primeira vez durante a Guerra Civil (que perdurou entre 1861 e 1865), após o Presidente Abraham Lincoln convocar a sociedade a impedir a venda de insumos defeituosos à União.

Para viabilizar tal empreitada, o Congresso aprovou o *False Claims Act* (FCA), primeiro estatuto federal a autorizar a atuação do indivíduo em defesa do Estado. Atualmente, além da *False Claims Act* (Título 31, §§3729 a 3733 do USC) a ação *qui tam* encontra-se regulamentada na legislação de proteção dos indígenas (Título 25, §201 do USC).

A propositura da ação *qui tam* não está condicionada à chancela estatal, sendo permitido à administração pública Federal intervir no processo a qualquer momento, e até mesmo assumir o polo ativo [Título 31, §3730(c)(1) e (3) do USC], inclusive para simplesmente transacionar ou desistir da pretensão, hipóteses que contarão obrigatoriamente com a prévia manifestação do proponente originário da demanda [Título 31, §3730(c)(2)(A) e (B) do USC].

---

[172] A título de exemplificação, o *Americans With Disabilities Act* e o *Fair Housing Amendments Act* preveem o cabimento das *citizens suits*, para forçar judicialmente o cumprimento de seus respectivos dispositivos.

[173] As similitudes entre as ações populares romanas e as *qui tam actions* fazem com que estas também sejam chamadas nos Estados Unidos de *popular actions*, cf. GARNER, Bryan A. (Ed.). *Black's Law Dictionary*. 8. ed. Saint Paul: Thomson West, 2004. p. 1282.

[174] Há registros legislativos das ações *qui tam* nos estados de Connecticut (Capítulo 531, do Primeiro Estatuto de 1672), Massachusetts (Capítulo 8º da Lei Colonial de 1686), Nova York (Capítulos 1664 a 1719 da Primeira Lei Colonial de 1692), Virginia (Capítulos 282 e 285 do Sétimo Estatuto de 1759) e na Carolina do Sul (Capítulos 1752 a 1786 do Quarto Estatuto de 1778).

Uma vez veiculada a pretensão por pessoa idônea, que não tenha sido anteriormente condenada pela prática de crime tipificado na *False Claims Act*, nenhuma outra demanda com o mesmo objeto poderá ser ajuizada, ainda que a causa de pedir das ações subsequentes esteja mais detalhada que na ação pioneira [Título 31, §3730(c) do USC].

Na ação *qui tam*, há uma ruptura do modelo ordinário de legitimação, porque o autor da demanda não possui qualquer vinculação direta com o objeto litigioso (*personal stake*). Ou seja, não sofreu lesão ou ameaça de lesão a um direito próprio legalmente protegido (*injury-in-fact*) que tenha relação de causalidade com ato praticado pela parte adversária (*causation*). Portanto, trata-se de hipótese de legitimação extraordinária, na qual o indivíduo atua em nome próprio, na defesa de um interesse do Estado e de toda a sociedade, mediante autorização legal.

Como consequência, há juristas que defendem a inconstitucionalidade dos dispositivos que permitem o ajuizamento dessas ações, por violação ao art. III da Constituição, de cuja interpretação se extrai a regra geral de legitimação.[175]

Os críticos igualmente sustentam que a legitimação extraordinária, que dá azo ao ajuizamento da ação *qui tam*, seria igualmente inconstitucional por ferir o princípio de separação dos poderes, disposto no art. II da Constituição. A uma, porque usurparia do Poder Executivo a função de acompanhar e garantir o fiel cumprimento das leis (denominada de *take care clause*).[176] A duas, por permitir que o proponente da pretensão atue independentemente de nomeação, autorização ou controle do Executivo (chamada de *appointments clause*).[177]

---

[175] Tratando especificamente da inconstitucionalidade das *qui tam actions*, por violação da regra geral de legitimação, preleciona Frank Edgar que "*the constitutional cornerstone of the modern doctrine of standing is injury in fact, and without this a party cannot invoke the power of federal courts. Since by definition a qui tam plaintiff has no injury in fact in a False Claims suit, then qui tam provisions of the Act are unconstitutional under Article III's requirements of 'cases and controversies'*" (EDGAR, Frank A. Missing the boat: the unconstitutionality of the qui tam provisions of the False Claims Act. *Idaho Law Review*. Moscow: University of Idaho College of Law, v. 27, p. 345, 1991).

[176] Cf. LOVITT, Ara. Fight for your right to litigate: Qui tam, Article II, and the President. *Stanford Law Review*. Stanford: SLR Press, v. 49, p. 868 e 872, abr. 1997.

[177] Nas palavras de James T. Blanch, a inconstitucionalidade pode ser extraída da própria jurisprudência da Suprema Corte, porque "*When one combines Buckley's [Buckley v. Valeo, 424 U.S. 1 (1976)] holding that only properly appointed officers can litigate on behalf of the United States with Fretag's [Fretag v. Commission, 501 U.S. 868 (1991)] holding that Congressional diffusion of the appointment power – and not only aggrandizement – can violate the Appointments Clause, the conclusion is simple: It is unconstitutional for qui tam relators to enforce the FCA on behalf of the United States government because they have not been properly appointed to do so*" (BLANCH, James T. The constitutionality of the False Claims Act's qui tam provisions. *Harvard Journal of Law & Public Policy*. Cambridge: Harvard Society for Law & Public Policy, v. 16, p. 743, 1993).

O debate sobre a constitucionalidade das ações *qui tam* parece-nos bastante similar àquele enfrentado no Brasil, quanto a viabilidade da ação popular constitucional, por conta do disposto no art. 76, CC/1916, que atrelava o exercício do direito de ação à existência de legítimo interesse econômico e moral sobre o objeto litigioso.

O dano ao Erário (bem protegido pelas ações *qui tam*) aflige a administração pública, mas também reverbera de forma reflexa na sociedade, a partir do momento em que são reduzidos ou desviados os recursos destinados a serviços e investimentos públicos. Logo, o interesse da sociedade sobre o objeto litigioso (ou *personal stake*) não é direto e imediato, impedindo o seu enquadramento no modelo tradicional de *standing*.

A partir desta constatação, a Suprema Corte afastou a inconstitucionalidade das regras que tratam das *qui tam actions*, porque as balizas de legitimação de agir, extraídas da interpretação do art. III da Constituição, são aplicáveis apenas aos processos comuns, de natureza individual e coletiva, onde é possível identificar com precisão a existência/inexistência de interesse do proponente sobre o objeto litigioso.

Em sua fundamentação, o Sumo Pretório acrescentou que a legitimação do proponente da ação *qui tam* decorre, não apenas dos danos indiretos que lhe foram causados, em razão das fraudes perpetradas pelos réus, mas também pelo seu interesse em receber parte do valor recuperado, a título de premiação.[178]

Por sua vez, a inconstitucionalidade por violação à *take care clause* também vem sendo iterativamente afastada pelas instâncias ordinárias. A atuação da sociedade por meio das *qui tam actions* não anula nem restringe o dever do Poder Executivo em fiscalizar o fiel cumprimento da lei, pois a este é permitido assumir o polo ativo da demanda ou intervir no processo a qualquer momento.[179] Há, portanto, uma relação de complementaridade entre as iniciativas privada e pública, que é benéfica à suficiente proteção do Erário.

Por fim, tampouco tem recebido guarida a alegação de inconstitucionalidade por violação à *appointments clause*. Segundo a jurisprudência, a legitimação extraordinária estabelecida pelas regras atinentes às ações *qui tam* não transforma o proponente da demanda em agente público. Sua atuação como *longa manus* do Estado é temporária e específica para

---

[178] Vide *Vermont Agency of Natural Resources v. United States ex rel. Stevens*, 529 U.S. 765 (2000).
[179] Cf. *United States ex rel. Stone v. Rockwell International Corp.*, 282 F.3d 787, 805-807 (10th Cir.2002); *Riley v. St. Luke's Episcopal Hospital*, 252 F.3d 49, 757 (5th Cir.2001); e *Taxpayers against fraud v. General Electric Co.*, 41 F.3d 1032, 1041 (6th Cir.1995), dentre outros.

aquele caso concreto, por isso, não viola a prerrogativa constitucional estabelecia no art. II da Constituição, em favor do Poder Executivo.[180]

2.2 A atuação governamental suplementar

A atuação estatal no âmbito da proteção dos direitos supraindividuais é bastante restrita no direito norte-americano. Além da existência de limitações orçamentárias e de pessoal, presentes em maior ou menor grau nos órgãos da administração pública, a primazia da atuação dos entes privados na tutela dos interesses grupais acabou por reduzir a necessidade e o espaço para intervenção estatal.

A atividade governamental, portanto, tem natureza meramente supletiva, e objetiva precipuamente reforçar o cumprimento da lei como garantia do bem-estar do povo e da manutenção do Estado.

Aos entes estatais têm sido reconhecida legitimidade para propor algumas ações em defesa dos interesses da comunidade, com base na premissa de que o Estado tem o dever de zelar pelo bem-estar do seu povo.

Amparadas em violações a normas consumeristas e concorrenciais, que expressamente autorizam os órgãos estatais a exigirem judicialmente o cumprimento de seus dispositivos, tais pretensões podem ser formuladas pelos *attorneys general* estaduais e federais, objetivando a concessão de uma ordem mandamental, a condenação ao pagamento de indenização, ou a aplicação de penalidades pelo descumprimento da lei.[181]

Ocasionalmente, órgãos do Poder Público também intervêm em ações coletivas de maior relevância, previamente propostas por uma pessoa física ou associação, assumindo para si a qualidade de representante dos interesses da coletividade.[182]

---

[180] Nos moldes dos julgamentos de *United States ex rel. Kelly v. Boeing Co.*, 9 F.3d 743, 758 (9th Cir.1993); e *United States ex rel. Stone v. Rockwell International Corp.*, 282 F.3d 787, 805-807 (10th Cir.2002).

[181] PACE, Nicholas M. Group and aggregate litigation in the United States. *The annals of the American academy of political and social science*. Filadélfia: Sage, v. 622, p. 36, mar. 2009.

[182] A hipótese é pouco analisada pela doutrina, mas há alguns registros jurisprudenciais no sentido de que a intervenção do estado em uma *class action* já ajuizada implica a exoneração de todos os representantes do grupo anteriormente designados, cf. *Kamm v. California City Dev. Co.*, 509 F.2d 205, 211-13 (9th Cir. 1975); *Brown v. Blue Cross & Blue Shield of Mich., Inc.*, 167 F.R.D. 40, 46-47 (E.D. Mich. 1996); e *Davis v. Southern Bell Tel. & Tel. Co.*, 149 ER.D. 666, 671-72 (S.D. Fla. 1993).

Por fim, o direito norte-americano permite em determinadas hipóteses que estados e órgãos federais protejam em juízo o interesse público de seus cidadãos através das ações denominadas *parens patriae*.[183]

As ações *parens patriae* permitem que sejam levadas ao Poder Judiciário violações aos chamados direitos "semissoberanos" (*quasi-sovereign*), que são aqueles em que o interesse público é inquestionável.

A definição de interesses *quasi-sovereign* – que significa em termos gerais uma universalidade de direitos titulados pelo Estado voltados a proporcionar o bem-estar do povo –[184] é bastante imprecisa, razão pela qual sofre críticas da doutrina estadunidense, por se mostrar imprestável ao estabelecimento de parâmetros mínimos à identificação segura dos temas que podem ser objeto das ações *parens patriae*.[185]

A Suprema Corte reconheceu enquadrarem-se no conceito de *quasi-sovereign* pretensões que tenham por objeto a proteção e defesa dos rios e lagos, o acesso às fontes de energia naturais, o comércio interestadual e até mesmo a defesa da economia local contra práticas ilegais de companhias de transporte ferroviário.[186]

As cortes de apelação federais e distritais igualmente reconhecem serem interesses semissoberanos aqueles envolvendo práticas anticoncorrenciais, direitos e liberdades fundamentais, meio ambiente e a proteção do consumidor.[187]

---

[183] Os municípios não detêm legitimação para ajuizar ações *parens patriae*, cf. GIDI, Antônio. Class Actions in Brazil: a model for Civil Law countries. *University of Houston Law Center, Public Law and Legal Theory Research Paper Series*. Houston: Houston Law Center RPS, v. 2006-A-11, p. 392-3, 2006.

[184] *Alfred L. Snapp & Son, Inc. v. Puerto Rico*, 458 US 593 (1982).

[185] Jack Ratliff, por exemplo, argumenta que "'*quasi-sovereign*' *is one of those loopy concepts that comes along often enough to remind us that appellate courts sometimes lose their moorings and drift off into the ether. It is a meaningless term absolutely bereft of utility*" (RATLIFF, Jack. Parens patriae: an overview. *Tulane Law Review*. Nova Orleans: Tulane University Law School, v. 74, p. 1851, 1999-2000).

[186] Respectivamente, *State of Kansas v. State of Colorado*, 206, US 47 (1907) (preservação de rio interestadual); *State of Georgia v. Tennessee Cooper Co.*, 206 US 230 (1907) (controle da qualidade do ar); *Commonwealth of Pennsylvania v. State of West Virginia*, 262 US 553 (1923) (proteção de cidadãos, escolas e instituições contra a interrupção no fornecimento de gás natural); *State of Georgia v. Pennsylvania R. Co.*, 324 US 439 (1945) (proteção da economia local contra prática de cartel no transporte ferroviário).

[187] Legitimação dos estados para atuar contra práticas anticoncorrenciais: *Texas v. Scott & Fetzer Co.*, 709 F.2d 1024, 1024-28 (5th Cir. 1983); e *Pennsylvania v. Mid-Atlantic Toyota Distribs., Inc.*, 704 F.2d 125, 131 (4th Cir. 1983). Sobre direitos e liberdades fundamentais, ver: *New York ex rel. Abrams v. 11 Cornwell Co.*, 695 F.2d 34, 38-40 (2d Cir. 1982); *Massachusetts v. Bull HN Info. Sys., Inc.*, 16 F. Supp. 2d 90, 102 (D. Mass. 1998); *New York v. Peter & John's Pump House, Inc.*, 914 F. Supp. 809, 811-14 (N.D.N.Y 1996); *New York ex rel. Vacco v. Mid Hudson Med. Group, P.C.*, 877 F. Supp. 143, 146-49 (S.D.N.Y. 1995); *Pennsylvania v. Flaherty*, 547 F. Supp. 172, 174-75 (W.D. Pa. 1982). Legitimidade do estado para pleitear a tutela de temas

Com relação à adequação do instrumento processual, o ente governamental deve deter uma pretensão própria em face do réu, não podendo ajuizar a ação em benefício exclusivo da população. Outrossim, a ação *parens patriae* é válida somente para a propositura de ações declaratórias e injuntivas, sendo vedada a formulação de pedido objetivando a condenação em dinheiro, salvo se a conduta ilícita for passível de sanção pecuniária prevista em lei, hipótese em que se autoriza a elaboração de tal pedido em caráter excepcional.[188]

Uma vez formulada a iniciativa governamental, todas as demandas com objetos similares e que tenham sido ajuizadas por entes privados devem ser extintas sem julgamento do mérito, exceto aquelas que buscarem indenização em favor dos próprios autores (ou de grupos por eles representados), por se tratar de pretensão que não pode ser ventilada pela via da ação *parens patriae*.[189]

As ações *parens patriae* possuem clara natureza coletiva, pois voltadas à proteção do conjunto de interesses estatais para proporcionar o bem-estar da população. Contudo, elas não são regidas pela *Rule 23*, estando desobrigadas, portanto, a enquadrarem-se nos requisitos e categorias daquele dispositivo legal.[190]

3 A escolha do legislador brasileiro

No Direito Processual brasileiro, a legitimação representa o *status* de agir concretamente, conferido a quem afirma hipoteticamente ser o titular do direito subjetivo ou àquele que, a despeito de não ser o detentor original do interesse, possui legitimidade atribuída por lei para defendê-lo. Não se confunde com capacidade processual, que é a qualidade genérica para estar em juízo por si próprio e de realizar validamente os atos processuais sem a intermediação de assistente

---

ambientais: *United States v. Hooker Chems. & Plastics Corp.*, 749 F.2d 968, 984 (2d Cir. 1984). A respeito da proteção do consumidor: *Minnesota ex rel. Humphrey v. Ri-Mel, Inc.*, 417 N.W.2d 102, 112-13 (Minn. Ct. App. 1987); *Bourland v. Texas*, 528 S.W2d 350, 358 (Tex. Civ. App. 1975); e *Wisconsin v. Excel Management Servs., Inc.*, 331 N.W.2d 312 (Wis. 1983).

[188] Cf. PACE, Nicholas M. Group and aggregate litigation in the United States. *The annals of the American academy of political and social science*. Filadélfia: Sage, v. 622, p. 36, mar. 2009.

[189] Vide, por exemplo, *Alaska Sport Fishing Ass'n v. Exxon Corp.*, 34 F.3d 769, 773-774 (9th Cir. 1994).

[190] Na jurisprudência, ver *Washington State v. Chimei Innolux Corp* (2011 U.S. App. Lexis 20083) e *Illinois v. Au Optronics Corp* (Civil Action 1:10-cv-05720, 2011 WL 2214034), ambos julgados pelo Nono Circuito de Apelações, e *West Virginia ex. Rel McGraw v. CVS Pharm., Inc.* (646 F.3d 169), do Quarto Circuito de Apelações.

ou representante, atribuída em linhas gerais às pessoas jurídicas regularmente constituídas, a determinados entes despersonalizados e aos indivíduos que não forem absolutamente ou relativamente incapazes.

O conceito de legitimidade foi construído tomando como ponto de partida a concepção de que o direito está sempre ligado ao seu respectivo titular. Assim, sob o aspecto do processo individual e salvo raras exceções, o direito de ação deve ser exercido pelo titular da posição jurídica invocada e em face do detentor de um interesse oposto. Daí surgiu a concepção de legitimidade como a pertinência subjetiva da ação.[191] Excepcionalmente, a lei autoriza terceiros a, em nome próprio, defender interesses alheios. Cuida-se aqui da legitimidade de agir como pertinência objetiva da ação.

Na primeira hipótese, em que se detecta a conexão entre os direitos material e processual, ou, em outras palavras, a coincidência entre o proponente da ação posta em juízo e o titular do direito subjetivo substancial, tem-se a legitimidade ordinária, na qual o autor será diretamente abarcado pelos limites subjetivos da coisa julgada.

A segunda hipótese – em que a lei confere poder para um indivíduo postular em nome próprio direitos de terceiros, a despeito de o autor da pretensão não integrar a relação de direito material objeto da lide –, não há coincidência entre os titulares de direito processual e de direito material, o que consubstancia a legitimidade extraordinária. A parte legitimada processualmente nada adjudica para si, pois não é a titular do direito material.

O instituto ganha especial relevância no âmbito do processo coletivo brasileiro, pois nele é rompido o paradigma ordinário de legitimação, no qual o exercício do direito de ação é de exclusividade do titular do direito material. A regra do litígio metaindividual, que não admite exceções, é a de que os interesses da sociedade sejam tutelados em pretensões ajuizadas por terceiros expressamente autorizados por lei.

---

[191] BUZAID, Alfredo. *Agravo de petição*. São Paulo: Editora Revista dos Tribunais, 1945, *apud* MANCUSO, Rodolfo de Camargo. *Interesses difusos:* conceito e legitimação para agir. 6. ed. São Paulo: Editora Revista dos Tribunais, 2004, p. 160. Ainda vinculando a legitimidade processual à relação dos sujeitos com o direito invocado, Donaldo Armelin, em obra clássica sobre o tema, afirma que a referida condição da ação é a idoneidade dos sujeitos "para a prática de determinado ato ou para suportar seus efeitos, emergente em regra da titularidade de uma relação jurídica ou de uma situação de fato com efeitos jurígenos, asseguradora da plena eficácia desse mesmo ato, e, pois, da responsabilidade pelos seus efeitos, relativamente àqueles atingidos por estes" (ARMELIN, Donaldo. *Legitimidade para agir no direito processual civil brasileiro*. São Paulo: Editora Revista dos Tribunais, 1979. p. 13).

3.1 Protagonismo de entes públicos e privados

O legislador brasileiro, distanciando-se do paradigma norte-americano, optou por franquear acesso seletivo à tutela metaindividual, lastreado na qualidade dos portadores dos interesses metaindividuais em juízo.

Ao contrário do arquétipo privatista e amplo de legitimidade adotado pelos norte-americanos, construído em torno do indivíduo como principal porta-voz da coletividade, o sistema brasileiro adotou modelo misto e restrito, permitindo que entidades públicas e privadas arroladas taxativamente em lei possam propor ações em defesa dos interesses metaindividuais em igualdade de condições processuais.

A seleção do modelo eclético, ademais de seguir tendência generalizada de ampliação da legitimação, como pontua Cândido Rangel Dinamarco,[192] permite que a proteção dos interesses metaindividuais seja equacionada da melhor forma possível.

Com efeito, a grande característica da violação aos direitos supraindividuais é sua plurilateralidade, isto é, a capacidade de atingir um universo diversificado de interesses pertencentes a múltiplos indivíduos de formas e com intensidades distintas. A adoção de um critério amplo de legitimidade autoriza que um mesmo ato ilícito seja objeto de pretensões distintas, cada qual representando o ponto de vista dos legitimados que ajuizaram a ação.

A poluição de um rio por descartes químicos da indústria automobilística ilustra bem a relevância da legitimidade de agir multifacetada do microssistema brasileiro de ações coletivas. O ilícito pode ser debatido em uma ação metaindividual proposta pelo Ministério Público pretendendo que os danos ambientais sejam reparados; em outra demanda, ajuizada por associação de pescadores, que almeja indenização em favor dos associados que tiveram suas receitas prejudicadas pela mortandade de peixes; e em uma terceira ação, promovida pelo sindicato dos trabalhadores da indústria automobilística, por conta das condições insalubres a que os empregados da fábrica eram expostos para descartar os resíduos químicos. É plenamente possível também que todos atuem em uma única ação, em litisconsórcio ativo facultativo.

A escolha do legislador brasileiro, segundo Antônio Gidi, teve por premissa o fato de que a sociedade é a primeira titular dos interesses metaindividuais, razão pela qual os grupos sociais devem

---

[192] DINAMARCO, Cândido Rangel. *A instrumentalidade do processo*. 13. ed. São Paulo: Malheiros, 2008. p. 218.

ser os principais legitimados à propositura das pretensões coletivas. Ainda segundo o professor baiano, a atuação dos entes públicos seria transitória, mostrando-se bastante intensa nos momentos iniciais da tutela supraindividual no Brasil, mas perderia intensidade ao passo que a sociedade civil organizada assumisse paulatinamente a tarefa de sua autoproteção.[193]

A importância dos interesses metaindividuais, de indiscutível impacto social e político, motivou o legislador brasileiro a arrolar de forma taxativa os representantes que lhe pareceriam adequados para defender esses direitos em juízo, isto é, que seriam suficientemente idôneos para invocar a proteção judicial desses direitos de largo espectro, podendo, por conta disso, atuar como colaboradores na gestão do bem comum.[194]

Atualmente, o sistema processual coletivo brasileiro atribui legitimidade ao Ministério Público, à União, aos Estados, Municípios e ao Distrito Federal, às entidades e aos órgãos da administração pública direta e indireta, ainda que sem personalidade jurídica, à Defensoria Pública e às associações que, em regra, estiverem constituídas há pelo menos um ano (art. 5º, LACP e art. 82, CDC).

O Projeto de Lei 1.641/2021 propõe acrescentar ao universo de legitimados grupos sociais vulneráveis e que nem sempre logram se organizar em entidades associativas, como quilombolas, indígenas e outros povos tradicionais, como caboclos, caiçaras, extrativistas, jangadeiros, pescadores, ribeirinho e seringueiros (art. 7º, IX). A intenção do legislador é garantir amplo acesso à justiça a essas populações, para que elas possam defender seus interesses sem que tenham que enfrentar os desafios burocráticos para formalizar uma associação.

No mandado de segurança coletivo, são legitimados os partidos políticos com representação no Congresso Nacional, entidades sindicais e de classe, além das associações (art. 5º, LXX, CF/1988). Para as ações possessórias coletivas, configuradas pelo litisconsórcio passivo multitudinário, atribui-se legitimação à Defensoria Pública e ao Ministério Público para defender os réus vulneráveis, bem como aqueles que eventualmente venham a ser citados por edital ou hora certa (arts. 72, II, e 554, §1º, CPC/2015). Finalmente, no mandado de injunção coletivo, a legitimidade é atribuída ao Ministério Público, aos partidos políticos

---

[193] GIDI, Antônio. *Coisa julgada e litispendência em ações coletivas*. São Paulo: Saraiva, 1995. p. 36.
[194] MANCUSO, Rodolfo de Camargo. *Interesses difusos:* conceito e legitimação para agir. 6. ed. São Paulo: Editora Revista dos Tribunais, 2004. p. 217.

com representação no Congresso Nacional, à Defensoria Pública, aos sindicatos e associações (art. 12, Lei 13.300/2016).

A legitimidade *ad causam* das associações e órgãos da administração pública direta e indireta dependerá da compatibilidade das suas finalidades institucionais com a defesa dos interesses objeto da demanda (art. 5º, V, LACP, art. 82, III e IV, CDC, art. 21, Lei 12.016/2009 e art. 12, III, Lei 13.300/2016).

Ainda com relação à legitimação, o STF, por ocasião do julgamento do RE 573.232/SC, sob o regime de repercussão geral do art. 543-B, CPC/1973, decidiu por maioria que a previsão estatutária genérica não é suficiente para legitimar a atuação em juízo de associações na defesa de direitos individuais homogêneos dos seus filiados, sendo indispensável autorização expressa, ainda que deliberada em assembleia, nos termos do art. 5º, XXI, CF/1988.[195] Ressalvou-se que a impetração de mandado de segurança coletivo por associação em favor dos associados independe da permissão destes (Súmula 629, STF), entendimento que também é aplicado aos sindicatos na defesa dos interesses individuais de toda a categoria (Tema 823, STF).

Os legitimados podem ajuizar suas pretensões metaindividuais isoladamente, independentemente de anuência dos demais ou da existência de ações com objeto similar, podendo fazê-lo em litisconsórcio ou não. Cuida-se, dessa forma, de legitimidade concorrente e disjuntiva.[196]

Há grande divergência quanto à natureza da legitimidade nas ações coletivas que tenham por objeto a proteção de interesses essencialmente coletivos (difusos e coletivos *stricto sensu*).

Em primeiro lugar, há juristas que, partindo da concepção clássica do processo individual, argumentam tratar-se de legitimação extraordinária por substituição processual, porque os legitimados autorizados por lei não correspondem aos integrantes da relação de

---

[195] Cf. RE 573.232/SC, relator para acórdão Min. Marco Aurélio, DJe 19.09.2014.
[196] Vide, por todos, MOREIRA, José Carlos Barbosa. A ação popular do direito brasileiro como instrumento de tutela jurisdicional dos chamados interesses difusos. *In*: GRINOVER, Ada Pellegrini *et al.* (orgs.). *Processo coletivo*: do surgimento à atualidade. São Paulo: Editora Revista dos Tribunais, 2014. p. 32; ARMELIN, Donaldo. Ação civil pública: legitimidade processual e legitimidade política. *In*: SALLES, Carlos Alberto de (org.). *Processo civil e interesse público*. São Paulo: Editora Revista dos Tribunais, 2003. p. 120 GRINOVER, Ada Pellegrini *et al. Código brasileiro de defesa do consumidor*: comentado pelos autores do anteprojeto. 12. ed. Rio de Janeiro: Forense, 2019. p. 906; MANCUSO, Rodolfo de Camargo. Ação civil pública como instrumento de controle judicial das chamadas políticas públicas. *In*: MILARÉ, Édis (coord.). *Ação Civil Pública – Lei 7.347/85*: 15 anos. São Paulo: Editora Revista dos Tribunais, 2001. p. 103 e 130.

direito material controvertida, mas defendem em nome próprio os interesses de terceiros que serão beneficiados ou prejudicados pelo desfecho da ação coletiva.[197]

De outro lado, doutrinadores igualmente importantes prelecionam que a legitimação teria natureza ordinária, pois os legitimados atuam também em benefício próprio ao exercerem a defesa dos interesses individuais homogêneos de terceiros. Seguindo essa linha de raciocínio, a atividade das associações, sindicatos e órgãos da administração pública voltados à proteção dos interesses supraindividuais visa ao cumprimento de seus fins institucionais e estatutários. Como consequência, a defesa em juízo seria de interesse da entidade, que se confunde com a coletividade, afastando a substituição processual.[198]

Sérgio Shimura, que também se filia à corrente da legitimação ordinária, afirma que o legitimado não está defendendo um direito alheio em nome próprio, mas interesses difusos e coletivos *stricto sensu* que pertencem a todos (inclusive aos próprios legitimados), sem que seus titulares e a parcela cabente a cada um deles possam ser identificados.[199]

Na visão de José Roberto dos Santos Bedaque, a legitimação do Ministério Público seria ordinária, pois o *parquet* atua em nome próprio defendendo interesse público, cuja proteção lhe é incumbida pela

---

[197] GRINOVER, Ada Pellegrini. Uma nova modalidade de legitimação à ação popular. Possibilidade de conexão, continência e litispendência. *In*: Milaré, Edis (coord.). *Ação civil pública – Lei 7.347/85*: reminiscências e reflexões após dez anos de aplicação. São Paulo: Editora Revista dos Tribunais, 1995. p. 24-25; DINAMARCO, Cândido Rangel. *Instituições de direito processual civil*. 8. ed. São Paulo: Malheiros, 2016. v. I, p. 279; ZAVASCKI, Teori Albino. Reforma do sistema processual civil brasileiro e reclassificação da tutela jurisdicional. *Revista de Processo*. São Paulo: Editora Revista dos Tribunais, v. 88, p. 174, out./dez. 1997; MAZZILLI, Hugo Nigro. *A defesa dos interesses difusos em juízo*. 18. ed. São Paulo: Saraiva, 2005. p. 61; MENDES, Aluisio Gonçalves de Castro. *Ações coletivas e meios de resolução coletiva de conflitos no direito comparado e nacional*. 3. ed. São Paulo: Editora Revista dos Tribunais, 2012. p. 243. O entendimento sobre a legitimação extraordinária por substituição processual prevalece na jurisprudência, inclusive do STJ, cf. REsp 555.111/RJ, rel. Min. Castro Filho, DJ 18.12.2006; REsp 667.939/SC, rel. Min. Eliana Calmon, DJe 13.08.2007; AgRg no AREsp 236.886/SP, rel. Min. Antonio Carlos Ferreira, DJe 28.11.2013; REsp 399.660/SP, rel. Min. Herman Benjamin, DJe 18.02.2016; AgInt no REsp 1.892.824/SP, Rel. Min. Francisco Falcão, DJe 18.12.2020; e Tema 823, STF.

[198] MOREIRA, José Carlos Barbosa. Tutela jurisdicional dos interesses coletivos ou difusos. *In*: GRINOVER, Ada Pellegrini et al. (orgs.). *Processo coletivo: do surgimento à atualidade*. São Paulo: Editora Revista dos Tribunais, 2014. p. 80-81; VIGORITI, Vincenzo. *Interessi collettivi e processo*: la legittimazione ad agire. Milão: Giuffrè, 1979. p. 150. No caso do mandado de segurança coletivo, GRINOVER, Ada Pellegrini. Mandado de segurança coletivo: legitimação, objeto e coisa julgada. *In*: *O processo em evolução*. Rio de Janeiro: Forense, 1996. p. 99-100.

[199] SHIMURA, Sérgio. *Tutela coletiva e sua efetividade*. São Paulo: Método, 2006. p. 53.

Constituição como legitimado primário.[200] Partindo da mesma premissa, Paulo Cesar Pinheiro Carneiro acrescenta que, ainda que haja interesses reflexos, inclusive patrimoniais, de pessoas ou grupos, a natureza ordinária da legitimação decorre do fato de que a atividade do Órgão Ministerial "se dá porque o legislador, naquele momento, entendeu que aqueles direitos interessariam diretamente à própria sociedade, politicamente organizada, como verdadeiros direitos sociais".[201]

Contudo, tal concepção nos parece equivocada. A despeito de existir um laço de afinidade entre os legitimados e os interesses em jogo na pretensão coletiva – que se dá essencialmente por sua vocação constitucional ou fins institucionais – tal não significa apropriação dos direitos supraindividuais por esses entes tampouco sua inclusão dentre os beneficiários da tutela jurisdicional. Logo, ao proporem a demanda os legitimados coletivos atuam em nome próprio para a defesa de interesses exclusivamente alheios, razão pela qual entendermos tratar-se de legitimação extraordinária. O argumento de que a legitimação desses entes seria ordinária mostrava-se coerente com o período anterior à entrada em vigor da Lei da Ação Civil Pública, pois havia a necessidade de se contornar a regra do art. 76, CC/1916, e construir caminhos que permitissem a tutela dos interesses coletivos pelos entes intermediários. A partir da vigência da Lei 7.347/1985, no entanto, tal corrente nos parece ter perdido sentido.

Uma terceira corrente, encabeçada por Nelson e Rosa Nery e lastreada em estudos da doutrina alemã, defende que a legitimação nas ações coletivas não é ordinária, porque o direito defendido é de titularidade alheia, tampouco extraordinária, pois, embora defenda interesse de outrem em nome próprio, o legitimado também atua motivado pelo alcance de seus fins institucionais, que equivaleriam a um interesse próprio.[202] A legitimação coletiva, portanto, não seria classificada com base nos princípios e concepções do processo civil

---

[200] BEDAQUE, José Roberto dos Santos. Legitimidade processual e legitimidade política. In: SALLES, Carlos Alberto de (org.). Processo civil e interesse público. São Paulo: Editora Revista dos Tribunais, 2003. p. 106.

[201] CARNEIRO, Paulo Cesar Pinheiro. O Ministério Público no processo civil e penal: promotor natural, atribuição e conceito com base na Constituição de 1988. 5. ed. Rio de Janeiro: Forense, 1999. p. 23-24.

[202] NERY JUNIOR, Nelson; NERY, Rosa Maria de Andrade. Código de Processo Civil comentado e legislação extravagante. 12. ed. São Paulo: Editora Revista dos Tribunais, 2012. p. 219-220. Em igual diapasão, vide LEAL, Márcio Flávio Mafra. Ações coletivas: história, teoria e prática. Porto Alegre: Sérgio Antônio Fabris Editor, 1998. p. 126; RODRIGUES, Marcelo Abelha. Ação civil pública e meio ambiente. São Paulo: Forense Universitária, 2003. p. 59; e CÂNDIA, Eduardo. Legitimidade ativa na Ação Civil Pública. Salvador: JusPodivm, 2013. p. 29.

clássico, mas sim por uma nova categorização denominada autônoma, porque parte "da peculiaridade de defesa em juízo de interesses que são, por natureza, indivisíveis e inerentes conjuntamente a toda uma coletividade, composta por membros indeterminados (na hipótese dos difusos) e eventualmente determináveis (na hipótese dos coletivos)".[203]

Em análise crítica à teoria da natureza autônoma, Fredie Didier e Hermes Zaneti Jr. defendem acertadamente que não há meio termo na legitimação, porque, ou se defende situação jurídica de que se afirma titular, ou se vai a juízo proteger interesse de titularidade de terceiro.[204]

Quanto à defesa dos interesses individuais homogêneos, a doutrina é unânime ao argumentar tratar-se de legitimação extraordinária por substituição processual, pois os legitimados defendem em nome próprio direitos pessoais, subjetivos e divisíveis, pertencentes a indivíduos determinados e identificados, dissociados dos interesses de seus porta-vozes judiciais.[205]

A despeito da unanimidade doutrinária, a jurisprudência mostrou-se vacilante por um período, em razão de decisões segundo as quais a legitimação dos entes associativos para propor ação coletiva se daria por representação e não por substituição processual. O imbróglio surgiu a partir de dois julgamentos realizados pelo STF.

O primeiro deles ocorreu no RE 573.232/SC,[206] que tem origem em ação proposta por um indivíduo que pretendia executar título obtido

---

[203] LEONEL, Ricardo de Barros. *Manual do processo coletivo*. 2. ed. São Paulo: Editora Revista dos Tribunais, 2011. p. 153. O abandono das categorias de natureza jurídica do processo tradicional já havia sido defendido por Mauro Cappelletti, para quem "*si deve, ripeto, superar la vecchia concezione, tropo ristrettamente individualistica, della legittimazione ad agire, si deve superare quel tipo di concezione che rende impossibile al processo di adeguarsi e dare uno spazio a nuovi bisogni di tutela di carattere metaindiuale e collettivo. Rimane ferma, tuttavia, l'esigenza di fissare certi requisiti di legittimazione ad agire, anche se si dovrà costruire un concetto di legittimazione del tutto diverso e nuovo, consistente in una relazione o connessione ideologica, anziché propriamente giuridica, tra la parte e il rapporto dedotto in giudizio*" (CAPPELLETTI, Mauro. Appunti sulla tutela giurisdizionale di interessi collettivi o diffusi. In: *Le azioni a tutela di interessi collettivi*: atti del Convegno di studio (Pavia, 11-12 giugno 1974). Padova: Cedam, 1976. p. 199-200).

[204] DIDIER JR., Fredie; ZANETI JR., Hermes. *Curso de direito processual civil*. 8. ed. Salvador: JusPodivm, 2013. v. 4, p. 205.

[205] Vide BEDAQUE, José Roberto dos Santos. Legitimidade processual e legitimidade política. In: SALLES, Carlos Alberto de (org.). *Processo civil e interesse público*. São Paulo: Editora Revista dos Tribunais, 2003. p. 106; GRINOVER, Ada Pellegrini et al. *Código brasileiro de defesa do consumidor*: comentado pelos autores do anteprojeto. 12. ed. Rio de Janeiro: Forense, 2019. p. 954; NERY JUNIOR, Nelson; NERY, Rosa Maria de Andrade. *Código de Processo Civil comentado e legislação extravagante*. 12. ed. São Paulo: Editora Revista dos Tribunais, 2012. p. 1651; e LEONEL, Ricardo de Barros. *Manual do processo coletivo*. 2. ed. São Paulo: Editora Revista dos Tribunais, 2011. p. 153.

[206] STF, RE 573.232/SC, rel. para acórdão Min. Marco Aurélio, DJe 18.09.2014.

pela Associação do Ministério Público de Santa Catarina (da qual o recorrente não era membro) exclusivamente em favor de seus associados.

A ação não era coletiva, razão pela qual, por maioria de votos, o STF afastou a legitimação extraordinária por substituição processual. A associação possuía um vínculo contratual com seus associados, que lhe permitia atuar em juízo em favor daqueles por representação coletiva, fulcrada no art. 5º, XXI, CF/1988, e que difere da representação tradicional, porque nesta o representante atua em nome do representado, enquanto naquela o ente associativo atua em nome próprio na defesa de seus filiados. Ressalvou-se, no entanto, que nos mandados de segurança coletivos a legitimação se dá por substituição processual.

A despeito da clareza do elemento determinante que levou o STF a decidir que nas ações propostas com fundamento no art. 5º, XXI, CF/1988, a legitimação das associações se dá por representação, o STJ passou a adotar indiscriminadamente o precedente extraído do julgamento do RE 573.232/SC, aplicando-o também para as ações coletivas propostas pelos entes associativos, com fundamento no art. 5º, LACP, e no art. 82, CDC.[207]

Esse mesmo equívoco foi praticado pelo Excelso Pretório, que, por ocasião do julgamento do RE 612.043/PR, decidiu que a atuação da Associação dos Servidores da Justiça Federal no Paraná (Asserjuspar), em ação coletiva objetivando a defesa de direitos individuais homogêneos, também se daria por representação processual.[208]

Além de desconsiderar todos os estudos de célebres processualistas sobre a natureza jurídica da legitimidade das associações na defesa dos interesses individuais homogêneos, o posicionamento então adotado pelo STF causaria nefastos prejuízos à tutela coletiva, quer porque restringiria drasticamente os limites subjetivos da coisa julgada, quer porque autorizaria a multiplicação de ações com o mesmo objeto. Muito mais do que simples discussão acadêmica, o desfecho dado pelo julgamento do RE 612.043/PR enfraqueceria a sociedade civil e prejudicaria a eficiência (já bastante abalada) do Poder Judiciário brasileiro.

Somente por ocasião do julgamento dos embargos de declaração opostos contra o acórdão do RE 612.043/PR que o STF esclareceu que

---

[207] Vide EDcl no AgRg no AREsp 135.054/DF, rel. Min. Napoleão Nunes Maia Filho, DJe 23.05.2017; REsp 1.654.275/SC, rel. Min. Herman Benjamin, DJe 16.06.2017; REsp 1.357.764/GO, rel. Min. Assusete Magalhães, DJe 28.06.2017; e AgInt no REsp 1.271.338/SC, rel. Min. Maria Isabel Gallotti, DJe 08.08.2017.

[208] STF, RE 612.043/PR, rel. Min. Marco Aurélio, DJe 06.10.2017.

a legitimidade em ações coletivas propostas por associações, visando a defesa de direitos individuais homogêneos pertencentes à toda a comunidade (e não apenas de seus associados), dá-se por substituição processual, compatibilizando sua jurisprudência com a corrente doutrinária majoritária das últimas décadas.[209]

3.2 O cidadão como ator coadjuvante

Conquanto tenha se inspirado intensamente no modelo norte-americano, o sistema brasileiro de tutela metaindividual não adotou como seu principal protagonista o indivíduo membro da comunidade, a quem atribuiu exclusivamente a legitimidade de agir nas ações populares.

A ação popular brasileira pode ser ajuizada por qualquer cidadão, isto é, qualquer membro da coletividade que esteja em pleno gozo dos seus direitos políticos, e que pretenda a anulação ou a declaração de nulidade de atos lesivos ao patrimônio público, composto pelos bens e direitos de valor econômico, artístico, estético, histórico ou turístico (art. 1º da Lei 4.717/1965).

A situação legitimante da ação popular, portanto, é a condição de brasileiro nato ou naturalizado, ademais da qualidade de eleitor, que pode ser atribuível facultativamente aos maiores de 16 anos e obrigatoriamente aos que atingirem 18 anos de idade. Para Pedro da Silva Dinamarco, a vinculação entre a legitimidade de agir na ação popular e a condição de eleitor é justificada pelo fato de a pretensão traduzir o exercício de um dever cívico de fiscalização do poder público, por meio de instrumento essencialmente político.[210]

Assim como no trato da natureza jurídica dos demais instrumentos de tutela metaindividual, a doutrina divide-se ao abordar a natureza jurídica da legitimação de agir na ação popular. Importantes doutrinadores, capitaneados pelos ensinamentos de José Afonso da Silva, defendem tratar-se de legitimidade ordinária, visto que o cidadão "exerce o direito primário decorrente da soberania popular, de que ele é titular como qualquer outro".[211]

---

[209] STF, EDcl no RE 612.043/PR, rel. Min. Marco Aurélio, DJe 06.08.2018.
[210] DINAMARCO, Pedro da Silva. Comentário ao art. 1º da Lei 4.717/65. In: COSTA, Susana Henriques da (coord.). *Comentários à Lei da Ação Civil Pública e lei da ação popular.* São Paulo: Quartier Latin, 2006. p. 43.
[211] SILVA, José Afonso da. *Ação popular constitucional.* 2. ed. São Paulo: Malheiros, 2007. p. 186, posicionamento adotado também por MANCUSO, Rodolfo de Camargo. *Ação popular.* 8. ed. São Paulo: Editora Revista dos Tribunais, 2015. p. 192; PASSOS, J. J. Calmon de. Substituição

Juristas igualmente de peso, por sua vez, enxergam – a nosso ver de forma acertada – que se cuidaria de legitimação extraordinária, sob a forma de substituição processual, haja vista que os legitimados ativos não defendem direitos próprios, que lhes pertencem individualmente, mas interesses de toda a comunidade da qual fazem parte.[212]

Finalmente, há a já mencionada terceira via da legitimação autônoma, proposta por Nelson e Rosa Nery e aplicável à ação popular, construída sob o argumento de que a classificação da legitimidade em ordinária e extraordinária pertence exclusivamente ao processo individual, no qual o direito subjetivo é titulado por sujeitos determinados, que podem ser substituídos por um terceiro legalmente autorizado. Os interesses coletivos, de outra feita, são indivisíveis e de uma coletividade indeterminada de pessoas, justificando legitimação com natureza jurídica própria.[213]

Ao indivíduo – primeiro guardião dos interesses metaindividuais no microssistema brasileiro – não foi atribuída legitimidade às demais ações coletivas, o que indicaria uma tentativa do legislador de não infligir o fardo de defender os interesses de toda a coletividade àquele que já sofreu um dano de massa, permitindo que um terceiro que não esteja emocionalmente envolvido com o objeto do litígio possa exercer o múnus de forma mais completa e efetiva.

Na verdade, conforme magistério de Kazuo Watanabe, a experiência oriunda da ação popular demonstrou a malversação da ferramenta processual, visando pressão política e vindita, o que justificou a opção do legislador em não incluir o cidadão do rol de entes legitimados.[214] Prossegue o professor das Arcadas consignando que a

---

processual e interesses difusos, coletivos e homogêneos. Vale a pena "pensar" de novo? *Livro de Estudos Jurídicos*. Rio de Janeiro: Instituto de Estudos Jurídicos, v. 6, p. 278, 1993; e MIRRA, Álvaro Luiz Válery. Um estudo sobre a legitimação para agir no direito processual civil: a legitimação ordinária do autor popular. *Revista dos Tribunais*. São Paulo: Editora Revista dos Tribunais, v. 618, p. 45, abr. 1987.

[212] MAZZILLI, Hugo Nigro. *A defesa dos interesses difusos em juízo*. 18. ed. São Paulo: Saraiva, 2005. p. 61-63. Ver, ainda, DINAMARCO, Cândido Rangel. *Litisconsórcio*. 8. ed. São Paulo: Malheiros, 2009. p. 222; ZAVASCKI, Teori Albino. *Processo coletivo*: tutela dos direitos coletivos e tutela coletiva de direitos. 7. ed. São Paulo: Editora Revista dos Tribunais, 2017. p. 158-159; e CINTRA, Antônio Carlos de Araújo; GRINOVER, Ada Pellegrini; DINAMARCO, Cândido Rangel. *Teoria geral do processo*. 31. ed. São Paulo: Malheiros, 2015. p. 297.

[213] NERY JUNIOR, Nelson; NERY, Rosa Maria de Andrade. *Código de Processo Civil comentado e legislação extravagante*. 12. ed. São Paulo: Editora Revista dos Tribunais, 2012. p. 219-220.

[214] Cf. apontamentos de Kazuo Watanabe apresentados em GRINOVER, Ada Pellegrini *et al*. *Código brasileiro de defesa do consumidor*: comentado pelos autores do anteprojeto. 12. ed. Rio de Janeiro: Forense, 2019. p. 896. Em igual sentido, reporta-se a BEDAQUE, José Roberto dos Santos. Legitimidade processual e legitimidade política. *In*: SALLES, Carlos Alberto de (org.). *Processo civil e interesse público*. São Paulo: Editora Revista dos Tribunais, 2003. p. 104.

exclusão da pessoa física dentre os legitimados é atribuída igualmente à falta de instrumentos para a aferição da representatividade adequada do autor da pretensão.[215]

Rodolfo de Camargo Mancuso, também tomando como princípio a praxe forense das ações populares, alerta sobre o perigo de a tutela metaindividual ser desvirtuada pelo indivíduo "para retaliação ou por espírito de emulação, utilizando-se os direitos difusos como fachada para a defesa de interesses egoísticos", e do "risco de a ação ser propositalmente mal proposta".[216]

Servindo-se de aspectos culturais da sociedade brasileira como ponto de partida, Ada Pellegrini Grinover argumenta que o indivíduo não pode ser legitimado às demais ações metaindividuais, porque ele usualmente ignora seus direitos, o que o tornaria inadequado à defesa dos interesses da coletividade.[217] Tal posicionamento é referendado por Eurico Ferraresi, para quem a sociedade brasileira não é suficientemente esclarecida, razão pela qual, se o cidadão estivesse autorizado a ajuizar pretensões coletivas, correr-se-ia o risco de surgir enorme número de demandas sem relevância, banalizando e enfraquecendo esse importante instrumento processual.[218]

Susana Henriques da Costa, por sua vez, discorda da premissa de que a falta de conhecimento técnico do cidadão seja disseminada a ponto de impedi-lo de propor as demais espécies de ações coletivas. A partir de sua experiência como integrante do Ministério Público do Estado de São Paulo, a professora da Faculdade de Direito da Universidade de São Paulo observa que raramente se deparou com ações populares mal ajuizadas, banais ou cujo proponente sofresse de deficiências técnicas que prejudicassem a análise do pedido. Defende, desse modo, ser plenamente viável atribuir legitimação ao indivíduo para ajuizar as demais ações coletivas, mediante reforma legislativa.[219]

---

[215] GRINOVER, Ada Pellegrini *et al.* Op. cit., p. 875.
[216] MANCUSO, Rodolfo de Camargo. *Interesses difusos:* conceito e legitimação para agir. 6. ed. São Paulo: Editora Revista dos Tribunais. p. 190.
[217] GRINOVER, Ada Pellegrini. A tutela jurisdicional dos interesses difusos. *In*: GRINOVER, Ada Pellegrini *et al.* (orgs.) *Processo coletivo:* do surgimento à atualidade. São Paulo: Editora Revista dos Tribunais, 2014. p. 43.
[218] FERRARESI, Eurico. A pessoa física legitimada ativa à ação coletiva. *In*: GRINOVER, Ada Pellegrini; MENDES, Aluisio Gonçalves de Castro; WATANABE, Kazuo (coords.). *Direito processual coletivo e o anteprojeto de Código Brasileiro de Processos Coletivos.* São Paulo: Editora Revista dos Tribunais, 2007. p. 137.
[219] Os comentários foram expostos durante a banca de avaliação da dissertação de mestrado que deu origem ao presente livro, realizada em 14.05.2018.

Concordamos com a ilustre professora quanto ao equívoco de se generalizar a carência técnica do brasileiro, transformando em regra deficiência que a prática demonstra ser exceção. Da mesma forma, parece-nos plenamente viável que se atribua legitimidade aos membros da coletividade, para que eles possam individualmente ajuizar ações metaindividuais. Ressaltamos apenas que a outorga de legitimação deverá vir acompanhada do efetivo controle da representatividade adequada do proponente dessas demandas, nos moldes analisados no Capítulo VI, *infra*, a fim de evitar a ocorrência de prejuízos à coletividade, por exemplo, pela propositura de ações desconectadas das necessidades sociais ou tecnicamente inadequadas.

CAPÍTULO IV

COISA JULGADA COLETIVA

1 Coisa julgada coletiva brasileira

A estruturação dos processos coletivos brasileiros em três categorias de interesses, analisadas no Capítulo II, *supra*, ganha especial importância em razão das suas particularidades para a formação da coisa julgada metaindividual, que divergem bastante do regramento previsto no processo individual.

Em linhas gerais, coisa julgada é a qualidade de imutabilidade e indiscutibilidade de que se reveste a decisão de natureza terminativa ou de mérito, que põe fim à controvérsia, sem que contra ela possam ser interpostos recursos. Cuida-se de instituto de natureza claramente constitucional que, como corolário da segurança jurídica, objetiva dar alto grau de estabilidade às decisões interlocutórias de mérito e sentenças.

Chama-se *res judicata* formal aquela vinculada à impossibilidade de revisão da sentença dentro do próprio processo em que foi proferida, depois que ocorrer o seu trânsito em julgado (art. 502, CPC/2015). Representa a extinção do direito ao processo, porque "o Estado realizou o serviço jurisdicional que se lhe requereu (julgando o mérito), ou ao menos desenvolveu as atividades necessárias para declarar inadmissível o julgamento do mérito".[220]

Todas as sentenças, inclusive as que não são de mérito, operam a *res judicata* formal. Todavia, apenas nas decisões de mérito a ocorrência da coisa julgada formal é acompanhada de sua modalidade material

---

[220] CINTRA, Antônio Carlos de Araújo; GRINOVER, Ada Pellegrini; DINAMARCO, Cândido Rangel. *Teoria geral do processo*. 31. ed. São Paulo: Malheiros, 2015. p. 342.

(art. 503, CPC/2015), que representa a propagação da imutabilidade dos efeitos para fora do processo, atingindo em regra qualquer outra contenda em que as mesmas partes estejam litigando acerca do idêntico objeto.

A coisa julgada material põe-se objetivamente nos limites do pedido e causa de pedir da ação julgada pela sentença. É formada sobre a pretensão, tal como proposta pelo autor, por ser ela que delimita o campo de desenvolvimento da atividade jurisdicional. Uma nova ação, com outro pedido ou causa de pedir, não esbarra no óbice da *res judicata*, exceto se a solução da segunda demanda for logicamente subordinada à da primeira.

A autoridade da coisa julgada, em sentido material, igualmente veda a rediscussão dos fundamentos da demanda já julgada, ainda que não tenham sido deduzidos pelas partes (art. 508, CPC/2015). Não é a *res judicata* que obsta a rediscussão dessas alegações e defesas que poderiam ser apresentadas, mas o efeito preclusivo que as afeta, garantindo a imutabilidade do quanto decidido.

Ainda no âmbito dos processos individuais, a sentença faz coisa julgada às partes entre as quais é dada, independente do seu resultado (art. 506, CPC/2015). O terceiro, que não integrou a relação processual e não foi sujeito do contraditório, não pode ser prejudicado pela *res judicata inter alios*, podendo insurgir-se contra ela, inclusive por meio de ação autônoma.

Nas ações coletivas, a coisa julgada ganha contornos olimpicamente distintos daqueles delineados nas lides individuais. Os limites objetivos permanecem os mesmos, seja quanto à impossibilidade de propositura de outra demanda com idênticas pretensões, seja ainda quanto à vedação de, em nova ação coletiva, deduzir pedido que tenha solução logicamente subordinada à solução da coisa julgada.

A diferença está no alargamento dos limites subjetivos da coisa julgada, para alcançar as partes que integram o processo e os detentores daqueles direitos objeto da lide, representados pelo seu porta-voz processual; e nas regras próprias de formação da *res judicata*, vinculadas ao desfecho judicial dado ao conflito. Tudo isso umbilicalmente interligado à natureza dos direitos metaindividuais em litígio.

1.1 Direitos difusos e coletivos stricto sensu

Nos direitos essencialmente transindividuais, a coisa julgada possui efeitos *erga omnes* (no caso dos direitos difusos) e *ultra partes* (se os interesses forem coletivos *stricto sensu*), estes últimos limitados ao grupo, categoria ou classe, ressalvados os direitos individuais dos integrantes da coletividade (art. 103, I, II e §1º, CDC). A amplitude dos limites subjetivos da *res judicata* é resultado da própria indivisibilidade dos interesses em discussão.

Se a satisfação ou violação a direito de um dos membros da coletividade implica a satisfação ou violação dos interesses dos demais, parece lógico que a sentença proferida em favor de um também beneficie os outros, ainda que estes não tenham integrado o contraditório. Como resultado, garante-se igualdade entre os membros da coletividade e economia processual.

Sucede que a coisa julgada coletiva não é absoluta. Em caso de improcedência do pedido por insuficiência probatória, a *res judicata* sofre temperamento, a permitir que ação idêntica possa ser reproposta, inclusive pelo mesmo legitimado (cf. art. 18, da Lei da Ação Popular, art. 16, da LACP e art. 103, I e II, do CDC). Em outras palavras, uma vez decretada a improcedência dos pedidos por insuficiência de provas, a sentença não se revestirá da coisa julgada material.

Originada na Lei da Ação Popular, a mitigação da coisa julgada é celebrada como salvaguarda contra eventual colusão entre as partes da relação processual, que poderiam se favorecer a partir do julgamento de improcedência de pedidos, motivado pela condução negligente do feito e da instrução propositalmente insuficiente.[221]

A doutrina muito tem discutido sobre a necessidade de a sentença expressamente apontar em seu dispositivo que o julgamento de improcedência teria ocorrido por inexistência de provas, a fim de limitar a eficácia e a imutabilidade da coisa julgada.

José Afonso da Silva e Rodolfo de Camargo Mancuso, por entenderem que a coisa julgada *secundum eventum probationis* é excepcional em nosso sistema, defendem que o juiz deve indicar claramente que a rejeição dos pedidos baseou-se na deficiência das provas produzidas, seja na fundamentação, seja ainda no dispositivo.[222] Arruda Alvim, por sua vez, admite que o reconhecimento da falta de provas seja implícito na

---

[221] Dentre muitos outros, vide MOREIRA, José Carlos Barbosa. Tutela jurisdicional dos interesses coletivos ou difusos. *In*: GRINOVER, Ada Pellegrini *et al.* (orgs.) Op. cit., p. 92; e GIDI, Antônio. *Coisa julgada e litispendência em ações coletivas*. São Paulo: Saraiva, 1995. p. 131-138.
[222] Ver SILVA, José Afonso da. *Ação popular constitucional*: doutrina e processo. 2. ed. São Paulo: Malheiros, 2007. p. 257; e MANCUSO, Rodolfo de Camargo. *Ação popular*. 8. ed. São Paulo: Editora Revista dos Tribunais, 2015. p. 374-375.

fundamentação da sentença,[223] sem prejuízo da importância determinante desse elemento para permitir a renovação da ação com idêntico objeto.

Contudo, é de Antônio Gidi a posição que, a nosso ver, dá a melhor solução à problemática. Segundo o professor baiano, não se pode exigir que o juiz reconheça de forma explícita a falta de provas, porque ele nem sempre tem condições de apurar se alguma prova relevante foi ou não apresentada aos autos durante a fase instrutória. Em razão disso, somente o magistrado da segunda demanda com o mesmo objeto poderá aferir se os pedidos da ação anterior foram julgados ou não por insuficiência probatória e, por conseguinte, se a questão está ou não acobertada pela imutabilidade da coisa julgada.[224]

1.2 Direitos individuais homogêneos

Tratando-se os direitos individuais homogêneos de interesses divisíveis e essencialmente singulares, o art. 103, III, CDC, estabelece que a coisa julgada será *erga omnes*, para beneficiar todas as vítimas e seus sucessores. O efeito amplo atribuído à coisa julgada não está relacionado à natureza desses direitos, mas à necessidade de dar tratamento isonômico àqueles que sofreram danos de origem comum, livrando-os da chamada loteria judiciária.

Ao contrário dos direitos difusos e coletivos *stricto sensu*, a coisa julgada é formada *secundum eventum litis*, que tem por objetivo precípuo amenizar as particularidades sociais e econômicas brasileiras. A falta de informação e de conscientização de grande parte da população a respeito dos seus direitos e as dificuldades de comunicação, de acesso à justiça e para a contratação de um advogado, fizeram com que o Brasil adotasse essa especial modalidade de coisa julgada na qual os membros do grupo somente podem ser beneficiados pela decisão coletiva e nunca prejudicados por ela.[225]

---

[223] ALVIM NETTO, José Manoel de Arruda *et al*. *Código do Consumidor Comentado*. 2. ed. São Paulo: Editora Revista dos Tribunais, 2000. p. 464-465.

[224] GIDI, Antônio. *A class action como instrumento de tutela coletiva dos direitos*. São Paulo: Editora Revista dos Tribunais, 2007. p. 285-286.

[225] Para Ada Pellegrini Grinover, "o regime da coisa julgada na tutela dos interesses individuais homogêneos – ou tutela coletiva de direitos individuais – é totalmente diferente, pois aqui se tratam de direitos subjetivos clássicos, que podem ser tratados separadamente em processo individual, e que o são coletivamente apenas por uma questão de facilitação de acesso à justiça, de julgamento uniforme e de economia processual" (GRINOVER, Ada Pellegrini. *Ensaio sobre a processualidade*: fundamentos para uma nova teoria geral do processo. Brasília: Gazeta Jurídica, 2016. p. 43).

A coisa julgada atua *erga omnes* em caso de acolhimento e de rejeição da demanda, impedindo que nova ação coletiva seja intentada por qualquer legitimado, ainda que por insuficiência de provas. A decisão de mérito desfavorável, entretanto, não impede ou afeta as ações individuais dos integrantes do grupo.

A adoção de coisa julgada vinculada ao resultado da demanda, mantendo-se a possibilidade do ajuizamento de ações individuais como mesmo objeto, sofreu críticas importantes da doutrina, que se concentram essencialmente no ônus que tal instituto poderá causar ao réu, por permitir que ele seja demandado indefinidamente sobre a mesma questão enquanto não sobrevier uma decisão que lhe seja desfavorável.[226] Ademais, a adoção dessa modalidade de coisa julgada apenas em benefício de uma das partes violaria o princípio da igualdade processual, por dar tratamento especial a um dos litigantes em detrimento do outro.[227]

Em resposta a essas críticas, Ada Pellegrini Grinover afirma que "a decisão contrária proferida no processo coletivo terá a sua carga de poderoso precedente e poderá ser utilizada pelo demandado, não para

---

[226] Vide VIGORITI, Vincenzo. *Interessi collettivi e processo:* la legittimazione ad agire. Milão: Giuffrè, 1979. p. 112. Tratando dos inconvenientes da coisa julgada *secundum eventum litis*, Barbosa Moreira afirma que "seria igualmente desaconselhável permitir que, a despeito da vitória no primeiro processo, a outra parte se visse indefinidamente sujeita a novas investidas judiciais, com o mesmo fundamento e o mesmo fim. Sem esforço algum se percebem os inconvenientes que poderiam resultar, não apenas para a Administração, ou para uma empresa privada, mas para a própria comunidade" (MOREIRA, José Carlos Barbosa. Tutela jurisdicional dos interesses coletivos ou difusos. *In:* GRINOVER, Ada Pellegrini et al. (orgs.). *Processo coletivo:* do surgimento à atualidade. São Paulo: Editora Revista dos Tribunais, 2014. p. 92).

[227] Esse posicionamento foi defendido por Carlos Manoel Ferreira da Silva, responsável pela elaboração do relatório de Portugal, por ocasião do XIII Congresso Mundial de Direito Processual, realizado no ano de 2007 em Salvador. No mesmo diapasão, Luiz Norton Mattos argumenta que "a tutela deve proteger o autor, possibilitando a satisfação do seu direito, quando procedente o pedido; e o réu, quando constatada a inexistência do direito material afirmado na inicial, dando-lhe a certeza, a segurança de que nada deve quanto ao que foi pedido e que não mais será molestado por demanda idêntica. O réu da ação coletiva vem ao processo para perder. A sua defesa, por mais diligente, custosa e esmerada, não vai lhe trazer grandes vantagens. [...] Forma-se, portanto, um processo em que a tutela jurisdicional somente é útil, efetiva para uma das partes; a sentença só outorga proteção a um dos litigantes" (MATTOS, Luiz Norton Baptista de. A litispendência e a coisa julgada nas ações coletivas segundo o Código de Defesa do Consumidor e os anteprojetos do Código Brasileiro de Processos Coletivos. *In:* GRINOVER, Ada Pellegrini; MENDES, Aluisio Gonçalves de Castro; WATANABE, Kazuo (coords.). *Direito processual coletivo e o anteprojeto de Código Brasileiro de Processos Coletivos.* São Paulo: Editora Revista dos Tribunais, 2007. p. 207).

impedir o ajuizamento da demanda individual, [...] mas para influir sobre o convencimento do novo juiz".[228]

Em dissonância com as regras atinentes aos interesses difusos e coletivos, nos direitos individuais homogêneos não há exceção à imutabilidade e indiscutibilidade da coisa julgada, caso a improcedência do pedido seja motivada por insuficiência de provas. Antônio Gidi critica a não adoção dessa técnica, por inexistir justificativa plausível para essa diferenciação.[229] Fredie Didier e Hermes Zaneti Jr. igualmente reconhecem o equívoco do legislador, mas ponderam ser possível a aplicação de interpretação extensiva das regras de temperamento da coisa julgada previstas para os direitos essencialmente coletivos, a despeito de inexistir previsão legal.[230]

Os Projetos de Lei 4.778/2020 e 1.641/2021 pretendem corrigir essa grave anomalia no sistema da tutela jurisdicional coletiva, unificando o regramento da coisa julgada e estabelecendo que se o pedido for julgado improcedente por insuficiência probatória, qualquer legitimado poderá ajuizar outra ação coletiva, com idêntico fundamento, valendo-se de nova prova (art. 26, §2º, e art. 32, §2º, respectivamente).

No atual contexto, contudo, aos prejudicados pela improcedência dos pedidos por insuficiência de provas resta apenas a via da ação rescisória, fulcrada em prova nova cuja existência era ignorada ou que não pôde ser utilizada, desde que capaz, por si só, de assegurar pronunciamento favorável (art. 966, VII, CPC/2015).

Merece destaque, ainda, o posicionamento jurisprudencial acerca dos limites subjetivos da coisa julgada decorrente de ações coletivas propostas pelas associações civis.

Em sintonia com a doutrina, o STJ consolidou o entendimento de que as associações civis, como substitutos processuais, têm legitimidade para defender judicialmente os interesses difusos, coletivos e individuais homogêneos, nos limites estabelecidos pela lei, e não apenas de seus filiados.[231] Assim, a coisa julgada proveniente de ação coletiva proposta

---

[228] GRINOVER, Ada Pellegrini. Relatório geral – Civil Law. In: GRINOVER, Ada Pellegrini; WATANABE, Kazuo; MULLENIX, Linda. *Os processos coletivos nos países de civil law e common law:* uma análise de direito comparado. São Paulo: Editora Revista dos Tribunais, 2008. p. 244.

[229] GIDI, Antônio. *A class action como instrumento de tutela coletiva dos direitos*. São Paulo: Editora Revista dos Tribunais, 2007. p. 286-287.

[230] Cf. DIDIER JR., Fredie; ZANETI JR., Hermes. *Curso de direito processual civil*. 8. ed. Salvador: JusPodivm, 2013. v. 4, p. 391.

[231] Ver, dentre muitos outros, Agravo 1.153.516/GO, rel. Min. Maria Thereza de Assis Moura, DJe 26.04.2010.

por essas entidades deveria beneficiar a todos que se enquadrassem naquela situação posta em juízo e não apenas aos que demonstrassem ser associados.

Contudo, por ocasião dos julgamentos de dois recursos extraordinários com repercussão geral reconhecida, o STF decidiu que as balizas subjetivas do título judicial, formalizado em ação proposta por associação, seriam definidas pela representação no processo de conhecimento, presente a autorização expressa dos associados e a lista destes juntada à inicial. Assim, as associações atuariam exclusivamente em defesa de seus associados, seja por determinação constitucional (art. 5º, XXI, CF/1988), seja por força de seus estatutos, de modo que a coisa julgada deveria beneficiar somente esse universo de pessoas.

O primeiro deles ocorreu no RE 573.232/SC,[232] interposto por um indivíduo que pretendia beneficiar-se de título executivo judicial obtido pela Associação do Ministério Público de Santa Catarina (da qual ele não era integrante) exclusivamente em favor de seus associados, mediante a apresentação de procurações individuais.

Nesse específico caso, a ação não era coletiva, razão pela qual o STF afastou corretamente a legitimação extraordinária por substituição processual. A associação possuía um vínculo contratual com seus associados, que lhe permitiu atuar em juízo exclusivamente em favor deles por representação, na forma do art. 5º, XXI, CF/1988. Consequentemente, a existência de vínculo jurídico entre representante e representados autoriza que a coisa julgada de ação proposta pela primeira atinja exclusivamente os segundos que tenham anuído com a propositura da ação.

A decisão da Suprema Corte foi adotada equivocamente pelo STJ, que passou a aplicar às ações coletivas fulcradas no art. 82, CDC, e no art. 5º, LACP, aquela *ratio decidendi* específica das ações propostas com fundamento no art. 5º, XXI, CF/1988.[233]

---

[232] STF, RE 573.232/SC, rel. para acórdão Min. Marco Aurélio, DJe 18.09.2014.

[233] Reportamo-nos a título de ilustração ao REsp 1.185.823/GO, rel. Min. Sérgio Kukina, DJe 28.03.2016. O equívoco do STJ foi objeto de interessante estudo apresentado em ZANETI JR., Hermes; FERREIRA, Carlos Frederico Bastos; ALVES, Gustavo Silva. A ratio decidendi do precedente STF/RE 573.232/SC: substituição processual v. representação processual. Desnecessidade de autorização assemblear nas ações coletivas em defesa ao consumidor. *Revista de Direito do Consumidor*. São Paulo: Editora Revista dos Tribunais, v. 108, p. 161-187, nov./dez. 2016. Somente após o STF corrigir o equívoco conceitual por ocasião do julgamento de embargos de declaração opostos contra o acórdão proferido no RE 612.043/PR, a Corte Especial do STJ reassumiu seu antigo posicionamento quanto à natureza jurídica da legitimidade nas ações coletivas propostas por associações na defesa dos direitos individuais homogêneos (STJ, REsp 1.438.263/SP, Rel. Min. Raul Araújo, DJe 24.05.2021).

Posteriormente, por ocasião do julgamento do RE 612.043/PR, o STF decidiu por maioria que a atuação da Associação dos Servidores da Justiça Federal no Paraná (Asserjuspar), em ação coletiva objetivando a defesa de direitos individuais homogêneos, também se daria por representação processual. Por esse motivo os limites subjetivos da coisa julgada se restringiriam aos membros que comprovadamente se associaram à entidade até a propositura da ação.[234]

Ao apresentar os fundamentos do voto vencedor, o ministro Marco Aurélio reavivou os argumentos lançados no RE 573.232/SC, sem se atentar ao fato de que as ações que deram origem aos dois recursos extraordinários eram distintas. Enquanto a demanda que deu origem ao RE 573.232/SC estava fulcrada no art. 5º, XXI, CF/1988, de forma que a entidade associativa representava exclusivamente os seus filiados, o RE 612.043/PR proveio de ação coletiva ajuizada com fundamento no art. 5º, LACP, e no art. 82, CDC, cujo objeto claramente relacionava-se com direitos individuais homogêneos pertencentes a toda a categoria de servidores. Somente por ocasião do julgamento dos embargos de declaração contra o acórdão, que o STF esclareceu a natureza da legitimação e os limites subjetivos da coisa julgada, ampliando-a para além do universo de associados.[235]

A sistemática do processo coletivo não exige a adesão obrigatória do indivíduo para proveito da sentença proferida em ação objetivando a defesa de direito individual homogêneo. Há a possibilidade de o interessado valer-se da sentença que lhe é favorável (transporte *in utilibus*, cf. item 1.4, *infra*), estando ele vinculado ou não à associação.

É salutar a retificação do entendimento do STF, ao julgar os declaratórios opostos no RE 612.043/PR, porque impediu que as ações coletivas propostas pelos entes associativos e que versam sobre direitos individuais homogêneos se transformassem em simples demandas de rito comum com litisconsórcio ativo facultativo, através das quais a atuação do legitimado beneficiaria apenas um punhado de associados, e não mais todos os indivíduos que se encontram na mesma situação de

---

[234] STF, RE 612.043/PR, rel. Min. Marco Aurélio, DJe 06.10.2017. A tese fixada com repercussão geral, a partir da interpretação do art. 5º, XXI, CF/1988, conjugado com o art. 2-A da Lei 9.494/1997, foi a de que "a eficácia subjetiva da coisa julgada formada a partir de ação coletiva de rito ordinário, ajuizada por associação civil na defesa de interesses dos seus associados, somente alcança os filiados, residentes no âmbito da jurisdição do órgão julgador, que o fossem em momento anterior ou até a data da propositura da demanda, constantes de relação juntada à inicial do processo de conhecimento".

[235] STF, RE 612.043/PR ED, rel. Min. Marco Aurélio, DJe 06.08.2018 e Temas 82 e 499 do STF.

fato e de direito (o que somente é possível pelo regime da substituição processual).

Seria desprestigiada a utilização do processo coletivo como instrumento de pacificação global e definitiva de questão envolvendo direitos individuais homogêneos pertencentes a toda comunidade, favorecendo o surgimento de múltiplas demandas individuais e coletivas com o mesmo objeto, e, por consequência, o risco de julgamentos conflitantes. Outrossim, seria desvitalizada uma das principais atribuições das associações civis no Estado Democrático de Direito, que é sua capacidade de interlocução com o Poder Público e de proteção de direitos de toda a comunidade.

Caso fosse mantida, a equivocada decisão do STF beneficiaria todos aqueles que têm interesse em restringir ao máximo os favorecidos pelas ações coletivas propostas pelas associações, de forma a minimizar os potenciais prejuízos decorrentes de derrotas nessas demandas, tais quais a União, os Estados e os Municípios, e grandes fornecedores de produtos e serviços.

Sem embargo da atual posição do STF, o Projeto de Lei 1.641/2021 pretende colocar uma pá de cal sobre o tema, ao definir que, em caso de procedência dos pedidos, a coisa julgada beneficia a todos os integrantes do grupo, independente de eles estarem filiados ao sindicato ou associação proponente da demanda (art. 32, §1º).

1.3 A aderência das pretensões individuais à ação coletiva

As pretensões individuais estão imunes à coisa julgada proveniente de eventual decisão desfavorável proferida em ações coletivas (art. 103, §§1º e 2º, CDC). No entanto, há uma tendência de relativização desse princípio no microssistema de tutela coletiva.

Em regra, não há litispendência entre ações individuais e coletivas com o mesmo objeto (art. 104, CDC). Esse mesmo dispositivo estabelece uma ferramenta de *opt-in*, que autoriza os indivíduos lesados a ingressar voluntariamente na demanda coletiva, possibilitando sua inserção nos limites subjetivos da coisa julgada que lhes seja favorável, na hipótese de o objeto do processo relacionar-se a direitos coletivos *stricto sensu* e individuais homogêneos. Para aqueles que já ajuizaram suas demandas próprias, a aderência ao processo coletivo se dá por meio do pedido de suspensão da ação individual.

A despeito de a lei deixar clara a voluntariedade do pedido de suspensão das ações individuais, para fins de inclusão do litigante singular na demanda coletiva, os tribunais passaram a determinar a suspensão forçada das microlides, a pretexto, por exemplo, da falta de estrutura do Poder Judiciário para lidar com pretensões repetitivas.[236]

A suspensão mandatória das ações individuais ganhou força na jurisprudência do STJ, que amparou seu posicionamento em interpretação extensiva à sistemática dos recursos repetitivos, com a finalidade de tornar a tutela jurisdicional mais coerente, razoável, eficiente e isonômica.[237]

Conquanto os valores invocados pela jurisprudência sejam louváveis, a imposição de impedimento absoluto de a parte prosseguir com sua pretensão, sem poder se desvincular da pretensão coletiva, nos parece inconstitucional por violar o direito de ação. Ainda como consequência da suspensão obrigatória, parece-nos que haverá o transporte automático da sentença desfavorável às ações individuais, não com fundamento no art. 104, CDC, mas para garantir tratamento igualitário aos que se enquadrarem no mesmo contexto jurídico. Dessa forma, mitigar-se-á o princípio de que as decisões de mérito desfavoráveis provenientes de demandas coletivas não prejudicam os direitos individuais dos integrantes da coletividade.

No âmbito das proposições legislativas existentes, o Projeto de Lei 4.778/2020 sugere a adoção de um sistema de *opt-out*, em que os integrantes do grupo poderão manifestar seu interesse em se imunizar da coisa julga julgada transindividual, por petição oferecida nos autos da ação coletiva ou com a propositura e manutenção de sua ação individual (art. 26, §3º).

A proposta legislativa é perigosa, porque nem todos os integrantes da coletividade possuem as mesmas condições de acesso à justiça e à informação. Para peticionar nos autos da ação coletiva ou propor uma ação individual, é necessário ter plena consciência da existência de um direito violado e da ação coletiva, e ainda ter condições de buscar o Poder Judiciário, através de um advogado ou pessoalmente, por intermédio dos Juizados Especiais. Ao condicionar a desvinculação da coisa julgada coletiva a providências que não são acessíveis a todos, em igualdade de condições, o legislador assume o risco de prejudicar os membros mais desfavorecidos do grupo, vinculando-os a uma *res judica*

---

[236] Vide TJRS, Ag. 70020883153, rel. Des. Wanda Maria Melo Pierro, j. 09.08.2007.
[237] Ver, dentre muitos outros, STJ, REsp 1.110.549/RS, rel. Min. Sidnei Beneti, DJe 14.12.2009; REsp 1.353.801/RS, rel. Min. Mauro Campbell Marques, DJe 23.08.2013; Medida Cautelar 25.323/SP, rel. Min. Paulo de Tarso Sanseverino, DJe 18.12.2015; REsp 1.525.327, Rel. Min. Luis Felipe Salomão, DJe 01.03.2019; e Tema 589, STJ.

que lhes é desfavorável, simplesmente porque eles não têm condições de peticionar na ação coletiva ou propor uma ação individual.

1.4 Transporte *in utilibus* da coisa julgada coletiva

Ainda que os litigantes individuais não optem por participar voluntariamente das demandas coletivas, suspendendo suas pretensões singulares, é-lhes permitido aproveitar da sentença favorável proferida em processo metaindividual.

Isso porque, por força do art. 103, §3º, CDC, a coisa julgada que emana da sentença favorável proferida em um processo coletivo que verse sobre direitos difusos, coletivos ou individuais homogêneos pode ser transportada para as pretensões individuais, encurtando o caminho processual.

Pensemos, por exemplo, em uma ação transindividual em que se discute a responsabilização dos engenheiros que erigiram edifício que desabou, além de indenização a ser revertida ao Fundo de Defesa dos Direitos Difusos. Paralelamente a ela, existem trinta demandas individuais, que objetivam o pagamento de indenização material e moral pelo mesmo desabamento, e cujos autores não admitiram a suspensão de suas lides singulares. A decisão de procedência dos pedidos formulados na demanda coletiva, que reconheceu a responsabilidade dos engenheiros pelo desabamento, poderá ser transportada para as ações individuais, como forma de resolver uma *questão prévia*, essencial ao deslinde das demandas atomizadas.

Efeito similar ocorre na sentença penal condenatória (art. 103, §4º, CDC), e na eficácia da coisa julgada penal no campo da reparação civil (arts. 91, I, CP, art. 63, CPP, e art. 515, VI, CPC/2015), em que a sentença que condena o ofensor na esfera criminal é aproveitada (ou transportada) para fins de definição de sua responsabilidade civil. Trata-se de ponto de fato e de direito antecedente e essencial à apuração da existência de danos indenizáveis e sua quantificação, e que é comum às lides.

O Projeto de Lei 1.641/2021 aprimora o transporte *in utilibus*, ao estabelecer em seu art. 32, §5º, que a superveniência da coisa julgada coletiva converte as respectivas ações individuais que estiverem na fase de conhecimento em processos de liquidação e execução, reafirmando a utilidade do instituto para concretizar os princípios da celeridade e economia processuais.

1.5 Limites territoriais da coisa julgada coletiva

Na intenção de limitar o impacto das decisões proferidas em ações coletivas que lhe eram desfavoráveis, o Governo Federal passou a investir contra a efetividade da tutela metaindividual. Em uma de suas manobras, editou a Medida Provisória 1.570/1997, posteriormente convertida na Lei 9.494/1997, que alterou a redação do art. 16, LACP, no afã de restringir o alcance da eficácia da sentença e da coisa julgada nas ações coletivas à competência territorial do órgão prolator da decisão.

O Poder Executivo desrespeitou os princípios essenciais da tutela coletiva. Permitiu o fracionamento de direitos difusos e coletivos que sabidamente são indivisíveis, criando a absurda possibilidade de uma determinada peça publicitária veiculada nacionalmente ser considerada abusiva em um estado da Federação e regular em outro. Além da manifesta violação ao princípio da isonomia, a restrição também fulminava a economia e celeridade processuais, por exigir que uma mesma questão de âmbito nacional tivesse que ser obrigatoriamente objeto de 27 ações coletivas (uma para o Distrito Federal e outras para cada um dos 26 estados).

A doutrina sempre enfatizou a ineficácia dessa modificação legislativa, porque a exaustiva regulamentação da competência e da coisa julgada no Código de Defesa do Consumidor (arts. 93, 103 e 104, CDC), que não foi alterada pela Lei 9.494/1997, prevalece sobre o disposto no art. 16, LACP.[238] Isso porque, as regras do código consumerista, de ordem pública e interesse social, possuem eficácia sobre as demais normas do sistema (art. 1º, CDC). Na precisa visão de Ada Pellegrini Grinover, o que determina a abrangência da *res judicata* é o pedido e não a competência. Ademais, ao definir que a coisa julgada se restringia aos limites da competência do órgão prolator, escancarava-se a "necessidade de buscar a especificação dos limites legais da competência: ou seja, os parâmetros do art. 93 do CDC, que regula a competência territorial nacional e regional para os processos coletivos [...] tanto no âmbito da Justiça Estadual como no da Justiça Federal".[239]

Partindo de uma análise integrativa das três bases legislativas do microssistema de processos coletivos, juristas defendiam que, ainda

---

[238] Para todas as posições doutrinárias sobre o tema, nos reportamos à GRINOVER, Ada Pellegrini. A ação civil pública refém do autoritarismo. In: *O processo*: estudos & pareceres. São Paulo: DPJ, 2006. p. 242.

[239] GRINOVER, Ada Pellegrini et al. *Código brasileiro de defesa do consumidor*: comentado pelos autores do anteprojeto. 12. ed. Rio de Janeiro: Forense, 2019. p. 1007 e 1009.

que se pudesse cogitar a aplicação do referido dispositivo, a eficácia territorial dizia respeito apenas às sentenças proferidas em ações para a tutela de direitos individuais homogêneos, tratadas no art. 2-A da Lei 9.494/1997. Em análise sobre o tema, Teori Zavascki consignou que, para se dar algum sentido ao dispositivo, a expressão "coisa julgada" prevista no art. 16, LACP, referia-se à eficácia subjetiva da sentença e não à *res judicata* propriamente dita.

Seguindo essa premissa e com base no art. 2-A da Lei 9.497/1997, o saudoso ministro do STF acrescentou que a limitação somente poderia ser aplicada aos objetos litigiosos que versassem sobre direitos individuais homogêneos – relações jurídicas autônomas, que comportam tratamento separado, sem comprometimento de sua essência –, pois assim poderia ser possível cindir a tutela por critérios territoriais, a despeito da fragilização do princípio da economia processual.[240]

A jurisprudência parecia ter encampado a restrição da *res judicata* à competência territorial do órgão prolator da decisão, com diversos julgados nesse sentido.[241] No ano de 2011, entretanto, a Corte Especial do STJ, sob a sistemática dos recursos repetitivos, reconheceu os judiciosos argumentos da doutrina, proclamando que "os efeitos e a eficácia da sentença não estão circunscritos a lindes geográficos, mas aos limites objetivos e subjetivos do que foi decidido, levando-se em conta, para tanto, sempre a extensão do dano e a qualidade dos interesses metaindividuais postos em juízo".[242]

O que parecia ser uma solução definitiva ao problema, mostrou-se apenas mais uma etapa desse imbróglio legislativo e jurisprudencial, pois novos precedentes do próprio Tribunal Superior advieram em sentido diverso daquele decidido pela Corte Especial.[243] Mais recentemente, a Corte Especial ratificou seu entendimento anterior, afastando a limitação

---

[240] ZAVASCKI, Teori Albino. *Processo Coletivo:* tutela dos direitos coletivos e tutela coletiva de direitos. 7. ed. São Paulo: Editora Revista dos Tribunais, 2017. p. 73-74. Ada Pellegrini Grinover, em sentido contrário, defende que o art. 16, LACP, não se aplica à coisa julgada proveniente de ação coletiva envolvendo direitos individuais homogêneos, pois o dispositivo só diz respeito aos direitos difusos e coletivos *stricto sensu*, vez que a ressalva de não formação de *res judicata* em caso de improcedência por insuficiência de provas é restrita aos direitos essencialmente coletivos (GRINOVER, Ada Pellegrini *et al*. *Código brasileiro de defesa do consumidor:* comentado pelos autores do anteprojeto. 12. ed. Rio de Janeiro: Forense, 2019. p. 1006-1007).

[241] No STJ, ver REsp 293.407/SP, rel. Min. Ruy Rosado de Aguiar, DJ 07.04.2003; REsp 642.462/PR, rel. Min. Eliana Calmon, DJ 18.04.2005; CC 47.731/DF, rel. Min. Teori Albino Zavascki, DJ 05.06.2006; e CC 56.228/MG, rel. Min. Eliana Calmon, DJe 03.12.2007.

[242] STJ, Corte Especial, REsp 1.243.887/PR, rel. Min. Luis Felipe Salomão, DJe 12.12.2011.

[243] STJ, REsp 1.304.953/RS, rel. Min. Nancy Andrighi, DJe 08.09.2014; e AgRg no REsp 1.353.720/SC, rel. Min. Herman Benjamin, DJe 25.09.2014.

da coisa julgada metaindividual a lindes geográficos,[244] o que parecia colocar uma pá de cal sobre a questão.

A discussão – que gira exclusivamente em torno de dispositivos infraconstitucionais – foi indevidamente reavivada pelo STF, ao julgar o RE 612.043/PR, que por maioria decidiu, dentre outros equívocos, que os beneficiários do título executivo coletivo, no caso de ação proposta por associação, são aqueles que, residentes na área compreendida na jurisdição do órgão julgador.[245]

No que aparenta ser último capítulo desse imbróglio, no ano de 2021, o STF proclamou a inconstitucionalidade do art. 16 da Lei 7.347/1985, cuja redação havia sido alterada pela Lei 9.494/1997, e decretou que os efeitos e a eficácia da sentença coletiva são definidos pelos limites da lide, sendo que a competência para processar e julgar as ações de efeitos nacionais e regionais deve observar o art. 93, II, do CDC.[246] Como consequência do julgamento, foi reestabelecida a redação original do art. 16 da LACP, segundo a qual a sentença civil fará coisa julgada *erga omnes*, valendo para todo o território nacional.

1.6 Coisa julgada no mandado de segurança e no mandado de injunção coletivos

O mandado de segurança coletivo, a despeito de integrar o sistema de tutela transindividual, possui regulamentação autônoma com inúmeras incompatibilidades que geram insegurança quanto à coisa julgada.

A primeira incongruência está relacionada aos limites subjetivos da coisa julgada, que, em atenção ao art. 22, da Lei 12.016/2009, é limitada "aos membros do grupo ou categoria substituídos pelo impetrante". De início poder-se-ia pensar que somente aqueles que estivessem efetivamente vinculados aos autores coletivos do *mandamus* seriam beneficiados pela eventual concessão da segurança, o que não se compatibilizaria com os moldes principiológicos da tutela coletiva.

A melhor interpretação, no entanto, é de que a coisa julgada do mandado de segurança coletivo deve abarcar todos os integrantes do grupo ou categoria que tem seu direito abrangido pelo *writ*, pouco importando se eles estão vinculados diretamente a associação, sindicato

---

[244] STJ, Corte Especial, EREsp 1.134.957/SP, rel. Min. Laurita Vaz, DJe 29.11.2016.
[245] STF, RE 612.043/PR, rel. Min. Marco Aurélio, DJe 06.10.2017.
[246] STF, RE 1.101.937, Rel. Min. Alexandre de Moraes, DJe 14.06.2021.

ou partido político.[247] A ampliação dos limites subjetivos da coisa julgada nesses moldes, além de ser compatível com o microssistema de processos coletivos, coaduna-se igualmente com a atuação judicial de grupos civis, especialmente dos partidos políticos e sindicatos.

Os partidos políticos não atuam em defesa de seus associados ou de uma categoria específica de pessoas. Em um sistema democrático, muito mais do que defender seus próprios interesses ideológicos, cabe às agremiações políticas almejar o bem-estar de toda a população, por intermédio de diversos meios de participação. Da mesma forma, os sindicatos possuem legitimidade para defender em juízo os interesses coletivos de todos os integrantes da categoria, filiados ou não, notadamente na busca de melhores condições de trabalho.[248] Nesse contexto, o mandado de segurança coletivo é mais um instrumento de alcance dessa função institucional dos partidos políticos e sindicatos, razão pela qual não seria minimamente razoável que a coisa julgada fosse restrita aos seus filiados.

Outra discrepância da Lei 12.016/2009 diz respeito à forma de aderência do autor individual à pretensão do *writ* coletivo. Conforme o art. 22, §1º, o indivíduo deverá desistir de seu mandado de segurança singular para se beneficiar do *mandamus* transindividual, enquanto o art. 104, CDC, permite o aproveitamento da coisa julgada coletiva favorável mediante a simples suspensão do processo individual.

Trabalhando esse conflito aparente de normas, Fernando da Fonseca Gajardoni argumenta que a Lei do Mandado de Segurança deve prevalecer sobre o Código do Consumidor por ser norma especial.[249] Daniel Assumpção Neves Amorim, por sua vez, defende a prevalência do art. 104, CDC, pois o dispositivo da Lei 12.016/2009 seria inconstitucional, "por desconsiderar que uma desistência do mandado de segurança significará na prática uma verdadeira renúncia a esse instrumento processual, considerando o seu exíguo prazo decadencial". Com essa premissa, o professor conclui acertadamente que a norma do CDC é mais compatível com o microssistema coletivo.[250]

---

[247] A posição é referendada pela jurisprudência, valendo citar acórdão do STJ proferido no AgRg no MS 13.505/DF, de relatoria do Min. Napoleão Nunes Maia Filho, DJe 18.09.2008, e os Temas 1119 do STF e 1056 do STJ.

[248] Cf. Tema 823, STF.

[249] GAJARDONI, Fernando da Fonseca. *Comentários à nova Lei de Mandado de Segurança*. São Paulo: Método, 2009. p. 113-114.

[250] NEVES, Daniel Amorim Assumpção. *Manual de Processo Coletivo*. 3. ed. Salvador: JusPodivm, 2016. p. 47.

Finalmente, a legislação especial também não faz menção à possibilidade de formação da coisa julgada *secundum eventum probationis*, *secundum eventum litis*, tampouco à possibilidade de seu transporte *in utilibus*. Nesse cenário de inexistência de regra específica, parece-nos razoável que se apliquem subsidiariamente os arts. 103 e 104, CDC, tal como defende a doutrina.[251]

Algumas dessas mesmas incongruências também se encontram presentes na Lei 13.300/2016, que regulamenta o mandado de injunção coletivo.

Se, de um lado, a Lei do Mandado de Injunção destacou positivamente a existência da coisa julgada secundum eventum probationis, no §3º de seu art. 9º, de outro, estabeleceu que os efeitos da coisa julgada não beneficiarão o impetrante que não requerer a desistência de sua demanda individual no prazo de 30 dias a contar da ciência comprovada da impetração coletiva (art. 13, parágrafo único).

Outrossim, a despeito de reconhecer que a legitimação nessas hipóteses é de substituição processual (art. 13), a lei restringe os limites subjetivos da coisa julgada dos mandados de injunção coletivos impetrados por associações à totalidade ou parte de seus membros ou associados (art. 12, III), o que, na verdade, representaria que a legitimação se dá por representação. A delimitação da coisa julgada aos associados se mostra ainda mais paradoxal se se considerar que o mandado de injunção tem por objetivo suprir a falta de norma regulamentadora que torne inviável o exercício dos direitos e liberdades constitucionais e das prerrogativas inerentes à nacionalidade, à soberania e à cidadania. Significa dizer que a Lei 13.300/2016 fragmenta direitos indivisíveis pertencentes a uma coletividade indeterminada e indeterminável, conforme a atividade da associação civil que os indivíduos integrarem, o que contraria o espírito do microssistema de processos coletivos.

2. O regramento norte-americano da coisa julgada

Em contraposição ao complexo modelo brasileiro, a *Rule* 23 norte-americana adota sistemática simplificada quanto à formação *res judicata* nas ações coletivas, mediante a qual, por princípio, todos os indivíduos integrantes do grupo interessado são atingidos pela coisa

---

[251] Vide ZUFELATO, Camilo. *Coisa julgada coletiva*. São Paulo: Saraiva, 2011. p. 447; e NEVES, Daniel Amorim Assumpção. *Manual de Processo Coletivo*. 3. ed. Salvador: JusPodivm, 2016. p. 369.

julgada proveniente das *class actions*, ainda que ela lhe seja desfavorável. Não há temperamento da formação da coisa julgada de acordo com o desfecho da demanda, limites territoriais vinculados ao órgão prolator da decisão de mérito, tampouco voluntariedade no transporte da *res judicata* para as ações individuais.

No entanto, a depender da modalidade de ação coletiva, é permitido ao indivíduo interessado exercer o direito de autoexclusão do grupo, a fim de imunizar-se da coisa julgada coletiva.

Nas denominadas *mandatory class actions*, a regra estabelece que todos os integrantes do grupo serão atingidos pela *res judicata*, independentemente do resultado da demanda [*Rule* 23, (c)].

Nas demandas metaindividuais previstas nos itens 1 e 2 da alínea "b" da *Rule 23*, as pretensões possuem características que impedem a sua fragmentação em múltiplas ações, porque esses interesses não podem estar expostos ao risco da superveniência de decisões conflitantes, que estabeleçam padrões de conduta contrários aos interesses do grupo.

A coletividade é vista, nessas hipóteses, como uma entidade indissolúvel, cujos membros devem permanecer vinculados ao resultado favorável ou desfavorável do litígio. São denominadas, em razão disso, pretensões obrigatoriamente metaindividuais, nas quais inexiste a possibilidade de exclusão dos integrantes da classe, face à já apontada indivisibilidade dos interesses.

Permitir a fragmentação dos integrantes do grupo, nesses casos, implicaria negar a própria tutela supraindividual, porque, em primeiro lugar, reavivar-se-ia o risco de existirem decisões inconsistentes que colocariam o adversário do grupo em situação de conflito; e, em segundo lugar, porque as primeiras ações poderiam esvaziar o patrimônio do *ex adverso*, que seria utilizado para indenizar aqueles que ingressaram em juízo, sem que restassem recursos para reparar os danos causados aos demais membros da coletividade afetada.

A impossibilidade do exercício do direito de autoexclusão não exime o juiz de determinar que os integrantes do grupo sejam cientificados da existência da ação, dos direitos e dos riscos inerentes à demanda, permitindo que eventualmente compareçam em juízo para participar do contraditório. A notificação ganha especial importância nos casos em que há requerimento de arbitramento de honorários advocatícios (*claim for attorney fee award*) e instrumento de transação celebrado entre o porta-voz da classe e o antagonista, hipóteses em que o convite dos membros ausentes torna-se obrigatório [*Rule* 23(h)(1) e (e)(5)], para que estes possam apresentar suas impugnações, permitindo ao magistrado identificar eventual inadequação de representatividade (conforme explorado no Capítulo V, *infra*).

Caberá ao magistrado, nos limites de sua discricionariedade, definir a melhor forma de noticiar a existência da demanda aos interessados, como a veiculação de anúncios em televisão e jornais de grande circulação, não sendo necessária a individualização de todos os integrantes do grupo, tampouco sua notificação pessoal.[252]

Por sua vez, nas ações coletivas enquadradas na *Rule* 23(b)(3), face à divisibilidade dos interesses que delas podem ser objeto, a coisa julgada atingirá apenas os membros da classe que não foram imunizados pelo exercício do seu direito de autoexclusão, após serem notificados pelo juiz processante. Isto é, em regra, a sentença afetará aqueles do grupo que foram suficientemente notificados e que não exerceram o direito de *opt-out*. Trata-se da primeira exceção à máxima que viceja nas *mandatory class actions*, de que todos os integrantes da coletividade estarão vinculados à *res judicata* coletiva.

Embora a notificação deva ser pessoal, a *Rule* 23 ressalva que ela seja direcionada a todos os integrantes do grupo que possam ser identificáveis com um esforço razoável, respeitadas as circunstâncias do caso concreto. Não se trata da notícia apropriada indicada para as *mandatory class actions*, mas da melhor notícia possível,[253] como determina a *Rule* 23(c)(2).

A segunda exceção relaciona-se à carência de adequada representatividade do representante da classe, analisada no capítulo a seguir.

---

[252] RUBENSTEIN, William; CONTE, Alba; NEWBERG, Herbert H. *Newberg on class actions*. 5. ed. Saint Paul: Thomson Reuters, 2012. v. 2, p. 24-25.

[253] COSTA, Susana Henriques da. O controle judicial da representatividade adequada: uma análise dos sistemas norte-americano e brasileiro. *In*: SALLES, Carlos Alberto de (org.). *As grandes transformações do processo civil brasileiro*: homenagem ao professor Kazuo Watanabe. São Paulo: Quartier Latin, 2009. p. 962.

CAPÍTULO V

REPRESENTATIVIDADE ADEQUADA NAS *CLASS ACTIONS*

1 Considerações gerais

Em um litígio individual tradicional estadunidense, tal como no Brasil, em regra, as partes defendem direito próprio e tomam as decisões mais importantes relacionadas a sua pretensão. Escolhem os advogados que irão patrocinar seus interesses, auxiliam na elaboração da petição inicial ou da defesa. Em caso de aproximação dos integrantes da relação processual objetivando a transação, as cláusulas do acordo são amplamente debatidas, sendo certo que o resultado é fruto direto da vontade de todos os envolvidos.

Nesse contexto, em que há domínio da lide pelas partes que efetivamente tiveram seu dia no tribunal, mostra-se justo que o desfecho da lide vincule todos os integrantes da relação processual, ainda que o final seja diferente daquele originalmente planejado por ocasião do ajuizamento da ação ou do oferecimento da contestação.

A situação é bastante distinta no âmbito do processo coletivo norte-americano. Na ação metaindividual ativa ou passiva, permite-se que qualquer indivíduo defenda os interesses de uma coletividade da qual ele acredita fazer parte, em razão de similitudes das questões de fato e/ou de direito.

Grande parte desse grupo, no entanto, não contribui efetivamente com o processo. Não se faz presente e, muitas vezes, sequer sabe da existência da ação coletiva da qual ele é parte.[254] Sua participação é meramente virtual, inclusive na hipótese da celebração de acordos, cujos termos são negociação por meio do porta-voz da classe e dos advogados por ele escolhidos.

Todas as decisões cruciais à coletividade são, assim, tomadas por esses dois grandes protagonistas do processo coletivo, inclusive em eventual transação do objeto do processo.

Os membros ausentes do grupo atuam como coadjuvantes, podendo intervir de forma periférica na condução do processo, se assim desejarem, exercendo seu direito de autoexclusão do processo, quando possível, ou participando de audiências públicas designadas para discussão e aprovação de cláusulas estabelecidas em acordos coletivos.

Conquanto os integrantes ausentes da coletividade não participem ativamente do processo coletivo, exercendo o contraditório de forma ampla, todos são abarcados pela coisa julgada coletiva, excepcionados aqueles que, quando permitido, deliberadamente optaram por serem excluídos da lide.

Ao contrário do que ocorre nas ações coletivas brasileiras, nas quais em regra a coisa julgada somente atinge os integrantes da coletividade para beneficiá-los (*res judicata secundum eventum litis* e *in utilibus*), o sistema norte-americano estabelece o princípio de que o julgamento da pretensão metaindividual atinge a todos, independentemente do seu resultado.

À primeira vista, haveria aqui um claro desrespeito ao princípio do devido processo legal, previsto nas quinta e décima quarta emendas à Constituição norte-americana, que, em sua concepção tradicional, asseguram que ninguém será privado de seus bens sem ser ouvido em juízo, ou, em outras palavras, visam garantir que "para que alguém esteja vinculado a uma decisão judicial, é preciso que tenha participado como parte do processo e que haja sido comunicado de sua existência, normalmente através da citação".[255]

Sem ignorar essa realidade, a sistemática processual norte-americana – amparada pela *Rule 23* e pelo julgamento realizado pela Suprema Corte no caso *Hansberry v. Lee* – adotou a aferição da representatividade

---

[254] BASSETT, Debra Lyn. When reform is not enough: assuring more than merely "adequate" representation in class action. *Georgia Law Review*. Athens: University of Georgia School of Law, v. 28, p. 936, 2004.

[255] ROQUE, André Vasconcelos. *Class actions – Ações coletivas nos Estados Unidos:* o que podemos aprender com eles? Salvador: JusPodivm, 2013. p. 131.

adequada como técnica de compatibilização das ações coletivas com o princípio constitucional do devido processo legal.

Diante da impossibilidade prática de participação de toda a coletividade em um processo metaindividual, criou-se a ficção jurídica de que ela exerceu seu dia figurativo na corte, caso os direitos desse grupo de pessoas tenham sido defendidos de forma suficiente, garantindo resultado similar àquele que elas obteriam se tivessem ajuizado suas próprias ações individuais com o mesmo objeto, ou participado diretamente das negociações do acordo.

Permite-se, assim, que os membros ausentes do grupo sejam atingidos pela coisa julgada, ainda que o exercício do contraditório ou a transação tenham sido realizados por intermédio de um terceiro. Se todos os membros ausentes foram devidamente representados, não há como questionar que não tiveram seu dia na corte.

Considerando que o destino da coletividade está nas mãos de seu porta-voz no processo e do advogado constituído para patrocinar os direitos do grupo, a representatividade adequada assume o papel de "requisito essencial para que haja respeito ao devido processo legal em relação aos membros ausentes e, consequentemente, indispensável para que eles possam ser vinculados pela coisa julgada produzida na ação coletiva".[256] É uma técnica que equilibra a amplitude do modelo privatista de legitimação estadunidense mediante o controle judicial da capacidade de os intérpretes do grupo protegerem suficientemente os interesses dos membros ausentes.

Na carência de suficiente representatividade, os efeitos da coisa julgada coletiva, ainda que provenientes de decisão homologatória de transação, não abarcarão os membros ausentes do grupo interessado. Se determinado universo de indivíduos não foi adequadamente defendido na demanda coletiva primitiva, entende-se que eles não integraram a relação processual, sendo natural sua desvinculação daquela *res judicata*.

A imunização dos membros ausentes aos efeitos da coisa julgada poderá ocorrer nos autos da própria demanda metaindividual de origem, caso o juiz não certifique a ação coletiva no momento oportuno ou reconsidere sua decisão por força da representatividade insuficiente.

Há, ainda, a possibilidade de a exclusão ocorrer por meio de uma ação objetivando anular a coisa julgada resultante da *class action* (denominada *direct attack*), ou através de uma demanda que não foi

---

[256] GIDI, Antônio. *A class action como instrumento de tutela coletiva dos direitos*. São Paulo: Editora Revista dos Tribunais, 2007. p. 99.

ajuizada especificamente para esse fim, mas cujo mérito exige a análise incidental da validade da *res judicata* coletiva derivada de litígio anterior (chamada de *collateral attack*), ambas com fundamento na inadequada representatividade.

Em termos pragmáticos, a adequada representatividade é elemento de integridade e eficiência da *class action*, pois somente com a sua manifestação o objeto litigioso será definitivamente julgado por uma única sentença, sem abertura para questionamentos supervenientes dos membros ausentes do grupo.

2 Certificação e controle da adequada representatividade

A análise da representatividade adequada no direito estadunidense é realizada, em primeiro lugar, por ocasião da fase de certificação, em que é verificada a presença dos requisitos necessários ao processamento da ação de forma metaindividual e o enquadramento da pretensão em uma das espécies previstas de ação coletiva (vide Capítulo II, *supra*).

Inexiste um momento processual específico para a certificação, estabelecendo a *Rule 23* apenas que o ato ocorrerá o mais brevemente possível.[257] Em regra, ela é averiguada no início do processo, imediatamente após o encerramento da fase postulatória, mediante provocação da parte interessada ou de ofício.[258] Entretanto, há registros na jurisprudência – raros, é verdade – de decisões de certificação proferidas somente após o julgamento do mérito.[259]

Previamente à decisão de certificação, não há processo metaindividual. A pretensão é geralmente adjetivada como "putativa" ou "potencial", assim como o grupo interessado e seu porta-voz judicial. Em outras palavras, pode-se afirmar que somente após o decreto de certificação da pretensão, que equivaleria à decisão saneadora brasileira, é que a *class action* tomará forma.

Trata-se de decisão extremamente importante para o desenvolvimento da *class action*, na qual o juiz exerce a *defining function*, isto é, atesta o recebimento da ação enquanto demanda coletiva, definindo o

---

[257] A expressão foi inserida na *Rule 23*(c)(1)(A), na reforma ultimada no ano de 2003, em substituição ao termo *as soon as practible*.
[258] Vide FRIEDENTHAL, Jack H.; KANE, Mary Kay; MILLER, Arthur R. *Civil procedure*. 4. ed. Saint Paul: Thomson West, 2005. p. 781-782.
[259] Consoante as decisões denegando a certificação, proferidas em *Alexander v. Aero Lodge n. 735, Int'l Ass'n of Machinists & Aerospace Workers*, AFL-CIO, 565 F.2d 1364 (6th Cir. 1977) e *McLaughlin v. Wohlgemuth*, 535 F.2d 251 (3d Cir. 1976).

objeto do processo, o grupo representado, seu advogado e a capacidade do porta-voz processual em defender os interesses da coletividade [*Rule* 23(c)(1)(B) e *Rule*23(g)(1)]. A realização desse importante juízo preliminar de toda *class action* pode levar à cognição superficial e sumária de algumas questões relacionadas ao mérito, sem que isso implique nulidade processual.[260]

Ao autorizar o processamento de uma ação na modalidade coletiva, a decisão de certificação fortalece o protagonismo do porta-voz e do patrono da classe que conduzirão o processo em favor de inúmeras pessoas, que não irão participar do litígio, mas que dele poderão se beneficiar ou serem prejudicadas. Há, aqui, um inegável desdobramento social da decisão de certificação.

O intérprete e o advogado do grupo, ainda, ganharão enorme poder de negociação com a parte contrária, interferindo em todas as etapas de eventual composição, inclusive perante órgãos públicos e entidades privadas envolvidas no litígio, o que lhes fortalece politicamente.[261]

Sob o ponto de vista do adversário da coletividade, a certificação da ação metaindividual o expõe a enormes reflexos financeiros, especialmente em casos cuja classe é composta por um elevado número de indivíduos. Nessa hipótese, tendo sido formulado pedido indenizatório, o valor total envolvido na lide poderá levar o adversário do grupo à insolvência.

A certificação também traz benefícios à parte contrária. O primeiro deles é a possibilidade de a coisa julgada proveniente daquela ação coletiva atingir a todos os integrantes do grupo, *pro et contra*, pondo fim de forma global ao litígio. Ademais, sob o aspecto financeiro, é mais econômico ao adversário da classe concentrar seus esforços em um único processo do que enfrentar demandas diversas, espalhadas pelo país. Nesse contexto, é comum ao antagonista da coletividade sopesar estrategicamente se lhe é mais favorável colaborar com a certificação ou resistir a ela.

---

[260] Nos termos do julgamento de *In re Hydrogen Peroxide Antitrust Litigation*, 552 F.3d 305 (3rd Cir. 2008), realizado pela Corte de Apelações do Terceiro Circuito, "*the court must resolve all factual or legal disputes relevant to class certification, even if they overlap with the merits – action*".

[261] O empoderamento do representante da classe é visto com ressalvas pela doutrina norte-americana, em razão do equivocado uso das ações coletivas para a prática de *legalized blackmail*, cf. exposto por HANDLER, Milton. The shift from substantive to procedural innovations in antitrust suits-the twenty-third annual antitrust review. *Columbia Law Review*. Nova York: Columbia University Press, v. 71, p. 9, 1971.

Os requisitos de certificação não se confundem com as condições gerais da ação (*justiciability*) que são aplicados indistintamente às pretensões individuais e coletivas.

Para que uma pretensão seja processada coletivamente, sob o aspecto objetivo, ela deverá possuir, em um dos polos da relação processual, grupo de indivíduos que estejam ligados a questões de fato ou de direito comuns e cujas características tornem o litisconsórcio impraticável.

No âmbito subjetivo, além de proteger suficientemente os interesses do grupo, o porta-voz deve fazer parte da classe, possuindo pedidos ou defesas relacionados àqueles dos demais integrantes. Assim, presume-se que o porta-voz irá defender adequadamente os interesses de todos em juízo, dado que ele será diretamente beneficiado por tal atuação.

A doutrina registra, ainda, a existência de uma antiga corrente jurisprudencial em algumas cortes federais, que vigeu durante a década de 1960, e por força da qual o representante da coletividade deveria demonstrar uma alta probabilidade de obter uma decisão de mérito favorável ou que a pretensão não era temerária, para permitir a sua certificação como coletiva.[262] A prática – conquanto bem-intencionada, pois voltada a garantir que os recursos humanos e financeiros do tribunal somente seriam despendidos em ações coletivas realmente importantes – acabou sendo eliminada pela Suprema Corte estadunidense, por ocasião do julgamento *Eisen v. Carlisle & Jacqueline*, no ano de 1974.[263]

O amplo cumprimento de todos os requisitos de certificação, detalhados nos itens a seguir, é ônus que se atribuiu exclusivamente ao potencial (ou putativo) representante e ao advogado da classe,[264] que poderão lançar mão de uma ampla gama de elementos probatórios, inclusive, de testemunhas técnicas.

---

[262] Vide *Milberg v. Western Pacific R.R. Co.*, 51 F.R.D. 280 (S.D. N.Y. 1970); e *Dolgow v. Anderson*, 43 F.R.D. 472 (E.D. N.Y. 1968).

[263] Para o Excelso Pretório, a exigência de provar a alta probabilidade de procedência dos pedidos criava ônus desproporcional ao autor da ação coletiva, cf. *Eisen v. Carlisle & Jacqueline*, 417 U.S. 156, 94 S.Ct. 2140, 40 1.Ed.2d 732 (1974).

[264] Decidiu a Suprema Corte estadunidense, ao julgar o caso *Dukes v. Wal-Mart Stores, Inc.*, 564 U.S. 131 S. Ct. 2551 (2011), que a "Rule 23 *does not set forth a mere pleading standard. A party seeking class certification must affirmatively demonstrate [the party's] compliance with the Rule – that is, [the party] must be prepared to prove that they are in fact sufficiently numerous parties, common questions of law or fact, etc.*".

2.1 Litisconsórcio impraticável

Em primeiro lugar, para que uma pretensão coletiva possa ser certificada, é necessário que a formação do litisconsórcio ativo ou passivo pelos integrantes do grupo seja impraticável [*Rule 23*(a)(1)].

Isso não significa que a composição do litisconsórcio deva ser impossível,[265] mas que, quer pelas características do grupo interessado, quer pelas peculiaridades do objeto do processo, sua constituição enfrentará entraves excepcionais, que recomendam a coletivização do processo.

Antônio Gidi argumenta que essas dificuldades podem estar relacionadas com o manejo de grande quantidade de documentos e informações, ou quando for inviável que "todos os membros do grupo se aliem para propor um litígio em litisconsórcio", ou ainda quando for "extremamente difícil ou custoso para o representante do grupo identificar, encontrar, contactar, convidar a participar e barganhar a responsabilidade de cada um dos membros ausentes".[266]

A forma mais comum de demonstração da impraticabilidade do litisconsórcio é por meio da quantificação do elevado número de pessoas que integram o grupo interessado na ação coletiva. Ordinariamente denominado *numerosity*, o objetivo desse parâmetro é apontar a necessidade do ajuizamento da ação coletiva, alertando o tribunal acerca da importância social do objeto litigioso. Garante-se a pacificação do conflito por uma única sentença, evitando a dispersão jurisprudencial e a sobrecarga das cortes com demandas similares, que poderiam ser resolvidas de forma molecularizada,[267] trazendo celeridade processual e economia de recursos das partes e dos tribunais.

---

[265] Tratando especificamente da desnecessidade de o litisconsórcio ser impossível, mas simplesmente impraticável, ver KLONOFF, Robert H. *Class actions and other multi-party litigation in a nutshell*. Saint Paul: West Group, 1999. p. 20; e FRIEDENTHAL, Jack H.; KANE, Mary Kay; MILLER, Arthur R. *Civil procedure*. 4. ed. Saint Paul: Thomson West, 2005. p. 764. O entendimento doutrinário reflete tradicional orientação jurisprudencial, sintetizada em *Robidoux v. Celani*, 987 F.2d 931, 935 (2d Cir. 1993) e *Armstead v. Pingree*, 629 F.Supp. 273, (M.D. Fla. 1986).

[266] GIDI, Antônio. *A class action como instrumento de tutela coletiva dos direitos*. São Paulo: Editora Revista dos Tribunais, 2007. p. 73.

[267] O raciocínio parte da premissa de que "*if a controversy can be resolved reasonably, effectively, and efficiently through individual suits or other joinder procedures, there is no reason to mobilize the often costly class machinery. But when joinder is impracticable and it seems likely that the judicial system will be burdened with a substantial number of individual suits, handling the controversy as a class action may represent a significant economy*" (FRIEDENTHAL, Jack H.; KANE, Mary Kay; MILLER, Arthur R. *Civil procedure*. 4. ed. Saint Paul: Thomson West, 2005. p. 764).

Não é necessário ao representante da classe apurar o número exato ou a específica identidade dos membros da classe, sendo-lhe autorizado definir os representados por meio de uma estimativa, demonstrando que seria difícil ou inconveniente agrupar todos os indivíduos no polo ativo ou passivo da lide na forma de litisconsórcio.[268]

A *Rule 23* não traz parâmetros para definição objetiva da classe e de seus integrantes, ficando a cargo da jurisprudência e da doutrina estabelecer balizas para o atendimento desse quesito.

O autor da ação metaindividual deve utilizar dados concretos e critérios objetivos que possibilitem a apuração pelo tribunal da viabilidade teórica da quantificação dos potenciais membros do grupo, não se admitindo mera especulação,[269] ainda que esteja bem fundamentada.[270]

A verificação do número de representados deve se concentrar na conduta da parte contrária e incluir questões geográficas, temporais e outros elementos que sirvam para identificar os indivíduos interessados.[271] Para as ações relacionadas ao mercado de consumo, por exemplo, Candace A. Blydenburg recomenda que a demonstração da numerosidade seja feita a partir da identificação do produto defeituoso, das reclamações apresentadas, da região geográfica em que ele foi vendido e uma estimativa, com base em registros do próprio fornecedor, de quantos itens foram vendidos.[272]

A quantificação não se limita aos integrantes contemporâneos ao ajuizamento da ação, mas pode abarcar também aqueles que virão a integrar a classe no futuro. Uma ação questionando as condições

---

[268] Cf. *In re Domestic Air Transp. Antitrust Litig.*, 137 F. R. D. 677, 698 (N. D. Ga. 1991). Em iguais termos, ver KLONOFF, Robert H. *Class actions and other multi-party litigation in a nutshell.* Saint Paul: West Group, 1999. p. 21.

[269] Em *Vega v. T-Mobil USA, Inc.*, 564 F.3d 1256, 1267-1268 (11th Cir. 2009), o Tribunal houve por bem negar a certificação da ação supraindividual, porque não havia suporte aos números de empregados que supostamente teriam sido lesados pela empresa de telefonia e, assim, que estariam representados na lide (*Vega v. T-Mobil USA, Inc.*, 564 F.3d 1256, 1267-1268 (11th Cir. 2009). Da mesma forma, em *Hayes v. Walmart Stores Inc.*, 725 F.3d 349, 357 (3d Cir. 2013), a certificação foi indeferida porque o autor se limitou a afirmar que os integrantes do grupo seriam 3.500 consumidores lesados em transações, sem especificar o produto ou serviço envolvido.

[270] Para a Corte de Apelações do Terceiro Circuito, no julgamento *Marcus v. BMW of North America, LLC*, 687 F.3d 583, 596 (3d Cir. 2012), *"mere speculation as to the number of class members – even if such speculation is 'a bet worth making' – cannot support finding numerosity"*.

[271] KLONOFF, Robert H. *Class actions and other multi-party litigation in a nutshell.* Saint Paul: West Group, 1999. p. 16.

[272] BLYDENBURGH, Candace A. Class actions: a look at past, present and future trends. *In: Recent trends in class action lawsuits.* Nova York: Thomson Reuters/Aspatore, 2015. p. 63.

prisionais de determinado estado norte-americano não é de interesse apenas dos atuais encarcerados, mas também daqueles que serão presos durante o processo e mesmo após o seu encerramento.[273]

Robert Klonoff alerta que não podem ser utilizados termos genéricos (*v.g.* "pessoas afetadas por determinado produto cancerígeno") ou critérios subjetivos, como "todas as pessoas que acreditam que o réu lhes causou prejuízo",[274] ou balizas que dependam do julgamento do mérito.[275]

Através da estimativa de numerosidade, o tribunal verifica outras questões igualmente relevantes à ação coletiva, como a possível economia processual decorrente da inclusão de todas as pretensões individuais em uma só, de natureza grupal;[276] a eventual participação dos membros da classe em outras ações coletivas com o mesmo objeto;[277] a dispersão geográfica do grupo[278] e o potencial montante envolvido caso os pedidos sejam julgados procedentes.

Ademais, é por meio dessa mesma identificação que podem ser estabelecidos os limites subjetivos da coisa julgada. E, nesse aspecto, a modalidade de pretensão formulada ditará a especificidade da descrição da classe para fins de numerosidade.

Nas chamadas *class actions for damages* [Rule 23(b)(3)], que guardam certa similitude com as ações coletivas brasileiras envolvendo direitos individuais homogêneos, exige-se a especificação detalhada dos integrantes do grupo, porque a eles será enviada notificação para eventualmente optarem por não serem abarcados pela coisa julgada [Rule 23(c)(2)]. De outro lado, nas demais espécies de ações coletivas [Rule 23(b)(1) e (2)], em que não há opção de exercer o *opt-out*, não há

---

[273] KLONOFF, Robert H. *Class actions and other multi-party litigation in a nutshell.* Saint Paul: West Group, 1999. p. 22.

[274] A título de exemplificação, em *Vietnam Veterans Against the War v. Benecke*, 63 F.R.D. 675 (W.D. Missouri, 1974), a classe foi definida como *"persons who attend or participate or who wish to attend or participate in any public assembly or demonstration in Kansas City, Missouri held by citizens groups or organizations whose political or social views conflict with those of the officials in the government or the Kansas City, Missouri Police Department"*. A certificação foi denegada, porque *"the definition of the class is based upon such a general and indefinite state of mind, encompassing a kaleidoscopic variety of mental positions which could be included, that there is no rational or reasonable process of defining and determining the extent and character of the class, and what individuals are in the class or not in it"*.

[275] Como explanado em KLONOFF, Robert H. *Class actions and other multi-party litigation in a nutshell.* Saint Paul: West Group, 1999. p. 15.

[276] Cf. *Foundry Resins Antitrust Litigation*, 242 F.R.D. 404.

[277] Vide *Primavera Familienstifung v. Askin*, 178 F. R. D. 405, 410 (S.D. N.Y. 1998).

[278] Em conformidade com o julgamento de *In re Foundry Resins Antitrust Litigation*, 242 F.R.D. 393, 404 (S.D. Ohio 2007).

necessidade de especificar de forma minudente os integrantes do grupo, pois, em razão de o direito ser indivisível, a eles não será possível se desvincular dos limites subjetivos da coisa julgada.

Inexiste um número mínimo fixado em lei para que o critério da impraticabilidade do litisconsórcio seja atendido, argumentando Robert Klonoff que se trata de um parâmetro bastante subjetivo e que depende da análise do caso concreto.[279]

Nas ações coletivas envolvendo grandes grupos de interessados, com milhares ou centenas de milhares de integrantes, a inviabilidade do litisconsórcio é facilmente delimitada pela parte e verificada pelo tribunal.[280] No entanto, são nos pequenos litígios coletivos que a questão ganha complexidade.

A doutrina afirma ser comum que litisconsórcios com mais de 20 indivíduos sejam considerados impraticáveis, recomendando a certificação de uma demanda metaindividual.[281] Contudo, na jurisprudência estadunidense viceja o entendimento de que o litisconsórcio não será impraticável em ações com menos de vinte e um interessados, e será inviável em demanda com mais de quarenta interessados, sendo que critérios complementares deverão ser levados em consideração entre esses dois marcos.[282]

Para grupos reduzidos, as cortes têm reconhecido a impraticabilidade do litisconsórcio na hipótese de os integrantes da classe estarem espalhados em diversos estados do país, impossibilitando a coordenação de uma estratégia para o ajuizamento da ação em litisconsórcio,[283] além das evidentes dificuldades em litigar pessoalmente em um juízo distante.

---

[279] KLONOFF, Robert H. *Class actions and other multi-party litigation in a nutshell*. Saint Paul: West Group, 1999. p. 21.

[280] Em casos envolvendo a fabricação de bens de consumo, o atendimento ao critério da numerosidade é feito com maior facilidade, como se verifica em *In re Nissan Radiator/ Transmission Cooler Litigation*, 2013 WL 4080946, *18 (S.D. N.Y. 2013), em que a própria montadora estimou um universo de 764.277 indivíduos afetados por suas práticas. Em *In re Hotel Telephone Charges*, 500 F.2d 86 (9th Cir. 1974), a identificação de classe com mais de 40 milhões de integrantes tornou inquestionável a impraticabilidade do litisconsórcio, assim como em *New York v. Nintendo of America*, 775 F.Supp. 676 (S.D. N.Y., 1991), envolvendo 21 milhões de pessoas.

[281] RUBENSTEIN, William; CONTE, Alba; NEWBERG, Herbert H. *Newberg on Class Actions*. 5. ed. Saint Paul: Thomson Reuters, 2011. v. 1, p. 189.

[282] Cf. *Cox v. Am. Cast Iron Pipe Co.*, 784 F.2d 1546, 1553 (11th Cir. 1986). A mesma orientação foi utilizada para certificar *Cohen v. Chilcott*, 522 F. Supp. 2d 105, 114 (D.D.C. 2007) – classe de 40 integrantes; e *Swanson v. American Consumer Industries*, 415 F.2d 1326, 1333 n.9 (7th Cir. 1969) – grupo de 151 pessoas, tendo a corte decidido que apenas 40 já seriam suficientes.

[283] Como ocorreu, a título de ilustração, em *Meijer, Inc. v. 3M*, 2006-2 Trade Cas. (CCH)¶ 75397, 2006 WL 2382718, *5 (E.D. Pa. 2006), em que os integrantes do grupo estavam espalhados em 35 estados diferentes.

A certificação também é comumente deferida no caso de o objeto da ação recomendar que os integrantes litiguem coletivamente, protegidos pela sombra do representante, como, por exemplo, em demandas ajuizadas em face de empregadores[284] ou em que se discute abuso policial ou discriminação decorrente de orientação sexual.[285]

Por fim, nas pretensões individuais de baixo valor, a certificação da ação coletiva tem sido frequentemente realizada a fim de garantir o acesso dessas pretensões à justiça, ainda que o universo de representados seja pequeno.[286] O elevado custo processual estadunidense inviabiliza o ajuizamento de ações de diminuto conteúdo econômico, de modo que a coletivização dessas pretensões (e o rateio das despesas judiciais) garante que essas microlesões não fiquem impunes.[287]

A aplicação desses critérios alternativos tem permitido o reconhecimento da impraticabilidade do litisconsórcio até mesmo para grupos com menos de 21 indivíduos.[288]

Ao detalhar a inviabilidade de formação do litisconsórcio, o porta-voz processual demonstra ao juiz que conhece as principais características do universo de interessados. Além disso, caso a impraticabilidade do litisconsórcio decorra da numerosidade do grupo, ao tribunal será sinalizada a necessidade da realização de um controle mais rigoroso e detalhado da representatividade adequada, porque

---

[284] KLONOFF, Robert H. *Class actions and other multi-party litigation in a nutshell*. Saint Paul: West Group, 1999. p. 22-23, e ROQUE, André Vasconcelos. *Class actions – Ações coletivas nos Estados Unidos:* o que podemos aprender com eles? Salvador: JusPodivm, 2013. p. 115, este último fazendo referência ao julgamento de *Johnson v. Eleventh Taconite Co.*, 139 F.R.D. 657 (D.Minn. 1991).

[285] A certificação em *Patrykus v. Gomilla*, 121 F.R.D. 357 (N.D.Ill. 1998) foi concedida, a despeito de o grupo ser pequeno, porque *"there is an unusual factor in this case that must be considered: the potential social prejudice against homosexuals, or against persons who associate with homosexuals, that may deter class members from suing in their own names"*.

[286] O elevado custo processual norte-americano afeta diretamente a capacidade de litigar individualmente, conforme VERNER JR., Jimmy L. Numerosity and Federal Rule 23: How many is too many? *UMKC Law Review*. Kansas: University of Missouri-Kansas City School of Law, v. 49, p. 315, 1980-1981; e HENSLER, Deborah R. The global landscape of collective litigation. *In*: HENSLER, Deborah R.; HODGES, Christopher; TZANKOVA, Ianika. *Class action in context:* how culture, economics and politics shape collective litigation. Northampton: Edward Elgar, 2016. p. 9.

[287] Como em *Gordon v. Forsyth County Hospital Authority*, 544 F.2d 748 (4th Cir. 1976), em que, a despeito do baixo número de representados, a certificação foi autorizada porque o ajuizamento de ações individuais seria desproporcionalmente caro.

[288] Veja-se, por exemplo, *Dale Electronics v. R.C.L. Electronics, Inc.*, 53 F.R.D. 531, 534 (D.N.H. 1971), em que o tribunal considerou suficiente a existência de 13 interessados, e *Rosario v. Cook County*, 101 F.R.D. 659, 661 (N.D.Ill. 1983), cuja certificação foi autorizada mesmo com o grupo sendo formado por 20 indivíduos.

a má condução do processo pelo porta-voz processual afetará muito mais pessoas.

2.2 Existência de questões de fato ou de direito comuns à classe

Além da impraticabilidade de formação do litisconsórcio, é necessário que haja um laço de homogeneidade entre os membros do grupo, a possibilitar que uma mesma sentença ponha fim ao litígio.

A existência de questões comuns a toda classe, sejam elas de fato ou de direito, está diretamente ligada ao núcleo das ações coletivas, pois a tutela metaindividual será impossível se tal comunhão for ausente.[289] Por isso, a legislação norte-americana exige dos autores das *class actions* que demonstrem a similitude da causa de pedir que será analisada pela mesma decisão de mérito, entre todos os integrantes da coletividade [*Rule* 23(a)(2)].

O ponto central a ser comprovado é, como estabelecido pela Suprema Corte estadunidense, a capacidade de a ação coletiva gerar respostas comuns aptas a resolver cada conflito individual de uma vez só.[290]

Como bem aponta Antônio Gidi, não há uma definição legal ou jurisprudencial sobre o que seria uma questão comum que permita o cumprimento do requisito da *commonality*.[291] Existem, no entanto, alguns parâmetros que merecem ser apontados.

A homogeneidade pode se referir aos fundamentos jurídicos aplicáveis aos indivíduos interessados, ou aos elementos fáticos, ou, ainda, ao tipo de dano e de sua intensidade, sendo certo que o requisito estará satisfeito a partir da comprovação de um único ponto comum entre todos os membros do grupo.[292]

---

[289] Cf. FRIEDENTHAL, Jack H.; KANE, Mary Kay; MILLER, Arthur R. *Civil procedure*. 4. ed. Saint Paul: Thomson West, 2005. p. 764; e GIDI, Antônio. *A class action como instrumento de tutela coletiva dos direitos*. São Paulo: Editora Revista dos Tribunais, 2007. p. 80.

[290] *Dukes v. Wal-Mart Stores, Inc.*, 564 U.S. 131 S. Ct. 2541, 2551 (2011). Em igual sentido, afirmando que *"proceeding must have the capacity to generate common answers that are apt to drive the resolution of the litigation and have suffered the same injury"*, ver BLYDENBURGH, Candace A. Class actions: a look at past, present and future trends. In: *Recent trends in class action lawsuits*. Nova York: Thomson Reuters/Aspatore, 2015. p. 64.

[291] GIDI, Antônio. Op. cit., p. 81.

[292] KLONOFF, Robert H. *Class actions and other multi-party litigation in a nutshell*. Saint Paul: West Group, 1999. p. 25.

A despeito de a *Rule 23* se utilizar do termo *questions*, não se exige múltiplas comunhões de temas de fato e de direito. Fica ressalvada, no entanto, a possibilidade de o magistrado determinar a subdivisão do grupo em subclasses, organizadas de acordo com seus núcleos de heterogeneidades e homogeneidades,[293] mas que deverão individualmente atender a todos os demais requisitos de certificação.

A título de ilustração, em uma ação metaindividual envolvendo classe cujos integrantes estejam espalhados pelo país e a matéria seja regulada de maneira diferente por cada estado, o norte de divisão e organização das subclasses poderá ser as particularidades legislativas estaduais, respeitados os outros critérios de certificação.

Caso as questões de fato ou de direito pareçam comuns, mas a sua solução dependa da análise de múltiplas situações individualizadas em microjulgamentos, não se atenderá ao requisito da *commonality*.[294]

É plenamente comum a existência de pequenas diferenças entre indivíduos inseridos em um mesmo contexto jurídico ou fático, o que não impede o ajuizamento da ação coletiva. A homogeneidade que a *Rule 23* exige deve estar presente no núcleo da controvérsia.

A aparente comunhão de questões fáticas ou de direito foi bastante debatida na ação coletiva ajuizada em face da empresa NVR, na qual um grupo de empregados questionava sua classificação como "vendedores externos" e buscava indenização pela jornada extraordinária a que estavam expostos. A certificação da *class action* foi denegada pela Corte Federal de Apelação de Nova York, porque se observaram diferenças de tarefas, salários e jornada de trabalho entre os indivíduos integrantes da classe, que impediam o processamento metaindividual do litígio, ainda que o grupo fosse dividido em subclasses.[295] Seria impossível, assim, dar tratamento unitário à coletividade, como se todos os seus membros fossem um só.

A intensidade com que deve ser feita a demonstração dos núcleos de homogeneidade entre os membros da classe vem sofrendo

---

[293] Tal como decidido em *Miner v. Gillette Co.*, 87 Ill.2d 17 (1981); e *Georgine v. Amchem Products*, 83 F.3d 610 (C.A.3d 1996).

[294] Nos termos do julgamento de *Powers v. Credit Mgmt. Services Inc.* 776 F.3d 567, 571 (8th Cir. 2015).

[295] Nas palavras da Corte do Distrito Oeste de Nova York, *"because the plaintiffs' claims pertain to different [sales representatives] in different locations, under different managers, who performed duties outside of their offices to varying degrees and in different ways, the plaintiffs' claims – as well as any determinations concerning damages – are to highly individualized to form the basis for a class action"* (*Tracy v. NVR, Inc.*, 293 F.R.D. 395-401 (W.D. N.Y. 2013).

modificação, especialmente em razão de decisões recentes da Suprema Corte.

Até o ano de 2011, a certificação era possível mediante a comprovação mais genérica e ampla da *commonality* (*v.g.* a existência de uma política discriminatória, que atingiu diversas pessoas pelo país; ou a exposição de consumidores a uma prática ilícita, levada a cabo por filiais distintas de uma multinacional, que causou prejuízos diversos). No entanto, após o julgamento do caso *Dukes v. Wal-Mart Stores, Inc.*, a Suprema Corte estabeleceu um novo patamar de demonstração da homogeneidade entre os membros da classe.

Por ocasião daquele julgamento, definiu-se que somente haverá questão comum passível de julgamento por ação coletiva se se demonstrar que os indivíduos sofreram a mesma lesão, proveniente de um mesmo ato. A certificação da ação coletiva de âmbito nacional – em que se discutia suposta política misógina na empresa – foi denegada porque não se comprovou que todos os membros da classe sofreram o mesmo dano, isto é, sofreram discriminação praticada com similar intensidade, por um mesmo gerente.[296]

O rigor judicial para atender ao requisito da *commonality* vem sendo criticado pela doutrina por dificultar o ajuizamento das ações coletivas, quiçá como parte de um movimento para proteger as empresas.[297]

Ao comprovar o atendimento da *commonality*, o intérprete judicial demonstra que conhece as características do grupo, os danos que lhe foram causados, bem como a forma mais adequada de reparar esses prejuízos, reforçando sua aptidão para defender adequadamente os interesses de todos os interessados.

---

[296] Conforme decidiu a Suprema Corte, ao julgar *Dukes v. Wal-Mart Stores, Inc.*, 564 U.S. 131 S. Ct. 2551 (2011), *"commonality requires the plaintiff to demonstrate that the class members have suffered the same injury. (...) This does not mean merely that they have all suffered a violation of the same provision of law (...). Their claims must depend upon a common contention – for example, the assertion of discriminatory bias on the part of the same supervisor"*. Esses mesmos critérios restritivos foram ratificados pela Suprema Corte em *Comcast Corp. v. Behrend*, 569 U.S. 133 S. Ct. 1432 (2013), afastando a certificação porque a testemunha técnica não logrou atestar a homogeneidade dos integrantes da classe, tal como descrita pelo autor.

[297] COLE, Eva W. The class action mechanism and courts' continued focus on class certification and settlement requirements. *In*: *Recent trends in class action lawsuits*. Nova York: Thomson Reuters/Aspatore, 2015. p. 149.

2.3 Relação entre as pretensões e defesas do porta-voz e dos integrantes da classe

A *Rule 23* determina ainda que o intérprete do grupo compartilhe das pretensões ou defesas daqueles que serão por ele representados [*Rule 23*(a)(3)]. O requisito, chamado de *typicality*, analisa o elo entre o porta-voz e os membros ausentes da coletividade.

A doutrina e a jurisprudência identificam um ponto de similitude entre os requisitos da *typicality* e da *commonality*, porque ambos se relacionam com a existência de um vínculo entre as pretensões do representante e dos membros da classe que permite a defesa metaindividual,[298] apontando tendência de eles se fundirem.[299]

Sem embargo, esses critérios de certificação devem ser analisados separadamente pois a *commonality* se refere às características comuns do grupo, enquanto a *typicality* é o laço de identidade entre essas homogeneidades grupais e aquelas do representante da classe.[300]

Para que o requisito seja atendido, é necessário que o intérprete seja um membro do grupo que ele pretende representar, como determina a *Rule 23*(a).[301] Isto é, o porta-voz da classe deve ter pretensão ou defesa originadas nos "mesmos eventos, práticas ou condutas ou estar baseadas no mesmo fundamento jurídico que os demais membros do grupo",[302] que lhe permitiria ajuizar uma ação individual ou dela se defender. Almeja-se, dessa forma, que a própria pessoa que teve seus interesses violados seja a protagonista da ação coletiva em favor do grupo igualmente prejudicado, garantindo legitimidade social ao processo pelo mecanismo do *lugar de fala*.

---

[298] *General Tel. Co. v. Falcon*, 457 U.S. 147, 157 n.13 (1982).
[299] Vide MINNITI, Cindy Schmitt. The Fundamentals of class action certification. In: *Recent trends in class action lawsuits*. Nova York: Thomson Reuters/Aspatore, 2015. p. 16.
[300] Nas palavra da Corte de Apelações do 11º Circuito, ao julgar o caso *Prado-Steiman v. Bush*, 221 F.3d 1266, 1278 (11th Cir. 2000), "*commonality refers to the group characteristics of the class as a whole and typicality refers to the individual characteristics of the named plaintiff in relation to the class*".
[301] Determina a *Rule 23*(a) que "*one or more members of the class may sue or be sued as representative parties on behalf of all members (...)*", em complementação à norma constitucional norte-americana que estabelece que o indivíduo deve ter legitimidade para ajuizar ação (Art. III, seção 2, cláusula 1ª).
[302] ROQUE, André Vasconcelos. *Class actions – Ações coletivas nos Estados Unidos: o que podemos aprender com eles?* Salvador: JusPodivm, 2013. p. 123. No mesmo sentido, ver o julgamento realizado pela Corte do Distrito de Kansas em *Pinkston v. Wheatland Enterprises, Inc.*, 2013 WL 1302053 (D. Kan. 2013).

Como decidido pela Suprema Corte em *Amchem Products, Inc. v. Windsor*,[303] o porta-voz deve fazer parte da classe, possuir os mesmos direitos e ter sofrido o mesmo dano daqueles que ele pretende defender, porque somente assim se poderá atuar com qualidade e eficiência, garantindo a adequada representatividade dos interesses em litígio.

Por exemplo, um homem jamais poderia ser o representante de uma ação coletiva envolvendo sexismo praticado contra mulheres, porque ele não experienciou e nunca experimentará dano similar.[304]

Uma ação indenizatória coletiva – envolvendo prática discriminatória racial do jornal *Chicago Tribune*, que supostamente não teria concedido aumentos salariais ou promoções a funcionários negros, ajuizada por uma senhora afrodescendente que trabalhou no periódico entre 1965 e 1989 – teve sua certificação denegada porque a autora havia sido promovida pelo periódico e não logrou apontar uma específica promoção que lhe teria sido negada.[305] Consequentemente, o tribunal entendeu que a proponente não era uma integrante do grupo que ela descrevia.

Em igual sentido, reconheceu-se que o cônsul no México não poderia ajuizar *class action* objetivando beneficiar os mexicanos aprisionados nos Estados Unidos, tampouco o acionista detentor de uma espécie de ação da companhia poderia representar os titulares de ações de outra categoria, em pretensão metaindividual de natureza indenizatória.[306]

A tipicidade não exige identidade absoluta entre as pretensões ou defesas do porta-voz e dos membros ausentes do grupo, mas um nexo de compatibilidade entre ambos, notadamente no que tange ao ponto principal a ser decidido pelo juiz, a garantir que todos estejam trilhando o mesmo caminho.[307]

---

[303] *Amchem Products, Inc. v. Windsor*, 521 U.S. 591 at 625-626 (1997), citando o *leading case* sobre a questão, *East Texas Motor Freight System Inc. v. Rodriguez*, 431 U.S. 395, 403, 97 S. Ct. 1891, 52 L. Ed. 2d 453, 23 Fed. R. Serv. 2d 397 (1977).

[304] MULHERON, Rachel. *The class action in common law legal systems*: a comparative perspective. Oxford: Hart Publishing, 2004. p. 305.

[305] *Harriston v. Chicago Tribune Co.*, United States Court of Appeals, 992 F.2d 697 (7th Cir. 1993).

[306] Respectivamente, *DuPree v. United States*, 559 f.2d 1151 (9th Cir. 1977) e *Hersbt v. Able*, 278 F.Supp. 664, 668, n.6 (S.D. N.Y. 1967).

[307] BLYDENBURGH, Candace A. Class actions: a look at past, present and future trends. *In*: *Recent trends in class action lawsuits*. Nova York: Thomson Reuters/Aspatore, 2015. p. 64, fazendo referência à *Ault v. Walt Disney World Co.*, 692 F.3d 1212, 1216 (11th Cir. 2012); e KLONOFF, Robert H. *Class actions and other multi-party litigation in a nutshell*. Saint Paul: West Group, 1999. p. 32-33. Em igual diapasão, decidindo que a tipicidade somente estará presente se a pretensão do representante tiver as mesmas características dos integrantes do grupo representado, ver *Stirman v. Exxon Corp.*, 280 F.3d 554, 562 (5th Cir. 2002).

Como esclarecido pela Corte de Apelações do Sexto Circuito, a tipicidade confirma que os interesses do representante estarão alinhados com o grupo, para que, ao perseguir a sua pretensão, o porta-voz também alcance os interesses da coletividade.[308] O requisito da *typicality*, nesse contexto, somente estará ausente quando os interesses do grupo forem completamente distintos (ou antagônicos) daqueles externados por seu representante no processo.[309]

3 Parâmetros de aferição da representatividade adequada

A relação da representatividade adequada com o princípio do devido processo legal e as consequências de sua ausência na extensão dos limites subjetivos da coisa julgada transformam a *adequacy of representation* no requisito de admissibilidade mais relevante das ações coletivas norte-americanas.[310]

A representatividade adequada ganha especial importância nas ações coletivas previstas na *Rule* 23(b)(1) e (2), em que não há direito de autoexclusão, pois o exercício do interesse individual é vedado, seja em razão de a parte contrária estar obrigada a adotar conduta uniforme para toda a classe; seja pelo motivo de o adversário do grupo ter recursos limitados para pagar a todos os lesados, razão pela qual se alguém optasse por não ser abrangido pela decisão, correria o risco de nada receber.[311]

A grande questão do processo coletivo norte-americano, como bem observa Mauro Cappelletti, é saber o que é representatividade adequada, e como decidir se o proponente da ação coletiva e seu patrono são probos, combativos e sérios para atuar em juízo.[312]

A *Rule 23* não estabelece de forma detalhada quais atributos do intérprete da classe e do seu advogado poderiam caracterizar a adequação

---

[308] *In re American Medical Systems, Inc.*, 75 F.3d 1069 (6th Cir.1996).
[309] FRIEDENTHAL, Jack H.; KANE, Mary Kay; MILLER, Arthur R. *Civil procedure*. 4. ed. Saint Paul: Thomson West, 2005. p. 765.
[310] Vide ARAÚJO, Rodrigo Mendes de. *A representação adequada nas ações coletivas*. Salvador: JusPodivm, 2013. p. 189; e KLONOFF, Robert H. The judiciary's flawed application of Rule 23's "adequacy of representation" requirement. *Michigan State Law Review*. East Lansing: Detroit College of Law, v. 2004, p. 672, 2004.
[311] VITORELLI, Edilson. *O devido processo legal coletivo*. São Paulo: Editora Revista dos Tribunais, 2016. p. 307.
[312] CAPPELLETTI, Mauro. Vindicating the public interest through the courts: a comparativist's contribution. *Buffalo Law Review*. Buffalo: University of Buffalo Law School, v. 25, p. 686, 1975-1976.

ou inadequação da representatividade, deixando o cumprimento dessa tarefa à atividade criadora da jurisprudência norte-americana.

A opção do legislador trouxe flexibilidade ao sistema processual coletivo, permitindo ao juiz avaliar a adequada representatividade por marcos interpretativos que podem variar de acordo com os contextos sociais e culturais do momento, afastando-o das amarras inerentes à listagem de critérios por lei. Outrossim, a solução permite ao magistrado maior discricionariedade na procura por parâmetros novos, ou modificar aqueles já existentes na jurisprudência, para que se adequem ao caso concreto.

A manifestação da adequada representatividade lastreia-se exclusivamente nos fatos trazidos pelas partes, variando substancialmente em cada ação coletiva. Com isso, a aferição do requisito ganha grande complexidade, impedindo a elaboração de uma fórmula padrão que sirva indistintamente a todas as pretensões metaindividuais.

Os critérios atualmente adotados pela jurisprudência podem ser agrupados em dois universos distintos. De um lado estão os parâmetros ligados à *competência* do porta-voz da classe ou de seu patrono, que, a despeito de pretenderem defender os interesses da coletividade, são incapazes de fazê-lo por inexperiência, desmotivação, incapacidade técnica e/ou insuficiência financeira ou de tempo.

De outro, estão os chamados critérios de *indiferença*, que visam averiguar o alinhamento e a inter-relação entre os interesses do grupo com aqueles do representante e seu causídico, identificando a possível intenção destes em utilizar a ação coletiva para alcançar benefício próprio.[313]

3.1 Adequação do intérprete da coletividade

O fato de o primeiro porta-voz do grupo – que instaura o processo em nome da coletividade – não ser eleito pelos membros ausentes, nem convocado pelo juiz, tampouco definido pela lei, exige que sua capacidade para defender adequadamente os interesses da classe seja avaliada.

Cuida-se de critério qualitativo, voltado a aferir se o intérprete judicial compartilha das necessidades da coletividade, e, em razão disso, está disposto a defender os interesses de todos de forma robusta

---

[313] TIDMARSH, Jay. Rethinking adequacy of representation. *Texas Law Review*. Austin: University of Texas School of Law, v. 87, p. 1151, 2009.

e suficiente. O objetivo não é avaliar se ele será o melhor representante da classe, mas apenas identificar sua capacidade de atuar com vigor em favor dos direitos coletivos.

A capacidade de proteger intensamente os interesses da classe pode ser apenas parcial, ou seja, limitar-se à determinada parcela de indivíduos agrupados em uma subclasse. Nesse caso, o porta-voz será considerado adequado para representar esse universo menor de membros ausentes da coletividade e inadequado para os demais. Como consequência, a futura coisa julgada atingirá somente aqueles pertencentes ao subgrupo que teve seus direitos adequadamente representados em juízo.

O julgamento do caso *Johnson v. Uncle Ben's* dá a exata dimensão da representatividade adequada parcial do porta-voz da coletividade. A hipótese cuidava de ação coletiva proposta em defesa de negros e latinos supostamente discriminados no ambiente de trabalho, em razão de sua cor e origem. Durante a instrução processual, o intérprete de todo o grupo concentrou a produção das provas quase inteiramente na comprovação dos atos discriminatórios praticados contra negros, de modo que não foi considerado adequado para defender os interesses dos latinos. Como consequência, os limites subjetivos da coisa julgada não abarcaram os latinos inadequadamente defendidos no processo.

Fatos desabonadores, como acusações de conduta imoral, antiética ou ilícita, inclusive a apresentação de falso testemunho ou a prática de contravenções penais, têm sido considerados irrelevantes para afastar a adequação do intérprete.[314]

Nessas hipóteses, a inadequação do porta-voz somente será declarada se as circunstâncias negativas possuírem relação direta com o objeto do litígio,[315] como em *In re Proxima Corp. Securities Litigation*, em que o porta-voz da classe foi considerado impróprio para defender os interesses de acionistas de uma companhia em ação metaindividual,

---

[314] Em *Jefferson v. Windy City Maintenance, Inc.*, n. 96-C-7686 (N.D. Ill. 1998), o tribunal entendeu que o representante da classe mostrava-se adequado para defender os interesses da coletividade, a despeito de ter prestado falso testemunho. No julgamento de *Daniels v. City of New York*, 138 F. Supp. 2d 562 (S.D.N.Y. 2001), o porta-voz do grupo foi considerado qualificado, sem prejuízo de apresentar diversas falhas de caráter, incluindo alcoolismo, falta de discernimento e de capacidade mental.

[315] Ver RUBENSTEIN, William; CONTE, Alba; NEWBERG, Herbert H. *Newberg on Class Actions*. 5. ed. Saint Paul: Thomson Reuters, 2011. v. 1, p. 383-385.

porque ele admitiu ter cometido fraudes contra a empresa adversária no passado.[316]

Linda Mullenix e Debra Lyn Basset,[317] analisando os parâmetros estabelecidos pela jurisprudência, sinalizam que um representante com adequada capacidade de defender os interesses da coletividade deve supervisionar e controlar a atividade dos advogados que atuam no processo em nome do grupo, razão pela qual o primeiro não deve ter relacionamento com os segundos, para não comprometer a sua motivação e o exercício de seu múnus.

Os tribunais americanos não admitem que o porta-voz também exerça a função simultânea de advogado da classe, em razão de serem tarefas inconciliáveis entre si.[318] Como explica Antônio Gidi, "um deve, em tese, controlar o outro, em uma espécie de sistema de freios e contrapesos previsto especificamente para as *class actions*, na proteção dos interesses dos membros ausentes".[319]

Pelos mesmos motivos, não se admite que os intérpretes da coletividade e seus advogados sejam pessoas muito próximas, como marido e esposa, pai e filho, tio e sobrinho ou amigos, nem mesmo que tenham atuado em parceria em demandas anteriores.[320]

O porta-voz deve entender a seriedade do seu papel, e que ele servirá como veículo para a proteção de interesses de especial relevância para a sociedade. O exercício do seu múnus exige o amplo

---

[316] In re Proxima Corp. Securities Litigation (1993-1994 Transfer Binder) Fed. Sec. L. Rep. (CCH) 98,236 at 99,262-27 (S.D. Cal. 1994). Da mesma forma, em *Kaplan v. Pomerantz*, a apresentação de declarações falsas e inverossímeis quanto ao envolvimento do autor em outras demandas com objetos conflitantes fez a corte reconhecer a inadequação da sua representatividade [*Kaplan v. Pomerantz*, 132 F. R. D. 504 (N.D. Ill, 1990)].

[317] Cf. MULLENIX, Linda. General Report: Common Law. *In*: GRINOVER, Ada Pellegrini; WATANABE, Kazuo; MULLENIX, Linda. *Os processos coletivos nos países de civil law e common law*. São Paulo: Editora Revista dos Tribunais, 2008. p. 284; e BASSETT, Debra Lyn. When reform is not enough: assuring more than merely "adequate" representation in class action. *Georgia Law Review*. Athens: University of Georgia School of Law, v. 28, p. 952-953, 2004.

[318] Vide *Wagner v. Taylor*, 836 F2d. 578 (D.C. Cir. 1987); *Zylstra v. Safeway Stores, Inc.*, 578 F2ed. 102 (5th Cir. 1978); *Brick v. CPC International, Inc.*, 547 F2d 185 (2d Cir. 1976); *In re Hotel Telephone Charges*, 500 F.2d 86 (9th Cir. 1974); e *Bachman v. Pertschuk*, 437 F.Supp. 973 (D.D.C. 1977).

[319] GIDI, Antônio. *A class action como instrumento de tutela coletiva dos direitos*. São Paulo: Editora Revista dos Tribunais, 2007. p. 123. No mesmo sentido, BASSETT, Debra Lyn. When reform is not enough: assuring more than merely "adequate" representation in class action. *Georgia Law Review*. Athens: University of Georgia School of Law, v. 28, p. 959, 2004.

[320] Respectivamente, *Turof v. May Co.*, 531 F.2d 1357 (6th Cir. 1976); *London v. Wal-Mart Stores, Inc.*, 340 F.3d 1246 (11th Cir. 2003); e *Jaroslawicz v. Safety Kleen Corp.*, 151 F.R.D. 324 (N.D.Ill. 1993).

conhecimento da causa, o que significa saber os fatos objeto da lide e as responsabilidades decorrentes do ajuizamento da ação coletiva.[321]

A completa ignorância do representante sobre os fatos, o processo ou a sua função no conflito é um indício de que ele não possui motivação ou desejo de defender vigorosamente os interesses dos membros ausentes.[322] A falta dessas qualidades indica que o porta-voz da classe sequer tem interesse em defender seus próprios direitos, que serão diretamente atingidos pela sentença, mesmo na hipótese de a ação não ser certificada como metaindividual.

Confira-se, por exemplo, o julgamento de *Butterworth v. Quick & Reilly*, em que o tribunal negou a certificação da classe porque o porta-voz não estava familiarizado com fatos essenciais ao litígio, tampouco tinha conhecimento do conteúdo da pretensão coletiva formulada.[323]

Esse requisito, no entanto, tem sido aplicado de forma bastante restrita pelos tribunais, em razão de precedente da Suprema Corte segundo o qual a *Rule 23* não pode ser interpretada de modo a impedir que pessoas pouco instruídas ajuízem demandas judiciais.[324] A *ratio decidendi* desse julgado tem sido suscitada indistintamente pela maioria dos tribunais, ainda que o desconhecimento dos fatos não tenha relação com o grau de instrução do representante.

A título de ilustração, no julgamento de *Black v. Rhone-Poulenc, Inc.*, o tribunal se recusou a reconhecer a inadequação dos representantes da classe, a despeito de haver evidências de que eles não sabiam de sua indicação ao cargo antes da tomada de seu depoimento pessoal, tampouco compreendiam a sua função no litígio, e sequer leram a petição inicial.[325] Em outro caso emblemático, a corte entendeu que nas

---

[321] Como no julgamento do caso *In re Storage Tech. Corp. Sec. Litig.*, 113 F.R.D. 113 (D. Colo. 1986), em que o representante da classe foi considerado inadequado por ter deixado de prestar depoimento e ter se revelado excessivamente passivo para prosseguir vigorosamente na defesa dos interesses da coletividade.

[322] RUBENSTEIN, William; CONTE, Alba; NEWBERG, Herbert H. *Newberg on Class Actions*. 5. ed. Saint Paul: Thomson Reuters, 2011. v. 1, p. 335.

[323] *Butterworth v. Quick & Reilly, Inc.*, 998 F. Supp. 1404 (M.D. Fla. 1998). Ainda nesse sentido, no julgamento de *Wein v. Master Collectors, Inc.* 1995 WL 550475 (N.D.Ga. 1995), a corte decidiu pela inadequação do representante porque não conhecia a pretensão formulada nem as características do grupo representado, o que levava à conclusão de que ele estava absolutamente desinteressado no litígio.

[324] Cf. *Surowitz v. Hilton Hotel Cops.*, 383 US 363 (1966).

[325] Do relatório apresentado por ocasião do julgamento de *Black v. Rhone-Poulenc, Inc.*, 173 F.R.D. 156 (S.D.W.Va.1996), extrai-se que a inadequação dos representantes foi suscitada porque *"their knowledge of and involvement in this case [is] limited to having been told by their counsel that they had been selected to testify about what happened [to them]"* e porque os autores *"(1) did*

pretensões declaratórias e mandamentais não haveria a necessidade de o porta-voz da coletividade conhecer os fatos.[326]

Robert Klonoff apresenta um extenso rol de precedentes em que as cortes rejeitaram as alegações de inadequação da representatividade, arrimadas na falta de conhecimento do porta-voz do grupo, porque as questões objeto dos autos eram complicadas ou excessivamente técnicas, sendo previsível e razoável que o representante tenha dificuldade em entendê-las.[327]

Ao relevar o desconhecimento do representante do grupo acerca das questões de fato e de direito objeto da lide, os tribunais subestimam a importância da função daquele protagonista na ação coletiva como monitor da conduta do advogado. Ao atuar sem supervisão – ou quase sem qualquer vigilância – o patrono da classe assume o papel de *dominus litis*, cujas consequências podem ser perversas à coletividade envolvida no litígio (cf. itens 3.3 e 3.4.2, deste Capítulo).

3.2 Suficiência financeira do porta-voz da classe

Antes de certificar uma *class action*, os tribunais frequentemente examinam a possibilidade de o litigante arcar com as despesas da lide. Para demonstrar sua suficiência financeira para todas as fases processuais, é comum a apresentação de *fee arrangements* às cortes, com o detalhamento das despesas, a forma de custeio e a origem dos fundos a serem utilizados.

Trata-se da análise da capacidade de o representante defender os interesses do grupo de forma suficiente sob o viés financeiro, tomando por base o fôlego do porta-voz processual em suportar as despesas inerentes a litígio de inegável complexidade.

Sem recursos financeiros suficientes não há defesa vigorosa dos interesses da coletividade, porque importantes etapas do processo coletivo norte-americano demandam o dispêndio de quantias substanciais (*v.g.* a produção de provas através do procedimento de *discovery*, honorários de peritos e notificações para os membros do grupo). A insuficiência de recursos também implica uma maior exposição do

---

not know they were class representatives until shortly before or during their depositions; (2) had no idea what the duties of a class representative were; and (3) never read the amended complaint".

[326] *Doe v. Bridgeport Police Department*, 198 F.R.D. 325 (D. Conn. 2001).

[327] KLONOFF, Robert H. The judiciary's flawed application of Rule 23's "adequacy of representation" requirement. *Michigan State Law Review*. East Lansing: Detroit College of Law, v. 2004, p. 683, 2004.

representante da classe à tentação de sucumbir a propostas de acordo desvantajosas.

Por isso, alguns juízes exigem que o intérprete demonstre sua suficiência financeira para arcar com os custos do processo, sob pena de ser considerado inadequado para defender os interesses da coletividade.[328] Outros, no entanto, consideram que a situação financeira do representante é irrelevante, pois é a saúde financeira da banca de advogados que atuará em favor do grupo que deve ser avaliada para fins de adequação da representatividade.[329]

3.3 A atuação do advogado

A complexidade das ações coletivas e a necessidade de proteger os interesses dos membros ausentes, que não podem ser expostos a aventuras jurídicas de representantes mal-intencionados, impedem que o porta-voz do grupo atue sem o auxílio de um advogado habilitado.

Os tribunais não admitem a *pro se litigation*, indeferindo a certificação da ação coletiva por inadequação da representatividade,[330] pois os intérpretes da classe não possuem qualificação e experiência suficientes para litigar (sob o aspecto técnico) em favor de terceiros, ainda que eles compartilhem questões de fato ou de direito.[331] Conforme o entendimento do Tribunal de Apelações do Quarto Circuito, por exemplo, a permissão para uma pessoa atuar individualmente em causa própria nas cortes norte-americanas não lhe autoriza a arriscar o direito de terceiros.[332]

---

[328] Vide *Palmer v. BRG of Georgia, Inc.*, 874 F.2d 1417 (11th Cir. 1998) e *Beal v. Midlothian Indep. Sch. Dist.*, 20002 WL 1033085 (N.D. Texas 2002).

[329] Cf. *Rand v. Monsanto Co.*, 926 F.2d 596 (7th Cir. 1991); e *In re Alcoholic Beverages Litigation*, 95 F.R.D. 321 (E.D. N.Y. 1982). Na doutrina, vide YEAZELL, Stephen C. *Civil Procedure*. 8. ed. Nova York: Wolters Kluwer, 2012. p. 879. Abordando especificamente a ausência de unanimidade sobre a questão da capacidade financeira do representante da coletividade como requisito essencial ao reconhecimento da representatividade adequada, reporta-se à doutrina de RUBENSTEIN, William; CONTE, Alba; NEWBERG, Herbert H. *Newberg on Class Actions*. 5. ed. Saint Paul: Thomson Reuters, 2011. v. 1, p. 194-203; e KAYE, Janice A.; SINEX, Donald F. The financial aspect of adequate representation under Rule 23(a)(4): a prerequisite to class certification? *University of Miami Law Review*. Coral Gables: University of Miami School of Law, v. 31, p. 651, 1977.

[330] A participação do advogado, no âmbito do direito processual estadunidense, não é obrigatória nas causas de natureza civil e penal. A Seção 1654 do Título 28 do USC estabelece que *"in all courts of the United States the parties may plead and conduct their own cases personally or by counsel as, by the rules of such courts, respectively, are permitted to manage and conduct causes therein"*.

[331] Vide *Noah v. AOL Time Warner Inc.*, 261 F. Supp. 2d 532, 537 (E.D. Va. 2003).

[332] *Oxendine v. Williams*, 509 F.2d 1405, 1407 (4th Cir. 1975).

Nesse contexto, por força da obrigatoriedade de as partes estarem representadas por advogados nas *class actions*, os critérios de aferição da representatividade adequada abarcam também os patronos que irão conduzir o processo na defesa dos interesses do grupo. Segundo a doutrina, cuidam-se dos parâmetros mais importantes de controle da adequada representatividade, diante da relevância do papel do patrono na defesa dos interesses da coletividade, como mentor das estratégias que serão decisivas para o desfecho da lide.[333]

Até 2003, o critério de representatividade adequada constante da *Rule* 23(a)(4) englobava de forma indireta a análise das qualidades do advogado do grupo. O patrono da coletividade era aquele que veiculava a pretensão em nome do candidato a representante, sendo substituído apenas caso sua inadequação fosse revelada durante o *iter* processual. Com a reforma de 2003, que inseriu a *Rule* 23(g)(1)(B), passou-se a exigir expressamente que o advogado atue adequadamente (*fairly and adequately*) em prol dos interesses do grupo, ressaltando a importância desse quesito.

A reforma de 2003 ainda acrescentou o dever de o magistrado, ao certificar a ação, apontar o advogado ou grupo de causídicos que irá conduzir o processo para atender aos interesses do grupo, de forma zelosa e diligente, firmando parâmetros que já vicejavam na jurisprudência estadunidense.[334] Isto é, após a certificação, o advogado que conduzirá a ação não será necessariamente o mesmo escolhido pelo representante da classe por ocasião do ajuizamento da ação, embora isso aconteça com frequência.

---

[333] RUBENSTEIN, William; CONTE, Alba; NEWBERG, Herbert H. *Newberg on Class Actions*. 5. ed. Saint Paul: Thomson Reuters, 2011. v. 1, p. 220; e BURNS, Jean Wegman. Decorative figureheads: eliminating class representatives in class actions. *The Hastings Law Journal*. São Francisco: UC Hastings College of the Law, v. 42, p. 181-182, 1992. A importância do controle da qualidade da atuação processual do advogado para atendimento do princípio constitucional do devido processo legal tem gerado intenso debate sobre o transplante da aferição da representatividade adequada para outras áreas do direito, especialmente para os processos criminais em que os réus são acusados de crimes apenados com morte, e nos quais a prática vem demonstrando que pessoas bem representadas durante o julgamento não são executadas (ESTADOS UNIDOS DA AMÉRICA. *The adequacy of representation in capital cases*. Hearing before the subcommittee on the Constitution of the committee on the Judiciary – United States Senate. Washington: U.S. Government Printing Office, 2008. p. 2).

[334] Na opinião de Linda Mullenix, a reforma desperdiçou a chance de inserir no sistema parâmetros que pudessem conduzir a um melhor controle da representatividade adequada dos advogados que atuam em favor da coletividade (MULLENIX, Linda. Taking adequacy seriously: The inadequate assessment of adequacy in litigation and settlement classes. *Vanderbilt Law Review*. Nashville: Vanderbilt University Law School, v. 57, p. 1690, 2004).

A *Rule 23*(g)(1), determina que o juiz deverá considerar o trabalho desenvolvido pelo advogado para identificar ou investigar as potenciais pretensões na ação; a sua competência e experiência no patrocínio de *class action* e em ações cujos objetos sejam semelhantes ao caso concreto; o seu conhecimento sobre a lei aplicável; os recursos que irá destinar à proteção da classe; sem prejuízo de outros aspectos complementares de aferição da qualidade do profissional para alcançar os justos interesses coletivos.

Ao estabelecer que o magistrado levará em conta os esforços já empreendidos pelo advogado que originalmente ajuizou a ação coletiva, a lei pretende claramente valorizar o custoso trabalho de investigação e de organização de dados realizado de forma pioneira pelo primeiro patrono da coletividade, protegendo-o da concorrência predatória entre bancas especializadas em *class actions*.

Por seu turno, o requisito da competência e experiência do advogado da coletividade na condução de ações metaindividuais é bastante valorizado pela doutrina e jurisprudência, pois ele reconhece a importância do causídico para o sucesso da ação coletiva.[335] Ademais, a busca por um profissional qualificado, especializado na área e experiente em ações metaindividuais reforça a complexidade do sistema norte-americano de processos coletivos.

Os requisitos de competência e experiência dos patronos da coletividade não se equivalem, mas se complementam. O primeiro está atrelado à profundidade do conhecimento e da qualificação do profissional quanto ao direito processual e material em discussão. O segundo, por sua vez, relaciona-se com o histórico do advogado em litígios similares anteriores.

A análise conjunta de ambos os atributos visa impedir, de um lado, que causídicos recém-formados ou pouco habituados com a legislação atuem sozinhos em litígios de alta complexidade, expondo a coletividade ao risco de sua inexperiência e, de outro, a perpetuação do patrocínio de ações metaindividuais em um seleto grupo de advogados experientes, alijando profissionais menos versados, mas igualmente qualificados. Não se pode olvidar, ao ensejo, que longevidade na profissão não necessariamente indicará maior habilidade ou conhecimento para capitanear a ação coletiva.

---

[335] Em consonância com RUBENSTEIN, William; CONTE, Alba; NEWBERG, Herbert H. *Newberg on Class Actions*. 5. ed. Saint Paul: Thomson Reuters, 2011. v. 1, p. 397-398.

Em casos em que o patrono se revela inexperiente ou desprovido de conhecimentos técnicos sobre o assunto discutido na *class action*, há registros de magistrados que ordenaram a formação de consórcios com outras bancas, permitindo a combinação dos atributos individuais de cada profissional consorciado. Em *Pinney v. Great Western Bank*, por exemplo, após constatar que o advogado que atuava pela classe não possuía experiência suficiente no regramento de valores mobiliários, o magistrado concedeu prazo para que ele se associasse a outro escritório com tal expertise, previamente ao julgamento da certificação.[336]

A atuação do causídico no processo será objeto de constante análise, sendo plenamente possível sua substituição por ordem do magistrado, caso fique demonstrado seu reiterado descuido processual, como na hipótese de sucessivos atrasos na apresentação do pedido de certificação.

O julgamento de improcedência dos pedidos formulados em ação metaindividual não significa obrigatoriamente inadequação do patrono da classe. O advogado pode defender os interesses do grupo de forma suficiente, mas, ainda assim, ter a pretensão rejeitada porque se reconheceu a inexistência do direito invocado.[337] No entanto, caso a sentença desfavorável decorra diretamente de negligência do patrono, então, estará materializada a impropriedade sua atuação e, por via de consequência, a representatividade inadequada.

Partindo dessas considerações, a representatividade suficiente do advogado da classe atua como um padrão mínimo de desempenho, através do qual se verifica se todas as questões relevantes ao grupo foram impugnadas e objeto dos necessários recursos, se o causídico produziu as provas que estavam ao seu alcance, bem como se formulou suas peças de forma técnica.

Caberá ao magistrado analisar também se a estrutura material e financeira da banca de advogados candidata a atuar pela classe é compatível com a complexidade do litígio coletivo, considerando o

---

[336] *Pinney v. Great Western Bank*, No. CV 95-2110 (C.D. Cal. 1997). Os advogados da classe posteriormente reconheceram que a intervenção do juiz foi crucial para que eles entendessem a complexidade do objeto litigioso e a necessidade de a questão ser conduzida por profissionais especialmente qualificados no tema (cf. HENSLER, Deborah R. *et al. Class action dilemmas*: pursuing public goals for private gain. Santa Mônica: Rand, 2000. p. 179).

[337] GIDI, Antônio. *A class action como instrumento de tutela coletiva dos direitos*. São Paulo: Editora Revista dos Tribunais, 2007. p. 112.

volume de membros ausentes da coletividade, sua dispersão geográfica e o direito material objeto de discussão.[338]

Cuida-se de análise essencialmente casuística, baseada nas particularidades do caso concreto e na sua conjugação com as características do advogado e da equipe por ele designada para patrocinar os interesses do grupo. Confira-se, por exemplo, a decisão de certificação da *class action Walton v. Franklin Collection Agency, Inc.*, em que, a despeito de o objeto litigioso potencialmente envolver centenas de pessoas, o juiz considerou adequado para representar os interesses da classe um único advogado que trabalhava sozinho.[339]

Por fim, o relacionamento do advogado com o porta-voz da classe e o modo com que o dever de comunicação profissional é exercido também são levados em conta pelo magistrado durante toda a marcha processual, como parâmetro de aferição da representatividade adequada. Por exemplo, no caso *Wein v. Master Collectors Inc.*, o advogado foi considerado impróprio por não franquear ao porta-voz do grupo informações importantes, como o conteúdo da petição inicial e o juízo em que a pretensão foi distribuída.[340] O busílis da inadequação, nesta hipótese, repousa na incapacidade do patrono do grupo em transmitir informações essenciais ao porta-voz, enfraquecendo o elo de confiança existente entre eles.

3.4 Ausência de conflitos de interesses

Os tribunais debruçam-se com mais frequência sobre o controle da representatividade adequada para verificar eventuais conflitos de interesses envolvendo o intérprete da classe, o advogado e os membros da coletividade.[341]

A ocorrência de conflitos de interesses nas ações coletivas é inevitável diante da multiplicidade de atores envolvidos no litígio, cada qual com uma expectativa distinta quanto à condução e ao desfecho do processo. Por isso, não é qualquer divergência de interesses entre os

---

[338] Tais balizas são sugeridas por RUBENSTEIN, William; CONTE, Alba; NEWBERG, Herbert H. *Newberg on class actions*. 5. ed. Saint Paul: Thomson Reuters, 2011. v. 1, p. 227.
[339] *Walton v. Franklin Collection Agency, Inc.*, 190 F.R.D. 404 (N.D.Miss. 2000).
[340] *Wein v. Master Collectors, Inc.*, WL 550475 (N.D.Ga. 1995).
[341] Entre 1994 e 2004, mais de 50% das 774 ações coletivas analisadas não foram certificadas em razão da existência de conflitos de interesses entre representante e representados, cf. KLONOFF, Robert H. The judiciary's flawed application of Rule 23's "adequacy of representation" requirement. *Michigan State Law Review*, East Lansing, Detroit College of Law, v. 2004, p. 687, 2004.

membros do grupo que será capaz de esmaecer a representatividade adequada.

Há antagonismos de tamanha intensidade que fulminam a unicidade de interesses do grupo envolvido nas *class actions*, frustrando a vocação do processo como instrumento de justiça e, consequentemente, tornando a representatividade imprópria.

Como visto anteriormente, duas importantes características das ações metaindividuais norte-americanas são a existência de questões de fato ou de direito comuns à classe (*commonality*), igualmente compartilhadas com o seu representante, e a relação entre as pretensões e defesas do porta-voz do grupo e seus integrantes (*typicality*).

Essas peculiaridades garantem coesão à classe, levando a crer que a pretensão formulada pelo porta-voz, lastreada em um direito próprio seu, seria a mesma que de todos os demais integrantes da coletividade apresentariam, caso participassem ativamente da demanda.

O conflito que enfraquece a comunhão da classe é aquele real, intenso e atual, em que os protagonistas do processo coletivo abandonam os interesses comuns do grupo, para fazer prevalecer suas ambições particulares.[342]

Consideram-se irrelevantes os antagonismos que podem ser sanados pelas técnicas da *Rule 23*, previstas para aliviar as tensões internas do grupo, como a divisão da coletividade em subclasses, a certificação parcial da ação metaindividual, excluindo determinado universo de indivíduos da lide, a expedição de notificação para exercício de autoexclusão, dentre outras.[343] Somente o conflito insanável que atingir o cerne da lide será suficiente para afetar a qualidade da representatividade da classe.

A avaliação da intensidade do conflito de interesses e sua capacidade de prejudicar os interesses de todos os integrantes da coletividade é ponto crucial para definir se os membros ausentes serão ou foram adequadamente defendidos.[344]

---

[342] GIDI, Antônio. *A class action como instrumento de tutela coletiva dos direitos*. São Paulo: Editora Revista dos Tribunais, 2007. p. 117; e RUBENSTEIN, William; CONTE, Alba; NEWBERG, Herbert H. *Newberg on Class Actions*. 5. ed. Saint Paul: Thomson Reuters, 2011. v. 1, p. 341-342.

[343] Sobre as alternativas que o magistrado pode lançar mão para mitigar os conflitos de interesses de menor intensidade, reporta-se a RUBENSTEIN, William; CONTE, Alba; NEWBERG, Herbert H. Op. cit., v. 1, p. 242.

[344] Cf. SILVER, Charles; BAKER, Lynn. I cut, you choose: the role of plaintiffs' counsel in allocating settlement proceeds. *Virginia Law Review*. Charlottesville: Virginia Law Review Association, v. 84, p. 1511, 1998; e FRIEDENTHAL, Jack H.; KANE, Mary Kay; MILLER, Arthur R. *Civil procedure*. 4. ed. Saint Paul: Thomson West, 2005. p. 767.

Outro ingrediente torna a verificação da existência de conflitos de interesses nas ações coletivas uma tarefa de complicada execução. Em *Hansberry v. Lee*, por exemplo, havia apenas duas direções a serem trilhadas pelos integrantes da classe – ou a cláusula que impedia a venda de imóveis para afrodescendentes era válida ou inválida –, de modo que era fácil identificar a ocorrência de conflito de interesses, pois bastava confrontar os interesses do grupo com a forma com que o representante conduziu o processo. A dificuldade surge nos casos em que os interesses são policêntricos, demandando uma depuração das motivações periféricas a permitir a identificação do núcleo central dos interesses da classe, para, então, verificar se há antagonismo fragilizador da representatividade adequada.[345]

A jurisprudência estadunidense desenvolveu-se bastante no estudo do conflito de interesses nas ações coletivas, estabelecendo alguns parâmetros de aferição que merecem detalhada análise.

3.4.1 Conflitos envolvendo os membros do grupo e o seu porta-voz judicial

O ajuizamento da ação metaindividual pressupõe o alinhamento dos interesses de todos os integrantes da classe, tenham eles papel ativo ou passivo na proteção dos direitos da coletividade.

O representante é genuinamente parte do grupo, compartilhando dos mesmos interesses. Assim, teoricamente, ao defender seus direitos em uma ação coletiva, ele também irá proteger todos os demais integrantes da classe com o mesmo entusiasmo e motivação. Tal sinergia de interesses representa a essência da representatividade adequada.

A coesão, no entanto, é afetada quando há substancial divergência de interesses econômicos ou pessoais entre os membros da coletividade, criando, no caso do intérprete da classe, uma incompatibilidade entre

---

[345] Confira-se, por exemplo, o julgamento do caso *Sunrise Toyota, Ltd. v. Toyota Motors Co.* 55 F.R.D. 519, 533 (S.D. N.Y. 1972), que versava ação coletiva de natureza indenizatória ajuizada em face da montadora de veículos, sob o argumento de que ela estaria adotando práticas comerciais que prejudicariam as concessionárias da rede de forma deliberada. A montadora suscitou a existência de conflito de interesses entre todos os membros da classe, em razão de eles serem concorrentes do mercado de venda de automóveis, o que afetaria a representatividade adequada do porta-voz do grupo. O tribunal, no entanto, rejeitou a alegação, sob o argumento de que, ainda que as empresas fossem concorrentes, os interesses de todas as concessionárias eram coincidentes no sentido de buscar reparação pelas práticas danosas levadas a cabo pela montadora.

suas motivações privadas e a especial função que exerce no litígio coletivo.

A atuação do representante, nesse contexto, almeja causar dano à coletividade, ou obter, para si ou para outrem, vantagem a que não faz jus e que resultará em prejuízo para a classe. Consequentemente, o porta-voz torna-se inadequado para atuar em favor do grupo, porque as verdadeiras pretensões da coletividade não serão tuteladas da melhor forma no processo.

A problemática reside na dificuldade em aferir se as intenções do representante da classe são tão antagônicas a ponto de configurar conflito de interesses capaz de torná-lo inadequado para liderar a ação coletiva.

Há casos em que a divergência de interesses se mostra cristalina, como quando há colusão entre o porta-voz da classe e a parte contrária, hipótese em que os tribunais não hesitam em reconhecer a falta de representatividade.[346]

Desentendimentos quanto à necessidade do ajuizamento da ação, ou à formulação do pedido, ou ainda à elaboração da estratégia processual adotada geralmente não são considerados conflitos de interesses passíveis de caracterizar carência de representatividade, salvo se se apurar que a maioria do grupo discorda das escolhas adotadas acerca de aspectos fundamentais da ação coletiva.

A título de ilustração, em uma *class action* ajuizada em face da entidade que organizava a liga esportiva das escolas de ensino médio da Virgínia, questionava-se a prática de atos supostamente discriminatórios contra estudantes mulheres provenientes de escolas públicas. Para verificar a existência de conflitos de interesses entre os membros da classe que pudesse afetar a representatividade adequada, o Tribunal do Distrito Oeste da Virgínia determinou a realização de uma pesquisa entre as alunas das escolas públicas, especialmente porque a modalidade de ação coletiva ajuizada não permitia o exercício de *opt-out* [*Rule* 23(b)(2)].

O levantamento indicou que a maioria das mulheres incluídas no grupo da ação coletiva preferia que a situação permanecesse inalterada, indicando forte discordância quanto à pretensão deduzida. A ação foi extinta em razão da existência de grave conflito de interesses entre o porta-voz e a classe que seria supostamente beneficiada pela pretensão.[347]

---

[346] Cf. *Hansberry v. Lee*, 311 US 32 (1940); e *Eisen v. Carlisle & Jacqueline*, 417 U.S. 156, 94 S.Ct. 2140, 40 1.Ed.2d 732 (1974).

[347] *Alston v. Virginia High School League, Inc.* 184 F.R.D. 574 (W.D.Va. 1999).

Em outra oportunidade, estudantes de uma escola ajuizaram ação metaindividual questionando procedimentos adotados pela direção da instituição de ensino para inspecionar armários e mochilas dos alunos, na intenção de localizar entorpecentes. Apesar de alguns poucos estudantes da escola serem favoráveis à postura adotada pelo réu na localização de drogas no ambiente escolar, os autores não foram considerados representantes inadequados, pois a corte entendeu que, em razão das particularidades do objeto do litígio, não se poderia exigir unanimidade entre todos os membros do grupo.[348]

Há ocasiões em que o conflito de interesses se manifesta em razão da omissão deliberada de fatos relevantes pelo porta-voz da classe, que o torna suspeito para exercer a função.

Em *Robin v. Doctors Officenters Corp.*, por exemplo, o pretenso porta-voz foi impedido de defender os interesses do grupo, porque se descobriu que a ação foi ajuizada contra diversos conglomerados médicos, exceto um que, a despeito de também ser responsável pelos danos causados, foi propositalmente excluído da lide em razão de possuir relações comerciais com o representante da classe.[349]

Noutro precedente, o tribunal distrital considerou inadequado o intérprete da coletividade porque sua intenção de assumir o controle da empresa adversária poderia motivá-lo a recusar propostas de acordo que, conquanto beneficiassem o grupo, impactariam de forma considerável na saúde financeira da sociedade.[350]

O conflito também pode surgir por ocasião das tratativas para composição das partes, em que é criado um fundo limitado para o pagamento de indenizações a indivíduos que sofreram danos variados, protraídos no tempo. Dois precedentes importantes ilustram a ocorrência de divergência de interesses entre o representante e parte dos membros da classe, bem como as suas consequências à ação coletiva.

Em *Amchem Products, Inc. v. Windsor*,[351] a Suprema Corte não homologou acordo envolvendo um conglomerado de indústrias químicas e todas as pessoas que sofreram alguma forma de contaminação por amianto. A avença apresentada ao tribunal estabelecia indenizações

---

[348] *Horton v. Goose Creek Independent School District*, 677 F.2d 471 (5th Cir. 1982).
[349] A pretensão não foi extinta, mas se determinou a substituição do representante da classe, cf. *Robin v. Doctors Officenters Corp.*, 686 F. Supp. 199 (N.D. Ill. 1988).
[350] *William Penn Management Corp. v. Provident Fund for Income, Inc.*, 68 F.R.D. 456 (E.D.Pa. 1975).
[351] *Amchem Products, Inc. v. Windsor* 521 U.S. 591 (1997).

fixadas com base em dois universos distintos de vítimas que integravam a coletividade interessada no litígio.

De um lado, os indivíduos que já haviam manifestado doenças decorrentes da contaminação por amianto receberiam reparação elevada e imediata. De outro, os integrantes da classe que foram expostos ao produto químico, mas que ainda não apresentaram qualquer enfermidade, figurariam como beneficiários de um fundo cujo dinheiro seria disponibilizado caso contraíssem determinadas doenças.

O tribunal concluiu, dentre outras coisas, que o requisito da representatividade não havia sido satisfeito porque os interesses de todos os integrantes não estavam alinhados. Na opinião da Suprema Corte, não havia sentido em conceder polpudas indenizações às vítimas que já manifestavam doenças derivadas da contaminação por amianto, deixando às demais, que ainda não apresentavam qualquer enfermidade, um fundo que muito provavelmente era insuficiente para cobrir as despesas médicas derivadas das futuras intercorrências.

Em outro precedente igualmente julgado pela Suprema Corte, entendeu-se que a vultosa divergência entre as indenizações pagas às vítimas que manifestaram sintomas de contaminação por agente laranja até 1994 e o valor destinado ao fundo de assistência às pessoas que ainda não haviam apresentado doenças por terem contato com o produto,[352] caracterizaria conflito capaz de afetar a representatividade adequada dos interesses do segundo grupo.[353]

Ademais de fragilizar a adequada representatividade, a existência de conflito de interesses envolvendo o representante do grupo também afeta o requisito da tipicidade, dado que inexistirá (ainda que parcialmente) relação entre as pretensões e defesas do porta-voz e aquelas dos integrantes da classe.

A análise da representatividade sob o enfoque do conflito de interesses entre o porta-voz do grupo e os membros representados sugere existir uma sobreposição entre os requisitos da tipicidade e da representatividade adequada.

Tal como ocorre no conflito de interesses, a ausência de tipicidade demonstra que há divergências entre o representante e os seus membros

---

[352] No caso do agente laranja, o acordo foi celebrado de forma a distribuir 180 milhões de dólares em indenizações *"to exposed veterans who suffers from long-term total disabilities and to the surviving spouses of children of exposed veterans who have died"*. Em contrapartida, 10 milhões de dólares permaneceram reservados para futuras indenizações às pessoas que não haviam manifestado a doença, cf. *In re Agent Orange Prod. Liab.* 506 F. Supp. 762 (E.D. N.Y. 1980) e 597 F. Supp. 740, 867 app. B (E.D. N.Y. 1984).

[353] *Stephenson v. Dow Chemical Co.* 273 F.3d 249 (2d Cir. 2001) e 539 U.S. 111 (2003).

acerca dos fundamentos, pretensões e defesas da ação coletiva, impedindo que o porta-voz defenda os interesses do grupo vigorosamente. No entender da Suprema Corte, os dois requisitos servem como guias para determinar se o porta-voz e a coletividade possuem interesses interligados a fim de que os membros do grupo sejam efetivamente defendidos, ainda que ausentes.[354]

Partindo desses elementos, Antônio Gidi assevera que "sem uma lide típica à do grupo, o representante não pode tutelar adequadamente os interesses da coletividade", porque "não haverá suficiente incentivo ao representante para uma vigorosa defesa dos interesses do grupo, se os seus interesses também não estiverem em jogo no processo".[355] Destarte, a tipicidade constitui um dos ingredientes da representatividade adequada, motivando alguns tribunais a analisar os dois requisitos conjuntamente.[356]

3.4.2 Conflitos envolvendo o advogado do grupo

A natureza das *class actions* pressupõe uma divisão de forças entre todos os seus atores. Os integrantes do grupo são os detentores dos interesses em jogo, estando representados no processo por um ou alguns porta-vozes, de quem, em princípio, partem as principais decisões acerca do litígio metaindividual.

Incumbe ao advogado, na qualidade de profissional técnico, cientificar o porta-voz acerca das estratégias possíveis, dividindo entre eles a responsabilidade pelas decisões tomadas em nome da coletividade. A relação do representante do grupo com o patrono deve

---

[354] *Amchem Products, Inc. v. Windsor*, 521 U.S. 591 (1997).
[355] GIDI, Antônio. *A class action como instrumento de tutela coletiva dos direitos*. São Paulo: Editora Revista dos Tribunais, 2007. p. 139. Em igual sentido, ver ARAÚJO, Rodrigo Mendes de. *A representação adequada nas ações coletivas*. Salvador: JusPodivm, 2013. p. 192.
[356] Vide RUBENSTEIN, William; CONTE, Alba; NEWBERG, Herbert H. *Newberg on Class Actions*. 5. ed. Saint Paul: Thomson Reuters, 2011. v. 1, p. 413; e BASSETT, Debra Lyn. When reform is not enough: assuring more than merely "adequate" representation in class action. *Georgia Law Review*. Athens: University of Georgia School of Law, v. 28, p. 932, 2004. A Suprema Corte, ao julgar *General Tel. Co. v. Falcon* 457 U.S. 147 (1982), decidiu que "*the commonality and typicality requirements of Rule 23(a) tend to merge. Both serve as guideposts for determining whether, under the particular circumstances, maintenance of a class action is economical, and whether the named plaintiff's claim and the class claims are so interrelated that the interests of the class members will be fairly and adequately protected in their absence. Those requirements therefore also tend to merge with the adequacy-of-representation requirement, although the latter requirement also raises concerns about the competency of class counsel and conflicts of interest*".

ser transparente, cabendo aos dois compartilhar todas as informações que sejam cruciais ao desenvolvimento do litígio em favor da classe.

O intérprete do grupo deve ser independente, não teme o advogado ou o processo em si, participando ativamente de todas as etapas do conflito. Não pode ser empregado, ter qualquer vínculo com o patrono, ou temor que venha a comprometer a efetividade e a motivação de suas decisões em nome da classe.[357] Evidentemente, tal autonomia do representante da classe é relativa, porque seu conhecimento deriva das informações passadas pelo causídico ao longo do processo.

O cenário ideal induz à conclusão de que a presença do porta-voz da classe não é apenas uma formalidade processual, por ser ele importante ator no processo metaindividual, na qualidade de instrumento de monitoração das atividades do advogado do grupo. Em muitas ocasiões, no entanto, a realidade é distinta.

Isso porque, previamente ao ajuizamento da ação coletiva, é comum que os próprios advogados, empenhados em levar determinado tema ao Poder Judiciário, escolham um indivíduo da classe sobre o qual eles possam exercer alguma forma de controle, para que o porta-voz não seja tão incisivo na defesa dos seus interesses ou do grupo.[358] A usual escolha do intérprete da coletividade pelo advogado faz com que os conflitos de interesses envolvendo o patrono e o porta-voz do grupo sejam bastante raros.

Outrossim, é o advogado quem frequentemente financia o processo, por meio do pagamento de todas as despesas processuais e extraprocessuais, motivo pelo qual ele tem grande interesse na formulação de pretensões que recompensem os vultosos investimentos feitos. Os advogados que atuam em favor da coletividade assumem os riscos financeiros do litígio, sendo remunerados pelo êxito. Assim, enquanto para os membros do grupo a derrota no processo pode significar apenas a perda de uma expectativa, para os advogados da classe a sentença desfavorável pode significar o desperdício de muito dinheiro e anos de trabalho.

Como consequência, em muitas oportunidades as ações metaindividuais passam a ser *lawyer-driven suits*, isto é, pretensões formuladas e conduzidas exclusivamente segundo decisões tomadas por advogados,

---

[357] BASSETT, Debra Lyn. Op. cit., p. 951; COOPER, Edward H. The (cloudy) future of class actions. *Arizona Law Review*. Tucson: University of Arizona James E. Rogers College of Law, v. 40, p. 952, 1998; e YEAZELL, Stephen C. *Civil Procedure*. 8. ed. Nova York: Wolters Kluwer, 2012. p. 879.

[358] BASSETT, Debra Lyn. Op. cit., p. 953-954.

transformando os intérpretes da classe em meros coadjuvantes. O ambiente torna-se, desse modo, propício ao surgimento de incompatibilidades entre os interesses da classe e as verdadeiras aspirações dos seus patronos.

Em razão de terem financiado a ação coletiva – apostando no reembolso desses valores e no recebimento de honorária elevada – os advogados do grupo preferem a formulação de pedidos que envolvam condenações em dinheiro, objetivando que o réu pague indenização elevada que compensará as despesas antecipadas e os honorários advocatícios, ainda que a pretensão mandamental seja mais apropriada e desejada pela classe.

Durante as tratativas objetivando transacionar o objeto litigioso, o conflito de interesses envolvendo o advogado é mais frequente em duas situações.

O patrono pode recusar qualquer intenção de acordo, no afã de se favorecer do prolongamento do litígio, angariando maior poder de barganha sobre a parte contrária, "trazendo riscos desnecessários para a classe, aumento de despesas processuais e até mesmo uma compensação inferior no final para a coletividade".[359]

Alternativamente, o advogado da classe pode ter interesse em fazer um acordo nas fases iniciais do litígio, que seja menos favorável aos membros do grupo, mas que reduza o custo do processo e estabeleça vantajosos honorários em seu favor. A extinção da ação coletiva pela transação, nessa hipótese, atende exclusivamente à motivação do advogado em receber verba honorária, ainda que o desfecho preencha apenas parcialmente os anseios dos membros da coletividade. Por sua vez, os adversários preocupam-se em encerrar o litígio de forma rápida e pouco custosa, pagando honorários elevados ao patrono da coletividade, e indenizações baixas aos seus integrantes.

Em *Ortiz v. Fibreboard Corp.*, *class action* ajuizada com arrimo na *Rule* 23(b)(1)(B), graves equívocos na formação do fundo indenizatório, que excluiu de seu cálculo o patrimônio líquido da empresa, levaram a Suprema Corte a anular a homologação do acordo levada a cabo pelas instâncias ordinárias. O tribunal ponderou que, no mundo ideal, o advogado da classe deve almejar o pagamento, pela parte contrária, da maior indenização possível em prol da coletividade, maximizando as fontes de constituição do fundo indenizatório e levando as negociações

---

[359] ROQUE, André Vasconcelos. *Class actions – Ações coletivas nos Estados Unidos:* o que podemos aprender com eles? Salvador: JusPodivm, 2013. p. 156.

ao limite. No entanto, no caso concreto, em razão de as tratativas já terem se iniciado com a previsão de substancial verba honorária em benefício do patrono do grupo, o zelo do advogado pelos interesses da coletividade foi abandonado muito mais rápido do que o esperado.[360]

A situação é mais delicada nas hipóteses em que a verba honorária é fixada sobre um percentual a ser aplicado sobre o fundo destinado ao pagamento das indenizações arbitradas em favor dos membros da classe, e do qual também serão descontadas as despesas processuais suportadas pelo advogado. Pode ocorrer de os honorários advocatícios e o reembolso dos custos esgotarem os recursos obtidos através da ação coletiva, ou deixarem os integrantes do grupo em situação pior a que estavam previamente ao ajuizamento da ação.

Conquanto pareça esdrúxula, tal situação foi registrada em *Kamilewicz v. Bank of Boston Corp*, envolvendo pretensão indenizatória ajuizada em face da instituição financeira pelos seus correntistas, em razão de cobranças indevidas em empréstimos garantidos por hipoteca. Por força do estabelecido no instrumento de transação, a verba honorária dos advogados do grupo foi ajustada sobre o total de valores pagos pelos mutuários à instituição financeira e não somente sobre o que foi cobrado indevidamente. Como consequência, cada integrante da coletividade recebeu indenização simbólica (inferior a 10 dólares), mas desembolsou aproximadamente 100 dólares para pagamento dos honorários de seus patronos.[361]

Tais circunstâncias ilustram o claro conflito que exsurge entre os interesses da classe e as motivações dos advogados que defendem a coletividade, quando estes sucumbem à tentação de angariar elevados honorários.

Até a reforma da *Rule 23*, levada a cabo em 2003, o principal receio da doutrina era o de deixar os integrantes da classe à mercê de verem seus direitos preteridos, exatamente por alguém designado para atuar em seu favor mas que acabou seduzido pelas verbas honorárias.[362] Esse problema se mostrava evidente por exemplo nos acordos-cupom, em que os integrantes da coletividade recebiam indenização na forma de vales-compras ou descontos para a aquisição de produtos e serviços, enquanto seus advogados percebiam honorários em espécie.

---

[360] *Ortiz v. Fibreboard Corp.* 527 U.S. 815 (1999).
[361] *Kamilewicz v. Bank of Boston Corp*, 92 F.3d 506 (7th Cir. 1996).
[362] Cf. HENSLER, Deborah R. *et al. Class action dilemmas:* pursuing public goals for private gain. Santa Mônica: Rand, 2000. p. 79.

Com as modificações impostas pelo legislador, ao juiz foi atribuído o papel de fiscal da regularidade de acordos, em complementação à monitoria realizada, por vezes de forma deficitária, pelo porta-voz da classe.

A avaliação judicial da suficiência dos benefícios que o acordo trará para os membros ausentes não se limita às informações trazidas pelas partes (porta-voz, adversário da classe e seus patronos), afinal, todas estão interessadas na homologação da transação tal como proposta originalmente.

Como ponto de partida para a homologação da avença, o juiz analisará os valores propostos a título de indenização aos membros da classe, bem como a razoabilidade da honorária sugerida, que terá como régua a complexidade do caso, a duração do processo, a extensão da fase probatória, a experiência do advogado, e eventuais desdobramentos causados pela intervenção de órgãos governamentais.[363]

Nas hipóteses em que a autoexclusão dos integrantes da classe é permitida, nenhum acordo será homologado sem que seja concedida uma nova oportunidade para que os membros ausentes exerçam tal direito, caso não concordem com os termos da transação [Rule 23(e)(3)].

São igualmente importantes para a identificação de eventuais conflitos de interesses a realização de audiências públicas e a notificação dos membros ausentes do grupo, por carta, publicações em jornais e veiculações em rede nacional de televisão, para que, em prazo razoável, apresentem objeções fundamentadas ao acordo [Rule 23(e)(1)(B)].

A superveniência de um elevado número de pedidos de autoexclusão da ação coletiva ou mesmo de impugnações à celebração da transação proposta indicará ao juiz que os direitos da classe não estão sendo bem defendidos pelo advogado, podendo-se cogitar a existência de conflito de interesses passível de sanação.

Por fim, a doutrina traz outros exemplos em que há manifesto conflito de interesses, como na hipótese de o advogado da coletividade ter relação financeira ou pessoal com a parte contrária; e de defender os interesses do antagonista do grupo em outro processo.[364]

---

[363] Consoante os parâmetros definidos pela iterativa jurisprudência dos tribunais norte-americanos, valendo citar *In re Bluetooth Headset Products Liability Litigation*, 654 F.3d 935 (9th Cir. 2011); *Churchill Vill., L.L.C. v. Gen. Elec.*, 361 F.3d 566, 575 (9th Cir. 2004); e *Torrisi v. Tucson Elec. Power Co.*, 8 F.3d 1370, 1375 (9th Cir. 1993).

[364] KLONOFF, Robert H. *Class actions and other multi-party litigation in a nutshell*. Saint Paul: West Group, 1999. p. 58.

3.5 Representatividade adequada no *Private Securities Litigation Reform Act*

No universo das ações coletivas envolvendo valores mobiliários, o *Private Securities Litigation Reform Act*, promulgado em 1995, adotou critérios de aferição da representatividade adequada lastreados em dois aspectos objetivos dos membros do grupo, e inspirados no estudo realizado por Elliot J. Weiss e John S. Beckerman.[365]

O *Private Securities Act* expressamente determina que a classe será defendida pelo integrante (i) que tiver ajuizado pretensão indenizatória em face do adversário da classe; (ii) cuja pretensão seja economicamente superior à dos demais integrantes do grupo; e (iii) que satisfaça os requisitos de adequação da representatividade, previstos na *Rule 23*, em consonância com disposto no §78u-4(a)(3)(B)(iii)(I) do Título 15 do USC.

Ao estabelecer o vulto da pretensão econômica individual como critério de aferição da representatividade, o *Private Securities Act* parte da premissa de que os indivíduos mais prejudicados pela prática lesiva defenderão de forma zelosa e diligente os interesses de todo o grupo, pois a desídia na condução do processo afetará o próprio porta-voz do grupo com maior intensidade.

Trata-se de presunção relativa que somente poderá ser elidida se houver prova robusta de que o porta-voz é inadequado para representar os interesses dos demais, de acordo com as balizas já analisadas no presente Capítulo.[366]

O critério econômico também reflete indiretamente na escolha dos advogados que irão auxiliar o porta-voz do grupo, uma vez que ela é prerrogativa do indivíduo declarado adequado para defender os interesses da classe, como estabelece o §78u-4(a)(3)(B)(v) do Título 15 do USC.

---

[365] WEISS, Elliot J.; BECKERMAN, John S. Let the money do the monitoring: how institutional investors can reduce agency costs in securities class actions. *The Yale Law Journal*. New Haven: The Yale Law Journal Company, v. 104, p. 2053-2127, 1995, *apud* NAGAREDA, Richard A. *The law of class actions and other aggregate litigation*. Nova York: Foundation Press, 2009. p. 314.

[366] Cf. §78u-4(a)(3)(B)(iii)(II) da cláusula décima quinta do USC, a presunção será afastada *"only upon proof by a member of the purported plaintiff class that the presumptively most adequate plaintiff – (aa) will not fairly and adequately represent the interests of the class; or (bb) is subject to unique defenses that render such plaintiff incapable of adequately representing the class".*

4 Outros parâmetros sugeridos pela doutrina

A doutrina muito tem refletido sobre a possibilidade de serem estabelecidos critérios complementares de aferição da qualidade da representatividade, ademais daqueles existentes.

Jay Tidmarsh propõe que a representatividade adequada seja sempre reconhecida caso cada um dos membros da classe obtiver, por meio da ação coletiva, situação não inferior à que teria se detivesse controle individual sobre o litígio.[367] Ou seja, haverá inadequação do advogado ou do porta-voz do grupo se não for possível garantir aos membros ausentes uma expectativa de retorno similar àquela que o interessado teria caso ele próprio fosse o autor de uma ação individual com o mesmo objeto.

Trata-se de critério consequencialista que propõe medir a representatividade adequada em ações indenizatórias exclusivamente a partir dos potenciais resultados da pretensão coletiva sobre os indivíduos que integram o grupo, e não dos meios utilizados para atingir o fim almejado.

O professor, no entanto, reconhece as dificuldades de aplicação do método por ele proposto, que fulminariam sua eficiência face aos critérios já existentes. Em primeiro lugar, na organização das inúmeras variáveis processuais para formulação dos cálculos que indicariam se os resultados coletivos foram compatíveis com aqueles que eventualmente seriam obtidos caso os membros ausentes tivessem protagonizado suas ações individuais. Em segundo lugar, na necessidade de reelaboração dos cálculos a cada tomada de decisão do intérprete e dos patronos do grupo, que muito dificultaria o controle judicial da representatividade.[368]

A construção também sofreu críticas de David Marcus e Elizabeth Chamblee Burch, para quem as novas balizas sugeridas por Tidmarsh permitiriam a certificação de ações coletivas nas quais a atuação do porta-voz do grupo e do seu patrono estivesse contaminada por conflitos de interesses, colusão ou que não fosse combativa e zelosa, desde que o fim alcançado fosse superior (ainda que minimamente) ao que os integrantes do grupo teriam se detivessem controle individual sobre o litígio.[369]

---

[367] TIDMARSH, Jay. Rethinking adequacy of representation. *Texas Law Review*. Austin: University of Texas School of Law, v. 87, p. 1176, 2009.

[368] Ibid., p. 1176 e 1189.

[369] Vide MARCUS, David. Making adequacy more adequate. *Texas Law Review*. Austin: University of Texas School of Law, v. 88, p. 146, 2010; e BURCH, Elizabeth Chamblee. Procedural adequacy. *Texas Law Review*. Austin: University of Texas School of Law, v. 88, p. 4, 2010.

Richard Nagareda, por sua vez, sugere modelo inspirado no *class counsel auction*, sistema muito utilizado por alguns tribunais federais para a escolha da banca de advogados que irá defender os interesses da classe após a fase de certificação, nos moldes da *Rule 23*(g)(1) e (2).[370] Originalmente, a realização desses leilões tem por objetivo identificar a banca de advogados com a melhor qualificação e que se proponha a patrocinar a ação metaindividual em favor da coletividade pela menor verba honorária.

Pela proposta de Nagareda, todas as decisões tomadas pelos patronos da classe que impactarem sobre os interesses em jogo de forma substancial deveriam ser explanadas e submetidas a outros advogados, interessados em tomar o lugar do atual procurador e que poderiam intervir no processo para impugnar a qualidade da representatividade.

As audiências públicas designadas previamente à homologação de acordos coletivos contariam com a participação, não apenas dos membros do grupo, mas também dos advogados possivelmente interessados em assumir a causa, que apresentariam seus questionamentos e impugnações à homologação do acordo. A solução elaborada pelo professor parte da premissa de que a concorrência é a melhor forma de evitar colusão e garantir suficiente representatividade.[371]

O caso *Graham v. Security Pacific Housing Services, Inc.*[372] é um exemplo bastante ilustrativo dessa frutífera intervenção de advogados terceiros no controle da representatividade adequada. Na hipótese, o advogado Arthur Bryant, diretor executivo de uma fundação voltada a ajuizar de ações coletivas de interesse público, tomou conhecimento de estranhas tratativas entre a instituição financeira e os porta-vozes de consumidores prejudicados por equívocos na aplicação de correção monetária em empréstimos bancários, que indicariam possível conflito de interesses.

O causídico, então, interveio no processo apresentando diversas objeções às cláusulas do acordo propostas ao juiz para homologação, como a incompatibilidade do valor indenizatório destacado para ressarcimento dos danos, equivalente a 2 milhões de dólares, face aos vultosos honorários advocatícios estabelecidos em favor dos advogados da classe, de 5,4 milhões de dólares. Ademais, foi questionada a fórmula

---

[370] NAGAREDA, Richard A. Administering adequacy in class representation. *Texas Law Review*. Austin: University of Texas School of Law, v. 82, p. 368, 2003.
[371] Idem.
[372] *Graham v. Security Pacific Housing Services, Inc.* No. 2:96-CV-132 (S.D. Miss., filed Apr. 1, 1996).

de cálculo dos danos materiais a serem indenizados, que deveriam ser apurados a partir das provas documentais e não pelo fato de o integrante da classe ter ajuizado ou não ação individual.

O juiz acolheu os argumentos do interveniente e designou audiência pública para ouvir considerações complementares dos integrantes do grupo. Ao final, os valores estabelecidos em acordo foram revisados, tendo sido destinados 7,9 milhões de dólares aos membros do grupo e 1,92 milhão de dólares para o pagamento de honorários advocatícios.

A proposta de Nagareda é especialmente criticada por David A. Dana, em três pontos fundamentais.

Para David A. Dana, a despeito de os juízes de *Common Law* serem extremamente pragmáticos, eles nem sempre têm disposição, vocação e treinamento para apurar a compatibilidade dos termos da transação com os interesses da coletividade, confiando primordialmente nas informações trazidas pelas partes para formar sua convicção. No momento em que se noticia a composição do objeto litigioso, a resposta natural do magistrado é homologar a transação sem grandes delongas, inclusive para aliviar a carga de trabalho que lhe é gerada pelas ações coletivas. Nesse contexto, a participação de advogados terceiros, objetivando impedir a homologação do acordo, seria vista como meramente tumultuária.[373]

Outrossim, para desafiar a homologação do acordo de forma fundamentada, as bancas concorrentes necessitariam de informações do processo de negociação, que dificilmente seriam compartilhadas pelo porta-voz do grupo e pelos advogados que representam as partes, notadamente se houver colusão entre os envolvidos.

Finalmente, a concorrência entre advogados poderia resultar exclusivamente em uma ferramenta de compartilhamento de honorários entre as bancas, no lugar de garantir adequada representatividade dos interesses do grupo, pois os montantes que originalmente seriam recebidos por um grupo de advogados passariam a ser recebidos por outro com um pequeno desconto.

David A. Dana conclui suas críticas sugerindo outro critério para aferição da representatividade inspirado da Teoria da Posição Original do filósofo John Rawls, combinada com princípios econômicos.

---

[373] DANA, David. A. Adequacy of representation after Stephenson: a Rawlsian/behavioral economics approach to class action settlements. *Emory Law Journal*. Atlanta: Emory University School of Law, v. 55, p. 335-336, 2006.

O modelo de Rawls parte da suposição de um contrato social hipotético e atemporal, no qual os indivíduos se reuniriam a fim de deliberar uma série de princípios que seriam responsáveis por pintar um ideal de justiça e razoabilidade. Ainda conforme a teoria de Rawls, a única forma de as pessoas escolherem princípios justos seria aplicando sobre esse grupo um véu de ignorância, segundo o qual cada um desconheceria todas as suas circunstâncias pessoais anteriores a essa situação hipotética, suas condições financeiras e dotes naturais. A tomada de decisões seria feita, portanto, sem que os indivíduos se expusessem a riscos, porque eles não saberiam a que classe social ou gênero pertenceriam, tampouco conheceriam sua raça ou etnia.[374]

A título de exemplificação, seguindo o argumento de Rawls, os indivíduos atrás do véu da ignorância não criariam benefícios para senhorios e desvantagens para escravos, porque eles não teriam conhecimento de sua posição na estrutura social. A teoria procura construir um conceito de justo a partir do uso da razão e da vontade das pessoas em uma hipotética posição original de equidade.

Transplantando a teoria de Rawl para o universo das ações coletivas, David A. Dana defende que a representatividade seria imprópria em todas as oportunidades em que as escolhas realizadas pelos intérpretes do grupo mostrarem-se incompatíveis com a conduta que se esperaria de pessoas que estivessem na posição original, atrás do véu da ignorância. Seriam considerados inadequados, por exemplo, o porta-voz e o advogado que permitissem a celebração de um acordo em que fossem atribuídas verbas indenizatórias distintas para subclasses de indivíduos que sofreram o mesmo dano, com a mesma intensidade. Careceria de representatividade suficiente, também, o representante da coletividade que transacionasse autorizando que determinada categoria de indivíduos do grupo não recebesse indenização alguma.[375]

Mais uma alternativa ao controle da representatividade adequada é a designação pelo juiz de um fiscal dos interesses da classe, que atuaria na supervisão das atividades dos porta-vozes do grupo e seus advogados, de forma muito similar ao múnus exercido pelo *Special Master* no acompanhamento e fiscalização do cumprimento de acordos e sentenças coletivas. As condutas que pudessem causar potencial prejuízo à classe litigante seriam reportadas ao juízo, a quem caberia analisar os fatos apresentados e eventualmente descertificar a ação coletiva.

---

[374] Ibid., p. 291.
[375] Ibid., p. 283.

Conquanto a proposta seja interessante do ponto de vista prático, o magistrado enfrentará dificuldades em identificar um feitor independente e imparcial, apto a fiscalizar a condução do processo em defesa dos interesses da coletividade.

Poderia se aventar, ainda, a adoção do *opt-in* nas ações coletivas, de modo que somente seriam abarcados pela coisa julgada aqueles que voluntariamente aderissem à lide, após apurarem que os interesses idênticos aos seus estão sendo bem defendidos na ação coletiva.

Contudo, se, de um lado, o sistema de *opt-in* garante maior autonomia aos membros da coletividade, que podem avaliar se os seus direitos estão adequadamente representados por aquele que pretende defender os interesses do grupo previamente ao seu ingresso na lide, de outro, a técnica esvazia por completo as ações metaindividuais.

Ao diminuir drasticamente os limites subjetivos da coisa julgada coletiva, a técnica maximiza o risco de pulverização das ações metaindividuais e de surgirem sentenças conflitantes para hipóteses concretas similares. Jay Tidmarsh acrescenta que o *opt-in* não resolve as dificuldades inerentes ao controle da representatividade adequada, mas as ignora por completo.[376]

Finalmente, aventa-se a possibilidade de "desprivatização" das ações metaindividuais estadunidenses, atribuindo legitimidade a órgãos da administração pública, como as agências reguladoras, para a defesa dos interesses e direitos da sociedade, com o encaminhamento das indenizações e multas pecuniárias eventualmente aplicadas contra os opositores da classe a um fundo destinado a reparar as vítimas.

Objetivando estatuir uma presunção de representatividade adequada, ao atribuir legitimidade primária às entidades públicas, a proposta insere as ações metaindividuais no ambiente burocratizado dos órgãos governamentais, que poderiam criar empecilhos ao acesso à tutela jurisdicional coletiva. As dificuldades incluem a capacidade reduzida de os órgãos identificarem lesões de baixa ou média gravidade; a possibilidade de direcionamento político do uso das *class actions*; e limitações orçamentárias, que poderão levar as entidades a selecionar de forma restritiva os temas a serem judicializados.

Segundo a doutrina, tais problemas podem ser superados mediante investimentos substanciais na estruturação e capacitação da

---

[376] TIDMARSH, Jay. Rethinking adequacy of representation. *Texas Law Review*. Austin: University of Texas School of Law, v. 87, p. 1201-1202.

administração pública para exercer essa nova função.[377] Ainda assim, questiona-se se a eficiência na condução desses conflitos complexos será a mesma daquela empreendida pela iniciativa privada.

5 Consequências da inadequada representatividade na *class action*

Uma vez apurada a inadequação do intérprete judicial da classe ou de seu advogado, o juiz pode lançar mão de distintas técnicas na intenção de proteger os interesses dos membros ausentes.

Em primeiro lugar, o magistrado pode determinar a redefinição da classe, para que o objeto da ação coletiva se limite ao grupo cujos interesses estejam alinhados com o do porta-voz e do advogado. Outra solução é a subdivisão do grupo em diversas subclasses, cada qual com seu próprio representante e advogado, em conformidade com a *Rule* 23(c)(5) e (g)(1)(E).

O juiz pode determinar a notificação dos membros ausentes do grupo por carta (se puderem ser localizados) e a veiculação de publicações em meios de comunicação, para que os interessados venham intervir no processo, aprimorando a representatividade dos demais integrantes da coletividade, inclusive mediante a substituição do porta-voz original.[378] Em sentido similar, é autorizada a expedição de convites a outros advogados, para que substituam o patrono anterior da classe ou o auxiliem na condução do processo.[379]

Ademais, a carência de representatividade suficiente pode levar o juiz a indeferir a certificação ou ainda a descertificá-la, caso a detecção da inadequação do representante da classe ou de seu advogado ocorra em momento mais avançado do *iter* processual. Como consequência, a ação prosseguirá de forma individual e a coisa julgada afetará apenas o indivíduo que ajuizou a pretensão em favor da classe.

Ao magistrado é permitido ainda extinguir o processo sem resolução de mérito, embora a doutrina defenda que tal solução deve ser utilizada como último recurso e para casos extremos, cabendo ao juiz adotar previamente providências práticas que garantam o

---

[377] Nos moldes do posicionamento de HAREL, Alon; STEIN, Alex. Auctioning for loyalty: selecting and monitoring of class counsel. *Yale Law & Policy Review*. New Haven: Yale Law School, v. 22, p. 106-107, 2004.

[378] Tal como decidido em *Robin v. Doctors Officenters Corp.*, 686 F. Supp. 199 (N.D. Ill. 1988).

[379] Como em *Pinney v. Great Western Bank*, No. CV 95-2110 (C.D. Cal. 1997), referido no item 3.3 deste capítulo.

prosseguimento saudável da ação coletiva, mediante a adequada representatividade dos interesses metaindividuais.[380]

6 Representatividade adequada e preclusão

O julgamento de *Hansberry v. Lee* pela Suprema Corte estabeleceu que o controle da representatividade adequada nos Estados Unidos não está limitado à fase de certificação. Pode ser realizado pelo juiz em todas as etapas do processo, antes, durante e depois da certificação e até mesmo após o trânsito em julgado da sentença.

Durante a fase de certificação, "o juiz fará uma avaliação preliminar e prospectiva do requisito, verificando se o candidato a representante terá condições de atuar adequadamente em benefício do grupo".[381]

No entanto, determinadas incompatibilidades entre o porta-voz e os demais membros do grupo somente podem ser identificadas com a evolução da marcha processual, assim como eventuais deficiências técnicas dos advogados da classe. Como pontua Andre Roque Vasconcelos, conflitos de interesses podem emergir no curso do processo, o representante pode se revelar desinteressado ou incapaz, e o juiz pode perceber que se equivocou ou foi enganado.[382]

Nesse contexto, o controle da representatividade adequada não está submetido ao regime das preclusões após a fase de certificação, podendo ser realizado em qualquer etapa processual superveniente, inclusive de ofício [cf. *Rule 23(c)(1)(C)*] e após o julgamento do mérito.[383]

Em *Key v. Gillette Co.*, por exemplo, a ação coletiva foi descertificada após o decreto de improcedência do pedido indenizatório

---

[380] GIDI, Antônio. *A class action como instrumento de tutela coletiva dos direitos*. São Paulo: Editora Revista dos Tribunais, 2007. p. 129.

[381] Ibid., p. 102.

[382] ROQUE, André Vasconcelos. *Class actions – Ações coletivas nos Estados Unidos: o que podemos aprender com eles?* Salvador: JusPodivm, 2013. p. 134-135. Em sentido análogo, DANA, David. A. Adequacy of representation after Stephenson: a Rawlsian/behavioral economics approach to class action settlements. *Emory Law Journal*. Atlanta: Emory University School of Law, v. 55, p. 281, 2006.

[383] Cf. BASSETT, Debra Lyn. When reform is not enough: assuring more than merely 'adequate' representation in class action. *Georgia Law Review*. Athens: University of Georgia School of Law, v. 28, p. 986, 2004. Como decidido em *Barney v. Holzer Clinic, Ltd.*, 110 F.3d 1207 (6th Cir. 1997), *"the district court's duty to assay whether the named plaintiffs are adequately representing the broader class does not end with the initial certification; as long as the court retains jurisdiction over the case it must continue carefully to scrutinize the adequacy of representation and withdraw certification if such representation is not furnished"*. Em igual sentido, ver *Grigsby v. North Mississippi Med. Ctr., Inc.*, 586 F.2d 457 (5th Cir.1978); e *Burns v. United States R.R. Retirement Bd.*, 701 F.2d 189 (D.C.Cir.1983).

pela suposta prática de discriminação sexual. O magistrado verificou que a atuação do advogado da classe durante a instrução foi bastante deficiente, impedindo-o de resguardar adequadamente os interesses da coletividade. Por ocasião do julgamento da apelação, que ratificou a descertificação da ação coletiva, foi ressaltado que o dever do magistrado de certificar a adequação da representatividade em todos os estágios do litígio.[384]

A homologação de acordos é outro estágio processual posterior à certificação em que a aferição da representatividade se mostra igualmente crucial, devendo o juiz fazer rigorosa análise das cláusulas da transação face aos interesses dos membros ausentes da classe. Isso porque, seguindo tradicional entendimento da jurisprudência norte-americana, deixar um acordo sem revisão judicial não atende adequadamente aos interesses dos membros ausentes da classe.[385]

Para tanto, cabe ao magistrado designar audiências públicas e notificar os membros ausentes para que estes possam eventualmente apresentar suas oposições à homologação do acordo ou optar por sua autoexclusão da ação coletiva. Fica a cargo do juiz averiguar, ainda, a ocorrência de irregularidades na negociação da avença (*v.g.* ajustes financeiros envolvendo o porta-voz da classe e a parte contrária) e a existência de cláusulas que possam prejudicar os interesses da classe.

O caso *In re General Motors Corp. Engine Interchange Litigation*[386] ilustra de modo bastante interessante o controle da representatividade no âmbito da homologação de transações. Divergências entre a potência do motor anunciado em material publicitário e aquela efetivamente presente em um determinado modelo de automóvel fabricado pela General Motors deram origem ao ajuizamento de uma enxurrada de ações individuais por consumidores lesados, motivando a montadora a propor ação coletiva objetivando a homologação de um acordo que supostamente atenderia aos interesses de todos os consumidores.

---

[384] Ao julgar o recurso, o Tribunal de Apelações do Primeiro Circuito reiterou o posicionamento do juiz de primeira instância, atestando que *"the weak presentation of the individual discrimination claim, the serious deficiencies in the methodology of the principal expert, the failure of appellant's attorney to present the expert's testimony in a manner that could be understood by the court and his general lackluster performance during trial all reflected appellant's inability to 'fairly and adequately protect the interests of the class'"* (Key v. Gillette Co., 782 F.2d 5 (1st Cir. 1986)).

[385] Vide *McDonald v. Chicago Milwaukee Corp.*, 565 F.2d 416, 417 n. 1 (7th Cir. 1977); *Armstrong v. Board of School Directors, etc.*, 616 F.2d 305 (7th Cir. 1980); *Quad/Graphquics, Inc. v. Fass*, 724 F.2d 1230 (7th Cir. 1983); e *Perdue v. Green*, 127 SO.3d 343 (Ala. 2013).

[386] *In re General Motors Corp. Engine Interchange Litigation*, 594 F.2d 1106, 1124 (7th Cir. 1979).

Ao receber a petição inicial, o Juízo de Primeira Instância entendeu que o processo de negociação seria irrelevante para aferir a adequação do acordo aos interesses dos membros ausentes da classe, tendo sido determinada a expedição de notificações aos consumidores identificados pela montadora, para que apresentassem eventual oposição à transação ou exercessem seu direito de autoexclusão. Após a análise das objeções apresentadas, o acordo foi finalmente homologado.

Um pequeno grupo de consumidores – que, a despeito de ter sido notificado sobre o acordo, não ofereceu qualquer resistência – interpôs recurso contra a decisão homologatória da transação, por entender que os termos da avença não refletiam o melhor dos seus interesses.

Ao julgar o recurso, e a despeito de reconhecer que os apelantes não impugnaram as cláusulas do acordo no momento oportuno, o Tribunal de Apelações do Sétimo Circuito ressalvou que tal fato não exonera o magistrado de anular a homologação da avença quando convencido de que houve abuso por parte do representante do grupo.[387]

A revisão das negociações que deram origem ao acordo, cuja análise havia sido desprezada pelo juízo de primeira instância, escancarou uma miríade de irregularidades praticadas pelo *Attorney General* do Estado de Illinois, inclusive a definição de cláusulas sem que houvesse qualquer consulta ao porta-voz do grupo.[388] Como resultado, a transação não representava a vontade dos consumidores lesados, levando a corte a anular a sentença homologatória.

Finalmente, há a possibilidade de a questão relativa à representatividade adequada ser novamente analisada em um processo posterior, seja por meio de ação objetivando anular a coisa julgada resultante da *class action* (*direct attack*), seja ainda por meio de uma demanda que não foi ajuizada especificamente para este fim, mas cujo mérito exige

---

[387] In re General Motors Corp. Engine Interchange Litigation, 594 F.2d 1106, 1124 (7th Cir. 1979).

[388] De acordo com os registros dos autos, *"the settlement presented to the court by the Illinois Attorney General was either (1) negotiated without the permission of the other class counsel in the federal action as required by the court's first pretrial order or (2) negotiated by the Attorney General's office in a capacity other than class counsel in this action. The pretrial order prohibited the class counsel executive committee from entering into settlement negotiations without the consent of all plaintiffs' attorneys. The Attorney General's Assistant was a member of the committee and therefore subject to the pretrial order's restrictions. Nevertheless, he participated in negotiations with GM without the consent of other counsel. If the negotiations did proceed in violation of the trial court's pretrial order, we think that the plaintiff-objectors were entitled to discovery to determine whether the negotiations may have prejudiced the interests of the class. Moreover, even if discovery failed to reveal identifiable prejudice, the exclusion of the private counsel from the settlement negotiations should weigh heavily against approval of the settlement"* (In re General Motors Corp. Engine Interchange Litigation, 594 F.2d 1106, 1124 (7th Cir. 1979)).

a análise incidental da validade da *res judicata* coletiva emanada de litígio anterior (*collateral attack*).[389]

A possibilidade de desvinculação dos integrantes da coletividade de coisa julgada proveniente de uma ação coletiva anterior, porque seus interesses foram inadequadamente defendidos, decorre do tradicional posicionamento da Suprema Corte estadunidense, estabelecido desde o multicitado julgamento de *Hansberry v. Lee*.

Naquela ocasião ficou assentado que, no âmbito das ações coletivas, cabe ao Poder Judiciário garantir o direito de todos os membros ausentes de terem os seus interesses suficientemente resguardados na ação coletiva, bem como que esses mesmos indivíduos não sejam prejudicados por coisa julgada proveniente de sentença dada em uma ação na qual os seus direitos não tenham sido defendidos propriamente.

Conflitos de interesses, colusão entre o porta-voz da classe e a parte contrária e a deficiência na condução do processo pelos advogados que patrocinavam os interesses do grupo podem ser detectados com maior acuidade pelo magistrado da ação posterior, que terá uma visão global e ampla do primeiro litígio, com todos os seus elementos fáticos consolidados.

O exercício não será o de verificar se cada integrante do grupo obteve aquilo que desejava, mas se os direitos dos membros ausentes foram suficientemente protegidos, de forma leal, satisfatória e sem conflitos de interesses relevantes.

Em *Gonzalez v. Cassidy*, por exemplo, a Corte de Apelação do Quinto Circuito decidiu que um grupo de taxistas não estava abarcado pelos efeitos da *res judicata* proveniente de uma ação anterior com mesmo objeto, ajuizada por outros motoristas autônomos. Na visão do tribunal, a despeito de haver identidade entre as demandas, o primeiro grupo limitou-se a defender de forma vigorosa e tenaz as questões de direito que lhe interessava, deixando irrecorríveis posicionamentos que afetavam exclusivamente a parcela da classe identificada na segunda demanda.[390]

A possibilidade de desvincular os integrantes ausentes de um determinado grupo, mediante o controle tardio da representatividade adequada, tem sofrido críticas de parte da doutrina, em razão de

---

[389] A impugnação por meio do *collateral attack* é mais comum, cf. WOOLLEY, Patrick. The availability of collateral attack for inadequate representation in class suits. *Texas Law Review*. Austin: University of Texas School of Law, v. 79, p. 446, 2000-2001.

[390] *Gonzalez v. Cassidy*, 474 F.2d 67 (5th Cir.1973).

mitigar a principal característica dos processos coletivos: a qualidade de amarrar todos os membros da coletividade a um único julgamento.

Na visão desses doutrinadores, permitir com o *collateral attack* o regresso aos tribunais de questões que já se encontravam pacificadas fulmina a economia e a celeridade processual – princípios nucleares das ações coletivas estadunidenses –, porque o Poder Judiciário e as partes envolvidas investirão novamente tempo e recursos humanos e financeiros para rediscutir questões que acreditavam estarem resolvidas. O impacto será ainda mais substancial caso as impugnações se multipliquem entre os demais membros ausentes.[391]

Ademais, o *collateral attack* à coisa julgada coletiva consolidada há anos, baseado na inadequação da representatividade, tal como ocorrido em *Stephenson v. Dow Chemical Co.*,[392] a título de ilustração, fragiliza a segurança jurídica que se espera de qualquer sistema jurídico, porque impede a pacificação definitiva do conflito.

Ao desvincular determinados indivíduos de uma sentença proferida em ação coletiva, o magistrado desconsidera a injustiça que será causada ao adversário do grupo na demanda matriz, que dedicou tempo e dinheiro para se defender da pretensão originária, acreditando que o resultado atingiria a todos os envolvidos.[393]

Com base nessas considerações, parte da doutrina norte-americana tem defendido a subsunção do controle da representatividade adequada ao sistema das preclusões, especialmente para as hipóteses em que essa questão tenha sido analisada e julgada na ação coletiva primária.[394]

---

[391] KAHAN, Marcel; SILBERMAN, Linda. Matsushita and beyond: The role of state courts in class actions involving exclusive federal claims. *Supreme Court Review*. Chicago: The University of Chicago Press, v. 1997, p. 264, 1997.

[392] O acordo coletivo, homologado na década de 1970, foi questionado por Stephenson em ação individual ajuizada em 1999. No ano de 2001, adveio decisão do Tribunal de Apelações do Segundo Circuito, declarando a desvinculação do autor ao acordo originalmente homologado, em razão da representatividade imprópria dos seus interesses, entendimento esse posteriormente referendado pela Suprema Corte, cf. *Stephenson v. Dow Chemical Co.* 273 F.3d 249 (2d Cir. 2001) e 539 U.S. 111 (2003).

[393] Por isso a doutrina defende que o magistrado, ao se confrontar com hipóteses de *collateral attack*, leve em consideração os custos suportados pelo adversário do grupo, por ocasião do patrocínio de seus interesses na ação coletiva de origem (cf. WRIGHT, Charles A.; MILLER, Arthur R.; KANE, Mary K. *Federal Practice and Procedure*. 3. ed. Nova York: Thomson/West, 2005. v. 7B, p. 138 e GIDI, Antônio. *A class action como instrumento de tutela coletiva dos direitos*. São Paulo: Editora Revista dos Tribunais, 2007. p. 102).

[394] Cf. KAHAN, Marcel; SILBERMAN, Linda. Matsushita and beyond: The role of state courts in class actions involving exclusive federal claims. *Supreme Court Review*. Chicago: The University of Chicago Press, v. 1996, p. 264, 1996.

7 Algumas considerações sobre a prática forense

Conquanto seja salutar a constante busca por novos parâmetros de aferição da representatividade adequada, a prática tem demonstrado que parte substancial dos magistrados norte-americanos não tem dado ao instituto a atenção que ele realmente merece, deixando de aplicar os critérios já existentes.

Como visto, o juiz tem especial papel nas ações metaindividuais estadunidenses. Cabe ao magistrado, dentre outras tarefas, certificar a demanda como coletiva; escolher o advogado ou o conjunto de causídicos que irá defender os interesses da coletividade; designar audiências públicas; autorizar a intervenção de terceiros; analisar e homologar os acordos celebrados; e julgar as pretensões formuladas.

Em todas essas etapas, é responsabilidade do juiz aferir se os interesses dos membros ausentes da classe litigante estão sendo suficientemente defendidos pelo porta-voz da classe e pelos patronos que estão patrocinando a causa, controlando com atenção toda a atividade exercida pelos participantes da relação processual. A realidade, no entanto, é outra.

Muitos juízes têm equivocadamente aplicado regra de presunção de adequada representatividade a todas as ações coletivas, desprezando a importância do instituto. Baseiam-se na equivocada premissa de que, em razão da identidade de interesses entre o representante e os integrantes da classe, o primeiro fará todo o possível para vencer a causa, o que qualificaria sua atuação em nome dos segundos.[395]

A presunção, em grande parte dos casos, é causada pela confusão entre a representatividade adequada e o requisito da *typicality*, ao se reconhecer a existência da primeira a partir da demonstração do segundo.[396]

A prática se mostra equivocada e desrespeita olimpicamente a *Rule 23*, que atribui ao intérprete judicial da classe o ônus de comprovar

---

[395] GIDI, Antônio. *A class action como instrumento de tutela coletiva dos direitos*. São Paulo: Editora Revista dos Tribunais, 2007. p. 104. Em igual diapasão, ver na jurisprudência os acórdãos proferidos em *Ballan v. Upjohn Co.*, 159 F.R.D. 473 (W.D. Mich. 1994) e *Lichoff v. CSX TRansp., Inc.*, 218 F.R.D. 564 (N.D. Ohio 2003), em que a representatividade adequada do advogado foi presumida.

[396] Afirmando que o requisito da representatividade suficiente é uma repetição do requisito da *typicality*, ver *Abdul-Malik v. Coombe*, n. 96-CIV-1021, 1996 U.S. Dist. LEXIS 18203, at *8 (S.D. N.Y. 1996); e *Voilas v. Gen. Motors Corp.*, n. 95-0487, 1996 U.S. Dist. LEXIS 21618, at *19 (D. N.J. 1996).

sua capacidade de defender propriamente os interesses do grupo.[397] De mais a mais, a orientação dos tribunais efetivamente anula a necessidade de o representante, além de ter interesses similares aos das pessoas por ele representadas (*typicality*), atuar de forma diligente e adequada durante o processo (*adequacy of representation*).

A praxe forense indica que os juízes, ao não procederem ao controle sério e profundo da justa representatividade, subestimam a importância do instituto como decorrência do princípio constitucional do devido processo legal.[398]

A análise do atendimento do requisito previsto na *Rule 23* frequentemente tem sido levada a cabo apenas quando há impugnação pela parte contrária ou terceiros intervenientes, cabendo a estes o ônus de comprovar a existência de elementos que possam afastar a justa representatividade dos interesses da classe.[399] Com isso, como bem coloca Robert Klonoff, os tribunais falham em prover controle independente em casos em que há deliberada falha na impugnação da adequada representatividade, visando vantagens processuais.[400]

A atuação proativa e independente do magistrado, para as fases de certificação e de homologação de transações celebradas em ações coletivas, se justifica pelo fato de que os antagonistas processuais da coletividade, estrategicamente e após sopesar os riscos, podem deixar de provocar uma profunda análise da *adequacy of representation* pelo juízo.

Se o grupo está sendo representado por um porta-voz ou advogado negligentes, o *ex adverso* maximiza suas chances de obter o decreto de improcedência dos pedidos ou de celebrar acordo por valores mais baixos. Nesse contexto, impugnar a adequação da representatividade

---

[397] Cf. o julgamento de *Berger v. Compaq Computer Corp.*, 279 F.3d 313 (5th Cir. 2002), "*adequacy is for the plaintiffs to demonstrate; it is not up to defendants to disprove the presumption of adequacy*".

[398] Na jurisprudência, decidiu-se no julgamento de *Broussard v. Parish of Orleans*, 318 F.3d 644 (5th Cir. 2003) que "*a presumption of adequacy would eviscerate the requirement that plaintiffs offer specific proof to satisfy each element of Rule 23 and would ignore the constitutional due process dimension of the adequacy inquiry*". No mesmo sentido, também envolvendo a análise de ofício da adequação da representatividade, ver *Bolanos v. Norwegian Cruise Lines Ltd.*, 01 Civ. 4182, 2002 WL 1465907 at *1-3 (S.D. N.Y. 2002).

[399] No julgamento de *Abby v. City of Detroit*, 218 F.R.D. 544 (E.D. Mich. 2003), a Corte entendeu que a representatividade adequada deve ser presumida, sendo ônus do *ex adverso* demonstrar o contrário. Caso a inadequação esteja relacionada com a atuação de algum ente estatal, os tribunais tem exigido robusta comprovação da inaptidão, conforme *Curry v. Regents of Univ. of Minn.*, 167 F.3d 420 (8th Cir.1999); e *United States v. Hooker Chems. & Plastics Corp.*, 749 F.2d 968 (2d Cir. 1984).

[400] KLONOFF, Robert H. The judiciary's flawed application of Rule 23's "adequacy of representation" requirement. *Michigan State Law Review*. East Lansing: Detroit College of Law, v. 2004, p. 673, 2004.

poderia resultar na substituição de representantes e advogados deficientes por outros mais qualificados e preparados para defender os interesses da classe.

O controle deficiente favorece, ainda, a colusão entre as partes, pois não há efetiva apuração da compatibilidade da conduta do intérprete do grupo e do advogado com os reais interesses da classe por eles defendida.

Essa realidade mostra-se perversa especialmente quando as partes se aproximam para a celebração de acordo, pois, de um lado, permite que a avença reflita exclusivamente os interesses do porta-voz da classe e de seu advogado, relegando à coletividade que não participou das negociações valores indenizatórios aquém daqueles a que efetivamente fariam jus.

De outro lado, o adversário do grupo se livra da responsabilização, por força do efeito preclusivo da *class action* sobre as ações individuais, não sendo mais molestado por demandas com mesmo objeto. Eventual *collateral attack* ou *direct attack* à coisa julgada coletiva dependerá de investimentos financeiros do interessado, com a contratação de advogados e pagamento de custas processuais que não são acessíveis a boa parte dos prejudicados.

A eventual pluralidade de porta-vozes e de advogados defendendo os interesses da coletividade, por força de sua divisão em subclasses, não minimiza os riscos de colusão. Somente a atuação proativa do magistrado no controle da justa representatividade tornará possível identificar a existência de entendimentos comerciais ou financeiros entre os representantes de todas as subclasses e seus respectivos patronos, que possam afastá-los dos reais interesses do grupo.[401]

Mesmo nos casos em que há impugnação, inúmeros registros comprovam a prolação de decisões lacônicas, que se restringem a atestar a presença ou inexistência de representatividade adequada sem que a devida fundamentação seja apresentada.

A título de ilustração, analisando 774 julgados das cortes federais em que houve algum controle de representatividade, proferidos entre os anos de 1994 e 2003, Robert Klonoff verificou que 371 decisões reconheceram o atendimento ao requisito sem que fossem apresentados fundamentos. Em outras 44 decisões, a representatividade foi considerada válida simplesmente porque não impugnada pela parte

---

[401] Vide COFFEE JR., John C. Class action accountability: reconciling exit, voice, and loyalty in representative litigation. *Columbia Law Review*. Nova York: Columbia University Press, v. 100, p. 397-399, 2000.

contrária.[402] O estudo leva à conclusão que apenas excepcionalmente os juízes tecem detidas considerações a respeito da capacidade do porta-voz do grupo em promover a defesa dos direitos coletivos, sem o tema ter sido suscitado pelo demandado.

A doutrina igualmente destaca que são raras as ocasiões em que os Tribunais analisam profundamente a representatividade dos advogados. Mesmo nas ocasiões em que o controle é realizado, muitos magistrados se recusam a impedir a atuação de causídicos despreparados ou sobre quem existam provas contundentes de má conduta profissional.[403]

A despeito de ser possível realizar audiências públicas, previamente à homologação dos acordos, para possibilitar ao juiz aferir sua compatibilização com os interesses da coletividade, verifica-se que o ato tem sido pouco efetivo, diante da diminuta adesão dos membros ausentes, especialmente para os casos envolvendo microlesões. As principais razões são a dispersão geográfica da classe e a comum designação do ato para dias úteis, durante o horário comercial, impedindo que os interessados possam participar desse importante instrumento de defesa da representatividade adequada.[404]

Finalmente, a prática demonstra que o número de objeções à homologação de acordos coletivos por membros ausentes é bastante pequeno, não ultrapassando a média de 0,2% do total de integrantes da classe,[405] o que igualmente reforça a precariedade com que frequentemente o controle da representatividade vem sendo exercido nos Estados Unidos.

---

[402] KLONOFF, Op cit., p. 675 e 680.
[403] Robert Klonoff apurou que apenas 3 dos 687 julgados por ele pesquisados inabilitaram advogados em ações coletivas, em razão da violação de deveres éticos e profissionais (ibid., p. 692).
[404] HENSLER, Deborah R. et al. Class action dilemmas: Pursuing public goals for private gain. Santa Mônica: Rand, 2000. p. 79-80.
[405] WILLGING, Thomas E.; HOOPER, Laural L.; NIEMIC, Robert J. An empirical analysis of Rule 23 to address the rulemaking challenges. New York University Law Review. Nova York: New York University School of Law, v. 71, p. 134-137 e 140-142, abr. 1996.

CAPÍTULO VI

REPRESENTATIVIDADE ADEQUADA NO DIREITO BRASILEIRO

1 A viabilidade do controle da representatividade no modelo brasileiro

A construção do microssistema de projetos coletivos brasileiro, a partir da promulgação da Lei da Ação Civil Pública projetada pelos integrantes do Ministério Público de São Paulo, instaurou grande debate na doutrina brasileira acerca da existência em nosso ordenamento do controle da representatividade adequada.

Isso porque, ao contrário do Projeto Bierrenbach, que contemplava de maneira expressa o controle judicial da qualidade do intérprete coletivo, a Lei 7.347/1985 não fez qualquer menção à possibilidade dessa aferição, dando margem ao entendimento de que o juiz estaria proibido de executar tal atividade.

Para Gregório Assagra de Almeida, o controle judicial da representatividade apropriada seria inconstitucional, à luz dos arts. 5º, LXX e LXXIII, 103 e 129, III, da Constituição Federal, porque o constituinte teria definido a legitimidade para as ações coletivas utilizando exclusivamente balizas legais.[406]

Para os demais defensores dessa orientação doutrinária, dentre eles Cândido Rangel Dinamarco, Arruda Alvim, Pedro da Silva Dinamarco, Aluisio Iunes Monti Ruggeri Ré, Sérgio Shimura, José

---

[406] ALMEIDA, Gregório Assagra de. *Codificação do direito processual coletivo brasileiro*. Belo Horizonte: Del Rey, 2007. p. 70 e 153.

Marcelo Menezes Vigliar, Álvaro Luiz Válery Mirra e Eduardo Cândia,[407] o legislador elencou em rol taxativo os legitimados para as ações coletivas, partindo do pressuposto que aqueles entes teriam condições de atuar adequadamente na defesa dos interesses dos titulares do direito material. Haveria, assim, uma representatividade adequada *in re ipsa*, ou, em outras palavras, a presunção absoluta de que os abstratamente legitimados para veicular pretensões em processos coletivos seriam porta-vozes suficientes para a defesa dos interesses metaindividuais, inexistindo espaço para o controle *ope judicis*.[408]

Em adição, argumentam que algumas particularidades do modelo adotado no Brasil tornariam o controle da representatividade despiciendo. Em primeiro lugar, pela possibilidade de não formação da coisa julgada, caso a ação envolvendo direitos difusos e coletivos seja julgada improcedente por ausência de provas. Em segundo lugar, pelo fato de a *res judicata* ser formada apenas para beneficiar individualmente os membros do grupo e não para prejudicá-los. Em terceiro lugar, por conta da intervenção obrigatória do Ministério Público como fiscal da lei (art. 92, CDC e art. 5º, §1º, LACP), que auxiliaria no monitoramento da conduta processual do porta-voz do grupo, impedindo que qualquer prejuízo pudesse ser causado aos integrantes da coletividade. Finalmente,

---

[407] De forma incisiva Cândido Rangel Dinamarco argumenta que o legislador brasileiro "fez sua escolha discricionária, mediante seus próprios critérios de oportunidade e conveniência, optando pelo Ministério Público e outras entidades que indica, porque viu nelas as melhores condições de representatividade social. [...]. Os entes legitimados pela lei são havidos por legítimos canais das aspirações da sociedade como um todo, de grupos delimitados em regiões, ou por profissões, ou por alguma especial situação perante o possível causador de danos etc. Tal é a *legitimacy of representation* à moda brasileira" (DINAMARCO, Cândido Rangel. *A reforma da reforma*. São Paulo: Malheiros, 2002. p. 411). No mesmo diapasão, vide ALVIM NETTO, José Manoel de Arruda *et al*. *Código do Consumidor comentado*. 2. ed. São Paulo: Editora Revista dos Tribunais, 1995. p. 381-382; NERY JUNIOR, Nelson; NERY, Rosa Maria de Andrade. *Código de Processo Civil comentado e legislação extravagante*. 12. ed. São Paulo: Editora Revista dos Tribunais, 2012. p. 1652; DINAMARCO, Pedro da Silva. *Ação civil pública*. São Paulo: Saraiva, 2001. p. 201; RÉ, Aluisio Iunes Monti Ruggeri. A defensoria Pública como instrumento de acesso à justiça coletiva: legitimidade ativa e pertinência temática. *Revista de Processo*. São Paulo: Editora Revista dos Tribunais, v. 167, p. 234, dez. 2008; SHIMURA, Sérgio Seiji. Tutela coletiva e sua efetividade. São Paulo: Método, 2006. p. 65; VIGLIAR, José Marcelo Menezes. *Interesses difusos, coletivos e individuais homogêneos*. Salvador: JusPodivm, 2005. p. 60; MIRRA, Álvaro Luiz Válery. Ação civil pública em defesa do meio ambiente: a representatividade adequada dos entes intermediários legitimados para a causa. *In*: MILARÉ, Edis (coord.). *A ação civil pública após 20 anos*: efetividade e desafios. São Paulo: Editora Revista dos Tribunais, 2005. p. 53; e CÂNDIA, Eduardo. *Legitimidade ativa na Ação Civil Pública*. Salvador: JusPodivm, 2013. p. 276.

[408] VENTURI, Elton. *Processo Civil Coletivo*. São Paulo: Malheiros, 2007. p. 220.

porque eventuais abusos e distorções na condução do processo podem ser reprimidos pela aplicação das penalidades por litigância de má-fé.[409]

Para essa orientação doutrinária, ainda que o porta-voz processual se mostre absolutamente incompetente ou incapaz de defender os interesses da coletividade, o juiz deverá processar regularmente a pretensão, proferindo sentença de mérito se todas as condições regulares para o seu julgamento estiverem presentes. Bastaria que o representante da classe estivesse inserido no rol de legitimados e, na eventualidade de este ser uma associação ou sindicato, atender aos requisitos da pertinência temática e da pré-constituição ânua (art. 82, IV, CPC, e art. 5º, V, LACP).

A prática forense, no entanto, demonstra que as salvaguardas identificadas por aqueles que defendem a impossibilidade de controle *ope judicis* da representatividade são insuficientes para garantir a efetiva proteção da coletividade contra o ajuizamento irresponsável de ações metaindividuais, praticado não só por legitimados despreparados em sentido técnico, como também por entidades inidôneas e sem qualquer comprometimento real com a proteção dos interesses supraindividuais.

A participação do Ministério Público como *custos legis*, em inúmeras oportunidades, tem se mostrado burocrática, através da simples manifestação de ciência acerca dos atos praticados pelas partes e das decisões proferidas, sem grande interferência no *iter* processual. Não há fiscalização concreta pelo *parquet* da forma com que o legitimado atua no processo, especialmente no universo da tutela de direitos individuais homogêneos, em que a intervenção do órgão ministerial usualmente tem sido condicionada à existência de interesse social no litígio.[410]

Outrossim, ainda que ocorra a vigilância da atuação processual do legitimado, não há espaço para que o representante do órgão ministerial alerte o juiz da inadequação do intérprete do grupo e consiga a extinção do feito sem resolução do mérito ou a substituição do proponente da pretensão. Ainda nesse aspecto, inexiste em nosso ordenamento previsão de um órgão fiscalizador da atuação do Ministério Público nas ações por ele propostas, quiçá em razão da grande influência que o órgão ministerial teve na elaboração do projeto da Lei da Ação Civil Pública.

---

[409] Cf. ALMEIDA, Gregório Assagra de. *Codificação do direito processual coletivo brasileiro*. Belo Horizonte: Del Rey, 2007. p. 70 e 153.

[410] Tal como ocorreu na ação coletiva ajuizada pelo IDEC – Instituto Brasileiro de Defesa do Consumidor – em face da Fenabb – Federação Nacional das Associações Atléticas do Banco do Brasil – e da Companhia de Seguros Aliança do Brasil S/A, registrada sob o nº 0054905-78.2002.8.26.0100, e em trâmite perante a 33ª Vara Cível do Foro Central da Comarca de São Paulo-SP.

A própria assunção, pelo Ministério Público, de ação coletiva abandonada pelo porta-voz original se mostra perigosa, considerando a impossibilidade de emenda da inicial, caso a citação do réu tenha se consumado, ou de serem produzidas novas provas, na eventualidade de a fase instrutória ter sido encerrada.

A aplicação das penas por litigância de má-fé, por sua vez, não substitui o controle da representatividade, pois a primeira versa instituto voltado a proteger a parte de atos desleais praticados por seu adversário, enquanto o segundo tem por objetivo garantir que os interesses do grupo substituído serão suficientemente defendidos por seu intérprete processual. Tampouco a pena prevista no art. 87, CDC, de condenação da associação e seus diretores no pagamento de honorários advocatícios, do décuplo de custas e de despesas processuais, é suficiente para impedir a prática de atos prejudiciais à coletividade, que tenham por origem a defesa irresponsável dos interesses coletivos em juízo, porque a sanção não desconstitui a coisa julgada decorrente de uma ação metaindividual mal proposta ou cuja instrução tenha sido deficiente.

É no âmbito da coisa julgada coletiva que a carência de parâmetros de aferição da representatividade se mostra mais sensível.

Considerando que a legitimidade dos entes intermediários na defesa dos interesses metaindividuais é concorrente e disjuntiva, é comum que duas ou mais ações coletivas sejam ajuizadas com o mesmo objeto, mas por legitimados distintos. Nessas hipóteses em que há multiplicidade de demandas metaindividuais, é usual identificar pretensões mal ajuizadas ou conduzidas de forma precária, porque o autor de uma ou algumas delas, a despeito de estar formalmente legitimado para defender os interesses supraindividuais, não possui capacidade técnica ou econômica para proteger satisfatoriamente os interesses do grupo. A perícia pode se mostrar de tamanha complexidade que os fatos a serem esclarecidos demandam conhecimentos especializadíssimos, que nem sempre são manejáveis pelas partes, exigindo a contratação de assistentes técnicos cujos honorários podem levar as pequenas associações a abrir mão desses profissionais. Como consequência das limitações técnicas ou financeiras, muitos pedidos são julgados improcedentes, inclusive por insuficiência de provas.

Nas ações envolvendo interesses difusos e coletivos *stricto sensu*, a improcedência dos pedidos, desde que não seja por insuficiência de provas, impede a repropositura da pretensão pelos legitimados. Além disso, o julgamento de improcedência funciona como um forte precedente, que provavelmente será invocado pelo réu para fulminar as eventuais pretensões individuais, por força da vinculação dos tribunais à jurisprudência, prevista nos arts. 926 e 927, CPC/2015. Não é ocioso rememorar os registros jurisprudenciais da suspensão forçada das lides individuais em razão da existência de ações coletivas com objeto similar, cuja consequência direta é viabilizar o transporte automático da sentença desfavorável proferida em demanda supraindividual às microlides (cf. item 3.3 do Capítulo II, *supra*).

Na tutela dos direitos individuais homogêneos a situação é ainda mais dramática, por conta da inexistência da coisa julgada *secundum eventum probationis*. Nos termos do art. 103, III, CDC, a *res judicata* é formada *secundum eventum litis*, atuando *erga omnes* em caso de acolhimento e de rejeição da demanda, impedindo que nova ação coletiva seja intentada por qualquer legitimado, ainda que por insuficiência de provas. Em dissonância com as regras atinentes aos interesses essencialmente coletivos, não há o temperamento da imutabilidade e indiscutibilidade da coisa julgada, caso a improcedência do pedido seja motivada por deficiência probatória.

Os direitos individuais homogêneos estão, assim, desprotegidos da atuação negligente do legitimado que prejudique substancialmente a defesa dos interesses coletivos, como também contra a eventual colusão entre as partes da relação processual, que podem se favorecer a partir do julgamento de improcedência dos pedidos, motivado pela condução inidônea do feito e da instrução propositalmente insuficiente.[411]

O ajuizamento de ações coletivas por legitimados inadequados também expõe a coletividade ao risco derivado da formulação de pedidos equivocados (e até mesmo contrários aos interesses metaindividuais),

---

[411] Um caso emblemático envolve as ações coletivas que pleiteavam indenização pelos danos causados aos indivíduos que utilizaram o medicamento Vioxx. Uma associação do Estado de São Paulo ajuizou uma primeira ação coletiva objetivando ampla indenização material e moral a pacientes que se utilizavam da droga e, em decorrência dela, sofreram ataques cardíacos ou acidentes vasculares cerebrais. Essa pioneira ação teve seus pedidos julgados improcedentes, diante de suas deficiências técnicas e probatórias, por sentença transitada em julgado. Posteriormente, uma segunda pretensão coletiva com mesmo objeto foi ajuizada por uma associação fluminense, instruída com inédito estudo em que foram reconhecidos os riscos e os danos causados pelo uso prolongado do medicamento. Essa ação, no entanto, foi extinta sem julgamento de mérito, em razão de a questão estar acobertada pela coisa julgada. Ao chegar ao STJ, muito se discutiu sobre a possibilidade de reconhecer a mitigação da coisa julgada nas demandas coletivas voltadas à defesa dos direitos individuais homogêneos, caso a improcedência tenha sido motivada por insuficiência de provas, conforme tese encampada pelo ministro Paulo de Tarso Sanseverino. Entretanto, prevaleceu o posicionamento do ministro Ricardo Villas Bôas Cueva, segundo o qual nas ações coletivas para a defesa de direitos individuais homogêneos não é permitida a repropositura da pretensão quando sua improcedência se dá por insuficiência de provas (STJ, REsp 1.302.596/SP, rel. para acórdão Min. Ricardo Villas Bôas Cueva, DJe 01.02.2016).

que poderão levar a julgamentos de procedência com efeitos nefastos, diante dos efeitos *erga omnes* e *ultra partes* da coisa julgada (art. 103, I e II, CDC).

Merece destaque também a já referida deficiência relacionada à atual Lei do Mandado de Segurança e à forma de aderência do autor individual à pretensão do *writ* coletivo.

Consoante o art. 22, §1º, da Lei 12.016/2009, o indivíduo deverá desistir de seu mandado de segurança singular para se beneficiar do eventual desfecho positivo do *mandamus* transindividual, enquanto o art. 104, do CDC, permite o aproveitamento da coisa julgada coletiva favorável mediante a simples suspensão do processo individual.

Imaginemos que, na intenção de ver seu direito tutelado supostamente de forma mais ampla e adequada por um litigante com maior experiência de foro, o autor individual, após ser cientificado da existência da ação coletiva, desiste de seu mandado de segurança singular para aderir ao *writ* transindividual. Se, após o prazo decadencial previsto em lei, a segurança não for concedida, ainda que por insuficiência de provas, os danos ao litigante aderente serão irreversíveis. Não se pode afastar, ainda, a possibilidade de o próprio legitimado coletivo simplesmente desistir do *mandamus* por conveniência.

Essas fragilidades estruturais comprovam a existência de risco plausível de determinados processos metaindividuais se afastarem do princípio do devido processo legal, porque há fissuras no sistema que permitem que a coletividade interessada no objeto litigioso sofra danos irreparáveis, caso seus direitos não sejam adequadamente defendidos em juízo, com seriedade e eficiência, pelo legitimado que formulou a pretensão.

É partindo desse contexto, construído paulatinamente desde a promulgação da Lei da Ação Civil Pública, que surgiu movimento doutrinário favorável ao controle judicial de *lege lata* da representatividade, como instrumento com grande potencial de evitar o manuseio aventureiro e inidôneo de ações coletivas e mitigar algumas das deficiências da legislação brasileira, compatibilizando-a com o princípio do devido processo legal.

Em estudo publicado no início da década de 1980, Barbosa Moreira, sem fazer referência expressa ao controle da representatividade adequada, já propunha que a lei conferisse a legitimação coletiva em termos flexíveis, reservando ao juiz margem razoável de liberdade para examinar a idoneidade das associações.[412]

Ada Pellegrini Grinover, que originalmente pensava que o sistema brasileiro não teria adotado o controle judicial da representatividade,[413] passou a defender a possibilidade de o juiz realizar tal exercício, a partir de elementos concretos da demanda, como forma de garantir que os interesses da sociedade sejam suficientemente representados em juízo, mantendo-a indene de potenciais prejuízos causados pela atuação desastrada de um legitimado inapto à condução do processo.[414] Em igual sentido, Ricardo de Barros Leonel não hesita em sustentar que não é absoluta a presunção de suficiente representatividade no rol de legitimados pré-fixado pelo legislador brasileiro, razão pela qual não se pode descartar o controle judicial sobre a aptidão técnica dos porta-vozes para a defesa do interesse coletivo.[415]

Com olhar na economia de recursos do Poder Judiciário, Susana Henriques da Costa argumenta que o controle da representatividade adequada "deve ser realizado porque não é racional deixar que a máquina judiciária seja movimentada e despenda tempo em processo que será eventualmente reproposto por outro legitimado". Também abordando o aspecto qualitativo, a professora da Faculdade de Direito da Universidade de São Paulo acrescenta que o controle judicial da legitimação qualifica o processo coletivo, pois veda o ingresso de pretensões mal redigidas ou formuladas com deficiência de argumentação.[416]

---

[412] MOREIRA, José Carlos Barbosa. Notas sobre o problema da efetividade do processo. *Revista AJURIS*. Porto Alegre: Associação dos Juízes do Rio Grande do Sul, v. 29, p. 87, nov. 1983.

[413] GRINOVER, Ada Pellegrini. O novo processo do consumidor. *In: O processo em evolução*. Rio de Janeiro: Forense, 1996. p. 132.

[414] GRINOVER, Ada Pellegrini. Ações coletivas ibero-americanas: novas questões sobre a legitimação e a coisa julgada. *Revista Forense*. Rio de Janeiro: Forense, v. 361, n. 98, p. 11, mai./jun. 2002.

[415] LEONEL, Ricardo de Barros. *Manual do processo coletivo*. 2. ed. São Paulo: Editora Revista dos Tribunais, 2011. p. 173. Na mesma sintonia, Cássio Scarpinella Bueno argumenta que, ainda que o legislador brasileiro não tenha escolhido o projeto de lei mais adequado quanto ao controle da suficiente representatividade (em referência ao Projeto Bierrenbach), caso o juiz identifique que a demanda está se distanciando dos princípios constitucionais, especialmente do devido processo legal, deve adotar medidas para evitar que a coletividade sofra prejuízos em razão de seus interesses estarem sendo defendidos por um porta-voz impróprio, inclusive extingui-la de forma motivada (BUENO, Cássio Scarpinella. As class actions norte-americanas e as ações coletivas brasileiras: pontos para uma reflexão conjunta. *Revista de Processo*. São Paulo: Editora Revista dos Tribunais, v. 82, p. 129, abr./jun. 1996).

[416] COSTA, Susana Henriques da. O controle judicial da representatividade adequada: uma análise dos sistemas norte-americano e brasileiro. *In:* SALLES, Carlos Alberto de (org.). *As grandes transformações do processo civil brasileiro:* homenagem ao professor Kazuo Watanabe. São Paulo: Quartier Latin, 2009. p. 975-976

Ada Pellegrini Grinover consigna que, a despeito de o sistema brasileiro não ter regulamentado expressamente o controle da representatividade adequada, o seu exercício em cada caso concreto não é vedado ao juiz, inserindo tal atividade no espectro dos princípios gerais do Direito, cuja utilização está prevista no art. 4º da Lei de Introdução às Normas do Direito Brasileiro (Decreto-Lei 4.657/1942).[417]

Compartilhamos do pensamento da saudosa professora por entendermos que somente com a representatividade suficiente é que se atenderá ao princípio do devido processo legal, elemento nuclear da garantia de que todos os interessados no litígio tiveram seu dia virtual na corte, porque seu intérprete judicial exercitou por si e por outrem o direito de ação, de ampla defesa e ao contraditório. O processamento de lides flagrantemente temerárias ou lastreadas em representatividade inidônea e inadequada fere de morte a base principiológica constitucional que legitima o processo coletivo, mostrando-se de rigor disponibilizar ao juiz instrumentos para sanar tal anomalia.

É com esse pano de fundo constitucional que a adequada representatividade é elevada a princípio geral do processo coletivo brasileiro, podendo seu controle ser exercido pelo magistrado ainda que não haja expressa previsão legal, a qualquer tempo e em qualquer grau de jurisdição, inclusive de ofício, por se tratar de matéria de ordem pública (vide item 2, abaixo).

Divergimos, no entanto, da posição de Jordão Violin, para quem a aferição da representatividade adequada poderia ser realizada com fundamento no art. 13, CPC/1973 (atual art. 76 do CPC/2015), que regulamenta o controle da representação das partes pelo magistrado.[418] Isso porque o referido dispositivo cuida das hipóteses de irregularidade na representação processual e de incapacidade processual, que não se confundem com representatividade adequada.

A viabilidade do controle de *lega lata* da representatividade também se mostra compatível com o aumento dos poderes do magistrado

---

[417] GRINOVER, Ada Pellegrini et al. *Código brasileiro de defesa do consumidor:* comentado pelos autores do anteprojeto. 12. ed. Rio de Janeiro: Forense, 2019. p. 911-912. Em sentido similar, Antônio Gidi argumenta que "a representatividade adequada dos interesses do grupo não pode ser deixada completamente fora do controle judicial. Embora seja claro o papel do juiz brasileiro é diferente do papel do juiz americano, isso não significa que o nosso juiz seja completamente inerte e esteja incapacitado de exercer algum controle da adequação do representante, especialmente se auxiliado por instrumentos cuidadosamente concebidos para facilitar a sua tarefa" (GIDI, Antônio. *A class action como instrumento de tutela coletiva dos direitos.* São Paulo: Editora Revista dos Tribunais, 2007. p. 132).

[418] VIOLIN, Jordão. *Ação coletiva passiva.* Salvador: JusPodivm, 2008. p. 80-82.

que, no processo civil contemporâneo, não limita sua atuação a decidir passivamente com base nos requerimentos formulados pelas partes. Cabe ao juiz conduzir o processo de forma proativa, visando encontrar uma solução viável e justa à questão controvertida posta em julgamento, respeitadas as bases principiológicas do sistema.[419]

Segundo o magistério de Luigi Paolo Comoglio, o juiz contemporâneo deve atuar, inclusive de ofício, pautando-se pelos objetivos da lei para evitar ações ou omissões contrárias aos princípios do processo, como também fraudes processuais e colusão.[420] Sua atuação é voltada a garantir eficácia prática do processo, permitindo que as partes efetivamente recebam aquilo que tem direito, não se podendo olvidar de importante observação de Mauro Cappelletti, segundo a qual "o juiz não é unicamente um árbitro que vigia a observância das 'regras do jogo', mas é um sujeito que pode e deve intervir ativamente a fim de evitar que uma parte perca a lide por causa de sua escassa habilidade, e não em virtude de sua falta de razões válidas".[421]

O incremento dos poderes do magistrado nas ações coletivas é decorrência natural da necessidade de proteção da sociedade, não só com relação à relevância social do objeto da lide, mas também com o modo e a qualidade com que o processo se desenvolve, mantendo-se em vista os amplos limites da coisa julgada metaindividual, que se projeta *ultra partes* ou *erga omnes*.

Rodrigo Mendes de Araújo traz alguns exemplos a reforçar o argumento de que o sistema processual brasileiro permite que o juiz exerça tarefa similar ao controle da representatividade, ao autorizá-lo a substituir o administrador judicial que não cumprir seu múnus em detrimento dos interesses dos credores, deixando de prestar contas e relatórios previstos na legislação (parágrafo único, do art. 23, da Lei 11.101/2005). O mesmo ocorre com o inventariante que não presta as primeiras e últimas declarações, permite a deterioração do patrimônio

---

[419] Essa tendência generalizada do processo civil é identificada, por exemplo, nos escritos de FORNACIARI, Flávia Hellmeister Clito. *Representatividade adequada nos processos coletivos*. Tese de Doutorado. São Paulo: Faculdade de Direito da Universidade de São Paulo, 2010. p. 49-50; LENZA, Pedro. *Teoria Geral da ação civil pública*. 3. ed. São Paulo: Editora Revista dos Tribunais, 2008. p. 191; OLIVEIRA, Swarai Cervone de. *Poderes do juiz nas ações coletivas*. São Paulo: Atlas, 2009. p. 49; e MANCUSO, Rodolfo de Camargo. *Interesses difusos*: conceito e legitimação para agir. 6. ed. São Paulo: Editora Revista dos Tribunais, 2004. p. 283.

[420] COMOGLIO, Luigi Paolo. Garanzie minime del giusto processo civile negli ordinamenti ispanolatinoamericani. *Revista de Processo*. São Paulo: Editora Revista dos Tribunais, v. 112, p. 165-166, out./dez. 2003.

[421] CAPPELLETTI, Mauro. *O processo civil no direito comparado*. Trad. Hiltomar Martins Oliveira. Belo Horizonte: Líder, 2001. p. 57.

do espólio ou não o defende nas ações em que ele for citado (art. 622, CPC/2015). Finalmente, há a possibilidade de reconhecimento judicial do réu indefeso no âmbito do processo criminal, nulidade derivada da deficiência na atuação do advogado (arts. 261 e 497, V, do CPP).[422] Significa dizer que o ordenamento brasileiro já vislumbra o controle judicial da seriedade e da idoneidade daqueles que participam do processo em defesa dos interesses de outrem (credores, herdeiros e réus em processo-crime).

A jurisprudência encampou a posição favorável à aferição judicial da representatividade adequada, intitulada pelo STF de modelo *ope legis* qualificado, porque a régua legal é insuficiente para resguardar os direitos fundamentais do grupo.[423]

Partindo do aspecto teleológico do microssistema de processos coletivos, os Tribunais Superiores têm argumentado que o rol taxativo de legitimados para as ações supraindividuais não pressupõe presunção absoluta de idoneidade do porta-voz da sociedade. Cuida-se de questão que admite prova em contrário e que deve ser obrigatoriamente avaliada pelo magistrado como instrumento de proteção do grupo titular dos interesses em jogo.[424]

Ao permitirem e exercerem o controle da representatividade, os Tribunais de Vértice referendaram o entendimento de que o Direito não se resume à lei e aos atos normativos, mas deve ser extraído de princípios gerais, que estabelecem bases sólidas para o desenvolvimento do processo coletivo brasileiro.

A viabilidade do controle da representatividade adequada no sistema brasileiro não substitui ou esvazia o temperamento da coisa julgada *secundum eventum probationis*, como sugere Marcelo Abelha Rodrigues.[425]

---

[422] ARAÚJO, Rodrigo Mendes de. *A representação adequada nas ações coletivas*. Salvador: JusPodivm, 2013. p. 219-220.
[423] STF, RE 733.433/MG, rel. Min. Dias Toffoli, DJe 06.04.2016.
[424] STJ, REsp 1.213.614/RJ, rel. Min. Luis Felipe Salomão, DJe 26.10.2015.
[425] Nas exatas palavras do professor do Espírito Santo, "uma vez que o sistema coletivo admite expressamente a adoção da verificação em concreto da legitimidade adequada por intermédio de um controle judicial que certifique se determinado legitimado tem ou não os atributos que lhe permitem representar adequadamente os interesses da coletividade, então, por outro lado, perde todo o sentido a manutenção do sistema de coisa julgada segundo o evento da prova que só foi construído para servir de freio ao modelo abstrato de legitimidade onde sempre poderia haver um risco do legitimado (cidadão, candidato, partido político, associação) entrar em conluio com a parte contrária e, como já tantas vezes dito pelo nosso querido Prof. Barbosa Moreira, não defender com sinceridade e dedicação na produção de provas o direito que ele representa" (RODRIGUES, Marcelo Abelha. *Fundamentos da Tutela Coletiva*. Brasília: Gazeta Jurídica, 2017. p. 177).

A despeito de visarem, em linhas gerais, imunizar os interesses da sociedade contra práticas inapropriadas do porta-voz coletivo, motivadas por inexperiência, falta de seriedade ou mesmo colusão com o adversário da classe, cada um dos institutos possui formas de manifestação processual distintas, que indicam existir entre eles relação de complementaridade.

O controle da representatividade tem por fim precípuo averiguar a qualidade daquele que se propõe a proteger judicialmente os interesses coletivos, na intenção de compatibilizar a tutela metaindividual com o princípio do devido processo legal e, principalmente, de garantir o uso correto e efetivo do instrumentário processual de importância ímpar à sociedade. Cuida-se de ferramenta *preventiva* à ocorrência de prejuízos à coletividade, porque permite ao magistrado adotar providências no curso do processo para imunizar o objeto litigioso de anomalias decorrentes da inadequada atuação do porta-voz do grupo.

De outra feita, a coisa julgada *secundum eventum probationis* se manifesta de forma *corretiva*, após o término da atuação do intérprete supraindividual, mantendo viva a possibilidade de os legitimados reingressarem com o objeto litigioso em juízo, cujo resultado anterior desfavorável à coletividade foi motivado por insuficiência de provas. Nessa hipótese, a ausência de provas pode estar relacionada não apenas à inadequação do legitimado, mas também a limitações tecnológicas e científicas.

Ademais, no atual regramento brasileiro, a representatividade inadequada do porta-voz coletivo não impede a formação da coisa julgada, caso o processo chegue ao seu termo sem que se verifique que a improcedência ocorreu por deficiência probatória. Não se pode olvidar, ainda, do notório excesso de processos em tramitação perante o Poder Judiciário, que impede aos juízes darem tratamento apropriado a cada um dos conflitos que lhes são apresentados. Há, portanto, risco concreto de o controle da representatividade adequada no Brasil enfrentar os mesmos desafios do processo coletivo estadunidense identificados por Robert Klonoff (cf. Capítulo V, item 7, *supra*).

Dessa forma, é correto dizer que o controle da representatividade adequada não torna desnecessário o temperamento na formação da coisa julgada previsto na legislação brasileira, mas estabelece um instrumento complementar de proteção dos interesses da coletividade, vinculado, desta vez, à atuação do ator processual e não ao resultado da demanda.

2 Natureza jurídica

A inexistência de regulamentação legal da representatividade adequada no âmbito do processo coletivo brasileiro trouxe importante discussão acerca da natureza jurídica do instituto. Não há dúvidas tratar-se de matéria de ordem pública, passível de análise em qualquer momento do processo e grau de jurisdição, inclusive de ofício (art. 485, §3º, CPC/2015). No entanto, cuida-se de tema atrelado à legitimação, ao interesse de agir, aos pressupostos processuais de validade do processo ou estaríamos diante de um instituto autônomo, próprio das ações coletivas?

A doutrina majoritária entende que o controle da representatividade adequada está umbilicalmente ligado à legitimação de agir, porque o "fundamento que outorga a legitimidade para demandas coletivas é a aptidão para promoção de participação e representação dos interessados não presentes diretamente na causa, sendo essa aptidão notadamente vinculada com a idoneidade do representante".[426] Significa dizer que a inadequação daquele que pleiteia a defesa dos interesses metaindividuais fulmina a premissa que construiu sua permissão legal para formular a pretensão em favor de outrem.[427] Exatamente por conta dessa relação que a aferição da representatividade adequada é frequentemente denominada de controle de legitimação da ação coletiva.

Nesse cenário, a legitimação de agir nas ações coletivas é aferida em duas fases distintas, como bem identificou Fredie Didier Jr. Na primeira, verifica-se se o autor da pretensão está inserido no rol legal

---

[426] MANCUSO, Rodolfo de Camargo. *Ação civil pública*. 13. ed. São Paulo: Editora Revista dos Tribunais, 2014. p. 107. Em igual sentido, MAZZILLI, Hugo Nigro. *A defesa dos interesses difusos em juízo*. 18. ed. São Paulo: Saraiva, 2005. p. 267; DIDIER JR., Fredie; ZANETI JR., Hermes. *Curso de direito processual civil*. 8. ed. Salvador: JusPodivm, 2013. v. 4, p. 219-220; LENZA, Pedro. *Teoria Geral da ação civil pública*. 3. ed. São Paulo: Editora Revista dos Tribunais, 2008. p. 186; MATTOS, Luiz Norton Baptista de. A litispendência e a coisa julgada nas ações coletivas segundo o Código de Defesa do Consumidor e os anteprojetos do Código Brasileiro de Processos Coletivos. *In*: GRINOVER, Ada Pellegrini; MENDES, Aluisio Gonçalves de Castro; WATANABE, Kazuo (coords.). *Direito processual coletivo e o anteprojeto de Código Brasileiro de Processos Coletivos*. São Paulo: Editora Revista dos Tribunais, 2007. p. 209; GRINOVER, Ada Pellegrini et al. *Código brasileiro de defesa do consumidor*: comentado pelos autores do anteprojeto. 12. ed. Rio de Janeiro: Forense, 2019. p. 911; e FORNACIARI, Flávia Hellmeister Clito. *Representatividade adequada nos processos coletivos*. Tese de Doutorado. São Paulo: Faculdade de Direito da Universidade de São Paulo, 2010. p. 49-50.

[427] Não é ocioso rememorar lição de Donaldo Armelin, amparada em estudo de Barbosa Moreira, segundo a qual a atribuição de legitimação extraordinária está sempre lastreada em motivos jurídicos relevantes, aptos a justificar que um terceiro vá a juízo defender direito alheio em nome próprio (ARMELIN, Donaldo. *Legitimidade para agir no direito processual civil brasileiro*. São Paulo: Editora Revista dos Tribunais, 1979. p. 121).

de legitimados para propor ações coletivas. Ultrapassada a etapa inicial, o juiz passa ao controle *in concreto* da representatividade, apurando de forma motivada se estão presentes os elementos que asseguram a zelosa defesa dos interesses da coletividade.[428]

Em sentido similar, os tribunais têm reconhecido a inter-relação da representatividade adequada com a legitimação, transformando a primeira em requisito implícito da segunda. Como consequência, é rotineira a extinção de ações coletivas por ilegitimidade ativa fundamentada na inadequação do representante para proteger em juízo direitos metaindividuais.[429]

Tratando das autarquias, empresas públicas, fundações, sociedades de economia mista e associações, Teori Albino Zavascki argumenta que o controle da representatividade está relacionado ao interesse processual do proponente da ação coletiva, inclusive pela necessidade de ficar evidenciada a situação de vantagem para seus próprios interesses se o pedido for julgado procedente.[430]

Ousamos discordar do saudoso ministro. A aptidão do legitimado em defender suficientemente os interesses da coletividade (representatividade adequada) não está inserida no binômio necessidade e adequação da tutela jurisdicional (interesse de agir). A utilidade ou situação de vantagem que a tutela pretendida pode trazer em caso de procedência não deve ser atrelada aos interesses do ente legitimado, dado que ele atua exclusivamente na defesa do direito alheio. Vincula-se, na verdade, ao grupo que ele pretende defender por meio do ajuizamento da ação

---

[428] DIDIER JR., Fredie. O controle jurisdicional da legitimação coletiva e as ações coletivas passivas (o art. 82 do CDC). *In*: MAZZEI, Rodrigo; NOLASCO, Rita Dias (coords.). *Processo civil coletivo*. São Paulo: Quartier Latin, 2005. p. 97.

[429] Ver, no STF, RE 733.433/MG, rel. Min. Dias Toffoli, DJe 06.04.2016; e AgRg na ADI 5785/DF, Rel. Min. Rosa Weber, DJe 26.10.2020. No STJ, nos reportamos aos acórdãos proferidos no AgRg no REsp 901.936/RJ, rel. Min. Luiz Fux, DJe 16.03.2009; no REsp 1.213.614/RJ, rel. Min. Luis Felipe Salomão, DJe 26.10.2015; AgRg nos EDcl nos EDcl no REsp 1.150.424/SP, rel. Min. Olindo Menezes, DJe 24.11.2015; e REsp 1864136/SP, rel. Min. Herman Benjamin, DJe 17.12.2021. Nos tribunais estaduais, a título de ilustração, vide, no TJSP, Apelação 0201515-63.2012.8.26.0100, rel. Des. Luis Fernando Nishi, j. 27.10.2015; Apelação 1010032-02.2014.8.26.0602, rel. Des. José Luiz Germano, j. 08.07.2016; Apelação 0001528-90.2012.8.26.0053, rel. Des. Carlos Violante, j. 10.08.2016; Apelação 2197409-91.2016.8.26.0000, rel. Des. Berenice Marcondes Cesar, j. 14.03.2017; Apelação 1005326-18.2016.8.26.0048, rel. Des. Silvia Meirelles, j. 24.04.2017; e Apelação 1001995-41.8.26.0451, rel. Des. Maurício Fiorito, DJe 29.11.2021; no TJPR, Apelação 1.383.276-7, rel. Des. Maria Aparecida Blanco de Lima, j. 11.08.2015; no TJDF, Apelação 22320-26.2010.8.07.0001, rel. Des. Ângelo Passareli, j. 11.04.2012; no TJSE, Agravo de Instrumento 2009207830, rel. Des. Clara Leite de Rezende, j. 22.03.2010.

[430] ZAVASCKI, Teori Albino. *Processo Coletivo*: tutela dos direitos coletivos e tutela coletiva de direitos. 7. ed. São Paulo: Editora Revista dos Tribunais, 2017. p. 70.

metaindividual. A adequada representatividade das associações e demais entes da administração direta e indireta liga-se à concretização das expectativas que motivaram o legislador a arrolar tais entidades como legitimadas à ação coletiva. Isto é, sua capacidade ou aptidão para atuar na suficiente proteção dos interesses coletivos.

Em um hipotético caso envolvendo dano coletivo ambiental, a intervenção do Poder Judiciário pode ser necessária, pois não há outra forma de recompor o meio ambiente, e a ação coletiva é o instrumento mais adequado para resolver o conflito, porque o objeto litigioso versa direito essencialmente coletivo. Conquanto o interesse de agir esteja manifestamente presente, caso determinada associação não tenha a defesa do meio ambiente entre os seus objetivos estatutários ou finalidades institucionais, a ação não poderá ser proposta porque lhe falta a qualidade para reclamar a tutela daquele interesse. Logo, ela é parte ilegítima.

Ao exercer a opção política de atribuir legitimação a determinados entes públicos e privados, o legislador preferiu aqueles que, por sua posição e função perante a sociedade, apresentam melhores condições e capacidade de atuar com idoneidade na defesa dos interesses coletivos. Tal aptidão decorre especialmente da compatibilidade das funções estatutárias e institucionais dos legitimados com o objeto litigioso, a demonstrar que essas entidades detêm capacidade técnica para lidar com os temas em debate.

Se o objeto litigioso não é compatível com os objetivos estatutários ou finalidades institucionais do porta-voz do grupo, faltar-lhe-á o elemento principal que levou o legislador brasileiro a incluí-lo no rol de legitimados: a capacidade de proteger adequadamente a coletividade interessada. O esvaziamento dessa premissa leva obrigatoriamente ao reconhecimento da carência da ação por ilegitimidade, sem afetar a necessidade ou a adequação da tutela coletiva, caracteres formadores do interesse de agir.

Outra corrente doutrinária defende que a representatividade adequada na tutela coletiva brasileira seria, na verdade, um pressuposto processual de validade, vez que o controle não incide sobre a legitimidade do porta-voz da coletividade, mas sobre a capacidade de o processo produzir resultados justos, a partir do respeito aos princípios constitucionais.[431]

---

[431] Ver CÂNDIA, Eduardo. A representação adequada no direito processual civil coletivo brasileiro e o controle judicial em cada caso concreto: uma abordagem de lege lata. *In*:

A inaptidão do porta-voz macularia a relação jurídica processual, impedindo-a de produzir efeitos jurídicos válidos. Questiona-se, assim, "a validade do processo, na medida em que se está estabelecendo uma relação jurídica processual com um porta-voz que, naquele determinado processo, não se revela adequado à defesa dos direitos da comunidade".[432] Todavia, o raciocínio igualmente nos parece equivocado.

A doutrina tradicionalmente conceitua os pressupostos processuais como as exigências legais sem as quais relação jurídica processual não se estabelece ou desenvolve validamente.[433] Consideram-se pressupostos de validade aqueles requisitos necessários ao desenvolvimento regular do processo que estão expressamente previstos na lei processual.

Mas, como já abordado, a representatividade adequada não está expressamente regulamentada no microssistema brasileiro, ao contrário do modelo norte-americano, em que há explícita previsão legal do instituto como requisito autorizador do processamento de uma pretensão de caráter coletivo. No direito brasileiro, cuida-se de um princípio extraído da exegese do devido processo legal e que foi utilizado como baliza pelo legislador para a fixação dos legitimados para propositura das ações supraindividuais. Logo, não se trata de elemento de validade do processo coletivo e da emanação dos efeitos da coisa julgada, mas que justifica a legitimidade do representante do grupo.

Ainda que a exigência de expressa previsão legal pudesse ser superada, a representatividade adequada não se enquadra nos pressupostos atualmente previstos em nosso sistema processual, ainda que a legislação originalmente concebida para os processos individuais se adapte aos litígios coletivos.

Partindo de uma interpretação ampliativa dos pressupostos processuais de validade, pode-se afirmar com certeza que a representatividade adequada não se confunde com a existência de citação válida,

---

GRINOVER, Ada Pellegrini *et al.* (orgs.). *Processo Coletivo:* do surgimento à atualidade. São Paulo: Editora Revista dos Tribunais, 2014. p. 721.

[432] ARAÚJO, Rodrigo Mendes de. *A representação adequada nas ações coletivas*. Salvador: JusPodivm, 2013. p. 235-237. Em iguais termos, sustentando que "os requisitos de representatividade adequada e pertinência temática são verdadeiros pressupostos processuais, não se confundindo com as condições da ação", ver MAZZILLI, Hugo Nigro. *A defesa dos interesses difusos em juízo*. 18. ed. São Paulo: Saraiva, 2005. p. 276; e ainda ALMEIDA, Gregório Assagra de. *Manual das ações constitucionais*. Belo Horizonte: Del Rey, 2007. p. 115-116; e VIOLIN, Jordão. *Protagonismo Judiciário e processo coletivo estrutural:* o controle jurisdicional de decisões políticas. Salvador: JusPodivm, 2012. p. 162.

[433] THEODORO JR., Humberto. *Curso de Direito Processual Civil*. 52. ed. Rio de Janeiro: Forense, 2011. v. 1, p. 79.

petição inicial apta ou a ausência de fatos extintivos da relação jurídica processual (perempção, litispendência, compromisso e coisa julgada).

Da mesma forma, não se trata de requisito vinculado às capacidades processual ou postulatória. A primeira versa a aptidão do legitimado ativo ou passivo para praticar atos processuais, independentemente de assistência, substituição processual ou representação, pessoalmente ou pelos sujeitos indicados no art. 75, CPC/2015. A segunda, por sua vez, é o atributo que permite determinada pessoa ou entidade a praticar atos dentro do processo, pedir e responder em nome próprio ou de terceiros. É titulada pelos advogados regularmente inscritos nos quadros da Ordem dos Advogados do Brasil (art. 29 da Lei 8.906/1994), bem como pelos membros da Defensoria Pública (art. 4º da Lei Complementar 90/1994) e do Ministério Público (art. 25 da Lei 8.625/1993), ressalvadas outras hipóteses previstas em lei.[434]

A representatividade adequada, em contrapartida, é a qualidade detida pelo legitimado, em pleno exercício de sua capacidade processual (e, em alguns casos, postulatória), de pretender em nome próprio a defesa dos interesses de determinada coletividade com seriedade, idoneidade e capacidades técnica e financeira, que poderá atuar em causa própria (se detiver capacidade postulatória) ou por procurador.

Finalmente, Sérgio Cruz Arenhart e Gustavo Osna defendem que a representatividade adequada não representaria um elemento relacionado à legitimação de agir, e sim à legitimidade material da jurisdição supraindividual e à preservação da autoridade do processo coletivo. A carência de representatividade não afetaria a legitimidade do porta-voz da coletividade, que está formalmente definida na lei, mas a necessidade de o proponente da ação atuar de modo materialmente legítimo na defesa dos interesses do grupo.[435] Respeitado o entendimento dos ilustres professores, parece-nos que a atuação ilegítima do porta-voz do grupo, em razão de ele ser um representante inadequado, não afeta a autoridade do processo coletivo e de sua sentença, que emanará efeitos independente de representatividade. A representatividade inadequada afeta a qualidade do legitimado em defender os interesses do grupo, rompendo a premissa que justifica a atribuição de legitimidade extraordinária para si.

---

[434] Por exemplo, a atribuição de capacidade postulatória às partes, no âmbito dos Juizados Especiais Cíveis, caso a pretensão tenha valor envolvido de até 20 salários mínimos (art. 9º da Lei 9.099/1995).

[435] ARENHART, Sérgio Cruz; OSNA, Gustavo. *Curso de Processo Civil Coletivo*. São Paulo: Revista dos Tribunais, 2019. p.211-212.

3 Parâmetros de controle da representatividade adequada

Os tribunais brasileiros têm exercido o controle da representatividade adequada nas ações coletivas, encampando o entendimento doutrinário de que, a despeito de inexistir expressa regulamentação, o instituto é inerente à tutela metaindividual e deriva diretamente do princípio do devido processo legal.

No entanto, a aferição não vem sendo realizada nas amplas balizas do direito norte-americano, mas, ainda assim, mediante critérios que permitem identificar se a atuação dos legitimados está sendo prudente, idônea e razoavelmente compatível com os interesses da coletividade representada.

3.1 Pertinência temática

O controle judicial da adequada representatividade, para fins de admissibilidade da tutela coletiva, vem sendo realizado com mais frequência mediante a avaliação da pertinência temática do legitimado, que, em linhas gerais, significa a harmonização entre as finalidades institucionais do porta-voz do grupo e o objeto a ser tutelado na ação civil pública.

Para alguns juristas, a avaliação da pertinência temática não possui qualquer relação com o controle da representatividade adequada, tal como o instituto foi desenvolvido no direito norte-americano, pois se cuidaria exclusivamente de elemento objetivo, identificado pela lei como obrigatório para que determinados legitimados possam propor ações supraindividuais.[436] Para outros, trata-se de umas das formas de aferição *ope judicis* da capacidade técnica e da seriedade dos entes legitimados para lidar com as questões levadas a juízo, consubstanciando a essência do controle da representatividade adequada,[437] o que nos parece ser a

---

[436] Cf. ARAÚJO, Rodrigo Mendes de. *A representação adequada nas ações coletivas*. Salvador: JusPodivm, 2013. p. 226; e o art. 2.4 do anteprojeto de Código de Processos Coletivos elaborado por Antônio Gidi.

[437] DIDIER JR., Freddie; ZANETI JR., Hermes. *Curso de direito processual civil*. 8. ed. Salvador: JusPodivm, 2013. v. 4, p. 217. Para Daniel Amorim Assumpção Neves, a aferição da pertinência temática "foi o mais próximo que o legislador brasileiro chegou da chamada 'representatividade adequada'" (NEVES, Daniel Amorim Assumpção. *Manual de Processo Coletivo*. 3. ed. Salvador: JusPodivm, 2016. p. 202). No STJ, muitos julgados igualmente aproximam a aferição da pertinência temática do controle da representatividade adequada, merecendo destaque os acórdãos proferidos por ocasião dos julgamentos do AgRg no REsp 901.936/RJ, rel. Min. Luiz Lux, DJe 16.03.2009; do AgRg nos EDcl nos EDcl no REsp

corrente mais adequada e consentânea com o espírito dos idealizadores do microssistema brasileiro.

A compatibilização da pertinência temática com o objeto litigioso funciona como importante régua para medir a capacidade do ente legitimado para litigar sobre determinadas questões, cuja tecnicidade exige conhecimentos específicos que nem sempre podem ser acessados por qualquer indivíduo, como ocorreria, por exemplo, caso o Procon de Minas Gerais propusesse ação metaindividual em defesa do patrimônio histórico e cultural da cidade de Ouro Preto. Seu objetivo primordial é manter a atuação do legitimado limitada ao espectro do seu perfil institucional, manuseando questões que lhe são familiares e conhecidas.

No âmbito das associações, a pertinência temática é ainda mais importante, porque permite a verificação da seriedade e idoneidade da entidade que ingressou em juízo para defender os interesses de seus associados ou de uma coletividade maior, caso o objeto esteja relacionado a direitos difusos ou coletivos *stricto sensu*. Parece evidente o descrédito de uma organização constituída para o fim genérico de promover a defesa judicial do meio ambiente, do consumidor, de bens de valor artístico, estético, histórico, turístico e paisagístico, da honra, da dignidade de grupos raciais, étnicos ou religiosos, e do patrimônio público e social. A multiplicidade de temas não relacionados entre si, que demanda variado conhecimento especializado, torna a proteção adequada de todos esses direitos por uma única entidade extremamente difícil, para não dizer impossível.

Pode-se afirmar, dessa forma, que pertinência temática é o *elo substancial* de compatibilidade entre a atividade da entidade legitimada com o próprio objeto da ação, e não uma simples referência em seu estatuto social.

A definição da pertinência temática como critério de aferição da legitimidade ativa foi construída pelo STF ao longo de mais de vinte e cinco anos de trabalho jurisprudencial desenvolvido no âmbito do controle concentrado de constitucionalidade,[438] sob o fundamento

---

1.150.424/SP, rel. Min. Olindo Menezes, DJe 24.11.2015; e do REsp 1864136/SP, rel. Min. Herman Benjamin, DJe 17.12.2021.

[438] Sobre a necessidade de os legitimados especiais demonstrarem a pertinência temática, ou seja, a relação de adequação entre o interesse específico tutelado e o conteúdo da norma jurídica arguida como inconstitucional, conforme exigência da Constituição Federal, ver no STF os acórdãos proferidos por conta dos julgamentos das ADI 902, rel. Min. Marco Aurélio, DJ 22.04.1994; ADI 305, rel. Min. Paulo Brossard, DJ 06.05.1994; ADI 1151, rel. Min. Marco Aurélio, DJ 19.05.1995; ADI 733, rel. Min. Sepúlveda Pertence, DJ 16.06.1995; ADI 1307, rel.

jurídico e a lógica constitucional de que o legitimado deve representar interesses convergentes a validar as pretensões apresentadas.[439]

O requisito era inicialmente exigido apenas das entidades de classe nas ações de controle concentrado de constitucionalidade. Posteriormente, foi estendido às confederações sindicais, e contemporaneamente tem alcançado outros entes legitimados.[440]

A transposição desses mesmos critérios do controle concentrado de constitucionalidade à representatividade adequada nas ações coletivas foi feita naturalmente, considerando as similitudes entres os dois instrumentos processuais, que inclusive levaram alguns doutrinadores a incluir as ações de controle concentrado de constitucionalidade entre os instrumentos da tutela supraindividual (ver item 6, *infra*).[441]

Aferir a pertinência temática em determinadas hipóteses concretas não apresenta grandes dificuldades, em razão da nítida congruência ou incongruência entre os fins institucionais do legitimado e o objeto da lide. Um município localizado no Rio Grande do Sul não atenderá ao requisito da pertinência temática caso ajuíze ação coletiva pretendendo indenização por danos ambientais causados por uma fábrica em Sergipe, o mesmo ocorrerá se uma associação de pescadores ajuizar demanda em face de uma montadora de veículos, mirando a reparação pelos prejuízos causados aos consumidores de determinado modelo de automóvel.

No entanto, em algumas hipóteses, a avaliação da harmonização do objeto do processo com os fins institucionais ou estatuários do ente legitimado tem se mostrado tortuosa, criando rico debate doutrinário e variado acervo jurisprudencial, analisado a seguir.

Min. Francisco Rezek, DJ 24.05.1996; ADI 1464, rel. Min. Moreira Alves, DJ 13.12.1996; e ADI 1507-MC AgR, rel. Min. Carlos Velloso, DJ 06.06.1997.

[439] Nas palavras do ministro Celso de Mello, é dever do interessado comprovar "a relação de congruência que necessariamente deve existir entre os objetivos estatutários ou as finalidades institucionais da entidade autora e o conteúdo material da norma questionada em sede de controle abstrato" (STF, ADI 1157-MC, rel. Min. Celso de Mello, DJ 17.11.2006).

[440] STF, ADI 1114-MC, rel. Min. Ilmar Galvão, DJ 30.09.1994; e ADI 396, rel. Min. Paulo Brossard, DJ 22.11.2002.

[441] Para Mirna Cianci e Gregório Assagra de Almeida, assim como as ações previstas no microssistema de processos coletivos, o controle concentrado de constitucionalidade possui natureza processual-constitucional-social (CIANCI, Mirna; ALMEIDA, Gregório Assagra de. *Direito processual do controle da constitucionalidade*. São Paulo: Saraiva, 2011. p. 81, nota 1). Em direção similar, merecem destaque os escólios de ZAVASCKI, Teori Albino. *Processo Coletivo*: tutela dos direitos coletivos e tutela coletiva de direitos. 7. ed. São Paulo: Editora Revista dos Tribunais, 2017. p. 57; e NEVES, Daniel Amorim Assumpção. *Manual de Processo Coletivo*. 3. ed. Salvador: JusPodivm, 2016. p. 91.

3.1.1 Das entidades associativas

Em uma democracia participativa, como a brasileira, a ingerência popular na gestão da coisa pública pode se dar de diversas formas. No processo legislativo, pela elaboração de projetos de lei, participação em audiências públicas, na votação de plebiscitos e referendos; no âmbito do poder executivo, na formulação e execução de políticas públicas; e judicialmente, por meio da intervenção de *amicus curiae* e do ajuizamento de ações coletivas.

A participação social em todos os meandros governamentais é de vital importância para que as decisões provenientes dos três poderes reflitam as preocupações da coletividade e não apenas daqueles que lotam os cargos com poder decisório (chefes do poder executivo, legisladores e juízes).

A influência da comunidade na gestão pública ocorre por meio do indivíduo e também de entidades não governamentais, que nascem como resultado da organização da própria sociedade, e atuam sem propósito econômico como corpos intermediários entre o indivíduo e o Estado.[442]

A sociedade civil organizada catalisa e ordena os interesses comuns dos indivíduos formalmente ligados a ela, fortalecendo a promoção dessas posições homogêneas perante outros entes públicos e privados, além de suprir a debilidade do Estado em "atender à demanda de serviços sociais, passando essas entidades a colaborar, controlar e até a complementar atividades importantes para o desenvolvimento social, cultural, político e econômico do país".[443] Torna-se, a partir desse exercício de liderança e cidadania *lato sensu*, em instrumento

---

[442] Mauro Cappelletti, citando Norberto Bobbio e M. Rheinstein, afirma que havia muita desconfiança acerca dos entes intermediários após a Revolução Francesa, porque eles constituíam a base estrutural do feudalismo. A superação desse receio teve início com o reforço do sindicalismo, no qual o indivíduo se uniu a outros para mitigar sua debilidade diante do movimento industrial (CAPPELLETTI, Mauro. Formações sociais e interesses coletivos diante da justiça civil. Trad. Nelson Renato Palaia Ribeiro de Campos. *Revista de Processo*. São Paulo: Editora Revista dos Tribunais, v. 5, p. 148, jan./mar. 1977). Partindo dessas bases históricas, Enrique Ricardo Lewandowski argumenta que, a partir do final do século XX, a atuação do indivíduo em defesa do grupo social vai sendo paulatinamente eclipsada, surgindo em seu lugar associações com forte proteção constitucional, como novos instrumentos de participação popular na gestão da coisa pública (LEWANDOWSKI, Enrique Ricardo. Reflexões em torno do princípio republicano. *Revista da Faculdade de Direito da Universidade de São Paulo*. São Paulo: Universidade de São Paulo, v. 100, p. 195, 2005).

[443] MAZZILLI, Hugo Nigro. *A defesa dos interesses difusos em juízo*. 18. ed. São Paulo: Saraiva, 2005. p. 277.

consolidador do espírito democrático e de autopreservação do próprio tecido social.

O importante papel das entidades associativas na democracia participativa e pluralista não passou despercebido pelo constituinte de 1988, que inseriu na Constituição Federal o dever de o Estado apoiar e estimular todas as formas de associativismo (art. 174, §2º, CF/1988).

O texto constitucional estabeleceu as premissas desse apoio à organização da sociedade civil, ao garantir o direito de associação para fins lícitos (art. 5º, XVII, CF/1988), sendo vedada a interferência estatal em seu funcionamento (art. 5º, XVIII, CF/1988). Assegurou, ainda, a liberdade de associação profissional e sindical, livre de autorização do Estado para a sua fundação, como também a impossibilidade de intervenção estatal na organização sindical, ressalvando o procedimento para o seu registro (art. 8º, I, CF/1988).

Para Kazuo Watanabe, o constituinte vislumbrava inculcar no brasileiro uma nova mentalidade, construindo uma sociedade civil bem estruturada, mais consciente e participativa na defesa dos seus interesses, e que possibilitasse a formação de um corpo social mais livre, justo e solidário (art. 3º, CF/1988).[444]

O legislador constitucional ainda estimulou e prestigiou a participação da sociedade na gestão da coisa pública ao atribuir legitimidade aos entes associativos para defender amplamente os interesses de seus associados (art. 5º, XXI e LXX, CF/1988), atendendo a antigo anseio de maximizar os canais de participação popular na administração da justiça, cujo sucesso depende de uma adequada organização e coordenação da sociedade civil.

As bases para garantir ampla interação da sociedade na tutela supraindividual, que já vinham sendo delineadas desde a Lei da Ação Popular, foram ratificadas por ocasião da promulgação da Lei da Ação Civil Pública e posteriormente com a edição do Código de Defesa do Consumidor, que expressamente atribuíram legitimidade às associações para exercer a proteção judicial de todas as espécies de interesses coletivos (art. 82, IV, CDC e art. 5º, V, LACP).

Conquanto o Código de Defesa do Consumidor e a Lei da Ação Civil Pública mencionem apenas as associações – o que poderia sugerir que a legitimação para agir nas ações coletivas se limitaria às entidades previstas nos art. 53, CC –, é tranquilo o entendimento de

---

[444] GRINOVER, Ada Pellegrini et al. *Código brasileiro de defesa do consumidor:* comentado pelos autores do anteprojeto. 12. ed. Rio de Janeiro: Forense, 2019. p. 907.

que a defesa judicial dos direitos metaindividuais pode ser exercida por todas as formas de associativismo previstas em nosso sistema, inclusive cooperativas, sindicatos e partidos políticos,[445] desde que estejam regularmente constituídos pelo prazo mínimo de um ano, comprovem a efetiva correspondência entre o objeto da ação e os seus fins institucionais, bem como tenham permissão estatutária ou assemblear para ingressar em juízo.

Esses requisitos, para parte da doutrina, seriam suficientes à verificação da idoneidade dos entes associativos, o que representaria a não adoção do controle da representatividade adequada, vez que o legislador estaria satisfeito exclusivamente com o atendimento dos parâmetros fixados pela lei.[446] Isto é, não se poderia exigir qualquer outro critério para permitir a atuação dessas entidades, que fosse aferido à luz das circunstâncias do caso concreto.[447]

A opção legislativa brasileira mostra-se marcantemente liberal, por estabelecer poucos requisitos para que uma associação possa ingressar com pretensão supraindividual em juízo, o que, em uma primeira análise, poderia representar risco de serem ajuizadas múltiplas ações coletivas temerárias e prejudiciais aos interesses da coletividade.[448] No Brasil, o perigo seria potencializado pelo fato de inexistir na legislação qualquer margem de ingerência governamental sobre a atuação judicial desses entes.

---

[445] Idem; MIRRA, Álvaro Luiz Válery. Associações civis e a defesa dos interesses difusos em juízo: do direito vigente ao projetado. In: GRINOVER, Ada Pellegrini; MENDES, Aluisio Gonçalves de Castro; WATANABE, Kazuo. Direito Processual Coletivo e o anteprojeto de Código Brasileiro de Processos Coletivos. São Paulo: Editora Revista dos Tribunais, 2007. p. 122; MANCUSO, Rodolfo de Camargo. Ação civil pública. 13. ed. São Paulo: Editora Revista dos Tribunais, 2014. p. 160-161; e NERY JUNIOR, Nelson; NERY, Rosa Maria de Andrade. Código de Processo Civil comentado e legislação extravagante. 12. ed. São Paulo: Editora Revista dos Tribunais, 2012. p. 1652.

[446] Cf. LEONEL, Ricardo de Barros. Manual do Processo Coletivo. 2. ed. São Paulo: Editora Revista dos Tribunais, 2011. p. 165.

[447] MIRRA, Álvaro Luiz Válery. Associações civis e a defesa dos interesses difusos em juízo: do direito vigente ao projetado. In: GRINOVER, Ada Pellegrini; MENDES, Aluisio Gonçalves de Castro; WATANABE, Kazuo. Direito Processual Coletivo e o anteprojeto de Código Brasileiro de Processos Coletivos. São Paulo: Editora Revista dos Tribunais, 2007. p. 123

[448] Há muito, Mauro Cappelletti já alertava que essas novas formações sociais "podem transformar-se, por sua vez, em temível centro de poderes e de opressão, pelos sócios e por terceiros; mesmo ao nível dos reagrupamentos inferiores são notados os abusos perpetrados, por exemplo, por certas associações de consumidores, operando mais por interesses egoísticos ou até chantagistas que por interesses válidos e reais da coletividade" (CAPPELLETTI, Mauro. Formações sociais e interesses coletivos diante da justiça civil. Trad. Nelson Renato Palaia Ribeiro de Campos. Revista de Processo. São Paulo: Editora Revista dos Tribunais, v. 5, p. 148-149, jan./mar. 1977).

Acreditamos que o legislador brasileiro adotou esse simplificado rol de imposições legais para estimular a organização da sociedade civil em movimentos associativos que atuem em prol da defesa judicial dos direitos metaindividuais. O incentivo legislativo à atividade dos entes associativos também transparece na isenção no adiantamento de custas, emolumentos, honorários periciais e quaisquer outras despesas, inclusive verbas sucumbenciais, salvo se comprovada má-fé (art. 18, LACP e art. 87, CDC). Outrossim, não se poderia conceber qualquer controle do Estado sobre a atuação dos entes associativos, uma vez que essa espécie de interferência poderia ser utilizada pela administração pública para impedir que as violações a direitos metaindividuais por ela praticadas fossem objeto de ações coletivas ajuizadas pela sociedade civil organizada.

Sucede que, a despeito de todo o arsenal construído para favorecer a participação da sociedade no microssistema de proteção de direitos metaindividuais, os mais de trinta anos de vigência da Lei da Ação Civil Pública não foram suficientes ao desenvolvimento de uma cultura participativa dos grupos associativos, cuja atuação permanece tímida.[449] Pode-se especular que o baixo envolvimento dos entes intermediários no exercício da tutela coletiva esteja ligado à falta de poderes investigatórios próprios, a exemplo daqueles conferidos ao Ministério Público (art. 8º, §1º, LACP), como também à passividade de parte da população brasileira em se envolver na tomada de decisões políticas, restringindo sua participação ao exercício do direito de voto. De concreto, a inexistência de incentivos financeiros para a atuação dos entes associativos na tutela coletiva, tais como honorários sucumbenciais compatíveis com a complexidade do trabalho desenvolvido no processo e o recebimento de incentivo financeiro em caso de procedência dos pedidos, impacta negativamente na constituição de um cenário profícuo à maior participação da sociedade civil organizada.

Para ajuizar ações coletivas, o ente associativo deve estar regularmente constituído, o que significa dizer que ele deve atender a todos os requisitos previstos em lei para a sua formação. As associações devem ter seus respectivos estatutos registrados, na forma do Código Civil (arts.

---

[449] Conforme o magistério de LEAL, Márcio Flávio Mafra. *Ações coletivas:* história, teoria e prática. Porto Alegre: Sérgio Antônio Fabris Editor, 1998. p. 130; GIDI, Antônio. *Coisa julgada e litispendência em ações coletivas.* São Paulo: Saraiva, 1995. p. 36-37; MANCUSO, Rodolfo de Camargo. *Ação civil pública.* 13. ed. São Paulo: Editora Revista dos Tribunais, 2014. p. 157; e LENZA, Pedro. *Teoria Geral da ação civil pública.* 3. ed. São Paulo: Editora Revista dos Tribunais, 2008. p. 182-183.

53 e seguintes) e da Lei de Registros Públicos (art. 120 e seguintes da Lei 6.015/1973). As fundações privadas devem ser instituídas por escritura pública ou testamento, onde serão especificados pelo instituidor os bens dotados e a sua finalidade (art. 62, CC), cabendo posteriormente ao terceiro designado formular o estatuto, a ser posteriormente homologado pela autoridade competente (art. 65, CC).

Aos sindicatos basta o registro nas Delegacias Regionais do Ministério do Trabalho, nos moldes do art. 558 da CLT, bem como o atendimento às especificidades da Portaria do Ministério do Trabalho e Emprego 326/2013. Os partidos políticos, por sua vez, devem ter seus programas e estatutos registrados no Cartório Civil das Pessoas Jurídicas da Capital Federal e posteriormente homologados perante o TSE, respeitados, ainda, os demais requisitos previstos na Lei 9.096/95 e na Resolução TSE 23.465/2015.

A necessidade de constituição formal desses entes privados está longe de significar qualquer ingerência do Estado na defesa dos interesses metaindividuais ou burocracia obstaculizadora do acesso de direitos coletivos à justiça. Tem por objetivo definir em que local da federação a sede das entidades estará localizada, o escopo de sua atuação e, principalmente, quem são seus dirigentes.

A formalização vislumbra dar segurança ao grupo que vier a ser substituído processualmente por essas pessoas jurídicas, bem como definir quem serão os responsáveis, perante o Estado e a própria sociedade, em caso de malversação de finalidade ou uso inidôneo da tutela coletiva, além de permitir uma prévia avaliação estatal (ainda que limitada a aspectos formais) da seriedade e honestidade dessas associações.[450]

A regular constituição também marca o início do prazo ânuo que em regra deve ser respeitado por essas entidades, para que possam atuar na defesa dos interesses metaindividuais, sejam elas fundações, associações, partidos políticos ou sindicatos.[451]

---

[450] Vigoritti já sinalizava a inconveniência de grupos ocasionais de indivíduos possuírem legitimidade para propor ações coletivas (VIGORITI, Vincenzo. *Interessi collettivi e processo:* la legittimazione ad agire. Milão: Giuffrè, 1979. p. 49). No mesmo diapasão, Mauro Cappelletti e Bryant Garth consignam que a complexidade dos temas que podem ser objeto de demandas metaindividuais exige especialização, experiência e recursos em áreas específicas, que não estão à disposição de grupos informais de indivíduos, mas apenas de entidades prósperas e bem assessoradas (CAPPELLETTI, Mauro; GARTH, Bryant. *Acesso à justiça.* Trad. Ellen Gracie Northfleet. Porto Alegre: Sergio Antonio Fabris Editor, 1988. p. 60-61).

[451] A jurisprudência do STJ tem reconhecido a legitimidade de associações que completaram um ano de existência no curso do processo, em atenção ao princípio da economia processual (STJ, REsp 705.469/MS, rel. Min. Nancy Andrighi, DJ 01.08.2005; REsp 1443263/GO, rel.

A doutrina argumenta que o prazo ânuo de pré-constituição dos entes intermediários destina-se, de um lado, a conferir condições legais de representatividade do grupo, e, de outro, a coibir a constituição *ad hoc* de entidades, especialmente associações, para a propositura de certas ações coletivas animadas por razões políticas.[452]

O prazo de pré-constituição pode excepcionalmente ser dispensado pelo juiz, quando houver manifesto interesse social, evidenciado pela dimensão ou características do dano, ou pela relevância do bem a ser protegido (art. 5º, §4º, LACP, e art. 82, §1º, CDC).

O interesse social que permite a dispensa do prazo de pré-constituição relaciona-se estritamente com a necessidade de permitir que determinada questão ganhe imediato acesso à justiça, sob pena de advirem prejuízos irreversíveis ou de difícil reparação à sociedade, seja pelo número de pessoas potencialmente afetadas, seja pelas características e intensidade do dano causado à coletividade, seja ainda pela relevância do bem da vida a ser tutelado.

Ao cuidar das hipóteses de isenção do prazo ânuo, a lei utilizou conceitos vagos e indeterminados, que concedem liberdade ao juiz para avaliar, a partir dos elementos do caso concreto, se há relevante interesse social em fazer com que determinada pretensão metaindividual seja proposta por uma entidade recém constituída.

A jurisprudência dos tribunais, especialmente do STJ, tem se debruçado sobre o tema há muito, fixando algumas hipóteses em que há manifesto interesse social, autorizador da dispensa do prazo de pré-constituição ânua.

Em ação civil pública ajuizada em face de uma fabricante de pizzas, e na qual se pleiteia a inclusão nos rótulos dos produtos de informações relativas à existência de glúten, bem como a advertência específica aos portadores de doença celíaca, o STJ reconheceu a possibilidade de dispensa do período de pré-constituição, pois o objeto da

---

Min. Nancy Andrighi, DJe 24.03.2017; e AgInt no REsp 1395038/MG, rel. Min. Luis Felipe Salomão, DJe 25.06.2019).

[452] Como se posicionam MAZZILLI, Hugo Nigro. *A defesa dos interesses difusos em juízo*. 18. ed. São Paulo: Saraiva, 2005. p. 271; GRINOVER, Ada Pellegrini *et al*. *Código brasileiro de defesa do consumidor*: comentado pelos autores do anteprojeto. 12. ed. Rio de Janeiro: Forense, 2019. p. 911; e GIDI, Antônio. Class Actions in Brazil: a model for Civil Law Countries. *University of Houston Law Center, Public Law and Legal Theory Research Paper Series*. Houston: Houston Law Center RPS, v. 2006-A-11, p. 376, 2006.

pretensão está relacionado com os direitos de informação e segurança dos consumidores.[453]

No julgamento do Recurso Especial 347.752/SP, da relatoria do ministro Herman Benjamin, envolvendo ação civil pública voltada à defesa de consumidores adquirentes de título de capitalização, reconheceu-se a existência de relevância social em razão do objeto da lide estar relacionado à higidez da economia popular nacional.[454]

Da mesma forma, há relevância social em pretensão coletiva ajuizada por associação de moradores, visando a condenação das rés no pagamento de indenização por danos morais e materiais e na obrigação de descontaminar e recuperar as áreas degradadas, em razão de poluição causada ao meio ambiente, notadamente à água dos bairros onde vivem os associados.[455]

A relevância social também está presente em ação que busca ampla indenização por vícios construtivos em edifícios do programa social Minha Casa, Minha Vida, por estar relacionado com o direito à moradia digna da população.[456]

Registre-se que algumas vozes isoladas da doutrina defendem que a possibilidade de dispensa do prazo de pré-constituição dos entes associativos não se aplica ao mandado de segurança coletivo, pois a ressalva prevista no art. 82, IV, §1º, CDC, não existe no texto constitucional que trata da legitimação ao *writ* (art. 5º, LXX, CF/1988).[457] Discordamos desse posicionamento, por entendermos que a exceção prevista pelo legislador infraconstitucional coaduna-se com o espírito do constituinte de facilitar o exercício da tutela coletiva, para que todas as megalesões possam ganhar acesso ao Poder Judiciário. Outrossim, os critérios de legitimação das entidades autorizadas a impetrar o *mandamus* coletivo não podem ser avaliados de forma fragmentada, exclusivamente com base na Constituição e na Lei 12.016/2009, mas dentro do contexto maior, que envolve todo o microssistema de processos coletivos.

---

[453] REsp 1.443.263/GO, rel. Min. Nancy Andrighi, DJe 24.03.2017. No mesmo sentido, REsp 1479616/GO, rel. Min. Ricardo Villas Bôas Cueva, DJe 16.04.2015; e REsp 1.600.172/GO, rel. Min. Herman Benjamin, DJe 11.10.2016.
[454] STJ, REsp 347.752/SP, rel. Min. Herman Benjamin, DJe de 4.11.2009. Em igual diapasão, vide REsp 106.888/PR, rel. Min. Cesar Asfor Rocha, DJ 05.08.2002; e REsp 145.650/PR, rel. Min. Barros Monteiro, DJ 14.06.2004.
[455] STJ, REsp 706.449/PR, rel. Min. Fernando Gonçalves, DJe 09.06.2008.
[456] STJ, AgInt no REsp 1844369/PE, rel. Min. Marco Aurélio Bellizze, DJe 08.05.2020.
[457] Vide SHIMURA, Sérgio Seiji. *Tutela coletiva e sua efetividade*. São Paulo: Método, 2006. p. 89; NERY JUNIOR, Nelson; NERY, Rosa Maria de Andrade. *Código de Processo Civil comentado e legislação extravagante*. 12. ed. São Paulo: Editora Revista dos Tribunais, 2012. p. 222.

A possibilidade de o juiz dispensar o prazo mínimo de um ano de constituição, para que a associação proponha a ação coletiva, conquanto seja um sinal ostensivo de interferência judicial no controle da legitimação coletiva,[458] não versa hipótese de aferição da representatividade adequada.[459]

Isso porque a dispensa da pré-constituição ânua está atrelada ao interesse social evidenciado pela dimensão ou característica do dano e à relevância do bem jurídico a ser protegido, e não à capacidade de as entidades privadas defenderem o grupo representado. Logo, não está relacionada propriamente com a representatividade adequada do legitimado. O tempo de constituição, no entanto, pode ser utilizado pelo magistrado como critério auxiliar de verificação da seriedade e da idoneidade da entidade, estes sim elementos integrantes do controle da representatividade (cf. item 3.2, *infra*).

O terceiro critério definidor da legitimação dos entes associativos para a defesa de interesses metaindividuais é a pertinência temática, que representa a harmonização entre as finalidades institucionais da entidade, previstas em seu estatuto, e a espécie de bem jurídico tutelado na ação coletiva por ela proposta.

A jurisprudência do STJ vem reconhecendo o desvio de finalidade na constituição de entidades associativas com finalidades estatutárias genéricas, que não as legitima para ingressar com ações coletivas,[460] com exceção da OAB, cuja atuação não está submetida aos limites decorrentes da pertinência temática, uma vez que a ela corresponde a defesa da Constituição Federal, do Estado de Direito e da justiça social, o que inclui todos os direitos metaindividuais.[461]

---

[458] Em conformidade com DIDIER JR., Fredie. O controle jurisdicional da legitimação coletiva e as ações coletivas passivas (o art. 82 do CDC). In: MAZZEI, Rodrigo; NOLASCO, Rita Dias (coords.). *Processo civil coletivo*. São Paulo: Quartier Latin, 2005. p. 97, nota 4.

[459] Discordamos, assim, de Hugo Nigro Mazzilli, para quem "a representatividade é aferida à vista do preenchimento de dois requisitos: a) pertinência temática […] e b) pré-constituição há mais de um ano" (MAZZILLI, Hugo Nigro. *A defesa dos interesses difusos em juízo*. 18. ed. São Paulo: Saraiva, 2005. p. 270).

[460] STJ, REsp 1.213.614/RJ, rel. Min. Luis Felipe Salomão, DJe 26.10.2015; e REsp 1864136/SP, rel. Min. Herman Benjamin, DJe 17.12.2021. Confira-se, por exemplo, não observa o requisito da representatividade adequada, consubstanciado na pertinência temática, a associação cujo objetivo primordial é atuar genericamente na defesa dos interesses do setor de bares e restaurantes da Cidade de São Paulo e da sociedade (STJ, AgRg nos EDcl nos EDcl no REsp 1.150.424/SP, rel. Min. Olindo Menezes, DJe 24.11.2015).

[461] STJ, REsp 1.351.760/PE, rel. Min. Humberto Martins, DJe 09.12.2013; AgRg no REsp 1.502.179/PE, rel. Min. Herman Benjamin, DJe 19.12.2016; e AgInt nos EDcl no REsp 1529282/SP, rel. Min. Francisco Falcão, DJe 29.05.2020.

A compatibilidade entre o objetivo social da entidade associativa e o interesse coletivo a ser protegido na demanda, no entanto, não necessita ser de elevado grau de especificidade, aceitando-se previsão relativamente genérica, que permita a correlação entre as atividades exercidas pelo ente e o objeto da demanda. Partindo dessa premissa, Hugo Nigro Mazzilli argumenta que um sindicato pode defender interesses transindividuais de seus filiados não só em matérias ligadas à própria relação trabalhista, mas também em questões relativas ao meio ambiente do trabalho ou ainda em outras hipóteses de interesse da classe.[462] Da mesma forma, o STJ já decidiu que uma fundação de assistência a pescadores é legitimada a propor ação civil pública para evitar a degradação do meio em que vive a comunidade por ela assistida, ainda que não conste expressamente em suas finalidades institucionais a proteção ao meio ambiente.[463]

Da interpretação do conceito de meio ambiente, o STJ admitiu que uma associação de moradores, cujo estatuto a legitima a zelar pela qualidade de vida do bairro, ingressasse com ação civil pública para a preservação de conjunto arquitetônico da região.[464] Também se reconheceu a legitimidade de entidade, cujo objeto social visava promover uma melhor qualidade de vida aos portadores de asma, a ajuizar ação supraindividual pretendendo o fornecimento de medicamento para o tratamento eficaz de espécie de difícil controle da enfermidade, ainda que o estatuto não fizesse alusão expressa a defesa judicial desses interesses.[465]

O que não se concebe é que o grau de imprecisão seja desarrazoadamente genérico, a autorizar "a criação de uma associação civil para a defesa de qualquer interesse, o que desnaturaria a exigência da representatividade adequada do grupo lesado".[466]

Ao definir seu objeto social, a entidade associativa norteia suas atividades em prol daquele específico tema do universo de interesses metaindividuais, propiciando cenário ideal para que ela angarie amplo conhecimento e familiaridade que lhe permitirão exercer a defesa judicial dessas questões de forma zelosa, combativa e técnica.

---

[462] MAZZILLI, Hugo Nigro. *A defesa dos interesses difusos em juízo*. 18. ed. São Paulo: Saraiva, 2005. p. 283.
[463] STJ, Ação Rescisória 497-BA, rel. Min. Garcia Vieira, DJ 22.11.1999.
[464] STJ, REsp 876.931/RJ, rel. Min. Mauro Campbell Marques, DJe 10.09.2010.
[465] STJ, REsp 1.481.089/SP, rel. Min. Ricardo Villas Bôas Cueva, DJe 09.12.2015.
[466] STJ, AgRg no REsp 901.936/RJ, rel. Min. Luiz Fux, DJe 16.03.2009.

O direcionamento das atividades dos entes associativos, por intermédio da pertinência temática, também visa delimitar a forma com que serão utilizados os recursos obtidos dos associados, a partir do pagamento da taxa associativa, o que reforça a importância do instituto para garantir a defesa escrupulosa e eficiente dos interesses metaindividuais previstos em estatuto, ademais de atender às expectativas daqueles que financiam as atividades institucionais.

O requisito da pertinência temática também abarca implicitamente a permissão estatutária para que os entes associativos promovam qualquer medida judicial ou extrajudicial voltada à defesa dos interesses metaindividuais previstos em seus estatutos, quer eles tenham natureza essencialmente coletiva, quer eles ostentem natureza de direitos individuais homogêneos.

A dispensa da autorização assemblear para o ajuizamento de pretensões coletivas, prevista no art. 82, IV, CDC, parte da premissa de que os associados dessas entidades, ao aderirem aos seus estatutos, anuíram com a prática de todos os atos que venham a ser realizados para atingir aqueles objetivos sociais contratualmente previstos. Logo, exigir uma permissão assemblear ou individual específica para a tomada de cada medida judicial pelo ente associativo caracteriza burocracia desnecessária, verdadeiro *bis in idem* que prejudicaria a atividade de defesa da coletividade. A esse respeito, Kazuo Watanabe preleciona que "para a defesa dos interesses ou direitos dos consumidores, a autorização está ínsita na própria razão de ser das associações, enunciadas nos respectivos atos constitutivos", concluindo de forma categórica que "estão elas permanentemente autorizadas, desde a sua constituição, a agir em juízo desde que seja esse seu fim institucional".[467]

A jurisprudência dos tribunais era iterativa no sentido de que, independentemente de permissão especial ou da apresentação de

---

[467] GRINOVER, Ada Pellegrini et al. *Código brasileiro de defesa do consumidor:* comentado pelos autores do anteprojeto. 12. ed. Rio de Janeiro: Forense, 2019. p. 907. Ricardo de Barros Leonel não discrepa desse entendimento, asseverando que "a dispensa de autorização em assembleia para que uma associação possa demandar decorre da própria essência do fenômeno. Se a entidade é constituída com o escopo de promover a defesa judicial daqueles interesses supraindividuais, não há razão para que, em cada nova demanda coletiva, seja promovida deliberação em assembleia para autorização. Solução diversa contraria a lógica e a própria sistemática de legitimação, levando em conta raciocínio aplicável à hipótese de defesa, pela entidade, de interesses simplesmente individuais de um ou alguns sócios, ou mesmo da própria entidade enquanto pessoa jurídica de direito privado" (LEONEL, Ricardo de Barros. *Manual do Processo Coletivo.* 2. ed. São Paulo: Editora Revista dos Tribunais, 2011. p. 162).

relação nominal dos associados, as entidades associativas gozavam de legitimidade ativa para a propositura da ação coletiva.[468]

Referido entendimento, no entanto, passou a ser admitido exclusivamente para a atuação das associações na defesa de interesses difusos, coletivos *stricto sensu* e individuais homogêneos de grupo que vá além do universo de associados.[469] Isso porque, o STF decidiu que a legitimação das associações para a defesa dos interesses de seus filiados está condicionada à autorização expressa destes, que poderá ser outorgada por ato individual ou por aprovação em assembleia geral da entidade designada especificamente para tal finalidade.[470]

3.1.2 Do Ministério Público

A aferição da representatividade adequada pelo viés da pertinência temática também se encontra presente no controle judicial sobre a atuação do *parquet*, na defesa dos direitos individuais homogêneos disponíveis.

O Ministério Público permaneceu por muito tempo como órgão que representava os interesses do Poder Executivo em juízo, tal como preconizava o art. 126 da CF/1967, que enfraquecia a independência de seus membros. No âmbito civil, preponderava o papel passivo dos promotores como fiscais da lei.

Esse cenário foi alterado substancialmente com a promulgação da Lei da Ação Civil Pública, que trouxe verdadeira revolução à atuação ministerial, permitindo ao órgão ter contato direto com os conflitos sociais, políticos, administrativos e econômicos, que reclamavam sua intervenção.[471] Abandonou-se, assim, a postura histórica do Ministério Público de simples *custos legis*.

A partir desse momento, a participação ministerial foi sendo alargada paralelamente à evolução da tutela coletiva no sistema brasileiro, tendo como ápice a promulgação da Constituição de 1988. Com ela, o *parquet* assumiu a proteção de interesses de caráter eminentemente

---

[468] Vide, a título de ilustração, STJ, REsp 805.277/RS, rel. Min. Nancy Andrighi, DJe 08.10.2008; REsp 1.186.714/GO, rel. Min. Mauro Campbell Marques, DJe 31.03.2011; e AgRg no REsp 1.164.954/GO, rel. Min. Assusete Magalhães, DJe 17.03.2014.

[469] Cf. AgInt no REsp 1.335.681/SP, Rel. Min. Luis Felipe Salomão, DJe 06.03.2019.

[470] STF, RE 573.232/SC, rel. para acórdão Min. Marco Aurélio, DJe 18.09.2014; e EDcl no RE 612.043/PR, rel. Min. Marco Aurélio, DJe 06.08.2018.

[471] FERRAZ, Antônio Augusto Mello de Camargo. Ação civil pública, inquérito civil e o Ministério Público. *In*: MILARÉ, Édis (coord.). *Ação civil pública*: 15 anos. São Paulo: Editora Revista dos Tribunais, 2001. p. 90.

social, tendo sido elevado a órgão essencial à atividade jurisdicional do Estado, cabendo-lhe a defesa da ordem jurídica, do regime democrático e dos interesses sociais e individuais indisponíveis (art. 127, CF/1988).

A Carta da República transformou o Ministério Público em agente político, com vocação institucional ao zelo do interesse público no processo, e através do qual se almeja a realização dos valores constitucionais essenciais à sociedade brasileira.

O constituinte foi além, garantindo ao *parquet* "isenção e desvinculação estrutural tanto com relação ao Poder Judiciário como quanto ao Executivo, pois seus membros possuem as mesmas garantias de imparcialidade e independência que os membros da magistratura", além de "estrutura apta para fazer frente aos novos desafios da sociedade".[472]

Ademais da garantia de independência, para possibilitar ao órgão ministerial atingir seus objetivos, o legislador aparelhou a instituição com importantes poderes investigatórios, tornando-a a mais bem preparada e equipada para o exercício da tutela coletiva. Como consequência, é comum confrontar-se com a afirmação de que o Ministério Público é a instituição que melhor representa a essência das ações metaindividuais no Brasil, tendo se tornado indispensável à realização do bem comum.

O *parquet* é notoriamente o legitimado mais atuante na defesa dos interesses coletivos, protagonismo esse que se deve em grande parte aos amplos poderes investigatórios – que lhe permitem acessar informações e documentos que nem sempre estão à disposição dos demais legitimados –, e à inexistência de empecilhos financeiros e burocráticos para ingressar em juízo, tais como aqueles enfrentados pelas associações.

No entanto, esse protagonismo excessivo acabou criando um grave desequilíbrio nas iniciativas judiciais coletivas, notadamente após a promulgação do CDC, que permitiu ao Ministério Público participar da tutela de direitos individuais homogêneos.

Conforme já tivemos a oportunidade de abordar, a defesa dos direitos acidentalmente coletivos somente foi explicitada a partir da Lei 8.078/1990, muito embora direitos dessa categoria já tivessem proteção legal na Lei 7.913/1989, que regulou a ação coletiva por danos a titulares de valores mobiliários e a investidores do mercado, e no Estatuto da Criança e do Adolescente (Lei 8.069/1990). A Lei Orgânica Nacional do Ministério Público (Lei 8.625/1993) igualmente atribuiu ao *parquet*

---

[472] LEONEL, Ricardo de Barros. *Manual do processo coletivo*. 2. ed. São Paulo: Editora Revista dos Tribunais, 2011. p. 175.

legitimidade para a propositura de ações coletivas em defesa dos interesses individuais homogêneos. E inúmeras outras leis editadas posteriormente a 1994 permitiram ao órgão ministerial ajuizar ações coletivas objetivando reparação aos lesados por práticas diversas, ampliando em demasia o escopo de atuação do *parquet*.

Em resposta a esse alargamento irrestrito da legitimidade do órgão ministerial, doutrina e jurisprudência passaram a debater sobre limites à atividade do Ministério Público no âmbito da tutela dos direitos individuais homogêneos, a partir da interpretação conjunta dos arts. 127 e 129, incisos III e IX, CF/1988, segundo os quais ao *parquet* incumbe "a defesa da ordem jurídica, do regime democrático e dos interesses sociais e individuais indisponíveis", cabendo-lhe as funções institucionais de "promover o inquérito civil e a ação civil pública, para a proteção do patrimônio público e social, do meio ambiente e de outros interesses difusos e coletivos" e "exercer outras funções que lhe forem conferidas, desde que compatíveis com sua finalidade, sendo-lhe vedada a representação judicial e a consultoria jurídica de entidades públicas".

A celeuma não girava em torno da existência de legitimação do *parquet* para buscar a tutela dos direitos acidentalmente coletivos, mas "de definir em quais limites se admitirá essa legitimidade tomando-se por conta a necessidade de adequá-la às finalidades institucionais do Ministério Público".[473] Surgiram, assim, quatro correntes distintas.

Para a primeira, a Constituição autorizaria o Ministério Público apenas a defender interesses essencialmente coletivos (difusos e coletivos *stricto sensu*), estando excluídos de suas atribuições os direitos individuais homogêneos, ainda que indisponíveis. Isso porque, na visão dos adeptos dessa corrente doutrinária, o inciso III, do art. 129, CF/1988, viabiliza a utilização da ação civil pública pelo órgão ministerial para proteção do patrimônio público e social, do meio ambiente e de outros interesses estritamente difusos e coletivos.[474]

---

[473] NEVES, Daniel Amorim Assumpção. *Manual de processo coletivo*. 3. ed. Salvador: JusPodivm, 2016. p. 196.

[474] Comungando desse entendimento, Rogério Lauria Tucci defende que deve prevalecer uma interpretação lógica e sistemática da norma constitucional, do CDC e da LACP, de modo que só se admitiria a utilização da ação civil pública quando o objeto da ação versar direitos essencialmente coletivos, inexistindo espaço para justificar a propositura da demanda para defesa de direitos individuais homogêneos (TUCCI, Rogério Lauria. Ação civil pública: abusiva utilização pelo Ministério Público e distorção pelo Poder Judiciário. *Revista dos Tribunais*. São Paulo: Editora Revista dos Tribunais, v. 802, p. 45, ago. 2002). Por sua vez e partindo dessa mesma premissa, Arnoldo Wald acrescenta que descaberia ação coletiva patrocinada pelo *parquet* para a defesa de direitos individuais homogêneos, salvo para aqueles previstos nos três primeiros incisos do art. 1º da LACP (meio ambiente, consumidor,

Para outra linha doutrinária, o *parquet* teria legitimidade para a tutela dos direitos individuais indisponíveis, por força do disposto no art. 127, CF/1988, padecendo de inconstitucionalidade todas as leis que atribuíram ao Ministério Público legitimação aos interesses disponíveis.[475] Para aqueles que comungam desse entendimento, a norma constitucional indicaria quais horizontes deveriam ser mirados pelo órgão ministerial, trazendo equilíbrio a sua atuação na tutela jurisdicional coletiva.[476]

Tal posicionamento não encontrou grande ressonância da jurisprudência,[477] valendo ressaltar, no âmbito tributário, que o Sumo Pretório não reconheceu a legitimidade do Ministério Público para a defesa coletiva de direitos dos contribuintes por entender que, no âmbito dos direitos individuais homogêneos, a atuação do *parquet* deve se limitar aos interesses sociais e individuais indisponíveis.[478]

No outro extremo, formaram-se duas orientações quanto à legitimação ampla do Ministério Público para a proteção dos interesses individuais homogêneos, quiçá inspiradas pela lição de Andrea Proto Pisani, para quem a atividade do órgão ministerial deve abarcar o interesse público geral e a tutela dos direitos coletivos específicos de natureza privada.[479]

---

patrimônio público e social) (WALD, Arnoldo. Usos e abusos da ação civil pública: análise de sua patologia. *Revista AJURIS*. Porto Alegre: Associação dos Juízes do Rio Grande do Sul, v. 61, p. 91-92, jul. 1994).

[475] Para Ives Gandra da Silva Martins, "faz menção, a lei ordinária, a que direitos individuais indisponíveis podem ser defendidos por ação civil pública. Parece-me esta extensão de manifesta inconstitucionalidade, visto que, sobre alargar o elenco constitucional sem outorga maior para fazê-lo, refere-se a direitos individuais que não se colocam na alçada protetora do Ministério Público, apenas competente para a defesa de tais direitos, se indisponíveis, por outro veículo processual que não aquele da ação civil pública" (MARTINS, Ives Gandra da Silva. Ação civil pública é veículo processual imprestável para proteção de direitos individuais disponíveis. *Revista dos Tribunais*. São Paulo: Editora Revista dos Tribunais, v. 707, p. 23, set. 1994).

[476] MANCUSO, Rodolfo de Camargo. *Ação civil pública*. 9. ed. São Paulo: Editora Revista dos Tribunais, 2004. p. 135.

[477] No acervo do STJ, por exemplo, ver REsp 141.491/SC, rel. Min. Garcia Vieira, DJ 04.05.1998; e REsp 1.156.930/RJ, rel. Min. Humberto Martins, DJe 20.11.2009. No STF, reportamo-nos ao RE 554.088/SC, rel. Min. Eros Grau, DJe 20.06.2008.

[478] STF, RE 195.056-1/PR, rel. Min. Carlos Velloso, DJ 09.12.1999. No mesmo sentido, em caso envolvendo taxa de iluminação pública, RE 213.631/MG, rel. Min. Ilmar Galvão, DJ 09.12.1999. Posteriormente, com a edição da Medida Provisória 1.984/2000, acresceu-se o parágrafo único ao art. 1º da Lei 7.347/1985, vedando a propositura de Ação Civil Pública para veicular pretensão que envolva tributos, contribuições previdenciárias, Fundo de Garantia por Tempo de Serviço ou outros fundos de natureza institucional, cujos beneficiários podem ser individualmente determinados.

[479] PISANI, Andrea Proto. Appunti preliminari per uno studio sulla tutela giurisdizionale degli interesse collettivi (o piu estamente: superindividuali) innanzi al giudice civile ordinaria.

A primeira delas defende a irrestrita possibilidade de o órgão ministerial propor ações em defesa de interesses individuais homogêneos, disponíveis ou não, pois a tutela jurisdicional coletiva desses direitos permitiria solucionar várias lides em um único processo, evitando decisões contraditórias e acelerando a entrega do bem da vida a todos aqueles inseridos em um mesmo contexto fático e jurídico.[480]

Esse cenário, por si só, faria tal categoria de direitos se enquadrar na função institucional do Ministério Público, nos moldes do inciso IX, do art. 129, CF/1988, de modo que somente a tutela de interesses individuais puros estaria excluída da legitimação do *parquet*.

Prevalece, no entanto, a vertente doutrinária orientada no sentido de que cabe ao órgão ministerial a defesa de interesses individuais homogêneos, disponíveis ou não, desde que constatada a relevância social do bem jurídico tutelado ou da solução coletiva do conflito.[481] Não se admite a legitimidade ativa do Ministério Público para toda e qualquer demanda coletiva tendente à defesa de interesse individual homogêneo, mas exclusivamente daqueles com expressão social.

Studi nelle scienze giuridiche e sociali: Le azioni a tutela di interessi collettivi. Atti del convegno de studio. Padova: Cedam, v. 17, p. 276-277, jun. 1976

[480] Na opinião de Gregório Assagra de Almeida, "o que se busca é a tutela jurisdicional coletiva desses direitos, para solucionar várias lides em um único processo e evitar decisões contraditórias. Isso deixa evidente o interesse social que justifica a legitimidade do Ministério Público, mesmo que a tutela jurisdicional verse somente sobre bens patrimoniais [...]. Além disso, o art. 129, IX, da CF/1988 diz expressamente que poderão ser conferidas outras atribuições ao Ministério Público, desde que compatíveis com a sua finalidade; esse dispositivo é outra norma constitucional que dá legitimidade e suporte jurídico ao disposto nos arts. 81, parágrafo único, III, e 82, I, ambos do CDC" (ALMEIDA, Gregório Assagra de. *Direito Processual Coletivo Brasileiro:* um novo ramo do direito processual. São Paulo: Saraiva, 2003. p. 514).

[481] Na visão de Kazuo Watanabe, o "Em linha de princípio, somente os interesses individuais indisponíveis estão sob proteção do *parquet*. Foi a relevância social da tutela a título coletiva dos interesses individuais homogêneos que levou o legislador a atribuir ao Ministério Público e a outros entes públicos a legitimação para agir nessas hipóteses de demandas moleculares. Para direitos individuais disponíveis – Ministério Público somente está legitimado se houver relevância social" (GRINOVER, Ada Pellegrini *et al*. *Código brasileiro de defesa do consumidor:* comentado pelos autores do anteprojeto. 12. ed. Rio de Janeiro: Forense, 2019. p. 899). Tal posicionamento já havia sido proclamado pelo ilustre professor das Arcadas em WATANABE, Kazuo. Demandas coletivas e os problemas emergentes da práxis forense. *Revista de Processo*. São Paulo: Editora Revista dos Tribunais, v. 67, p. 16, jul./set. 1992. Em sentido análogo, merecem destaque as opiniões de GRINOVER, Ada Pellegrini. A ação civil pública no STJ. In: *A Marcha do processo*. Rio de Janeiro: Forense Universitária, 2000. p. 27; MENDES, Aluisio Gonçalves de Castro. *Ações coletivas e meios de resolução coletiva de conflitos no direito comparado e nacional*. 3. ed. São Paulo: Editora Revista dos Tribunais, 2012. p. 246-248; e MAZZILLI, Hugo Nigro. *A defesa dos interesses difusos em juízo*. 18. ed. São Paulo: Saraiva, 2005. p. 98-99.

A relevância social do direito objeto da demanda pode se manifestar pela natureza do dano, pela necessidade de garantir o funcionamento de um sistema econômico, social ou jurídico, ou, ainda, pelo número significativo de lesados, a fim de evitar o ajuizamento de inúmeras ações individuais, com a possibilidade de contradição de julgados sobre a mesma matéria.

A participação do Ministério Público na defesa desses direitos, portanto, é ditada pela expressão e amplitude dos valores em discussão no processo, de maneira que "tratando-se de interesses simplesmente disponíveis (patrimoniais), de pequena abrangência e relevo, não há justificação para a atuação do *parquet*".[482]

Esse posicionamento, que direciona a atuação do órgão ministerial aos temas que efetivamente demandam sua atenção, é endossado pela Súmula 7 do Conselho Superior do Ministério Público Paulista, segundo a qual têm relevância para a coletividade os interesses "que digam respeito a direitos ou garantias constitucionais, bem como aqueles cujo bem jurídico a ser protegido seja relevante para a sociedade", "de grande dispersão dos lesados"; ou ainda cuja defesa "convenha à coletividade, por assegurar a implementação efetiva e o pleno funcionamento da ordem jurídica, nas suas perspectivas econômica, social e tributária".

Em um primeiro momento, o Ministério Público identifica a relevância e dimensão social dos direitos individuais homogêneos violados e avalia a necessidade de sua atuação como defensor dos interesses da sociedade, de acordo com a Constituição de 1988. Contudo, esse mesmo juízo de valor também é realizado pelo Poder Judiciário ao processar e julgar causa, a quem caberá o controle definitivo sobre a legitimação do órgão ministerial na hipótese.

A doutrina traz exemplos extremos, em que a presença da expressão social se mostra claríssima, como na ocorrência de danos patrimoniais que atingem grande parte da população; e manifestamente inexistente, na hipótese de o Ministério Público defender meia dúzia de importadores de carros de luxo danificados no transporte, ou ainda representar os interesses de condôminos de um edifício de apartamentos contra o síndico.[483]

---

[482] LEONEL, Ricardo de Barros. *Manual do processo coletivo*. 2. ed. São Paulo: Editora Revista dos Tribunais, 2011. p. 183.
[483] Respectivamente, LEONEL, Ricardo de Barros. *Manual do processo coletivo*. 2. ed. São Paulo: Editora Revista dos Tribunais, 2011. p. 184-185; MAZZILLI, Hugo Nigro. *A defesa dos interesses difusos em juízo*. 18. ed. São Paulo: Saraiva, 2005. p. 109; e WATANABE, Kazuo. Demandas coletivas e os problemas emergentes da práxis forense. *Revista de Processo*. São Paulo: Editora Revista dos Tribunais, v. 67, p. 16, jul./set. 1992.

Os Tribunais Superiores vislumbram a possibilidade de controle da legitimação do Ministério Público a partir da aferição da relevância social dos interesses objeto da ação,[484] que já foi reconhecida em temas como aumento abusivo nas mensalidades escolares; resíduos de correção monetária em plano econômico; parcelamento de solo urbano; legalidade de cláusulas contratuais em planos de saúde; defesa de mutuários do sistema financeiro de habitação; e proteção dos consumidores feridos na explosão de um shopping.[485]

De outro lado, há registros dos mesmos Tribunais de Vértice em que se decidiu pela falta de expressão social em demandas que pretendiam discutir as taxas cobradas pela desistência da compra de bilhete aéreo, estabelecidas em contratos de adesão aplicados em todo o território nacional; direitos individuais homogêneos de pacientes contaminados pelo vírus HIV em transfusões sanguíneas realizadas em estabelecimentos médicos do Brasil; e o fornecimento de medicamentos em favor de pessoas carentes de recursos, mas não tuteladas pelo Estatuto do Idoso ou pelo Estatuto da Criança e do Adolescente,[486] o que demonstra haver enorme dificuldade prática para a definição dos temas que se enquadram dentre as funções institucionais do Ministério Público.

É na aferição *ope judicis* da expressão social dos direitos individuais homogêneos protegidos pelo Ministério Público que se identifica mais uma das facetas do controle da representatividade adequada pelo viés da pertinência temática.[487]

---

[484] STJ, REsp 168.859/RJ, rel. Min. Ruy Rosado de Aguiar, DJ 23.08.1999; REsp 106.888/PR, rel. Min. Cesar Asfor Rocha, DJ 05.08.2002; REsp 614.981/MG, rel. Min. Felix Fischer, DJ 26.09.2005; REsp 1.041.765/MG, rel. Min. Eliana Calmon, DJe 06.10.2009; AgRg no AREsp 246.671/DF, rel. Min. Luis Felipe Salomão, DJ 27.06.2013; e REsp 1887694/RJ, rel. Min. Nancy Andrighi, DJe 12.11.2020. No STF, vide RE 459.456 AgRg/RJ, rel. Min. Carmen Lúcia, DJe 19.10.2012; e AI 863.711 AgR/MG, rel. Min. Celso de Mello, DJe 28.03.2016.

[485] Vide, na respectiva ordem, STF, RE 163.231-3/SP, rel. Min. Maurício Corrêa, DJ 22.02.1997; STJ, REsp 182.556/RJ, rel. Min. Cesar Asfor Rocha, DJ 20.05.2002; STJ, REsp 174.308/SP, rel. Min. Milton Luiz Pereira, DJe 25.02.2008; STJ, REsp 208.068/SC, rel. Min. Nancy Andrighi, DJ 08.04.2002; STJ, AgInt nos EDcl no REsp 1.507.476/PR, rel. Min. Mauro Campbell Marques, DJe 23.06.2016 e STJ, REsp 279.273/SP, rel. Min. Nancy Andrighi, DJ 29.03.2004.

[486] Confira-se, nesta ordem, STJ, AgRg no REsp 1.298.449/MG, rel. Min. Marco Aurélio Bellizze, DJe 14.06.2016; STJ, REsp 220.256/SP, rel. Min. José Delgado, DJ 18.10.1999; e STJ, REsp 620.622/RS, rel. Min. Eliana Calmon, DJe 27.09.2007.

[487] Cf. entendimento de GRINOVER, Ada Pellegrini. Ações coletivas ibero-americanas: novas questões sobre a legitimação e a coisa julgada. *Revista Forense*. Rio de Janeiro: Forense, v. 361, p. 5-6, mai./jun. 2002; e de LEONEL, Ricardo de Barros. *Manual do processo coletivo*. 2. ed. São Paulo: Editora Revista dos Tribunais, 2011. p. 173. Ainda tratando da aferição *ope judicis* da relevância social dos interesses individuais homogêneos, como régua de limitação da legitimidade do Ministério Público em ações coletivas, Álvaro Luiz Válery Mirra afirma

A norma constitucional não restringe a atuação do *parquet*, estando ele legitimado a ajuizar ações objetivando ampla defesa dos interesses metaindividuais, inclusive daqueles acidentalmente coletivos, graças à conjugação das regras dos arts. 127 e 129, IX, CF/1988 e arts. 81 e 82, CDC.

Entretanto, alguns temas relacionados a direitos individuais homogêneos disponíveis, não dotados de relevância social, devem ser excluídos da alçada de atuação do órgão ministerial, pois há outros legitimados que podem ingressar com essas questões em juízo.

Ao direcionar o Ministério Público à defesa daqueles direitos que efetivamente representam os valores mais caros à sociedade, procura-se trazer um ponto de equilíbrio ao papel da instituição na tutela de interesses metaindividuais, a fim de evitar, nas precisas palavras de Kazuo Watanabe, "um amesquinhamento da relevância institucional do *parquet*", ou ainda a perda da "importância de sua função institucional por eventual vedetismo de qualquer de seus membros, que faça do inquérito civil ou das ações coletivas instrumentos de sua projeção pessoal ou até mesmo de alguma pressão irrazoável".[488]

Sem prejuízo de sua importância e do peso de sua atuação em defesa da sociedade, o Ministério Público é uma instituição com recursos humanos e financeiros limitados. Assim, ampliar por demais o escopo de sua atuação, abrangendo também direitos individuais homogêneos sem expressão social, levaria ao investimento de esforços em temas que podem ser defendidos com a mesma qualidade e combatividade pelos demais legitimados coletivos. Em contrapartida, outras questões de maior importância social correriam o risco de ficar desprovidas de proteção do órgão ministerial, quer através do inquérito civil, quer por meio da ação civil pública.

O viés do controle da representatividade adequada, nesse contexto, não se norteia em averiguar a seriedade, credibilidade ou a tenaz atuação do *parquet* para aquele caso concreto, mas permitir que

---

que "tal exigência nada tem a ver com controle judicial da adequada representatividade do *parquet*", mas com compatibilizar o art. 81, III, e 82, I, CDC, com a norma do art. 127, CF/1988 (MIRRA, Álvaro Luiz Válery. A legitimidade ativa do Ministério Público para a defesa dos direitos individuais homogêneos. *In*: SALLES, Carlos Alberto de; SILVA, Solange Teles da; NUSDEO, Ana Maria de Oliveira (orgs.). *Processos coletivos e tutela ambiental*. Santos: Leopoldianum, 2006. p. 62). De forma ainda mais incisiva, Hugo Nigro Mazzilli orienta-se no sentido de que "não se exigem requisitos de representatividade adequada do Ministério Público ou das pessoas jurídicas de direito público interno […], em tese, estarão todos legitimados a ajuizar ação civil pública ou coletiva" (MAZZILLI, Hugo Nigro. *A defesa dos interesses difusos em juízo*. 18. ed. São Paulo: Saraiva, 2005. p. 275).

[488] WATANABE, Kazuo. Demandas coletivas e os problemas emergentes da práxis forense. *Revista de Processo*. São Paulo: Editora Revista dos Tribunais, v. 67, p. 16, jul./set. 1992.

esses mesmos atributos estejam presentes nas ações cujo objeto esteja umbilicalmente atrelado à função constitucional do órgão ministerial.[489]

Tampouco se questiona a combatividade do *parquet*, visto ser inegável tratar-se da instituição mais preparada para litigar pela proteção dos interesses metaindividuais. Longe de caracterizar crítica ao papel do Ministério Público, o controle da representatividade provoca uma reflexão sobre sua superexposição dentro do microssistema coletivo, que indicaria possível uso abusivo da ação civil pública.[490]

Estabelecer freios e contrapesos à atuação do *parquet*, na intenção de limitar sua supremacia como agente protetor de interesses supraindividuais, representa um passo rumo à ampliação da participação da sociedade no processo coletivo, a ser seguido da maior instrução e organização da sociedade civil, além da ampliação do quadro de legitimados, para que se alcance uma tutela metaindividual plural.

3.1.3 Da Defensoria Pública

O Brasil é um país notoriamente carente em diversos setores, como segurança, saúde e educação. A despeito de a Constituição Federal ter elencado uma série de direitos e garantias fundamentais do povo brasileiro, o Estado é incapaz de prover necessidades básicas a grande parte da população, porque lhe faltam recursos e, principalmente, vontade política para atuar em favor dos mais vulneráveis.

Aos necessitados, a carência educacional e financeira impede que eles tenham efetiva ciência de seus direitos, garantidos pela Constituição, bem como que acessem os instrumentos administrativos e judiciais disponíveis para suprir suas demandas mais essenciais.

---

[489] É oportuno transcrever lição de Eduardo Appio, segundo a qual "a concentração de alguns órgãos do Ministério Público na tutela dos direitos individuais homogêneos não raro corresponde a uma ausência de sua atuação na tutela dos interesses difusos e coletivos, o que certamente rompe com a lista de prioridades estabelecidas no art. 127 da CF. [...] A busca da legitimidade para atuação, através de ações civis coletivas, para a tutela de direitos disponíveis, tais como os de natureza tributária, não representa, portanto, uma ampliação do poder político do Ministério Público, e sim, uma sensível redução de sua atividade de tutela dos interesses difusos e coletivos" (APPIO, Eduardo. *A ação civil pública no Estado Democrático de Direito*. Curitiba: Juruá, 2005. p. 207).

[490] Abordando a necessidade de serem criados limites à atuação do órgão ministerial, no âmbito das ações coletivas, Rogério Lauria Tucci afirma que "não temos dúvida em afirmar, embora com o devido respeito, que a utilização da ação civil pública pelo Ministério Público, a par de exagerada, tem-se mostrado realmente abusiva" (TUCCI, Rogério Lauria. Ação civil pública: abusiva utilização pelo Ministério Público e distorção pelo Poder Judiciário. *Revista dos Tribunais*. São Paulo: Editora Revista dos Tribunais, v. 802, p. 52, ago. 2002).

A superação dessas dificuldades estruturais históricas, inserida na primeira onda renovatória do acesso à justiça, se iniciou no Brasil com a promulgação da Lei 1.060/1950, que garante isenção do pagamento de custas e despesas processuais às pessoas que não detêm condições financeiras de suportar as taxas judiciárias sem prejuízo do seu sustento e de sua família. O compromisso do Estado em conceder a assistência jurídica integral e gratuita aos que comprovarem insuficiência de recursos foi posteriormente revigorado com a Constituição Federal de 1988, inserindo-a no rol dos direitos e garantias fundamentais (art. 5º, LXXIV, CF/1988).

A mesma Carta da República consagrou a Defensoria Pública como instituição essencial à função jurisdicional do Estado, voltada à orientação jurídica e a defesa dos necessitados em todos os graus (art. 134, CF/1988), criando assim uma importante ferramenta de concretização do acesso à justiça a grupos sociais tradicionalmente marginalizados.

A Defensoria Pública surgiu, dessa forma, como órgão constitucionalmente vocacionado a dar voz àqueles que possuem cidadania meramente formal, atuando com sensibilidade ímpar em prol de um universo de vítimas de um "sistema social muito injusto e muito iníquo que deixa os cidadãos mais vulneráveis, pretensamente autônomos, à mercê de violências, extremismos e arbitrariedades".[491] Um agente político voltado a semear a transformação social.

Em outras palavras, a Defensoria Pública representa instituição essencial ao Estado Democrático de Direito, que patrocina ações afirmativas de inclusão jurídica daqueles reconhecidamente vulneráveis, nos parâmetros estabelecidos pela Constituição, visando à concretização do princípio da igualdade e promovendo ampla inclusão jurídica de indivíduos historicamente ignorados pelo Estado e pela própria sociedade.[492]

Com a promulgação da Emenda Constitucional 45/2004, a Defensoria passou a gozar de autonomia funcional e administrativa (art.

---

[491] SANTOS, Boaventura de Sousa. *Para uma revolução democrática da Justiça*. 2. ed. São Paulo: Cortez, 2008. p. 30. Também analisando o contexto social brasileiro, Atílio Borón acrescenta que "a herança do neoliberalismo é uma sociedade profundamente desagregada e distorcida, com gravíssimas dificuldades em se construir, do ponto de vista da integração social, e com uma agressão permanente ao conceito e prática da cidadania. Talvez, a Defensoria Pública tenha vindo para 'organizar esta cidadania'" (BORÓN, Atílio. O pós-neoliberalismo é uma etapa em construção. *In:* SADER, Emir; GENTILI, Pablo. (orgs.). *Pós-neoliberalismo: as políticas sociais e o Estado democrático*. 7. ed. Rio de Janeiro: Paz e Terra, 2007, p. 187-188).

[492] RÉ, Aluisio Iunes Monti Ruggeri. A defensoria Pública como instrumento de acesso à justiça coletiva: legitimidade ativa e pertinência temática. *Revista de Processo*. São Paulo: Editora Revista dos Tribunais, v. 167, p. 242, dez. 2008.

134, §2º, CF/1988), detendo a iniciativa de sua proposta orçamentária, nos limites estabelecidos pela Lei de Diretrizes Orçamentárias e pela Lei de Responsabilidade Fiscal. Os Defensores Públicos desfrutam de plena independência funcional no desempenho de suas funções, inexistindo qualquer subordinação ao Poder Executivo, de maneira que a atuação da Defensoria se direciona exclusivamente à defesa dos interesses da população carente.

A Defensoria Pública, desde sua criação, direcionou-se à orientação jurídica, à promoção dos direitos humanos e à defesa judicial e extrajudicial dos necessitados, de forma integral e gratuita. A despeito de contar com ampla aquiescência da doutrina e da jurisprudência quanto à sua atuação na defesa de interesses individuais, surgiu intenso debate a respeito da compatibilização da vocação constitucional da Defensoria com a tutela coletiva.

Em primeiro lugar, discutiu-se a possibilidade de a Defensoria atuar na defesa dos interesses metaindividuais, considerando que até o ano de 2007 ela não estava expressamente incluída no rol de legitimados para propor ações coletivas, havendo divergência quanto à interpretação do inciso III do art. 82, CDC e do art. 5º da Lei 7.347/1985. O debate se deu em três momentos distintos.

Inicialmente, prevalecia a orientação de que a Defensoria Pública não teria legitimidade para propor ações coletivas, porque, além de não estar identificada no rol do art. 5º da Lei 7.147/1985, ela não seria um ente público destinado à proteção dos direitos dos consumidores, conforme art. 82, III, CDC.[493]

Posteriormente, passou-se a admitir a legitimidade ativa da Defensoria Pública para as ações coletivas, em conformidade com o art. 82, III, CDC e com o art. 5º, LACP, em razão de sua subordinação institucional às secretarias estaduais, integrando, dessa forma, a Administração Pública Direta.[494] Vale lembrar que, até a promulgação da EC 45/2004, o ente defensorial não detinha autonomia funcional e administrativa, permanecendo sob o comando e interferência do Poder Executivo.

Finalmente, a Defensoria Pública foi expressamente incluída no rol de legitimados para propor ações coletivas, com a entrada em vigor

---

[493] Vide, por exemplo, STJ, EDcl no REsp 734.176/RJ, rel. Min. Francisco Falcão, DJ 28.09.2006.
[494] No STJ, ver os acórdãos proferidos por ocasião dos julgamentos do REsp 181.580SP, rel. Min. Castro Filho, DJ 22.03.2004; e do REsp 555.111/RJ, rel. Min. Castro Filho, DJ 18.12.2006. No mesmo sentido, no TJRS, vide o acórdão proferido nos autos do Agravo de Instrumento 70014404784, rel. Des. Araken de Assis, j. 12.04.2006.

da Lei 11.448/2007, que alterou o art. 5º da Lei 7.347/1985. A alteração legislativa consolidou tendência de ampliação do rol de legitimados, que já vinha sendo identificada na legislação estadual, tal como a Lei Complementar 988/2006 de São Paulo e a Lei Complementar 11.795/2002 do Rio Grande do Sul, ambas destacando, dentre as finalidades do órgão defensorial, a tutela jurídica individual e coletiva, judicial e extrajudicial.[495]

Ao atribuir legitimação à Defensoria, o legislador expressamente sanou o contrassenso de instituir um órgão que só atuasse individualmente, deixando à margem de seu escopo o combate a lesões coletivas, cujas consequências sociais são potencialmente mais graves. Se a função do órgão defensorial é prestar assistência jurídica integral, parece evidente que ela deve englobar as esferas individual e coletiva. Qualquer restrição à legitimação da Defensoria, além de demonstrar viés ultraindividualista, destoa da integralidade e essencialidade que adjetivam a sua vocação constitucional.

A promulgação da Lei 11.448/2007, no entanto, não encerrou as discussões em torno da possibilidade de a Defensoria Pública atuar na proteção de direitos supraindividuais, diante do ajuizamento da Ação Direta de Inconstitucionalidade 3943-1 pela Associação Nacional dos Membros do Ministério Público, para quem a atribuição de legitimidade coletiva ao órgão defensorial não seria consentânea de seus fins institucionais, arrolados taxativamente no art. 134, CF/1988. A autora da ADI acrescentou, ainda, que as Defensorias Públicas não possuiriam estrutura financeira e recursos humanos suficientes para receber mais essa atividade, razão pela qual tal incumbência poderia agravar as deficiências já enfrentadas pelo ente.

A inconstitucionalidade do dispositivo foi afastada porque restringir a atuação da Defensoria à tutela de direitos individuais implicaria inviabilizar o acesso à justiça dos indivíduos hipossuficientes, que não poderiam ser assistidos coletivamente pelo órgão constitucionalmente vocacionado a ser seu guardião. Logo, a assistência jurídica não mais seria integral, nos moldes previstos pelo art. 134,

---

[495] A ampliação das finalidades da Defensoria Pública vinha sendo defendida pela doutrina para também abarcar a tutela de interesses coletivos *lato sensu*, a uma porque sua atuação deve ser interpretada a permitir o cumprimento de sua vocação constitucional, o que somente será alcançado mediante a defesa de direitos indivisíveis pertencentes a grupos determináveis, a duas porque "não há nada que justifique a limitação do seu desempenho ao mero patrocínio de causas individuais" (MENDES, Aluisio Gonçalves de Castro. *Ações coletivas e meios de resolução coletiva de conflitos no direito comparado e nacional*. 3. ed. São Paulo: Editora Revista dos Tribunais, 2012. p. 255).

CF/1988. Outrossim, a atribuição de legitimidade de agir ao órgão defensor se mostra compatível com a sua função constitucional de visar a concretização dos direitos e das liberdades de que são titulares as pessoas carentes e necessitadas, levando à conclusão de que não há no art. 134, CF/1988, qualquer limitação do exercício das atribuições da entidade exclusivamente às demandas individuais. Finalmente, a ministra relatora ponderou que inexiste norma que atribua exclusividade ao Ministério Público no manejo das ações metaindividuais, e que a propositura dessas pretensões pela Defensoria não traz qualquer prejuízo institucional ao *parquet*.[496]

A outorga de legitimação à Defensoria também iniciou outro importante debate acerca da aplicação ao ente defensorial da pertinência temática, nos mesmos moldes desenvolvidos para limitar a atuação dos demais legitimados coletivos. Diversamente do Ministério Público e das associações, a pertinência subjetiva da Defensoria não se guia pelo objeto de tutela (critério objetivo), mas pela natureza ou atributos dos sujeitos que serão beneficiados por sua atuação (critério subjetivo).[497] Isto é, considerando o conteúdo do art. 134, CF/1988, haveria restrições aos grupos cujos interesses podem ser defendidos pelo órgão defensorial? A discussão deu origem a duas vertentes distintas sobre quem seriam os necessitados que estariam sob a guarda da Defensoria.

Para Teori Zavascki, ao fazer expressa referência ao inciso LXXIV do art. 5º da CF/1988, o art. 134 da Carta Magna delimitaria a atuação da Defensoria Pública às ações coletivas em que os bens a serem tutelados relacionam-se a interesses de pessoas reconhecidamente carentes de recursos financeiros.[498] Em igual diapasão, Lênio Streck é categórico ao afirmar que a vocação constitucional da Defensoria Pública seria de ampliar o acesso dos pobres à justiça, acrescentando que o poder constituinte ao tentar preencher esse buraco social não quis criar um órgão concorrente ao Ministério Público.[499]

---

[496] STF, ADI 3943-1, rel. Min. Carmen Lúcia, DJe 05.08.2015.
[497] Nas palavras do Min. Herman Benjamin, "cabe à Defensoria Pública a tutela de qualquer interesse individual homogêneo, coletivo *stricto sensu* ou difuso, pois sua legitimidade *ad causam*, no essencial, não se guia pelas características ou perfil do objeto de tutela (= critério objetivo), mas pela natureza ou *status* dos sujeitos protegidos, concreta ou abstratamente defendidos, os necessitados (= critério subjetivo)" (STJ, REsp 1.264.116/RS, rel. Min. Herman Benjamin, DJe 13.04.2012).
[498] ZAVASCKI, Teori Albino. *Processo Coletivo* – Tutela dos direitos coletivos e tutela coletiva de direitos. 7. ed. São Paulo: Editora Revista dos Tribunais, 2017. p. 69.
[499] STRECK, Lênio. *Legal opinion*: ADI 3943 – A pertinência dos embargos para declaração sobre a necessidade (ou não) da comprovação de hipossuficiência e a explicitação acerca

Luiz Rodrigues Wambier, Teresa Arruda Alvim Wambier e José Miguel Garcia Medina defendem que qualquer interpretação extensiva da pertinência subjetiva ensejaria o desvirtuamento da Defensoria Pública, permitindo que esta se desviasse de sua missão constitucional, promovendo ações para a tutela de direitos supraindividuais que não dizem respeito aos economicamente necessitados.[500]

A jurisprudência minoritária encampou a orientação desses doutrinadores, decidindo que a Constituição atribui ao ente defensorial a tarefa de prestar assistência jurídica individual ou coletiva aos necessitados com comprovada insuficiência de recursos financeiros, que não tiverem meios de arcar com as despesas relativas aos serviços jurídicos de que precisam.[501]

Essa orientação doutrinária restritiva da atuação da Defensoria Pública, no entanto, não nos parece traduzir o verdadeiro espírito do art. 134, CF/1988.

Os necessitados que estão sob a proteção do órgão defensorial não são apenas aqueles que não possuem disponibilidade financeira para promover sua defesa autonomamente, mas todos os indivíduos cujas condições políticas, jurídicas ou sociais estabeleçam elevado grau de vulnerabilidade que dificulte seu acesso à justiça.

Os arts. 5º, LXXIV, e 134, ambos da CF/1988, não delimitam a assistência do Estado apenas aos indivíduos pobres, mas a todos que estejam submetidos à insuficiência de quaisquer recursos. Isso significa que não houve a guetificação constitucional[502] da pertinência temática da Defensoria Pública, permitindo sua atuação em favor de todos os grupos com fragilidades que impeçam ou dificultem sobremaneira a proteção de seus interesses metaindividuais.

---

do conceito de carência de recursos. *Consultor Jurídico*. Disponível em: http://s.conjur.com.br/dl/streck-defensor-debatem-competencia1.pdf. Acesso em: 20 fev. 2022.

[500] WAMBIER, Luiz Rodrigues; WAMBIER, Teresa Arruda Alvim; MEDINA, José Miguel Garcia. *Breves Comentários à nova sistemática processual civil*. São Paulo: Revista dos Tribunais, 2007. p. 313.

[501] No STJ, ver REsp 734.176/RJ, rel. Min. Francisco Falcão, DJ 27.03.2006; e REsp 1.192.577, rel. Min. Luis Felipe Salomão, DJe 15.08.2014. No TRF3, vide Apelação 0006953-53.2008.4.03.6119, rel. Des. Consuelo Yoshida, DJe 20.03.2015. No TJRJ, ver Apelação 000331035-2013.8.19.0040, rel. Des. Cezar Augusto Rodrigues Costa, DJe 28.05.2015. Finalmente, no TRF1, vide Apelação 0008952-79.2009.4.01.3300, rel. Des. Kássio Marques, j. 19.10.2015; e Embargos de Declaração 0006547-50.2007.4.01.3200, rel. Des. Néviton Guedes, DJe 12.01.2016.

[502] A expressão é utilizada por MAIA, Maurílio Casas. A legitimidade coletiva da Defensoria Pública para a tutela de segmentos sociais vulneráveis. *Revista de Direito do Consumidor*. São Paulo: Editora Revista dos Tribunais, v. 101, p. 360, set./out. 2015.

O constituinte brasileiro elegeu alguns grupos sociais como merecedores de especial proteção jurídica pelo Estado, em razão de sua notória vulnerabilidade. São os consumidores (art. 5º, XXXII, CF/1988); os idosos (art. 230, CF/1988); as crianças e os adolescentes (art. 227, CF/1988); os deficientes (arts. 227, §2º, e 244, CF/1988); as mulheres (art. 7º, XX, CF/1988); os indígenas (art. 231, CF/1988); e os quilombolas (arts. 68 e 215, §1º, CF/1988).

A legitimação ampla da Defensoria Pública é defendida pela melhor doutrina, para quem o termo *necessitado* não deve ser interpretado restritivamente, abrangendo outros tipos de deficiência, independentemente de sua condição econômica, tendo como norte ampliar a garantia fundamental de acesso à justiça.[503]

Francesco Carnelutti foi um dos primeiros a vislumbrar que a necessidade pode transcender aspectos meramente econômicos. Para o jurista italiano, o necessitado que demanda especial proteção do Estado pode ser o enfermo, o faminto e o encarcerado.[504]

Ada Pellegrini Grinover argumenta com precisão que a assistência judiciária aos economicamente fracos é o papel clássico e tradicional do Estado Defensorial, como instrumento de garantia do acesso à justiça. No entanto, prossegue a saudosa professora das Arcadas destacando a existência de outros aspectos da assistência judiciária muito mais amplos que o auxílio aos *minus habentes*,[505] cuja inserção no âmbito da pertinência temática da Defensoria Pública é autorizada pelos conceitos indeterminados da Constituição, sintonizados à ideia de amplo acesso à justiça e de defesa da dignidade da pessoa humana. O ente defensorial, nesse contexto, surge como grande legitimado das causas sociais.

Visualizar a vocação constitucional da Defensoria pelo ponto de vista meramente econômico mostra-se dissociado da necessidade

---

[503] Para a doutrina, o termo necessitado não deve ser interpretado restritivamente, devendo abranger outros tipos de vulnerabilidades sociais (MANCUSO, Rodolfo de Camargo. *Interesses difusos*: conceito e legitimação para agir. São Paulo: Editora Revista dos Tribunais, 2011. p. 251), dentre elas a jurídica (DIDIER JR., Fredie; ZANETI JR., Hermes. *Curso de direito processual civil*. 8. ed. Salvador: JusPodivm, 2013. v. 4, p. 192) e a organizacional (GRINOVER, Ada Pellegrini. Legitimidade da Defensoria Pública para ação civil pública. *Revista de Processo*. São Paulo: Editora Revista dos Tribunais, v. 165, p. 316, nov. 2008; e TARTUCE, Fernanda. *Igualdade e vulnerabilidade no Processo Civil*. Rio de Janeiro: Forense, 2012. p. 208-213).

[504] CARNELUTTI, Francesco. *As misérias do Processo Penal*. Campinas: Servanda, 2012. p. 27.

[505] GRINOVER, Ada Pellegrini. Assistência judiciária e acesso à justiça. In: *Novas tendências do direito processual*. 2. ed. Rio de Janeiro: Forense Universitária, 1990. p. 245. No âmbito das ações coletivas, tal posicionamento foi reiterado em GRINOVER, Ada Pellegrini. Legitimidade da Defensoria Pública para ação civil pública. *Revista de Processo*. São Paulo: Editora Revista dos Tribunais, v. 165, p. 307-308, nov. 2008.

de realização da plena tutela jurisdicional coletiva e do amplo acesso à justiça. Impede que o órgão essencial à democracia pluralista dê voz aos grupos com interesses ignorados por outras instâncias decisórias e cujas limitações dificultam a sua organização para que busquem judicialmente a implementação ou contestação de políticas públicas.[506]

Os vulneráveis que estão sob a vigilância da Defensoria Pública são os indivíduos e grupos portadores de características que criam desigualdades substanciais impeditivas ao seu acesso à justiça, justificando a atuação do ente como órgão constitucional vocacionado a corrigir essa deficiência. Nas palavras de Fernanda Tartuce, a vulnerabilidade que evidencia a assistência judiciária é "a suscetibilidade do litigante que o impede de praticar atos processuais em razão da limitação pessoal involuntária ensejada por fatores de saúde e/ou de ordem econômica, informacional, técnica ou organizacional de caráter permanente ou provisório".[507]

Na visão de Tiago Fensterseifer, a pertinência temática do órgão defensorial engloba todos aqueles impedidos de "travar as suas relações sociais e jurídicas em condições de igualdade com os demais indivíduos e com os próprios entes estatais", quer sob o aspecto socioeconômico (necessitado em sentido estrito), quer sob o viés organizacional (necessitado em sentido amplo).[508]

Maximizar a legitimidade da Defensoria Pública não implica a fragmentação ou setorização dos interesses que podem ser defendidos por cada um dos legitimados. Como já tivemos a oportunidade de analisar no Capítulo III, a ampliação do rol de porta-vozes e dos limites de suas atuações representa a sobreposição de forças visando a maior e melhor proteção dos interesses da sociedade, mediante a multiplicação das portas de acesso à justiça e a concretização do pacto coletivo de inclusão social.[509]

A jurisprudência dos tribunais brasileiros é iterativa ao reconhecer a ampla pertinência temática da Defensoria, a viabilizar o seu papel de instituição altruísta e essencial à função jurisdicional do Estado, permitindo-a, por exemplo, a ajuizar ações coletivas envolvendo o direito

---

[506] ZUFELATO, Camilo. O caso "rolezinho" como ação coletiva passiva e a intervenção da Defensoria Pública para garantir representatividade adequada do grupo. *Revista de Processo*. São Paulo: Editora Revista dos Tribunais, v. 253, p. 293-294, mar. 2016.
[507] TARTUCE, Fernanda. *Igualdade e vulnerabilidade no processo civil*. Rio de Janeiro: Forense, 2012. p. 184.
[508] FENSTERSEIFER, Tiago. *Defensoria Pública, direitos fundamentais e ação civil pública*. São Paulo: Saraiva, 2015. p. 60-69.
[509] Cf. STJ, REsp 931.513/RS, rel. Min. Herman Benjamin, DJe 27.09.2010.

à educação de estudantes universitários, indenizações aos familiares das vítimas de incêndio em uma casa noturna, condições do sistema carcerário, consumidores de serviços bancários e de abastecimento de água, idosos e analfabetos.[510]

A ampliação da pertinência subjetiva da Defensoria Pública no âmbito das ações coletivas, que já se mostrava clara na doutrina e jurisprudência, foi finalmente reconhecida pelo legislador com o advento da Emenda Constitucional 80/2014, que alterou o art. 134, CF/1988, para incluir dentre as atribuições do órgão a promoção dos direitos humanos e a defesa, em todos os graus, judicial e extrajudicial, dos direitos individuais e coletivos dos necessitados, de forma integral e gratuita, como instrumento do regime democrático.

Ao ensejo, é digno de nota o equívoco incorrido pelo legislador brasileiro ao elaborar o projeto que deu origem ao Código de Processo Civil atualmente vigente, cujo art. 554, §1º, ao regulamentar as ações possessórias coletivas, limitou a atuação da Defensoria Pública à defesa dos réus em situação de hipossuficiência econômica. Tamanho estreitamento na vocação subjetiva do ente defensorial, além de claramente inconstitucional, destoa da jurisprudência construída sobre o tema nos últimos anos, rogando-se que os tribunais interpretem o referido dispositivo legal de forma compatível com o espírito que animou o constituinte brasileiro a escrever a regra do art. 134, CF/1988.

Finalmente, a coletividade beneficiada pela atuação da Defensoria na defesa de interesses supraindividuais não necessita ser obrigatoriamente formada em sua integralidade por pessoas necessitadas, sendo possível que, dentre elas, estejam indivíduos com condições para acionar autonomamente o Poder Judiciário na defesa de seus interesses. O requisito da pertinência temática da Defensoria Pública será atendido sempre que o resultado da demanda puder potencialmente atingir sujeitos hipossuficientes inseridos em um contexto social maior.

Pondera Camilo Zufelato que negar legitimidade à Defensoria nessa hipótese violaria o direito fundamental ao acesso à justiça, porque relegaria a proteção dos interesses dos grupos necessitados à prova – excessivamente difícil de ser produzida – de que a ação coletiva

---

[510] Respectivamente, STJ, REsp 1.264.116/RS, rel. Min. Herman Benjamin, DJe 13.04.2012; TJRS, AI 70057885634, rel. Des. Jorge Alberto Schreiner Pestana, j. 29.05.2014; TJAL, AI 0005188-26.2012.8.02.0000, rel. Des. Alcides Gusmão da Silva, j. 12.09.2012; STJ, REsp 555.111/RJ, rel. Min. Castro Filho, DJ 05.09.2006; e TJPE, AI 3442580, rel. Des. Francisco Eduardo Goncalves Sertório Canto, j. 20.01.2015.

proposta beneficiaria exclusivamente hipossuficientes, impedindo a atuação do órgão defensorial.[511]

Aplica-se por analogia, nessa hipótese, o princípio *in dubio pro justitia socialis*, cuja interpretação no âmbito do processo coletivo representa preservar a garantia de julgamento de mérito, em favor do acesso à justiça e da busca pela efetividade do Poder Jurisdicional, nas hipóteses em que há incerteza acerca da legitimidade de agir.

O princípio foi implicitamente adotado nas ações supraindividuais pelo STJ, por ocasião do julgamento do Recurso Especial 931.513/RS, cujo voto condutor, da lavra do ministro Herman Benjamin, decidiu que, havendo dúvida sobre a legitimação para agir de ente intermediário, "o juiz deve optar por reconhecê-la e, assim, abrir as portas para a solução judicial de litígios que, a ser diferente, jamais veriam seu dia na Corte", sobretudo se estiver em jogo a dignidade da pessoa humana.[512]

A Defensoria Pública sofre das mesmas limitações orçamentárias e de recursos humanos que afligem os demais órgãos públicos, o que recomendaria a aplicação de interpretação restritiva do universo de pessoas que estaria abarcado em sua vocação constitucional, tal como sugerido para o Ministério Público no item 4.1.2, *supra*, inclusive para promover a atuação de outros atores da tutela coletiva. Contudo, sem ignorar as dificuldades enfrentadas pelo ente defensorial, defender sua ampla atividade para abarcar todos os tipos de necessitados, no âmbito das tutelas singular e coletiva, significa oferecer a todos os indivíduos tradicionalmente ignorados pelo Estado e pela sociedade uma tábua de salvação para que seus interesses e necessidades tenham garantida uma via mínima de acesso ao Poder Judiciário.

3.2 Outros parâmetros jurisprudenciais de aferição da representatividade adequada

A despeito de o controle judicial da representatividade adequada ocorrer com mais frequência sob o espeque da pertinência temática dos legitimados, os tribunais têm lançado mão de outros critérios igualmente valiosos para proteger os interesses da coletividade, aproximando a

---

[511] ZUFELATO, Camilo. O caso "rolezinho" como ação coletiva passiva e a intervenção da Defensoria Pública para garantir representatividade adequada do grupo. *Revista de Processo*. São Paulo: Editora Revista dos Tribunais, v. 253, p. 291, mar. 2016.

[512] STJ, REsp 931.513/RS, rel. Min. Herman Benjamin, DJe 27.09.2010.

atividade exercida pelo juiz brasileiro dos parâmetros da *adequacy of representation* do direito norte-americano.

Como já tivemos a oportunidade de abordar, a prática tem demonstrado que muitas associações são constituídas única e exclusivamente para arrecadar fundos por meio da cobrança de mensalidades de seus associados, deixando a defesa judicial dos interesses desses indivíduos em segundo plano.

O ânimo de enriquecimento de algumas dessas entidades faz com que seus esforços se concentrem na captação de filiados e não na efetiva orientação e proteção da coletividade. Sua atuação em juízo é frequentemente deficitária, quer pela impropriedade na formulação das pretensões, quer pela má condução do processo. A ação coletiva, nessas hipóteses, é ajuizada com intuito de conquistar mais membros e mantê-los fidelizados, transformando esse importante instrumento processual em mero simulacro, cuja real função é aumentar a arrecadação da associação.

Os tribunais brasileiros não ignoram essa triste realidade dos processos metaindividuais, havendo precedentes nos quais a representatividade adequada das associações é aferida a partir da seriedade e idoneidade de sua atuação extrajudicial e/ou judicial.

O Tribunal de Justiça do Rio de Janeiro, ao julgar recurso de apelação ajuizado nos autos do processo 0144507-86.1999.8.19.0001, reconheceu a ilegitimidade ativa da associação autora sob o viés da representatividade adequada, dentre outros fatores, pela forma inidônea de captação de seus associados. Segundo o aresto, um prospecto distribuído na região em que o ente intermediário estava sediado anunciava a aderência automática dos interessados à ação civil pública, mediante o pagamento de taxa de R$30,00, contra o qual o associado receberia um conjunto de documentos para liquidar individualmente a sentença coletiva. Para os integrantes da turma julgadora, o panfleto elaborado pela associação comprovava a forma mercantilista com que ela usufruía da tutela metaindividual, conspirando contra a sua representatividade adequada.[513]

A falta de seriedade no trato dos interesses portados pelas associações em juízo também foi objeto de análise pelo Tribunal de Justiça do Paraná, por ocasião do julgamento da apelação 1118209-1. Naqueles autos, ficou registrado que, entre abril e maio de 2013, a

---

[513] TJRJ, Apelação 0144507-86.1999.8.19.0001, rel. Des. Luiz Fernando Ribeiro de Carvalho, j. 13.04.2004.

mesma associação propôs 59 ações idênticas, cujas causas de pedir repousavam na suposta ausência da reserva legal de 20% da área total dos imóveis pertencentes aos réus. Todas as pretensões foram instruídas exclusivamente com cópia do registro imobiliário da propriedade para a finalidade de identificar os lotes que não possuíam averbação da reserva legal.

Na visão dos desembargadores que participaram do julgamento, a inércia da autora em empreender outras diligências para averiguar a efetiva ausência de área de Reserva Legal nas propriedades revelou a incapacidade da associação de demandar coletivamente em favor da sociedade, sugerindo a preponderância do interesse na percepção dos honorários advocatícios sucumbenciais em relação ao próprio direito difuso que fundamentou a propositura das ações. Como consequência, reconheceu-se que a entidade associativa carece de representatividade adequada, razão pela qual a demanda foi extinta sem resolução de mérito.[514] A mesma solução foi aplicada às demais pretensões idênticas ajuizadas pela associação.

Outro parâmetro de aferição da qualidade da representatividade que vem ganhando reconhecimento jurisprudencial relaciona-se com a falta de identidade entre a pretensão veiculada na ação metaindividual e os verdadeiros anseios da coletividade interessada no objeto litigioso. Cuida-se do conflito de interesses que compromete substancialmente a própria tutela supraindividual, pois impede que as aspirações do grupo substituído processualmente ganhem acesso à ordem jurídica justa.

O conflito de interesses na tutela coletiva brasileira não tem origem na intenção do porta-voz do grupo em auferir honorários vultosos, tal como frequentemente ocorre na prática forense norte-americana, mas sim na falta de percepção do legitimado acerca das necessidades da coletividade e das consequências que a procedência dos pedidos trará aos substituídos.

Em pretensão ajuizada para impedir que determinada empresa fabricasse e comercializasse cigarros em todo o território nacional, o Tribunal de Justiça do Distrito Federal declarou que a tutela almejada pela associação estava em conflito com os interesses dos consumidores de produtos derivados do tabaco.[515] De acordo com os fundamentos apresentados no voto condutor, da lavra do desembargador Flávio Rostirola, a cessação pura e simples do uso de cigarros pelos usuários

---

[514] TJPR, Apelação 13832767, rel. Des. Maria Aparecida Blanco de Lima, j. 11.08.2015.
[515] TJDFT, Apelação 0035946-54.2006.8.07.0001, rel. Des. Flávio Rostirola, j. 15.08.2007.

causaria abstinência à nicotina, com diversos efeitos de ordens física e psíquica, que recomendam abordagem multidisciplinar, inclusive com suporte psicológico.

A inadequação da representatividade foi reconhecida pelo conflito entre o interesse dos supostos beneficiários da tutela coletiva (cessação saudável do uso do tabaco, mediante abordagem multidisciplinar) e a pretensão formulada pela associação autora (interrupção imediata da comercialização de cigarros pela empresa-ré, sem qualquer suporte médico e psicológico aos consumidores dependentes).

A suspeita de que uma associação teria sido criada exclusivamente para beneficiar os seus instituidores e não para resguardar os direitos de seus associados levou o Tribunal de Justiça de São Paulo a extinguir ação coletiva em razão da inadequação na representatividade do legitimado, por conflito de interesses.[516]

Nos mandados de segurança coletivos, os sindicatos têm legitimidade ativa para, como substitutos processuais, demandar em juízo a tutela de direitos subjetivos individuais de seus filiados, desde que se cuide de interesses homogêneos que tenham relação com seus fins institucionais. Tal legitimação persiste ainda que a pretensão veiculada interesse apenas a uma parte da respectiva categoria, nos termos da Súmula 630, STJ. No entanto, se a defesa de interesses da categoria pressupor prejuízo de parte dos filiados, os tribunais têm reconhecido a ilegitimidade ativa da entidade de classe para impetrar mandado de segurança coletivo, ante a existência de conflito de interesses.

Foi o que ocorreu com o *writ* ajuizado pelo Sindicato dos Professores do Ensino Oficial do Estado de São Paulo, que tinha por objeto o provimento do cargo de professor aos candidatos aprovados em concurso público, bem como a declaração de ilegalidade na ocupação das vagas por docentes contratados em caráter temporário. A ilegitimidade ativa da entidade sindical foi decretada pelo Tribunal de Justiça de São Paulo porque, caso a segurança fosse concedida, seus efeitos beneficiariam os professores concursados em detrimento dos que ocupam o cargo de forma temporária, em evidente conflito de interesses entre dois grupos

---

[516] TJSP, Apelação 1013468-89.2014.8.26.0562, rel. Des. Carlos Alberto de Salles, DJe 30.10.2018.

de profissionais sindicalizados,[517] posição igualmente adotada pelo STJ em hipóteses similares.[518]

Na tentativa de impedir a ocorrência de conflitos de interesses, o legislador vem impondo requisitos mínimos para a propositura de determinadas ações, a fim de atestar a compatibilização da pretensão ajuizada com os reais interesses da sociedade. Confira-se, por exemplo, que as associações de alunos são legitimadas para questionar o valor de mensalidades escolares desde que compostas ou apoiadas por 20% dos pais ou dos alunos do estabelecimento de ensino (art. 7º, da Lei 9.870/1999).

A intenção do legislador ao editar a Lei 9.870/1999 era de estabelecer um quórum mínimo que permitisse ao magistrado aferir se os interesses dos alunos estão sendo traduzidos fidedignamente perante o Poder Judiciário, sem que o acesso dessas pretensões à justiça seja prejudicado. Nesse caso, a averiguação da compatibilização de interesses se justifica especialmente pelos impactos que a procedência dos pedidos causará no orçamento da instituição de ensino e, consequentemente, na qualidade com que os serviços educacionais serão prestados, efeitos esses que atingirão todo o corpo discente. Logo, é dever do magistrado se certificar do concreto interesse social em ajuizar aquela pretensão posta para julgamento.

Finalmente, é oportuno salientar que o risco de haver conflito de interesses nas ações coletivas de rito comum ajuizadas por entes associativos foi minimizado, no âmbito da defesa dos direitos individuais homogêneos de seus associados, em razão do julgamento do RE 573.232/SC, pelo STF.[519] Segundo o Excelso Pretório, o ajuizamento dessa espécie de pretensão está condicionado à prévia permissão assemblear ou individual de cada um dos associados à entidade. Como consequência, somente serão atingidos pela coisa julgada os filiados que externaram sua concordância com o ajuizamento da demanda, o que pressupõe que suas necessidades estão realmente alinhadas ao pedido elaborado.

---

[517] TJSP, Apelação 2203074-25.2015.8.26.0000, rel. Des. Sérgio Rui, j. 30.03.2016. No mesmo sentido, também do Tribunal Bandeirante, ver Apelação 585.048-5/4-00, rel. Des. Christine Santini, j. 10.02.2009; e Apelação 1015034-48.2014.8.26.0053, rel. Des. Moacir Peres, j. 30.03.2015.
[518] STJ, RMS 41.395/BA, rel. Min. Herman Benjamin, DJe 09.05.2013; RMS 23.868/ES, rel. Min. Maria Thereza de Assis Moura, DJe 30.08.2010; RMS 19.935/SP, rel. Min. José Arnaldo da Fonseca, DJ 17.10.2005; e RMS 15.311/PR, rel. Min. Eliana Calmon, DJ 14.03.2003, este último envolvendo desarmonia de interesses entre os integrantes de uma associação.
[519] STF, RE 573.232/SC, rel. para acórdão Min. Marco Aurélio, DJe 18.09.2014.

4 Critérios suplementares de aferição da representatividade

Sem prejuízo dos parâmetros que já se encontram recepcionados pela legislação, doutrina e jurisprudência, acreditamos que ainda há espaço para a adoção de *lege lata* de critérios complementares, que permitam ao magistrado avaliar a representatividade do portador dos interesses coletivos.

Isso porque o controle atualmente exercido tem se revelado muito mais de ordem formal que propriamente substancial, centrando-se na validade da constituição regular da entidade associativa e, também, na verificação do nexo de pertinência temática existente entre as finalidades estatutárias ou institucionais do legitimado e o objeto da demanda coletiva.

Há poucos registros de arestos sobre conflitos de interesses, ou em que a seriedade do legitimado coletivo foi avaliada a partir da forma com que a associação divulgou suas atividades e captou associados, ou ainda pela profundidade da investigação e levantamento de elementos probatórios, realizados previamente ao ajuizamento da ação.

No caso das associações e sindicatos, a sua idoneidade também pode ser avaliada a partir do tempo de constituição de tais instituições para além do prazo ânuo, seu histórico na proteção judicial e extrajudicial dos interesses ou direitos dos membros do grupo, ou ainda sua conduta e experiência em outros processos de natureza coletiva. A adoção desses critérios complementares autoriza que a seriedade do porta-voz seja qualificada a partir da sua trajetória concreta e efetiva rumo à defesa de interesses metaindividuais, bem como no respaldo recebido do grupo social.

O número de associados ou de filiados também pode ser utilizado como elemento de constatação da representatividade adequada, dado que as entidades que agrupam o maior número de membros, em regra, tendem a ser mais representativas e estáveis que aquelas com pouquíssimos integrantes.

A relevância do portador dos interesses coletivos no âmbito do contexto social em que ele está inserido também pode ser utilizada para o controle da representatividade do autor de ações populares, frequentemente utilizadas para fins meramente políticos e de vendeta.

Permite-se, assim, que a tutela coletiva seja invocada por entidades ou indivíduos cuja atuação já tenha sido previamente validada pela sociedade, fortalecendo a sensação de que o interesse metaindividual será propriamente defendido, bem como que a atividade desempenhada em juízo pelo porta-voz coletivo contará com legitimação social.

É igualmente relevante, para fins de averiguação da representatividade, que as associações, sindicatos e cidadãos demonstrem ter capacidade financeira para empreender judicialmente. Não nos referimos à robustez financeira para arcar com custas processuais, emolumentos e honorários periciais, cuja isenção se encontra prevista na legislação (art. 18, LACP). A capacidade financeira essencial à adequada representatividade do legitimado diz respeito à sua disponibilidade para fazer frente às despesas ordinárias de ações de objeto complexo, que demandam a contratação de assistentes técnicos, elaboração de estudos especializados e o acompanhamento de diligências até mesmo em outros estados. Ao ensejo, não é ocioso rememorar alerta de Mauro Cappelletti e Bryant Garth de que "é necessário muito dinheiro e esforço para criar uma organização de porte suficiente, recursos econômicos e especialização para representar adequadamente um interesse difuso".[520]

À primeira vista, a utilização desses parâmetros de avaliação da seriedade dos legitimados poderia levar à conclusão de que se estaria criando uma reserva de mercado em favor de tradicionais associações e sindicatos ou de pessoas físicas que já estejam atuando há anos em defesa dos interesses da comunidade.

Na verdade, os critérios ora sugeridos objetivam impedir a atuação de legitimados sem expertise e descompromissados com a proteção da sociedade, quer pela constituição de associações meramente formais, quer pela utilização oportunista da ação popular. Outrossim, sua avaliação não deve ser realizada isoladamente, mas dentro de um contexto mais amplo, no qual são contabilizados o histórico extraprocessual, a complexidade do caso concreto, as manifestações oferecidas pelo portador dos interesses em juízo, e as demais balizas de aferição da qualidade da representatividade.

O controle nos moldes ora propostos não municia o magistrado com excessiva subjetividade, que o permitiria restringir a propositura de ações coletivas com a utilização de critérios personalíssimos e puramente discricionários. Ao aferir a representatividade, o juiz atua amparado nos princípios constitucionais; suas decisões não estarão baseadas em critérios de oportunidade e conveniência, mas fundamentadas dentro da moldura constitucional do devido processo legal.

---

[520] CAPPELLETTI, Mauro; GARTH, Bryant. *Acesso à justiça*. Trad. Ellen Gracie Northfleet. Porto Alegre: Sergio Antonio Fabris Editor, 1988. p. 59.

A adoção de parâmetros de aferição da representatividade adequada do Ministério Público, a partir da averiguação de eventual conflito de interesses entre o *parquet* e a coletividade por ele substituída, também se mostra de essencial importância, conforme demonstram dois casos concretos bastante ilustrativos.

No ano de 2002, o Ministério Público do Rio de Janeiro promoveu ação coletiva com o objetivo de condenar a capital do Estado na obrigação de implementar melhorias no Hospital Salgado Filho.[521] A pretensão foi julgada procedente apenas no ano de 2014, com a condenação do município na obrigação de contratar profissionais em número muito superior ao necessário, pois amparada em estudo defasado e que não levava em consideração a evolução do número de leitos e médicos na cidade. Mesmo após a Municipalidade ter chamado a atenção ao problema desses dados, o *parquet* insistiu na execução da sentença nos moldes originalmente fixados, ignorando as restrições orçamentárias da cidade, os reflexos que o cumprimento dessa decisão poderia trazer aos utentes do serviço público de saúde e a necessidade de dar à ação desfecho compatível aos reais e contemporâneos interesses da sociedade carioca.

Outra ação coletiva igualmente emblemática foi ajuizada pelo Ministério Público do Estado de São Paulo no ano de 2014, visando à transferência de três internos de um abrigo de residência assistida para pessoas portadoras de deficiência para outra instalação, dada a sua suposta superlotação.[522] Ao formular sua pretensão, o órgão ministerial ignorou o fato de que o grupo de moradores já estava inserido e adaptado a um contexto social cuja cisão poderia causar danos irreparáveis aos seus membros, bem como que os abrigados estavam bem acomodados e recebiam acompanhamento médico e psicológico apropriados. O caso ainda continha um agravante: nenhum dos supostos prejudicados pela superlotação foi ouvido pela promotoria.

Ainda que o conflito de interesses e suas consequências sobre a representatividade adequada não tenham sido analisados pelos magistrados das ações coletivas referidas acima, os fatos narrados demonstram os impactos sociais que podem advir em decorrência do ajuizamento ou condução de pretensões metaindividuais incompatíveis com os reais interesses da população.

---

[521] Processo 0048233-21.2003.8.19.0001, da 7ª Vara da Fazenda Pública do Rio de Janeiro.
[522] Processo 1023854-75.2014.8.26.0564, da 1ª Vara da Fazenda Pública de São Bernardo do Campo.

Tais situações, nas quais os interesses defendidos não coincidem com os verdadeiros anseios daquele grupo que o ente ministerial se diz portador em juízo, já haviam chamado a atenção de Ada Pellegrini Grinover, para quem "não é raro que alguns membros do Ministério Público, tomados de excessivo zelo, litiguem em juízo como pseudodefensores de uma categoria cujos verdadeiros interesses podem estar em contraste com o pedido".[523] Com efeito, nem sempre o órgão ministerial está em contato direto com a comunidade envolvida no objeto litigioso, o que lhe impede de reproduzir no processo as vozes dos indivíduos por ele substituídos, gerando dissonância entre a pretensão ajuizada e as necessidades coletivas.

É igualmente comum verificar a existência de antagonismos entre as pretensões do Ministério Público e dos demais colegitimados, que ingressam na ação coletiva na qualidade de assistentes litisconsorciais. A título de ilustração, a aplicação fria da lei, almejada pelo *parquet*, pode representar o fechamento de uma indústria que emprega centenas de pessoas em um determinado município, o que implicará no aumento do desemprego na região, afetando sua economia e arrecadação. Consequentemente, caso o Município, a Defensoria Pública e o sindicato dos empregados daquela fábrica também estiverem participando da ação coletiva, haverá resistência dos colegitimados ao pedido posto na petição inicial.

O mesmo pode ocorrer durante as tratativas dos acordos coletivos, em que há a participação de diversos colegitimados. Em hipóteses envolvendo compensação ambiental, é frequente a apresentação de propostas pelos Municípios que envolvam a execução de obras com maior visibilidade para exploração política perante a população, como, por exemplo, a construção de um parque, com equipamentos de ginástica, ainda que sejam plantadas árvores em número muito inferior ao originalmente proposto pelo Ministério Público.

Para essas hipóteses, concordamos com Ada Pellegrini Grinover que o juiz deve exercitar o controle sobre a legitimidade, em razão

---

[523] GRINOVER, Ada Pellegrini *et al*. *Código brasileiro de defesa do consumidor:* comentado pelos autores do anteprojeto. 12. ed. Rio de Janeiro: Forense, 2019. p. 911. A situação também não passou desapercebida por Eduardo Cândia, para quem "sempre nos pareceu, no mínimo, muito precária (para não dizer autoritária) a maneira como os legitimados ativos à ação coletiva formalizam termos de ajustamento de conduta (TAC) ou ajuízam ações coletivas em benefício dos grupos. Não raro, aqueles que deveriam ser sempre representados nessas situações (os grupos e seus subgrupos) ficam escanteados, subordinados à consciência do membro do Ministério Público, da Defensoria, da advocacia pública ou privada. Os 'representados' não são ouvidos" (CÂNDIA, Eduardo. *Deficit coletivo na tutela jurídico-coletiva periférica*. Tese de Doutorado. São Paulo: Pontifícia Universidade Católica, 2016. p. 11).

de os conflitos de interesses deste jaez ferirem de morte a adequada representatividade do Ministério Público.[524]

A solução para o aparente conflito de interesses entre o órgão ministerial, a coletividade e os demais colegitimados pode se dar por meio da realização de audiências públicas, na forma da Resolução 82/2012 do Conselho Nacional do Ministério Público, cuja função precípua é suprir qualquer déficit informacional que eventualmente exista no legitimado metaindividual acerca das necessidades sociais que demandam a sua atuação. Tal interação comunicativa, a despeito de tornar o processo mais complexo, valida a atuação daqueles que defendem os interesses supraindividuais em juízo e fulmina qualquer divergência que venha a existir entre o pedido formulado na pretensão coletiva e os efetivos anseios do grupo interessado.

As audiências públicas também são instrumentos essenciais à discussão e elaboração de Termos de Ajustamento de Conduta, que muitas vezes são celebrados pelo Ministério Público sem a participação da sociedade e dos demais colegitimados. Aliás, a importância das audiências pública para a tutela coletiva recomenda que elas se tornem uma prática de *todos* os entes legitimados e não apenas do *parquet*.

Finalmente, mostra-se de vital importância que a atuação do profissional com capacidade postulatória, que peticiona no processo em nome do legitimado coletivo, igualmente sirva como critério de aferição da representatividade. Não se trata apenas do advogado que age em nome das associações e do cidadão autor da ação popular, mas também do representante do Ministério Público, dos procuradores da União, Estados, Municípios e do Distrito Federal e Defensores Públicos.

As regras específicas quanto à legitimação, litispendência, conexão, coisa julgada e liquidação, aliadas à complexidade dos direitos em jogo, recomendam que o processo coletivo seja manuseado por operadores capacitados e experientes, que detenham recursos humanos e financeiros para superar os desafios inerentes à proteção dos interesses metaindividuais. São esses profissionais do direito que estarão à frente do processo e cuja atuação zelosa e vigorosa será essencial a um desfecho favorável ao grupo, seja na forma com que a pretensão é formulada ou respondida, seja na produção de eventuais provas na fase de instrução, seja ainda na interposição de recursos.

O parâmetro mostra-se especialmente útil para os casos em que a associação autora da pretensão foi constituída há pouco tempo, a

---

[524] GRINOVER, Ada Pellegrini *et al.* Op. cit., p. 911.

partir da união de diversas vítimas de uma determinada catástrofe que é objeto dos autos, o que impede que se avalie sua seriedade e histórico na proteção de interesses metaindividuais. Aquilatar a qualidade da conduta processual do patrono da associação pode ser, dessa forma, o único meio de se impedir potenciais danos aos interesses dos indivíduos interessados no litígio.

O controle da justa representatividade do operador do direito é também importante na hipótese em que os réus de uma ação possessória coletiva, citados por edital e revéis ou que não tenham tido tempo suficiente para contratar seu advogado, são defendidos por um curador especial inidôneo ou tecnicamente despreparado, cuja nomeação judicial se deu diante da inexistência da Defensoria Pública na região.

Considerando que a nomeação de curador especial, nesses casos, visa à garantia do contraditório e da ampla defesa, tais valores constitucionais jamais serão atingidos caso os interesses da coletividade sejam representados por um profissional inapto a exercer corretamente o seu múnus.

Mesmo nas hipóteses em que há ente defensorial e tenha ocorrido a intimação do Ministério Público, somente haverá compatibilidade da ação coletiva passiva com o modelo constitucional de processo adotado pelo Brasil se a atuação desses órgãos for capacitada e dirigida à efetivação do contraditório, com a defesa concreta dos interesses do grupo social que usualmente não detém poderes suficientes de articulação e de defesa judicial. Caso esses porta-vozes – sobre os quais paira presunção relativa de representatividade adequada – exerçam sua incumbência de forma insuficiente à proteção dos interesses transindividuais em jogo, é dever do magistrado lançar mão de medidas acautelatórias, seja determinando a substituição dos representantes do *parquet* ou da Defensoria Pública, seja ainda intimando os demais legitimados para que venham a atuar no feito.

O que se pretende com a avaliação da atuação desses atores do processo coletivo, para fins de aferição da representatividade adequada, é estabelecer um padrão mínimo de performance, a impedir, por exemplo, que toda uma coletividade seja afetada porque não se recorreu de uma sentença teratológica ou ainda porque determinadas questões apresentadas pela parte contrária não foram suficientemente impugnadas no momento oportuno.

No nosso sentir, a atividade imprópria do advogado, que prejudica a defesa dos interesses da coletividade por ele representada processualmente, gera grave vício na representação processual, o que recomenda saneamento na forma do art. 76, CPC/2015. Ora, é da essência da representação a atuação do representante em prol do representado, razão pela qual a atuação deficitária do patrono do ente associativo implica a destruição da premissa nuclear do instituto, desvirtuando-o por completo.

O patrocínio errático dos direitos do grupo inviabiliza o papel constitucional do advogado, como profissional indispensável à concretização da justiça (art. 133, CF/1988), além disso, rompe o elo de confiança estabelecido entre causídico e cliente, traço característico de qualquer contratação desta espécie.

Defrontando-se com tal situação, cabe ao magistrado intimar pessoalmente a parte prejudicada pela atuação deficitária de seu representante processual, dando-lhe ciência dos atos praticados em seu desfavor, e a oportunidade de substituir o profissional que a está assistindo, se assim desejar.

Da mesma forma, não nos parece que a determinação de substituição dos representantes do Ministério Público ou da Defensoria implique violação ao princípio da inamovibilidade, previstos nas Leis Orgânicas dos respectivos órgãos (respectivamente, art. 38 da Lei 8.625/1993 e art. 79 da Lei Complementar 80/1994), ou do promotor natural.

A inamovibilidade significa a impossibilidade de transferência arbitrária dos processos que estão sob a responsabilidade de determinado integrante do *parquet* ou do ente defensorial para outros membros desses órgãos. A inamovibilidade, contudo, não é absoluta, podendo ser afastada na hipótese de haver manifesto interesse público, tal como ocorre quando verificada a atuação processual inadequada dos representantes do Ministério Público e da Defensoria. É dever dos integrantes de ambas as entidades desempenhar com zelo e presteza as suas funções, obedecendo aos prazos processuais e indicando os fundamentos jurídicos de seus pronunciamentos (art. 43, III, IV e VI da Lei 8.625/1993 e art. 45, II, V e VII da Lei Complementar 80/1994). O controle da representatividade neste caso procura simplesmente garantir o cumprimento das regras organizacionais dos próprios órgãos, notadamente quanto a qualidade do labor desempenhado por seus integrantes.

Como desdobramento dos valores de independência funcional e de inamovibilidade dos membros do Ministério Público, o princípio do promotor natural objetiva impedir a escolha casuística de representantes do *parquet*, pelo procurador-geral de justiça, para o exercício das atribuições do órgão. Ao ser determinada a substituição do promotor faltoso, haja vista a sua inadequada representatividade, não serão alteradas as regras de distribuição de processos entre as repartições internas do órgão ministerial (*v.g.* os Centros de Apoio Operacional de Direitos Humanos, do Consumidor, do Meio Ambiente e Urbanismo do MPSP), mas apenas a troca do profissional por outro igualmente especializado no tema e escolhido de acordo com a estrutura organizacional da entidade. Não se viabilizará qualquer manipulação casuística ou designação seletiva pela chefia da instituição.

A intervenção do magistrado no modo pelo qual o Ministério Público conduz o processo, tal como sugerido, não é inédita. Com efeito, o art. 28, CPP, já prevê algo similar, ao determinar que, caso o *parquet* requeira o arquivamento do inquérito policial, em vez de apresentar a denúncia, o juiz poderá remeter o inquérito ao procurador-geral, para que este ofereça a peça inaugural, designe outro membro do Ministério Público para oferecê-la, ou insista no pedido de arquivamento.

O controle da representatividade adequada sob este viés não tem por objetivo punir o advogado ou o membro do Ministério Público e da Defensoria que atuou com desídia ou imperícia, mas substituí-los para evitar que os interesses objeto dos autos sejam prejudicados. Eventuais penalidades, se cabíveis, serão aplicadas pelos respectivos órgãos de classe ou corregedorias.

Concordamos com Antônio Gidi quanto à possibilidade de as entidades de classe de advogados, defensores e promotores resistirem à aferição da representatividade nos moldes ora sugeridos, em razão de ela dar azo à ingerência do juiz na forma com que os representantes processuais das partes atuam no processo, com risco abuso de autoridade.[525] Contudo, ponderados os riscos do exercício abusivo desse controle, cuida-se de salvaguarda fundamental para o processamento seguro de qualquer pretensão coletiva, que será utilizada pelo Poder Judiciário com parcimônia e norteando-se nos princípios constitucionais.

Ademais, merece registro o posicionamento de Eduardo Cândia de que o controle da representatividade deveria recair exclusivamente sobre os advogados, defensores e membros do Ministério Público que assinam a petição inicial e acompanham o processo coletivo, "posto serem esses os verdadeiros 'representantes' em juízo da coletividade – e não sobre a parte ativa, ou seja, sobre a pessoa jurídica de direito

---

[525] GIDI, Antônio. *Rumo a um Código de Processo Civil coletivo*: a codificação das ações coletivas no Brasil. Rio de Janeiro: Forense, 2008. p. 96.

público ou privado, ou sobre a instituição do Ministério Público ou da Defensoria Pública".[526]

É bem verdade que cabe aos referidos profissionais conduzir o litígio de forma diligente, a garantir a tenaz proteção dos interesses metaindividuais. Contudo, a atuação de advogados, defensores e promotores pressupõe a existência de infraestrutura e informações que somente podem lhes ser concedidas pelos entes legitimados. O advogado privado contratado para atuar em prol de associação não será capaz de promover uma ação coletiva envolvendo responsabilidade ambiental se não receber subsídios mínimos que comprovem a existência do ato ilícito, dos danos e do nexo de causalidade. Há, portanto, uma *simbiose* entre os legitimados e aqueles que atuarão em seu nome no processo, que exige que o controle da representatividade não se limite aos profissionais do direito, mas abarque todos que atuam em favor da coletividade.

A posição do ilustre professor, sobre a qual respeitosamente discordamos, transmite a falsa sensação de que as entidades associativas seriam as mesmas *testas de ferro* (*figureheads*) do direito coletivo norte-americano (cf. item 3.4.2 do Capítulo V, *supra*). Mas a realidade brasileira é outra, inclusive quanto à forma de atuação dos porta-vozes processuais, sua relação com o grupo e autonomia para investigar os fatos.

Por fim, observa-se que os Projetos de Lei 4.778/2020 e 1.641/2021 trazem rol exemplificativo de critérios de aferição da representatividade adequada, como a credibilidade, capacidade técnica e financeira, experiência, histórico na proteção judicial e extrajudicial dos interesses ou direitos supraindividuais, conduta em outros processos coletivos, alguns deles já abraçados pela jurisprudência brasileira, e inspirados pela experiência norte-americana.

5 As consequências da inadequação do porta-voz da coletividade

Os tribunais brasileiros, ao serem confrontados com a inadequação do porta-voz da coletividade, têm, usualmente, decretado a extinção da ação metaindividual sem resolução de mérito por ilegitimidade de

---

[526] CÂNDIA, Eduardo. *Legitimidade ativa na Ação Civil Pública*. Salvador: JusPodivm, 2013. p. 269.

parte, o que tem ocorrido a qualquer momento do processo e grau de jurisdição, inclusive de ofício.

Entretanto, o desfecho tradicionalmente registrado na jurisprudência nos parece equivocado, pois desprestigia a instrumentalidade do processo, o princípio da primazia do julgamento do mérito, e a possibilidade de pacificação de um conflito metaindividual, que somente não foi levada a efeito pela falta de aptidão do portador dos interesses da coletividade em juízo.

Assim como defendido por Antônio Gidi, entendemos que as consequências processuais da inadequação do representante devem variar de acordo com o estágio em que o processo estiver, para evitar o desperdício de atividade jurisdicional, além de impedir a ocorrência de prejuízos à coletividade.[527]

Por ocasião do recebimento da inicial, e ao analisar o preenchimento dos requisitos da pretensão formulada, o magistrado tem a primeira oportunidade de aferir se o representante possui credibilidade, capacidade e prestígio, qual o seu histórico na proteção de direitos coletivos, como também eventual incompatibilidade dos pedidos com os verdadeiros interesses dos autos.

O controle da representatividade nesse momento inicial não cria incidente processual desnecessário, que emperra e burocratiza o processo, como sugere Gregório Assagra de Almeida,[528] mas autoriza que, desde o início, seja garantida à coletividade uma defesa efetiva de seus direitos, mediante construção de uma pretensão robusta e compatível com os anseios dos indivíduos representados, além do desenvolvimento de contraditório qualificado.

Algumas inadequações do intérprete da classe podem ser supridas pelo próprio magistrado. Se elas estiverem relacionadas, por exemplo, à forma com que a pretensão foi formulada, parece-nos possível que o juiz determine a emenda da inicial (art. 321, CPC/2015), orientando o porta-voz da classe sobre como e em face de quem o pedido deve ser formulado. Caso a coletividade integre o polo passivo da relação processual, é viável que o magistrado lhe conceda uma nova oportunidade para se manifestar sobre alguma questão que não tenha sido impugnada no momento oportuno.

---

[527] GIDI, Antônio. *Rumo a um Código de Processo Civil coletivo:* a codificação das ações coletivas no Brasil. Rio de Janeiro: Forense, 2008. p. 103-104.
[528] ALMEIDA, Gregório Assagra de. *Codificação do direito processual coletivo brasileiro.* Belo Horizonte: Del Rey, 2007. p. 125.

Respeitado o limite da imparcialidade, essa ingerência judicial no caminhar do processo decorre, não só da relevância dos direitos tutelados, mas também do papel do juiz no processo civil metaindividual. Enquanto no litígio individual o magistrado possui um papel mais passivo e neutro, no processo coletivo o julgador deve atuar ativamente na supervisão e condução do litígio, pois há a necessidade de se fiscalizar a atuação do legitimado, para proteger os interesses dos detentores dos direitos objeto da lide e que não participam efetivamente do contraditório.[529]

Verificada a inadequação do legitimado, cabe ao magistrado também providenciar a sua substituição por outro, pela aplicação por analogia do art. 5º, §3º, da Lei de Ação Civil Pública, segundo a qual qualquer legitimado pode assumir o processo se o autor original desistir ou abandonar a ação.[530] Solução similar é dada pelos Projetos de Lei 4.778/2020 e 1.641/2021, que permitem a substituição do autor coletivo que careça de representatividade suficientes (art. 5º, §5º e art. 7º, §§7º e 8º, respectivamente).

A troca do porta-voz inadequado pode ocorrer pela convocação dos demais legitimados, por meio de publicação de edital descrevendo o objeto do processo, as causas que levaram ao reconhecimento da impropriedade do representante da coletividade, bem como as características que o interessado em assumir a defesa do grupo deve portar para atuar de forma compatível com a importância do litígio.

Alternativamente, pode o magistrado lançar mão da intervenção *iussu iudicis*, para intimar um colegitimado a integrar a relação jurídica processual, ou determinar ao Ministério Público que promova o prosseguimento da ação, se assim desejar.[531] Nessa hipótese, os convocados não são obrigados a prosseguir com a ação, podendo declinar de tal

---

[529] OLIVEIRA, Swarai Cervone de. *Poderes do juiz nas ações coletivas*. São Paulo: Atlas, 2009. p. 49. Comungando do mesmo entendimento, CHAFFEE JR., Zechariah. *Some Problems of Equity*. Ann Arbor: University of Michigan Law School, 1950. p. 244.

[530] A solução é sugerida por DIDIER JR., Fredie; ZANETI JR., Hermes. *Curso de direito processual civil*. 8. ed. Salvador: JusPodivm, 2013. v. 4, p. 220; LEONEL, Ricardo de Barros. *Manual do processo coletivo*. 2. ed. São Paulo: Editora Revista dos Tribunais, 2011. p. 174; e GIDI, Antônio. A representação adequada nas ações coletivas: uma proposta. *Revista de Processo*. São Paulo: Editora Revista dos Tribunais, v. 108, p. 61, out./dez. 2002, dentre outros, e já foi aplicada pelo TJMS no julgamento da apelação 0811330-21.2018.8.12.0001, rel. Des. Sideni Soncini Pimentel, DJe 10.07.2020.

[531] Cf. MAZZILLI, Hugo Nigro. *A defesa dos interesses difusos em juízo*. 18. ed. São Paulo: Saraiva, 2005. p. 276; e OLIVEIRA, Cláudio Azevêdo da Cruz; MELO, Pedro J. Costa; FERREIRA, Rafael Silva. A intervenção do juiz na adequação do autor coletivo: um passo rumo a efetivação dos direitos fundamentais. *In*: DIDIER JR., Fredie; MOUTA, José Henrique (coords.). *Tutela Jurisdicional Coletiva*. Salvador: JusPodivm, 2008. p. 156.

tarefa, caso, por exemplo, entenda que a pretensão é incabível ou não traduza os concretos anseios da sociedade.

Considerando a natureza essencialmente publicista do processo, a intervenção *iussu iudicis* objetiva compatibilizar os participantes da relação processual com a relevância dos interesses objeto dos autos e para além do alvedrio das partes, materializando o acesso à justiça, a efetividade e eficiência do poder jurisdicional, sem se descuidar da necessidade de o processo ser conduzido de forma a emanar resultado útil à própria sociedade.[532]

O estágio embrionário em que o processo se encontra permite que o novo porta-voz da classe emende a inicial, acrescentando fatos, fundamentos jurídicos e pedidos que ele entender necessários para proteger melhor os interesses da coletividade substituída, sem necessidade de manifestação da parte contrária (art. 329, I, CPC/2015).

A possibilidade de ser adotada uma das alternativas ora ventiladas afasta o receio de Gregório Assagra de Almeida de que o controle da representatividade poderia ser utilizado como instrumento de negativa de admissibilidade às demandas coletivas, bem como de promover sentenças processuais, como alertam Fredie Didier Jr. e Hermes Zaneti Jr.[533]

Na eventualidade de não surgirem interessados em assumir e prosseguir com o litígio coletivo, caberá ao juiz a drástica e ineficiente solução de extinguir o feito sem resolução de mérito.

Na prolação do despacho saneador, o magistrado terá a segunda oportunidade de avaliar a qualidade do portador dos interesses coletivos em juízo. Nessa etapa processual, o juiz detém condições de averiguar a conduta processual do representante da classe, a forma com que ele impugnou os fatos e fundamentos legais trazidos em contestação ou sua própria defesa, em se tratando de ação coletiva passiva, e as provas que pretende produzir em favor do grupo substituído. Outrossim, os

---

[532] Acrescenta-se, assim, uma nova espécie atípica de intervenção *iussu iudicis*, dentre aquelas arroladas por Fredie Didier Jr. (intervenção do litisconsórcio facultativo unitário; intervenção do substituído processualmente; e intimação do cônjuge preterido, na forma do art. 73, CPC/2015), todas destinadas à concretização dos princípios da adequação, da duração razoável do processo e da eficiência (DIDIER JR., Fredie. *Curso de direito processual civil*. 19. ed. Salvador: JusPodivm, 2017. v. 1, p. 528-529).

[533] Respectivamente, ALMEIDA, Gregório Assagra de. *Codificação do direito processual coletivo brasileiro*. Belo Horizonte: Del Rey, 2007. p. 104; VENTURI, Elton. *Processo Civil Coletivo*. São Paulo: Malheiros, 2007. p. 226-227; e DIDIER JR., Fredie; ZANETI JR., Hermes. *Curso de direito processual civil*. 8. ed. Salvador: JusPodivm, 2013. v. 4, p. 214.

elementos trazidos pelo adversário da classe autorizam a aferição de eventual conflito de interesses entre o porta-voz e o grupo.

A importância da decisão saneadora para avaliar a representatividade do porta-voz da coletividade levou o CNJ a emitir a Recomendação 76/2020, para que os magistrados, ao organizar o processo, verifiquem e definam claramente a legitimação adequada do condutor do processo coletivo.

Se o déficit estiver adstrito à atividade processual do porta-voz, poderá o julgador, durante a fase instrutória, determinar de ofício a produção de provas que entender pertinentes, respeitada a delimitação do objeto litigioso e dos fatos controvertidos, inclusive participando ativamente da prova técnica, formulando quesitos a serem respondidos pelo perito. Ainda é possível ao magistrado determinar a substituição do advogado que atua em nome da associação, ou do procurador, defensor ou membro do Ministério Público cuja atuação estiver prejudicando a proteção dos interesses coletivos, nos moldes já expostos (vide item 4, *supra*).

Nesse momento é igualmente possível determinar a substituição do legitimado por outros, seja pela publicação de edital, seja pela intervenção *iussu iudicis*, ou mesmo a emenda da inicial, independentemente de aquiescência da parte contrária. Nesta última hipótese, embora o art. 329, II, CPC/2015, estabeleça que o autor somente pode aditar a inicial com o consentimento do réu, o STJ decidiu que, no âmbito das ações coletivas, é possível que o juiz determine a emenda da inicial mesmo após o oferecimento da contestação, desde que seja oportunizado ao réu manifestar-se sobre o ato, assegurando o contraditório e a ampla defesa, sem que isso cause qualquer nulidade processual. A solução – que cria uma exceção de *lege lata* ao princípio da estabilidade da demanda – garante não apenas o aproveitamento dos atos processuais e o atendimento aos princípios da efetividade e economia, mas também que se dê solução compatível à metodologia a que se submetem as ações metaindividuais.[534]

O magistrado pode finalmente avaliar a representatividade adequada por ocasião da prolação da sentença de mérito ou do julgamento dos recursos interpostos pelas partes. Nessa etapa, é possível fazer uma análise retrospectiva de toda a atividade processual do legitimado, permitindo acurada avaliação da capacidade técnica do portador dos interesses do grupo e sua comparação aos padrões

---

[534] STJ, REsp 1.279.586/PR, rel. Min. Luis Felipe Salomão, DJe 17.11.2017.

mínimos de boa conduta processual. Nesse momento, parece-nos que a única via possível é a extinção do processo sem resolução de mérito, porque, como bem coloca Rodrigo Mendes de Araújo, "a assunção do polo ativo por outro legitimado, em fase tão avançada do processo, deixar-lhe-á pouca margem de atuação, já que todas as provas já terão sido produzidas".[535]

Excepcionalmente, a depender das peculiaridades do caso concreto (como, por exemplo, a impossibilidade de a ação ser reproposta pela ocorrência da prescrição ou decadência), o magistrado pode adotar soluções criativas, como decretar a nulidade do processo a partir de determinada fase processual. A anulação do processo deverá ser amplamente fundamentada, cabendo ao juiz identificar especificamente cada um dos atos que vieram a causar prejuízo à coletividade e de que forma a inadequação do porta-voz coletivo contribuiu para sua ocorrência, em atenção ao princípio geral das nulidades (*pas de nullité sans grief*), previsto no art. 282, CPC/2015.

Cuida-se de solução inspirada na necessidade de flexibilização ou adaptação de procedimento, para que as partes sejam submetidas a uma tutela jurisdicional efetiva e justa, compatível à natureza e complexidade do conflito.

Considerando o atual estado da arte, o trânsito em julgado fulmina qualquer possibilidade de controle tardio da representatividade ou mesmo de rejulgamento da pretensão na qual os interesses da coletividade foram defendidos por um porta-voz inidôneo. Poder-se-ia pensar na ação rescisória, mas a sua viabilidade dependeria, em primeiro lugar, de regulamentação legal do controle da representatividade adequada, e, em segundo lugar, que a questão fosse analisada pela decisão de mérito, para, assim, franquear acesso ao juízo rescindente com fundamento no art. 966, V, CPC/2015.

Parte da doutrina tem sugerido alternativas processuais à inadequação do porta-voz da coletividade, que devem ser recebidas com ressalvas.

Para Antônio Gidi, independentemente de previsão legal, a carência de representatividade não gera coisa julgada material, porque "se a representação adequada é um requisito da tutela coletiva, a sua ausência vicia todo o processo de forma insanável".[536] Como

---

[535] ARAÚJO, Rodrigo Mendes de. *A representação adequada nas ações coletivas*. Salvador: JusPodivm, 2013. p. 242.
[536] GIDI, Antônio. *Rumo a um Código de Processo Civil coletivo*: a codificação das ações coletivas no Brasil. Rio de Janeiro: Forense, 2008. p. 100.

consequência, o professor baiano afirma que a mesma pretensão pode ser reproposta por qualquer legitimado.

Discordamos com a devida vênia do posicionamento de Antônio Gidi, por entendermos que qualquer exceção ao sistema de formação da coisa julgada deve estar expressamente prevista em lei, tal como ocorre com a *res judicata secundum eventum probationis*, não se podendo cogitar qualquer proposição nesse sentido de *lege lata*. Outrossim, considerando a intrínseca relação do instituto com a legitimação de agir, nos parece incongruente permitir a análise do mérito de pretensão na qual o representante da coletividade é inadequado, porque, nesse contexto, a ação carece de uma de suas condições. Em outras palavras, não deve haver julgamento do mérito, porque o porta-voz da classe não detém legitimidade para propor a ação.

Pedro da Silva Dinamarco, por sua vez, propõe de *lege ferenda* que o juiz, ao julgar o mérito da pretensão, decida se a sua sentença estará ou não acobertada pelo manto da coisa julgada, a depender da medição da representatividade.[537] Conquanto a proposta seja interessante do ponto de vista prático, parece-nos perigoso atribuir ao próprio juiz a faculdade de decidir se a sua sentença fará ou não coisa julgada material, sem a definição de parâmetros seguros, como a ausência de provas. Seria mais apropriado deixar para um segundo juiz, ao se defrontar com o ajuizamento de uma nova ação coletiva com o mesmo objeto, avaliar se os interesses metaindividuais foram vigorosamente defendidos pelo porta-voz do grupo na demanda anterior, através de uma visão completa e retrospectiva de todo o fenômeno processual, tal como ocorre no sistema estadunidense.

Uma vez verificada a inadequação do portador dos interesses supraindividuais, sua substituição deve ser feita imediatamente, para reestabelecer a correta proteção dos interesses em jogo, não nos parecendo compatível com o princípio da economia processual que se aguarde até a prolação da sentença para decidir sobre a representatividade adequada e a coisa julgada material.

Por fim, Flávia Hellmeister Clito Fornaciari sugere a criação de técnica similar ao *collateral attack* estadunidense, em que o magistrado responsável pelo processamento e julgamento de uma ação individual ou coletiva poderia declarar a não-formação de coisa julgada em pretensão metaindividual anteriormente julgada, caso ele constate a

---

[537] Vide DINAMARCO, Pedro da Silva. *Ação civil pública*. São Paulo: Saraiva, 2001. p. 105-106.

inadequação do primitivo intérprete dos interesses coletivos em juízo, sem a necessidade de rescindir a primeira sentença.[538]

A solução aventada é interessante por deixar a averiguação da representatividade ao magistrado da demanda subsequente, a quem caberá identificar eventuais deficiências na condução da defesa dos interesses coletivos. No entanto, tal alternativa depende de alteração legislativa, na qual poderão ser especificados limites temporais e os aspectos que poderão viabilizar o ataque colateral, em respeito à segurança jurídica.

6 Análise dos Projetos de Lei 4.778/2020, 4.441/2020 e 1.641/2021

A experiência de mais de 30 anos de vigência da LACP demonstrou que o microssistema de processos coletivos necessita de aprimoramentos para melhor resguardar os interesses da coletividade. Partindo dessa premissa, o legislador apresentou recentemente três proposições legislativas que reformulam o regramento da Ação Civil Pública em diversos pontos sensíveis, como legitimação, representatividade, coisa julgada e autocomposição coletiva.

O Projeto de Lei 4.778/2020, de autoria do Deputado Marcos Pereira, é resultado da pesquisa do Grupo de Trabalho do CNJ, constituído por iniciativa do então presidente Ministro Dias Toffoli e sob coordenação da Ministra Maria Isabel Diniz Galotti Rodrigues. Por sua vez, o Projeto de Lei 1.641/2021, apresentado pelo Deputado Paulo Teixeira em homenagem à saudosa Ada Pellegrini Grinover e em substituição à Proposição 4.441/2020, é fruto do trabalho realizado pela Comissão de Juristas de Direito Processual do Instituto Brasileiro de Direito Processual – IBDP.

Inicialmente, cumpre elogiar a inclusão do controle da representatividade em ambas as proposições legislativas, a ser realizado em todas as etapas do processo, o que demonstra a preocupação do legislador em garantir a qualidade da participação daqueles que se manifestam no processo em prol da coletividade, para que a tutela reclamada seja adequada às reais necessidades do grupo e o litígio se desenvolva de

---

[538] FORNACIARI, Flávia Hellmeister Clito. *Representatividade adequada nos processos coletivos*. Tese de Doutorado. São Paulo: Faculdade de Direito da Universidade de São Paulo, 2010. p. 160-161.

forma harmoniosa com os interesses defendidos e com o princípio do devido processo legal.

O Projeto de Lei 4.778/2020 limitou o controle da representatividade adequada à atuação das associações (art. 4º, V), trazendo uma série de dispositivos que restringe a atuação desses entes intermediários.

A representatividade das associações será demonstrada, dentre outras formas, por meio do seu número de associados, sua capacidade financeira e técnica, histórico na defesa dos interesses coletivos e laudo indicativo do número de pessoas atingidas pelo alegado dano (art. 5º).

Dos parâmetros arrolados no art. 5º do Projeto de Lei 4.778/2020, parece-nos que o número de pessoas atingidas pelo alegado dano (inciso V) não tem relação alguma com a representatividade adequada da associação, mas com a extensão do prejuízo causado, a quantidade de interessados naquele feito, e, consequentemente, a relevância social do objeto litigioso. A presença de especialistas na associação, versados no objeto litigioso (inciso IV), também não possui relevância alguma para a aferição da representatividade do porta-voz coletivo. Na eventualidade de o objeto do processo demandar conhecimentos técnicos, inclusive para a produção de provas, o ente legitimado poderá se valer do auxílio de profissionais diversos, seja como assistentes técnicos, seja ainda como testemunha técnica, independentemente de eles integrarem o quadro associativo.

Outro equívoco do projeto é condicionar a concessão de tutela provisória, inclusive de urgência, ao reconhecimento judicial da representatividade adequada da associação que promover a demanda (art. 10º, §4º). Tal como posto, o controle da representatividade está sendo utilizado como obstáculo à pronta intervenção judicial, em hipóteses em que há risco de dano irreparável à coletividade ou perecimento de direito.

O Projeto de Lei 4.778/2020 também merece críticas ao atribuir ao Ministério Público o dever de propor ação de dissolução da associação que carecer de representatividade e atuar com desvio de finalidade, deduzir pretensão contra a ordem jurídica ou usar o processo para alcançar objetivo ilegal (art. 4º, §4º). A falta de representatividade não pode ser relacionada, ainda que indiretamente, à utilização patológica da tutela coletiva pelos entes intermediários. Tal como redigido, o dispositivo inibirá a participação das associações, que passarão a recear serem punidas caso sua representatividade adequada não seja reconhecida.

Demonstrada a inadequação do representante, o Projeto de Lei 4.778/2020 viabiliza a sucessão processual, autorizando que o Ministério Público ou outro legitimado assuma o feito (art. 5º, §5º). Contudo, o dispositivo sugerido não esclarece se a sucessão seria provocada por ato do magistrado, que cientificaria os demais legitimados, ou dependeria de ato voluntário dos interessados em assumir o polo ativo da relação processual.

Os Projetos de Lei 4.441/2020 e 1.641/2020, apresentados pelo Deputado Paulo Teixeira, são bastante parecidos quanto ao controle da representatividade do porta-voz do grupo.

De acordo com a primeira proposição legislativa, o controle da representatividade está limitado às entidades civis, que deverão demonstrar já na petição inicial que há pertinência temática entre seu estatuto e o objeto litigioso e a ausência de conflito de interesses (arts. 6º, §1º, e 11). A averiguação da adequada legitimação levará em conta o número de associados, a capacidade financeira da entidade, seu histórico na defesa de interesses coletivos, seu tempo de constituição e grau de representatividade (art. 6º, §2º).

O controle da representatividade será exercido pelo magistrado durante todo o processo (art. 6º, §4º), especialmente na decisão saneadora (art. 19, III) e previamente à celebração de acordos coletivos (art. 31); e na eventualidade de se verificar a inadequação da associação, ela será sucedida pelos demais colegitimados (art. 6º, §3º).

O Projeto de Lei 1.641/2021, por sua vez, parece-nos dar melhor tratamento ao controle da representatividade ou da legitimidade adequada, como lá é denominada.

Em primeiro lugar, ao estabelecer parâmetros aplicáveis a todos os entes legitimados e não apenas às associações (art. 7º, §§1º e 2º). Isto é, a legitimação adequada pressupõe que a finalidade institucional dos legitimados tenha relação com o objeto litigioso, e que eles atendam a critérios de credibilidade, capacidade técnica e histórico na defesa dos interesses coletivos. O projeto inova ao determinar que o magistrado avalie a congruência entre os interesses tutelados pelo porta-voz processual e o objeto da demanda (art. 7º, IV), para averiguar a legitimação adequada pelo viés da correlação entre as necessidades do grupo substituído e a pretensão posta em juízo.

De acordo com a lei projetada, o controle da representatividade se dará durante todo o processo (art. 7º, §4º), e é premissa ao processamento e homologação de autocomposição coletiva (art. 37, IV, art. 38, §5º, e art. 39, §2º).

A prova da representatividade adequada poderá ser dispensada se demonstrada urgência que exija pronta intervenção judicial ou ainda nos casos em que verificado manifesto interesse social, evidenciado pela dimensão, característica do dano ou pela relevância do bem jurídico a ser protegido (art. 7º, §3º).

Havendo a inadequação do legitimado, o Projeto de Lei 1.641/2021 determina que o magistrado promova a sucessão processual, cientificando os integrantes da coletividade interessada e os demais legitimados, para que estes assumam a condição do processo, sob pena de extinção (art. 7º, §§7º e 8º, e art. 17, parágrafo único).

Finalmente, o Projeto de Lei insere a possibilidade de a autocomposição coletiva ser impugnada por ação rescisória, caso o porta-voz do grupo interessado careça de representatividade (art. 41). Neste ponto, entendemos que a sugestão legislativa perdeu a oportunidade de ampliar as hipóteses de cabimento da ação rescisória, para abarcar também as sentenças coletivas proferidas em processo no qual se descobre posteriormente que o ente legitimado não atendia aos requisitos da representatividade adequada, como sugerido no item 5, acima.

7 Representatividade adequada no controle concentrado de constitucionalidade

O sistema de processos coletivos também é integrado por um instrumento especial, voltado ao controle concentrado de constitucionalidade. A inserção dessas ações de natureza constitucional no universo da tutela metaindividual se dá pelo fato de elas também possuírem particularidades similares quanto à legitimação e à coisa julgada.

No controle concentrado de constitucionalidade, tal como nos processos coletivos, um grupo restrito de legitimados extraordinários identificados na Constituição Federal (art. 103, CF/1988) atua por substituição processual em benefício da sociedade, ao defenderem a higidez do ordenamento jurídico pela harmonização das normas infraconstitucionais com a Carta da República.

Por se tratarem de ações de natureza objetiva, os efeitos das decisões de mérito nelas proferidas produzem efeitos próprios, diferentes dos esperados em um processo subjetivo, regido pelo Código de Processo Civil.

Em primeiro lugar, porque nesses processos objetivos a causa de pedir é aberta, permitindo que o STF examine a integralidade do texto legal levado à sua apreciação, de forma que a delimitação do objeto não se adstringe aos limites fixados pelo autor na petição inicial.[539] Como consequência, a manifestação do Supremo Tribunal sobre a constitucionalidade de um dado dispositivo ganha grau de definitividade, porque permite avaliação profunda da compatibilidade da norma invocada com a Constituição, muito além dos fundamentos e limites delineados na petição inicial.[540]

Em adição, as ações diretas de inconstitucionalidade e as ações declaratórias de constitucionalidade possuem caráter dúplice ou ambivalente, ou seja, proclamada a compatibilidade do ato normativo com a Constituição, julga-se improcedente a primeira e procedente a segunda. Por outro lado, reconhecida a inconstitucionalidade do dispositivo impugnado, o pedido daquela será procedente e o desta improcedente.

Conforme iterativamente decidido pelo STF, "sendo uma ação que visa diretamente à obtenção da declaração de que o ato normativo do seu objeto é constitucional, é ela cabível exatamente para esse fim, embora, se julgada improcedente, essa decisão de improcedência implique a declaração de inconstitucionalidade do ato normativo em causa".[541]

Seja nas ações diretas de inconstitucionalidade, seja nas declaratórias de constitucionalidade, a decisão que julgar os pedidos procedentes ou improcedentes produzirá eficácia *erga omnes* e efeito vinculante relativamente aos demais órgãos do Poder Judiciário e à administração pública direta e indireta (art. 102, §2º, CF/1988, e parágrafo único, do art. 28, da Lei 9.868/1999).[542]

---

[539] STF, ADC 1, rel. Min. Moreira Alves, j. 01.12.1993.

[540] Conforme decidido pelo ministro Maurício Corrêa, "para efeito de controle abstrato de constitucionalidade de lei ou ato normativo, há similitude substancial de objetos nas ações declaratória de constitucionalidade e direta de inconstitucionalidade. Enquanto a primeira destina-se à aferição positiva de constitucionalidade a segunda traz pretensão negativa. Espécies de fiscalização objetiva que, em ambas, traduzem manifestação definitiva do Tribunal quanto à conformação da norma com a Constituição Federal" (STF, Rcl 1.880-AgR, rel. Min. Maurício Corrêa, j. 07.11.2002).

[541] STF, ADC 1, rel. Min. Moreira Alves, j. 01.12.1993. No mesmo sentido, vide ADC 4-6, rel. Min. Sydney Sanches. DJ 21.05.1999; e RE 431715-AgRg, rel. Min. Carlos Britto, j. 19.04.2005.

[542] Tal posicionamento é defendido por José Afonso da Silva, para quem, nas ações declaratórias de constitucionalidade, a decisão positiva ou negativa se estende a todos os feitos em andamento e não admite qualquer outra declaração em contrário (SILVA, José Afonso da. *Curso de Direito Constitucional Positivo*. 19. ed. São Paulo: Malheiros, 2001. p. 60). Em sentido olimpicamente diverso, Lênio Streck argumenta que a sentença de improcedência proferida em ação direta de inconstitucionalidade não se transforma em ação declaratória de constitucionalidade, de modo que a improcedência do pedido formulado na primeira não implica reconhecimento da compatibilidade da norma com a Constituição, com expansão *erga omnes* da coisa julgada. Segundo o jurista, pela regra do art. 97, CF/1988, tal atributo é exclusivo da sentença que reconhece a inconstitucionalidade da lei (STRECK, Lênio.

O reconhecimento da constitucionalidade ou inconstitucionalidade do ato normativo se torna definitivo, não podendo ser objeto de nova ação, salvo se houver modificação da orientação jurídica sobre a matéria, que venha a tornar inconstitucional norma anteriormente considerada legítima (inconstitucionalidade superveniente) ou vice-versa. Ocorrendo esse cenário, a doutrina entende ser legítima a invocação da inconstitucionalidade perante o STF de norma anteriormente declarada constitucional, em ação direta, com fundamento na cláusula *rebus sic stantibus* contida implicitamente nas decisões de mérito.[543] Na hipótese inversa, de alteração da orientação jurídica que torne constitucional norma previamente considerada inconstitucional, permite-se a reedição da regra.

A legitimação extraordinária por substituição processual, o efeito *erga omnes* da coisa julgada e a relevância social do controle concentrado de constitucionalidade levaram parte da doutrina a inserir acertadamente tal instrumentário dentro do universo da tutela metaindividual,[544] de forma similar ao que ocorre no direito norte-americano (cf. visto no item 1, do Capítulo II, *supra*). Esses mesmos caracteres também têm autorizado o controle da representatividade adequada dos legitimados a ajuizar essas demandas.

A aferição da representatividade dos legitimados ao controle concentrado de constitucionalidade vem sendo exercida primordialmente pelo espectro da pertinência temática, conforme apontado anteriormente (vide item 4.1, *supra*).

Nas ações ajuizadas pela Mesa da Assembleia Legislativa, por Governadores de Estado, confederações sindicais e entidades de classe, considerados autores especiais ou interessados no objeto litigioso, estes devem demonstrar a repercussão do ato impugnado sobre os

---

Jurisdição constitucional e hermenêutica – uma nova crítica do direito. Porto Alegre: Livraria do Advogado, 2002. p. 607 *apud* CRUZ E TUCCI, José Rogério. *Limites subjetivos da eficácia da sentença e da coisa julgada civil*. São Paulo: Editora Revista dos Tribunais, 2006. p. 341). José Rogério Cruz e Tucci, conquanto concorde com tal posicionamento, inclusive aportando interessante doutrina italiana e portuguesa, conclui que "na prática, depois de rejeitada a ação direta, dificilmente haverá nova arguição de inconstitucionalidade da mesma lei" (Ibid., p. 341-342).

[543] Cf. MENDES, Gilmar Ferreira. *Controle abstrato de constitucionalidade:* ADI, ADC e ADO. São Paulo: Saraiva, 2012. p. 677-678.

[544] CIANCI, Mirna; ALMEIDA, Gregório Assagra de. *Direito processual do controle da constitucionalidade*. São Paulo: Saraiva, 2011. p. 81, nota 1; ZAVASCKI, Teori Albino. *Processo Coletivo:* tutela dos direitos coletivos e tutela coletiva de direitos. 7. ed. São Paulo: Editora Revista dos Tribunais, 2017. p. 57; e NEVES, Daniel Amorim Assumpção. *Manual de Processo Coletivo*. 3. ed. Salvador: JusPodivm, 2016. p. 91.

seus interesses, da população de seus estados ou de seus associados.[545] Os demais legitimados estão eximidos de demonstrar o atendimento desse requisito, em razão de o STF entender que eles seriam neutros ou universais, com pertinência temática presumida.[546]

Pelo viés do conflito de interesses entre os integrantes do grupo interessado, o STF afastou a representatividade adequada de entidade civil que representava apenas uma parte das categorias de profissionais afetada pela norma cuja constitucionalidade estava sendo questionada.[547] A falta de comprovação de atuação nacional de associação, a partir da qual é possível inferir a seriedade e representatividade de associação, levou a extinção de ação direita de inconstitucionalidade por falta de legitimação adequada.[548]

Os amplos limites subjetivos da coisa julgada dessa espécie de processo objetivo recomendam o efetivo controle da justa representatividade de todos os entes legitimados, levando-se em consideração os matizes que garantam que os interesses da sociedade serão defendidos perante os tribunais de forma combativa, com idoneidade, seriedade e tecnicidade.

Ainda que se admita a invocação pelo Excelso Pretório de argumentos diversos daqueles apresentados pelo autor, diante da causa de pedir aberta das ações direta de inconstitucionalidade e declaratória de constitucionalidade, bem como havendo a possibilidade da intervenção de *amicus curiae*, tais particularidades por si só não atendem suficientemente o princípio do devido processo legal. Os interesses da sociedade somente estarão propriamente defendidos se o legitimado formular pretensão de forma técnica, robusta e bem fundamentada, bem como lançar mão de expedientes que venham a favorecer o desfecho positivo de sua intentada de âmbito constitucional, como a contratação de pareceristas, oferecimento de memoriais e sustentação oral.

A atuação desinteressada poderá causar inegáveis prejuízos, como o reconhecimento da constitucionalidade, com efeito *erga omnes* e vinculante, de lei contrária à Constituição Federal e aos reais interesses

---

[545] Cf. STF, ADI 1.307-6/DF, rel. Min. Francisco Rezek, DJ 24.05.1996; ADI 1507/RJ, rel. Min. Carlos Velloso, DJ 06.06.1997; e AgRg na ADO 31/DF, rel. Min. Alexandre de Moraes, DJe 16.04.2018; e ADI 4507/DF, rel. Min. Carmen Lúcia, DJe 01.10.2020.

[546] Vide, dentre muitos outros, STF, ADI 1.096/RS, rel. Min. Celso de Mello, DJ 16.03.1995; e ADI 4650/DF, rel. Min. Luiz Fux, DJe 24.02.2016, ambos afirmando a existência de legitimidade *ad causam* universal de determinados entes para deflagrar o processo de controle concentrado de constitucionalidade.

[547] STF, ADI 5.237/MS, rel. Min. Rosa Weber, DJe 10.01.2022.

[548] AgRg na ADI 5.989/DF, rel. Min. Celso de Mello, DJe 07.09.2020.

da sociedade. Merece destaque, ainda, o fato de inexistir qualquer temperamento da coisa julgada proveniente do acórdão proferido nessas demandas, tal como ocorre nos processos coletivos tradicionais, o que reforça ainda mais a necessidade de avaliar com profundidade a qualidade da representatividade.

8 Representatividade adequada do *amicus curiae*

O instituto na representatividade adequada não pertence exclusivamente à tutela metaindividual, mostrando-se igualmente presente no controle da capacidade técnica, seriedade e da idoneidade do interessado em intervir em ações individuais ou coletivas na qualidade de *amicus curiae*.

A evolução da sociedade tem levado temas novos ao Poder Judiciário, nunca antes enfrentados. Políticas públicas no sistema carcerário, possibilidade de utilização de células-tronco, a união civil de casais homoafetivos e o aborto do feto anencefálico são alguns dos assuntos recentemente debatidos nas cortes.

A complexidade dessas questões, que demanda conhecimentos técnicos de diversas áreas, traz ao órgão julgador a ânsia de colher informações de outras fontes além daquelas aportadas pelas partes, a fim de que a decisão proferida reflita o contexto em que a sociedade está inserida.

É com esse pano de fundo que o *amicus curiae* atua para fornecer ao juiz da causa dados que sejam essenciais, mas que, a despeito de sua relevância, não foram apresentados pelas partes. Como pontua Oscar Valente Cardoso, esse terceiro *sui generis* é "pessoa, em regra, sem relação ou interesse próprio na lide, com a atribuição de opinar ou prestar informações sobre a matéria controvertida, podendo o órgão julgador conferir à sua manifestação o valor que entender adequado".[549]

Afirma-se que o *amicus* não possui interesse na lide, porque a ele pouco importa o desfecho da demanda. Beneficiar o autor ou o réu é consequência de sua atuação, e não sua causa. Seu interesse está na correta aplicação do direito a partir da sua contribuição nos autos.[550]

---

[549] CARDOSO, Oscar Valente. O amicus curiae nos juizados especiais federais. *Revista Dialética de Direito Processual*. São Paulo: Dialética, v. 60, p. 102, mar. 2008.
[550] BUENO, Cassio Scarpinella. *Amicus Curiae no processo civil brasileiro*: um terceiro enigmático. 2. ed. São Paulo: Saraiva, 2008. p. 443-444.

Muito mais do que simplesmente permitir a efetivação da justiça, a intervenção do *amicus* mira um dos fundamentos básicos do Estado Democrático de Direito: a participação popular na tomada de decisões do Poder Público, transformando o processo em "uma percepção verdadeira da natureza da realidade social e do admirável comprometimento do Judiciário com a incorporação dos valores constantes da Constituição à realidade".[551]

Nesse contexto, a atuação do *amicus curiae* é essencial porque as informações por ele levadas aos autos permitem ao juiz se aproximar da realidade e dos atuais valores sociais, nem sempre acessíveis a partir de seu gabinete. Visa-se, assim, enriquecer o contraditório, por meio de subsídios necessários a uma decisão apropriada.[552]

A doutrina atribui a origem do *amicus curiae* à participação do *attorney general* ou dos *counsels* no direito medieval penal inglês,[553] que indicavam os precedentes e as leis relevantes ao julgamento de demandas. O pressuposto fundamental da sua atuação era manter a integridade do tribunal, evitando a prática de julgamentos equivocados.

No Brasil, a atuação processual de um terceiro com características similares ao do *amicus* surgiu em primeiro lugar no ano de 1976, através da lei que criou a Comissão de Valores Mobiliários (Lei 6.385/1976), entidade autárquica originalmente vinculada ao Ministério da Economia.

Nos processos que tenham por objeto matéria de competência da CVM, esta poderá ser intimada para oferecer parecer ou prestar esclarecimentos no prazo de 15 dias (art. 31 da Lei 6.385/1976). A Comissão, nessa hipótese, atua como *amicus curiae*, interpretando os fatos do mercado de capitais ao Poder Judiciário.[554]

A redemocratização do Brasil, em 1984, e a promulgação da Constituição Federal de 1988 alteraram substancialmente o cenário do processo judicial. A atual Carta da República estabelece princípios processuais mínimos a serem respeitados por todas as ramificações do direito, fazendo surgir o fenômeno da constitucionalização do processo.

Dentre os diversos princípios fundamentais do processo, a melhor representação do núcleo duro do novo modelo constitucional

---

[551] FISS, Owen. *Um novo processo civil:* estudos norte-americanos sobre jurisdição, Constituição e sociedade. Coord. da tradução Carlos Alberto de Salles. Trad. Daniel Porto Godinho da Silva e Melina de Medeiros Rós. São Paulo: Editora Revista dos Tribunais, 2004. p. 117.

[552] Ibid., p. 127.

[553] Ver, por todos, BUENO, Cassio Scarpinella. *Amicus Curiae no processo civil brasileiro:* um terceiro enigmático. 2. ed. São Paulo: Saraiva, 2008. p. 87-88.

[554] TAVARES, Osvaldo Hamilton. A CVM como amicus curiae. *Revista dos Tribunais.* São Paulo: Editora Revista dos Tribunais, v. 690, p. 286, abr. 1993.

brasileiro está relacionada com a releitura do contraditório. Muito mais do que oferecer aos litigantes os meios de participar do feito, o novo contraditório pressupõe amplificar a participação da sociedade na formação dos provimentos jurisdicionais, consolidando a aspiração democrática do processo.

É sobre essa nova matriz interpretativa do princípio contraditório que a atuação do *amicus curiae* foi construída a partir da década de 1990 no Brasil, ainda que de forma inominada.

A norma que disciplina as infrações contra a ordem econômica (Lei 8.884/1994 sucedida pela Lei 12.259/2011), permite em seu art. 89 que o Conselho Administrativo de Ordem Econômica atue como *amicus curiae* nos processos que têm por objeto dispositivos daquela norma legal e para esclarecer questões relacionadas a matéria concorrencial. Tal como a CVM, o CADE traduz a dinâmica e a complexidade do mercado ao Poder Judiciário, diante da dificuldade de o órgão judicial lidar com matérias eminentemente técnicas da área concorrencial.

No procedimento de edição, revisão ou cancelamento de enunciado vinculante no âmbito do STF, o relator também poderá admitir, por decisão irrecorrível, a manifestação de terceiros sobre a questão (cf. §2º do art. 3º da Lei 11.417/2006). No julgamento de recursos extraordinários repetitivos, por ocasião da análise de eventual repercussão geral do tema, também era permitida a intervenção do *amicus curiae* (art. 543-A, §6º, CPC/1973).

Dentro da sistemática dos recursos especiais repetitivos, a participação de terceiros interessados na controvérsia era igualmente permitida (art. 543-C, §4º, CPC/1973), como também no incidente de uniformização de jurisprudência das Turmas Recursais dos Juizados Especiais Cíveis Federais (art. 14, §7º, da Lei 10.259/2001).

Finalmente, nas ações de descumprimento de preceito constitucional, direta de inconstitucionalidade e declaratória de constitucionalidade, os diplomas legais permitem que o julgador ouça as partes ou pessoa com experiência e autoridade na matéria (respectivamente, art. 6º, §1º, da Lei 9.882/1999, arts. 6º, §2º e 20, §1º, da Lei 9.868/1999), tal como ocorria, também, nas hipóteses de controle difuso da constitucionalidade (art. 482, §3º, CPC/1973).

A restrita atuação do *amicus curiae* no processo civil brasileiro sempre foi objeto de críticas da doutrina, porque se ele é "um instrumento de pluralismo, deve-se passar a difundi-lo para outras demandas, especialmente aquelas de natureza coletiva".[555]

Em atenção a essas críticas, o CPC/2015 adotou regra autorizando a intervenção do *amicus curiae* em qualquer processo em que haja relevância da matéria, especificidade do tema objeto da demanda ou repercussão social da controvérsia (art. 138, CPC/2015), por meio de requerimento da parte, do terceiro interessado em ingressar nos autos, ou ainda de ofício.

Além de ratificar as hipóteses de intervenção desse peculiar terceiro nos casos em que há especificidade do objeto do litígio, como ocorre nas ações envolvendo a CVM e o CADE, o novel estatuto processual foi além, permitindo sua participação em qualquer demanda em que haja repercussão social da controvérsia ou matérias relevantes.

A repercussão social e a relevância das questões decorrem de todo tema que ultrapassar os interesses subjetivos das partes e esteja relacionado, por exemplo, aos direitos sociais disciplinados na Constituição Federal, como educação, saúde, trabalho, moradia, lazer, segurança, previdência social, proteção à maternidade e à infância, bem como a assistência aos desamparados. Questões objeto de ações coletivas e que já tiveram sua repercussão geral reconhecida pelo STF igualmente permitem a participação do *amicus curiae*.

Incidentes como o de assunção de competência (art. 947, CPC/2015), de arguição de inconstitucionalidade (arts. 948 e seguintes, CPC/2015), resolução de demandas e recursos repetitivos (arts. 976 e 1036, CPC/2015), além das ações coletivas, são apenas algumas das novas hipóteses de participação do *amicus curiae* que se incorporaram àquelas já previstas na legislação extravagante.

Nesses casos, muito mais do que tratar de questões eminentemente técnicas, a intervenção do *amicus curiae* visa orientar a corte sobre o potencial efeito expansivo de seu provimento, debater suas consequências e desdobramentos sociais.

A atuação do *amicus curiae* não está disponível a qualquer pessoa com interesse em intervir no processo. Ao contrário do sistema estadunidense, que permite amplíssima intervenção dos *amici*, o Brasil adota viés restritivo à intervenção desse importante terceiro.

---

[555] GOES, Gisele Santos Fernandes. Amicus curiae e sua função nos processos objetivos. Necessidade de universalização do instituto para outras demandas. In: DIDIER JR., Fredie; CERQUEIRA, Luis Otávio Sequeira de; CALMON FILHO, Petrônio *et al.* (coords.). *O terceiro no processo civil brasileiro e assuntos correlatos:* Estudos em homenagem ao professor Athos Gusmão Carneiro. São Paulo: Editora Revista dos Tribunais, 2010. p. 273.

Seu ingresso nas lides somente será permitido se ele demonstrar sua representatividade adequada, isto é, sua capacidade de contribuir ao julgamento do mérito, mediante o aporte de informações que venham a auxiliar o juiz (art. 138, CPC/2015).

Os critérios de controle da representatividade adequada não estão expressos na legislação brasileira, mas foram paulatinamente construídos pela jurisprudência do Excelso Pretório.

A análise das aptidões, qualidades, reputação, fins institucionais, tempo de existência e campos de atuação é de fundamental importância para apuração da representatividade do interessado em atuar como *amicus curiae*. A análise dependerá do confronto entre as particularidades do terceiro interessado em intervir no processo e o específico objeto da lide. É impossível apurar em abstrato se a atuação do *amicus curiae* será adequada de acordo com sua capacidade técnica, razão institucional, seriedade ou magnitude dos interesses representados.

Até a entrada em vigor da atual legislação processual civil, não se admitiam pessoas físicas na qualidade de *amici curiae*, mas apenas órgãos públicos e entidades privadas,[556] como forma de garantir que a atuação do terceiro estivesse efetivamente desprovida de interesses próprios. A restrição – indevida no nosso sentir – foi superada pela redação do art. 138, CPC/2015, que expressamente autoriza a participação de pessoa natural ou jurídica.[557]

Ao requerer seu ingresso, o interessado deverá demonstrar a existência de um interesse institucional na causa ou a possibilidade de sofrer os efeitos sociais, econômicos ou políticos da decisão. O Ministério Público do Estado do Rio de Janeiro, por exemplo, foi admitido como *amicus curiae* em ação em que se questionava a existência de cargos especiais em seu favor no Tribunal de Contas daquele Estado.[558] O Conselho Federal da Ordem dos Advogados do Brasil interveio em ação direta de inconstitucionalidade voltada à impugnação de dispositivos do Estatuto da Advocacia.[559]

---

[556] Nesse sentido são as seguintes decisões monocráticas do STF: RE 566.349/MG, rel. Min. Cármen Lúcia, DJe 06.06.2013; ADI 4874/DF, rel. Min. Rosa Weber, DJe 03.10.2013; RE 608.482/RN, rel. Min. Teori Zavascki, DJe 08.09.2014; RE 631.053/RS, rel. Min. Celso de Mello, DJe 16.12.2014; e RE 724.347-ED/DF, rel. Min. Roberto Barroso, DJe 08.06.2015.

[557] A jurisprudência do STF referendou a inovação legislativa, como é possível verificar nas decisões monocráticas proferidas na ADI 4.545/PR, rel. Min. Rosa Weber, DJe 03.10.2017; e ARE 848107/DF, Rel. Min. Dias Toffoli, DJe 10.11.2020.

[558] STF, ADI 2.540/RJ, rel. Min. Celso de Mello, decisão monocrática publicada no DJ 08.08.2002.

[559] STF, ADI 1.127, rel. Min. Marco Aurélio, decisão monocrática publicada no DJ 13.04.2005.

O objeto central da demanda a sofrer intervenção deve obrigatoriamente constar no estatuto das entidades e órgãos que pretendem participar como terceiro – nos mesmos moldes da já analisada pertinência temática –, a comprovar que o interveniente possui especial conhecimento a lhe dotar de aptidão para colaborar com a solução do litígio debatido.[560]

Como bem pontuou o ministro Luiz Fux, "a habilitação de entidades representativas se legitima sempre que restar efetivamente demonstrado o nexo entre as finalidades institucionais da entidade postulante e o objeto da ação direta",[561] porque assim se garantirá – ao menos em tese – a qualidade na participação do interveniente.

Outros aspectos, como a capacidade técnica e representação de grupo social significativo, são considerados por ocasião da escolha do terceiro que irá intervir no processo.[562] A título de ilustração, um importante geneticista será de grande valor na discussão sobre a possibilidade de tratamentos com células-tronco devendo, para tanto, demonstrar que está desenvolvendo estudos importantes na área. Da mesma forma, em uma ação em que se discute a constitucionalidade das novas regras de fundamentação da sentença (art. 489, §1º, CPC/2015), a participação do Instituto dos Advogados de São Paulo será de grande valia, assim como dos órgãos representativos de juízes e promotores.

Outrossim, é indispensável que o interessado, no momento de requerer a sua intervenção como *amicus curiae*, demonstre que contribuirá objetivamente com o debate processual, trazendo informações realmente úteis e inéditas ao processo. Se os argumentos trazidos forem os mesmos que aqueles constantes das manifestações das partes, então, a admissão do *amicus curiae* não atingirá seu objetivo de pluralizar o debate, devendo ser vetada.[563]

---

[560] Cf. decisões monocráticas do STF, proferidas nas ADI 3.931/DF, rel. Min. Cármen Lúcia, DJe 19.08.2008; ADI 3.887/SP, rel. Min. Menezes Direito, DJe 20.10.2008; ADI 5.017/DF, rel. Min. Luiz Fux, DJe 19.05.2015; e ADI 5.240/SP, rel. Min. Luiz Fux, DJe 06.08.2015; ADI 6201/PI, rel. Min Carmen Lúcia, DJe 23.02.2021; dentre muitas outras.

[561] STF, MC na ADI 5.298/RJ, rel. Min. Luiz Fux, decisão monocrática publicada no DJe 20.04.2015.

[562] Vide decisões monocráticas do STF, proferidas em RE 608.482/RN, rel. Min. Teori Zavascki, DJe 13.08.2012; ADI 4.388/GO, rel. Min. Rosa Weber, DJe 19.03.2013; ADI 3.695/DF, rel. Min. Teori Zavascki, DJe 14.04.2014; e RE 590.415/SC, rel. Min. Joaquim Barbosa, DJe 25.03.2015; e ADPF 413/SP, rel. Min. Dias Toffoli, DJe 21.03.2018.

[563] STF, ADPF 198/DF, rel. Min. Dias Toffoli, decisão monocrática publicada no DJe 20.08.2015. Em sentido análogo, vide a decisão monocrática proferida na MC na ADI 3.410/MG, rel. Min. Joaquim Barbosa, DJ 02.12.2005; e no MS 33702, rel. Min. Dias Toffoli, DJe 14.11.2018.

O cenário demonstra a existência de um ponto de toque entre a intervenção do *amicus curiae* e a legitimação nas ações coletivas: em ambos os casos, o interesse público é trazido ao processo por um terceiro, cuja atuação trará inegáveis reflexos sociais. Logo, há necessidade de serem estabelecidos parâmetros que levem à escolha do melhor representante desses interesses, "em prol de maior segurança jurídica e, mais do que isso, de maior eficácia dos próprios direitos materiais, razão última de ser do processo".[564]

A representatividade adequada do *amicus curiae*, no entanto, está relacionada à potencialidade de ele trazer elementos úteis para a solução do processo, que se faz pela demonstração de sua capacidade de representar o próprio interesse institucional, seus atributos e qualidade técnica de seus agentes e prepostos. Diverge da representatividade adequada do processo metaindividual, porque não se trata da aptidão do terceiro em representar ou defender os interesses de jurisdicionados, mas sim na avaliação da qualidade do terceiro e da sua qualificação para contribuir objetivamente com o juízo para buscar a melhor solução ao caso concreto.

A adequação do *amicus* relaciona-se intensamente com o objeto do processo e não com qualquer uma das partes da relação processual, enquanto a adequação do portador em juízo dos direitos metaindividuais está umbilicalmente ligada à coletividade por ele representada e que integra um dos polos da relação processual.

A representatividade adequada aqui não possui relação alguma com a legitimidade de agir porque não há na hipótese representação nem substituição processual, mas com a qualificação do terceiro que pretende intervir no processo. Cuida-se, assim, nas palavras de Eduardo Talamini, da avaliação da contributividade adequada, isto é, a aptidão do interessado em contribuir com o aporte de elementos para o melhor julgamento da pretensão.[565]

Ada Pellegrini Grinover não discrepa do posicionamento de Talamini, sugerindo que a representatividade adequada do *amicus* é interna, pois ele deve ser o representante adequado do próprio interesse institucional que viabiliza a sua intervenção, enquanto nos processos

---

[564] BUENO, Cassio Scarpinella. *Amicus Curiae no Processo Civil Brasileiro:* um terceiro enigmático. 2. ed. São Paulo: Saraiva, 2008. p. 478.

[565] TALAMINI, Eduardo. *Amicus Curiae no CPC/15*. Migalhas, [s. l.], 1º mar. 2016. Migalhas de Peso. Disponível em: http://www.migalhas.com.br/dePeso/16,MI234923,71043-Amicus+curiae+no+CPC15. Acesso em: 20 fev. 2022.

coletivos a representatividade adequada é externa, porque tem a ver com a qualidade com que o portador em juízo defende os interesses do grupo, categoria ou classe de pessoas.[566]

---

[566] As considerações de Ada Pellegrini Grinover foram apresentadas em aula ministrada durante o curso de pós-graduação da Universidade de São Paulo, no ano de 2016.

CONCLUSÃO

Em conclusão às questões discutidas ao longo dos capítulos precedentes:

1. Nas ações coletivas, o instituto da representatividade significa a qualidade com que os interesses da coletividade são defendidos e traduzidos pelo legitimado em juízo. Em razão de os direitos serem representados por um terceiro, que não obrigatoriamente integra o grupo interessado, há a necessidade de que a sua atuação seja idônea, zelosa e compatível com as pretensões daqueles por ele substituídos, como se todos tivessem participado do contraditório. A representatividade adequada, portanto, atua como ferramenta harmonizadora do processo coletivo com o princípio do devido processo legal.

Sua função não é impedir ou dificultar o acesso à justiça dos interesses metaindividuais, mas garantir que as reais necessidades da sociedade sejam corretamente transplantadas à demanda coletiva, a despeito do déficit democrático naturalmente existente na tutela desses direitos.

2. Conquanto os primeiros registros do controle da representatividade adequada nas ações coletivas tenham surgido no Direito Romano, o instituto somente se desenvolveu de forma aprofundada no direito anglo-saxão, no momento em que os interesses da coletividade não mais eram defendidos pelos líderes comunitários ou religiosos ou ainda por aqueles indicados nos estatutos de associações e sociedades (representatividade social e institucional, respectivamente), mas por um terceiro desconhecido, que ingressa com sua pretensão no Poder Judiciário intitulando-se porta-voz de um grupo maior, porque seu interesse é similar ao dos demais, quer por integrar a mesma relação jurídica, quer por ter sofrido dano idêntico.

O fato de os grupos, que eram preexistentes aos conflitos e tinham um intérprete judicial já definido, passarem a ser constituídos após a judicialização da questão, por pessoas completamente desconhecidas entre si, fez emergir a necessidade de se verificar a capacidade de o representante autonomeado defender adequadamente os interesses dos demais. Foi nesse contexto histórico que o controle da representatividade adequada adveio como elemento essencial da tutela de interesses coletivos, inicialmente de forma inominada, aparecendo apenas em registros jurisprudenciais do Direito inglês e estadunidense, para posteriormente ser regulado pela *Rule 23* das *Federal Rules of Civil Procedure* dos Estados Unidos, como requisito processual próprio para a certificação de uma pretensão como metaindividual.

3. Relaciona-se com os demais requisitos de certificação do processo coletivo norte-americano, mas com eles não se confunde. Ao demonstrar o cumprimento de cada um dos pressupostos previstos na *Rule 23*, o intérprete do grupo mostra que conhece os principais elementos identificadores de seus membros, descrevendo a sua quantidade (*numerosity*) ou a dificuldade de se organizarem em litisconsórcio, os laços de homogeneidade entre as pretensões dos integrantes da coletividade (*commonality*), bem como que ele igualmente compartilha desses mesmos interesses (*typicality*). Logo, pode habilitar-se para defender os interesses do grupo em uma contenda judicial.

4. A adoção pelo sistema norte-americano de um modelo de legitimação predominantemente privado – no qual qualquer indivíduo pode ajuizar ação coletiva em benefício de grupo do qual ele acredita fazer parte e que tenha sofrido dano com iguais características – criou cenário propício ao profundo desenvolvimento do controle da representatividade, cuja necessidade decorre dos amplos contornos da coisa julgada metaindividual, que afeta a todos os integrantes da coletividade, com exceção daqueles que exerceram o seu direito de autoexclusão da classe, quando possível.

As particularidades do sistema estadunidense demandavam a criação de um instituto que permitisse aos magistrados verificar se os interesses dos membros ausentes da coletividade estavam sendo defendidos com zelo, seriedade e idoneidade por seu autointitulado porta-voz, para estabelecer a presunção de que todos os interessados naquele litígio integraram virtualmente o contraditório, legitimando, assim, os amplos limites subjetivos da coisa julgada, independentemente do seu resultado.

5. A partir do julgamento pela Suprema Corte estadunidense do emblemático caso *Hansberry v. Lee*, na década de 1940, a jurisprudência passou a construir diversas balizas para orientar o magistrado a

identificar se aquele portador dos interesses em juízo teria os atributos necessários a qualificar sua atuação em defesa dos interesses de uma coletividade e, assim, permitir a extensão dos efeitos da coisa julgada aos membros ausentes do grupo.

Idoneidade, defesa combativa dos interesses em jogo, inexistência de conflitos de interesses, capacidade financeira e qualidade da atuação técnica são apenas alguns dos parâmetros desenvolvidos pela jurisprudência nestes quase 80 anos de práxis forense. Os critérios de aferição da representatividade adequada nos Estados Unidos se referem ao intérprete dos interesses metaindividuais e ao seu advogado, cuja atuação é decisiva para a efetiva defesa dos direitos da classe.

Nos últimos anos, a doutrina vem desenvolvendo critérios complementares de aferição da representatividade, com o objetivo de permitir que a questão seja avaliada por outros pontos de vista, inclusive sugerindo a intervenção de terceiros independentes para assumir o exercício dessa verificação, ou a adoção de fórmulas consequencialistas ou inspiradas no amálgama entre princípios filosóficos e econômicos.

6. No entanto, verifica-se que o controle da representatividade tem sido exercido com certo descaso por parte dos magistrados, que, em muitas oportunidades, preferem presumir a adequação do porta-voz do grupo em vez de aferi-la de modo exauriente e constante. Somente nas hipóteses em que há efetiva impugnação da adequação da representatividade do intérprete da classe ou quando a coisa julgada é questionada pela via do *collateral attack* é que os juízes norte-americanos têm se dedicado a avaliar se os interesses da coletividade estão sendo ou foram suficientemente defendidos.

7. No Brasil, a partir da década de 1960 se percebeu a necessidade de serem desenvolvidos instrumentos adequados e efetivos para a tutela dos interesses coletivos, dando ensejo à promulgação da Lei da Ação Popular como primeiro pilar infraconstitucional de construção da tutela metaindividual no país. A partir daí, foi-se delineando o microssistema de processos coletivos brasileiro, inspirado na longa experiência norte-americana sobre o tema, mediante a entrada em vigor de diversas leis esparsas compatíveis com as bases principiológicas estabelecidas pela Constituição Federal de 1988, e com o contexto social e jurídico brasileiro.

8. A despeito de ter bebido da fonte estadunidense, o legislador pátrio optou por adotar um sistema fechado e eclético de legitimação extraordinária, pela via da substituição processual, franqueando o exercício do direito de ação coletiva apenas a determinadas entidades

públicas e privadas (para o ajuizamento de ações coletivas e do mandado de segurança coletivo) e ao cidadão (exclusivamente para a ação popular), em contraponto à legitimidade ampla, privatista e ordinária do sistema norte-americano.

Os limites da coisa julgada coletiva brasileira também foram firmados de forma mais temperada que a estadunidense. Em primeiro lugar, ao se estabelecer que a sentença transitada em julgado produz efeitos *erga omnes* ou *ultra partes*, a depender do interesse objeto do litígio. Todavia, se a improcedência decorrer da falta de provas, outra ação poderá ser proposta, salvo na hipótese da tutela dos interesses individuais homogêneos, em que tal exceção não foi adotada. Em segundo lugar, a improcedência dos pedidos por qualquer fundamento não prejudicará as pretensões individuais, exceto quanto aos interessados que intervieram como assistentes litisconsorciais na ação coletiva.

9. O Brasil não adotou expressamente o controle da representatividade adequada como condição própria da ação coletiva, tampouco como pressuposto processual de validade do processo metaindividual. Por ocasião do processo legislativo, preferiu-se votar e aprovar projeto elaborado por integrantes do Ministério Público, que não previu a possibilidade de aferição *ope iudicis* da qualidade com que os interesses da coletividade são portados em juízo, em detrimento do Projeto Bierrenbach, que vislumbrava tal controle de forma limitada. Estabeleceu-se, assim, a presunção de que os legitimados seriam representantes adequados para invocar a tutela jurisdicional supraindividual.

10. Isto é, de um lado, a *adequacy of representation* do sistema norte-americano é um conceito juridicamente indeterminado, a ser avaliado no caso concreto pelo convencimento motivado do juiz e a partir das balizas construídas pela jurisprudência. De outro, os requisitos exigidos pelo nosso direito positivo, a princípio, estariam previamente fixados em lei e de forma objetiva, mediante o rol taxativo de legitimados coletivos.

11. A prática brasileira demonstrou, no entanto, que a legitimidade fechada e o temperamento da coisa julgada coletiva são insuficientes para garantir o desenvolvimento sadio do processo, expondo a sociedade a manifesto risco de dano irreparável. Ainda que não haja colusão entre as partes litigantes, é comum identificar pretensões metaindividuais mal ajuizadas por legitimados despreparados, conduzidas de forma precária, ou cujos pedidos não traduzem as verdadeiras necessidades sociais.

Ademais, a rejeição pelo mérito das pretensões ajuizadas por esses autores inaptos nem sempre é motivada por deficiência probatória, impedindo que elas sejam novamente propostas por outros legitimados. Nas demandas envolvendo direitos individuais homogêneos, ainda que a improcedência decorra diretamente da ausência de provas, os legitimados coletivos estão impedidos de promover nova ação com o mesmo objeto, em razão da inexistência de coisa julgada *secundum eventum probationis*.

Nesse contexto, embora não esteja explicitamente regulado em lei, concluímos que o controle da representatividade adequada pode e deve ser feito pelo magistrado brasileiro para garantir a aptidão do porta-voz processual à defesa eficiente dos interesses da sociedade e em sintonia com as expectativas desta, como forma de atender ao princípio do devido processo legal.

12. A carência de adequada representatividade não afeta os limites subjetivos da coisa julgada coletiva, tal como ocorre no direito norte-americano, mas atinge o ponto nuclear levado em consideração pelo legislador brasileiro para definir o rol taxativo de legitimados a invocar a tutela coletiva: sua presumida qualificação para defender com vigor e tecnicidade os interesses que são tão caros à sociedade.

Considerando que as entidades públicas e privadas autorizadas a invocar a tutela coletiva detêm legitimidade a partir da presunção relativa de capacidade em proteger suficientemente os interesses da sociedade, e não da afirmação de titularidade do direito, é correto dizer que a inadequação do representante da coletividade implica a extinção do processo, sem resolução de mérito, diante da carência de ação por ilegitimidade. Isso porque, a inadequação do intérprete rompe a premissa estabelecida pelo legislador para lhe permitir o manejo da ação coletiva através da legitimação extraordinária.

Antes de lançar mão dessa solução extremada, entretanto, é dever do magistrado criar alternativas que viabilizem a apropriada representatividade dos direitos da coletividade interessada no litígio, seja determinando a substituição do porta-voz do grupo, como ocorre no direito norte-americano, eventualmente anulando determinados atos ou fases processuais; seja adotando postura ativa para suprir deficiências pontuais quanto à formulação da causa de pedir, do pedido e das provas a serem produzidas. Tudo isso amparado na garantia do devido processo legal e na necessidade de garantir acesso qualificado à justiça dos interesses supraindividuais, elementos indispensáveis à entrega da tutela jurisdicional justa e efetiva.

13. Embora careça de expressa regulamentação, a avaliação judicial da representatividade adequada não é vedada pelo sistema

processual brasileiro e vem sendo praticada sob os mais distintos vieses. Em razão da relevância dos direitos tutelados e da existência de fragilidades na legislação pátria, entendemos ser de vital importância que o juízo processante da ação coletiva tenha uma postura ativa, não se limitando apenas a verificar os fatos e aplicar a lei, mas também a apurar se os direitos coletivos estão sendo defendidos de forma escorreita, independentemente de a coletividade estar no polo ativo ou passivo da relação processual.

No âmbito da pertinência temática entre o objeto do processo e as finalidades institucionais de associações civis, do Ministério Público e da Defensoria Pública, o controle vem sendo feito de modo iterativo, havendo robusto acervo jurisprudencial sobre o tema. Mais recentemente, insuflados pela melhor doutrina sobre o tema, os tribunais têm adotado novos critérios de aferição da suficiente representatividade, avaliando a existência de conflitos de interesses entre o porta-voz e os substituídos processualmente e a seriedade dos entes associativos.

14. Assim como no direito norte-americano, o controle brasileiro da representatividade adequada carece de aprimoramentos, através da identificação de novos parâmetros de verificação da capacidade dos legitimados em defenderem suficientemente os interesses da coletividade. A esse respeito, é possível de *lege lata* que o controle judicial da legitimação dos entes associativos também avalie sua seriedade e idoneidade a partir da sua trajetória concreta e efetiva rumo à defesa de interesses metaindividuais, do fôlego financeiro, bem como do respaldo recebido do grupo social.

É igualmente viável no nosso sentir a averiguação da compatibilidade da pretensão ajuizada com os concretos interesses da coletividade substituída processualmente, inclusive nas ações propostas por entes públicos, como o Ministério Público, a Defensoria e outros órgãos vinculados à administração pública direta ou indireta, amparada na premissa de se certificar a perfeita tradução em juízo dos anseios da sociedade. Como visto no decorrer deste trabalho, algumas dessas novas balizas já estão despontando na jurisprudência, ainda que de forma tímida.

Concluímos também ser de suma importância que a atuação do profissional com capacidade postulatória, que peticiona no processo em nome do legitimado coletivo, igualmente funcione como critério de aferição da representatividade adequada, seja ele patrono das associações ou do cidadão autor da ação popular, representante do Ministério Público e da Defensoria Pública, ou ainda procurador da

União, Estados, Municípios e do Distrito Federal. O patrocínio errático dos direitos do grupo descaracteriza a atividade constitucional desses atores, porque os afasta do papel de guardiões dos interesses da sociedade e de profissionais indispensáveis à justiça.

As alternativas sugeridas pela doutrina para o controle *ope iudicis* da representatividade adequada, salvo melhor juízo, recomendam a alteração das regras atualmente vigentes por criarem exceções à formação da coisa julgada coletiva. Enquadram-se aqui as propostas que alvitram de o próprio juiz determinar se a sua sentença fará coisa julgada material, a depender da aptidão do porta-voz coletivo, e que aventam a formação de mera *res judicata* formal nas hipóteses em que os interesses coletivos não forem protegidos com seriedade e idoneidade durante o litígio. A despeito da impossibilidade de aplicação das referidas propostas no atual contexto legislativo, ambas sinalizam pontos interessantes para reflexão de *lege ferenda*. No atual estado do direito processual coletivo brasileiro, não há espaço para a formulação de ataques diretos (*direct attack*) ou colaterais (*collateral attack*) à coisa julgada metaindividual pela inadequação do porta-voz do grupo, tal como no direito norte-americano.

15. É salutar a existência de três projetos de lei apresentados nos anos de 2020 e 2021, que objetivam atualizar a LACP e dar tratamento ao controle da representatividade. Os projetos não são isentos de críticas, mas o processo legislativo fará os ajustes necessários para que o instituto possa integrar o ordenamento jurídico brasileiro de forma eficiente, para garantir que a tutela coletiva metaindividual se desenvolva respeitando o devido processo legal.

16. Verificamos que o controle da representatividade adequada também está presente no controle concentrado de constitucionalidade, modalidade especial de ação coletiva, em que o objeto do processo igualmente emana relevância social; em que há a atuação de um legitimado extraordinário por substituição processual; e cuja coisa julgada possui amplíssimos limites subjetivos, sem os temperamentos previstos na Lei da Ação Civil Pública e no Código de Defesa do Consumidor. Nessa hipótese, a aferição da representatividade tem sido realizada exclusivamente pelo controle da pertinência temática entre as finalidades institucionais de alguns dos legitimados com o objeto do litígio, havendo espaço, no entanto, para que outros matizes dos legitimados extraordinários sejam averiguados, como sua seriedade e performance.

A avaliação da suficiente representatividade no controle concentrado de constitucionalidade visa garantir o cumprimento do princípio do devido processo legal, a fim de evitar a ocorrência de prejuízos à sociedade decorrentes do reconhecimento com efeitos *erga omnes* da constitucionalidade de uma norma manifestamente incompatível com a Constituição Federal ou o inverso.

17. Finalmente, o controle da representatividade também se encontra na essência da intervenção do *amicus curiae*, terceiro cujo ingresso na relação processual depende da demonstração de sua capacidade em enriquecer o contraditório, contribuindo com o aporte de informações que permitam ao magistrado proferir uma sentença pluralista, a refletir a realidade social que frequentemente transborda os limites das informações trazidas pelas partes em suas manifestações.

A relação entre a intervenção do *amicus curiae* e o ajuizamento de ações coletivas reside no fato de que, em ambos os casos, o interesse público é trazido ao processo por um terceiro, cuja atuação trará inegáveis reflexos sociais. Entretanto, o controle da representatividade do *amicus curiae* não versa a aptidão do terceiro em representar ou defender os interesses de jurisdicionados substituídos processualmente, mas a avaliação da qualidade do terceiro para contribuir objetivamente com o juízo na busca pela melhor solução ao caso concreto.

REFERÊNCIAS

ALMEIDA, Gregório Assagra de. *Direito Processual Coletivo Brasileiro:* um novo ramo do direito processual. São Paulo: Saraiva, 2003.

ALMEIDA, Gregório Assagra de. *Codificação do direito processual coletivo brasileiro.* Belo Horizonte: Del Rey, 2007.

ALMEIDA, Gregório Assagra de. *Manual das ações constitucionais.* Belo Horizonte: Del Rey, 2007.

ALVIM, Eduardo Arruda. Apontamentos sobre o processo das ações coletivas. *In:* MAZZEI, Rodrigo; NOLASCO, Rita Dias (coords.). *Processo civil coletivo.* São Paulo: Quartier Latin, 2005. p. 28-65.

ALVIM, Teresa Arruda. Apontamentos sobre as ações coletivas. *In:* GRINOVER, Ada Pellegrini *et al.* (orgs.). *Processo Coletivo*: do surgimento à atualidade. São Paulo: Editora Revista dos Tribunais, 2014. p. 97-110.

ALVIM NETTO, José Manoel de Arruda *et al. Código do Consumidor comentado.* 2. ed. São Paulo: Editora Revista dos Tribunais, 1995.

ALVIM NETTO, José Manoel de Arruda. Coisa julgada nas ações coletivas e identidade de causas entre ação civil pública e ação popular. *In:* MILARÉ, Édis. *Ação civil pública após 30 anos.* São Paulo: Editora Revista dos Tribunais, 2015. p. 105-124.

APPIO, Eduardo. *A ação civil pública no Estado Democrático de Direito.* Curitiba: Juruá, 2005.

ARAÚJO, Rodrigo Mendes de. *A representação adequada nas ações coletivas.* Salvador: JusPodivm, 2013.

ARENHART, Sérgio Cruz; OSNA, Gustavo. *Curso de Processo Civil Coletivo.* São Paulo: Editora Revista dos Tribunais, 2019.

ARMELIN, Donaldo. *Legitimidade para agir no direito processual civil brasileiro.* São Paulo: Editora Revista dos Tribunais, 1979.

ARMELIN, Donaldo. Ação civil pública: legitimidade processual e legitimidade política. *In*: SALLES, Carlos Alberto de (org.). *Processo civil e interesse público.* São Paulo: Editora Revista dos Tribunais, 2003.

BARROSO, Luis Roberto. A proteção do meio ambiente na Constituição Brasileira. *Revista Forense.* Rio de Janeiro: Renovar, v. 317, p. 161-178, jan./mar. 1992.

BASSETT, Debra Lyn. When reform is not enough: assuring more than merely "adequate" representation in class action. *Georgia Law Review.* Athens: University of Georgia School of Law, v. 28, p. 927-991, 2004.

BASSETT, Debra Lyn. The defendant's obligation to ensure adequate representation in class actions. *UMKC Law Review*. Kansas: University of Missouri-Kansas City, v. 74, p. 511-541, 2005-2006.

BEDAQUE, José Roberto dos Santos. Pressupostos processuais e condições da ação. *Revista da Procuradoria Geral do Estado de São Paulo*. São Paulo, v. 35, p. 183-211, 1991.

BEDAQUE, José Roberto dos Santos. *Direito e processo:* influência do direito material sobre o processo. São Paulo: Malheiros, 1995.

BEDAQUE, José Roberto dos Santos. Legitimidade processual e legitimidade política. *In:* SALLES, Carlos Alberto de (org.). *Processo civil e interesse público*. São Paulo: Editora Revista dos Tribunais, 2003. p. 101-112.

BENJAMIN, Antônio Herman V. A citizen action norte-americana e a tutela ambiental. *Revista de Processo*. São Paulo: Editora Revista dos Tribunais, v. 62, p. 61-78, abr./jun. 1991.

BEVILAQUA, Clóvis. *Código Civil dos Estados Unidos do Brasil*. 11. ed. v. 1. São Paulo: Livraria Francisco Alves. 1956.

BLANCH, James T. The constitutionality of the False Claims Act's qui tam provisions. *Harvard Journal of Law & Public Policy*. Cambridge: Harvard Society for Law & Public Policy, v. 16, p. 701-768, 1993.

BLYDENBURGH, Candace A. Class actions: a look at past, present and future trends. *In: Recent trends in class action lawsuits*. Nova York: Thomson Reuters/Aspatore, 2015. p. 55-72.

BOBBIO, Norberto. *Estado, governo e sociedade*. 4. ed. Rio de Janeiro: Paz e Terra, 1987.

BORÓN, Atílio. O pós-neoliberalismo é uma etapa em construção. *In:* SADER, Emir; GENTILI, Pablo. (orgs.). *Pós-neoliberalismo:* as políticas sociais e o Estado democrático. 7. ed. Rio de Janeiro: Paz e Terra, 2007, p. 185-196.

BUENO, Cassio Scarpinella. As class actions norte-americanas e as ações coletivas brasileiras: pontos para uma reflexão conjunta. *Revista de Processo*. São Paulo: Editora Revista dos Tribunais, v. 82, p. 92-151, abr./jun. 1996.

BUENO, Cassio Scarpinella. *Amicus Curiae no processo civil brasileiro:* um terceiro enigmático. 2. ed. São Paulo: Saraiva, 2008.

BURCH, Elizabeth Chamblee. Procedural adequacy. *Texas Law Review*. Austin: University of Texas School of Law, v. 88, p. 1-9, 2010.

BURNS, Jean Wegman. Decorative figureheads: eliminating class representatives in class actions. *The Hastings Law Journal*. São Francisco: UC Hastings College of the Law, v. 42, p. 165-202, 1992.

CAENEGEM, Raoul C. *The birth of the English common law*. 2. ed. Cambridge: Cambridge Press, 1988.

CALDO, Diego Santiago y. O veto ao incidente de coletivização e a chance perdida para solucionar o fenômeno das ações individuais repetitivas. *Revista dos Tribunais*. São Paulo: Editora Revista dos Tribunais, v. 965, p. 37-60, mar. 2016.

CAMERON, Camille; KALAJDZIC, Jasminka; KLEMENT, Alon. Economic enablers. *In:* HENSLER, Deborah R.; HODGES, Christopher; TZANKOVA, Ianika (Ed.). *Class action in context*: how culture, economics and politics shape collective litigation. Northampton: Edward Elgar, 2016. p. 137-169.

CÂNDIA, Eduardo. *Legitimidade ativa na Ação Civil Pública*. Salvador: JusPodivm, 2013.

CÂNDIA, Eduardo. A representação adequada no direito processual civil coletivo brasileiro e o controle judicial em cada caso concreto: uma abordagem de lege lata. In: GRINOVER, Ada Pellegrini *et al*. (coords.). *Processo Coletivo*: do surgimento à atualidade. São Paulo: Editora Revista dos Tribunais, 2014. p. 719-748.

CÂNDIA, Eduardo. *Deficit coletivo na tutela jurídico-coletiva periférica*. Tese de Doutorado. São Paulo: Pontifícia Universidade Católica, 2016.

CAPPELLETTI, Mauro. Vindicating the public interest through the courts: a comparativist's contribution. *Buffalo Law Review*. Buffalo: University of Buffalo Law School, v. 25, p. 643-690, 1975-1976.

CAPPELLETTI, Mauro. Appunti sulla tutela giurisdizionale di interessi collettivi o diffusi. In: *Le azioni a tutela di interessi collettivi*: atti del Convegno di studio (Pavia, 11-12 giugno 1974). Padova: Cedam, 1976. p. 191-222.

CAPPELLETTI, Mauro. Formações sociais e interesses coletivos diante da justiça civil. Trad. Nelson Renato Palaia Ribeiro de Campos. *Revista de Processo*. São Paulo: Editora Revista dos Tribunais, v. 5, p. 128-159, jan./mar. 1977.

CAPPELLETTI, Mauro; GARTH, Bryant. *Acesso à justiça*. Trad. Ellen Gracie Northfleet. Porto Alegre: Sergio Antonio Fabris Editor, 1988.

CAPPELLETTI, Mauro. *The judicial process in comparative perspective*. Oxford: Claredon Press, 1989.

CAPPELLETTI, Mauro. O acesso dos consumidores à justiça. *Revista de Processo*. São Paulo: Editora Revista dos Tribunais, v. 62, p. 205-220, abr./jun. 1991.

CAPPELLETTI, Mauro. Os métodos alternativos de solução de conflitos no quadro no movimento universal de acesso à Justiça. *Revista de Processo*. São Paulo: Editora Revista dos Tribunais, v. 74, p. 82-97, abr.1994.

CAPPELLETTI, Mauro. *O processo civil no direito comparado*. Trad.: Hiltomar Martins Oliveira. Belo Horizonte: Líder, 2001.

CARDOSO, Oscar Valente. O amicus curiae nos juizados especiais federais. *Revista Dialética de Direito Processual*. São Paulo: Dialética, v. 60, p. 102-112, mar. 2008.

CARNEIRO, Paulo Cesar Pinheiro. *O Ministério Público no processo civil e penal*: promotor natural, atribuição e conceito com base na Constituição de 1988. 5. ed. Rio de Janeiro: Forense, 1999.

CARNELUTTI, Francesco. *Instituições do Processo Civil*. Trad.: Adrián Sotero de Witt Batista. São Paulo: Classic Book, 2000. v. II.

CARNELUTTI, Francesco. *As misérias do Processo Penal*. Campinas: Servanda, 2012.

CARUCCI, Anthony J. A functional approach to adequacy of representation. *Journal of legislation*. Notre Dame: University of Notre Dame Law School, v. 40, p. 164-190, 2014.

CHAFFEE JR., Zechariah. *Some problems of equity*. Ann Arbor: University of Michigan Law School, 1950.

CHAYES, Abram. The role of the judge in public law litigation. *Harvard Law Review*. Cambridge: Harvard Law Review Association, v. 89, p. 1281-1316, 1976.

CHIOVENDA, Giuseppe. *Instituições de direito processual civil*. Trad.: J. Guimarães Menegale. 3. ed. São Paulo: Saraiva. v. 1.

CIANCI, Mirna; ALMEIDA, Gregório Assagra de. *Direito processual do controle da constitucionalidade*. São Paulo: Saraiva, 2011.

CINTRA, Antônio Carlos de Araújo; GRINOVER, Ada Pellegrini; DINAMARCO, Cândido Rangel. *Teoria geral do processo*. 31. ed. São Paulo: Malheiros, 2015.

COFFEE JR., John C. Class action accountability: reconciling exit, voice, and loyalty in representative litigation. *Columbia Law Review*. Nova York: Columbia University Press, v. 100, p. 370-439, 2000.

COFFEE JR., John C. When smoke gets in your eyes: myth and reality about the synthesis of private counsel and public client. *DePaul Law Review*. Chicago: DePaul University College of Law, v. 51, p. 241-252, 2002.

COLE, Eva W. The class action mechanism and courts' continued focus on class certification and settlement requirements. *In: Recent trends in class action lawsuits*. Nova York: Thomson Reuters/Aspatore, 2015. p. 115-150.

COMOGLIO, Luigi Paolo. Garanzie minime del giusto processo civile negli ordinamenti ispanolatinoamericani. *Revista de Processo*. São Paulo: Editora Revista dos Tribunais, v. 112, p. 159-176, out./dez. 2003.

COOPER, Edward H. The (cloudy) future of class actions. *Arizona Law Review*. Tucson: University of Arizona James E. Rogers College of Law, v. 40, p. 923-963, 1998.

COSTA, Susana Henriques da. O controle judicial da representatividade adequada: uma análise dos sistemas norte-americano e brasileiro. *In*: SALLES, Carlos Alberto de (org.). *As grandes transformações do processo civil brasileiro*: homenagem ao Professor Kazuo Watanabe. São Paulo: Quartier Latin, 2009. p. 954-978.

COSTA, Susana Henriques da. A representatividade adequada e litisconsórcio – O projeto de Lei n. 5.139/2009. *In*: GOZZOLI, Maria Clara *et al*. (coords.). *Em defesa de um novo sistema de processos coletivos*: Estudos em homenagem a Ada Pellegrini Grinover. São Paulo: Saraiva, 2010. p. 619-642.

COSTA, Susana Henriques da; FRANCISCO, João Eberhardt. Uma hipótese de defendant class action no CPC? O papel do Ministério Público na efetivação do contraditório nas demandas possessórias propostas em face de pessoas desconhecidas. *Revista de Processo*. São Paulo: Editora Revista dos Tribunais, v. 250, p. 315-337, dez. 2015.

CRUMP, David. What really happens during class certification? A primer for the first-time defense attorney. *The review of litigation*. Austin: University of Texas School of Law, v. 10, p. 1-19, 1990-1991.

CRUZ E TUCCI, José Rogério. *Class action e mandado de segurança coletivo*. São Paulo: Saraiva, 1990.

CRUZ E TUCCI, José Rogério. *Limites subjetivos da eficácia da sentença e da coisa julgada civil*. São Paulo: Editora Revista dos Tribunais, 2006.

CRUZ E TUCCI, José Rogério; AZEVEDO, Luiz Carlos de. *Lições de história do processo civil romano*. 2. ed. São Paulo: Editora Revista dos Tribunais, 2013.

CUENCA, Humberto. *Proceso Civil Romano*. Buenos Aires: Ediciones Jurídicas Europa-America, 1957.

CUNHA, Leonardo José Carneiro da. *Interesse de agir na ação declaratória*. Curitiba: Juruá, 2002.

DALL'AGNOL JUNIOR, Antônio Janyr; USTÁRROZ, Daniel; PORTO, Sérgio Gilberto. Afirmação do amicus curiae no direito brasileiro. *In*: DIDIER JR., Fredie; CERQUEIRA, Luis Otávio Sequeira de; CALMON FILHO, Petrônio *et al.* (coords.). *O terceiro no processo civil brasileiro e assuntos correlatos:* Estudos em homenagem ao professor Athos Gusmão Carneiro. São Paulo: Editora Revista dos Tribunais, 2010. p. 113-123.

DANA, David. A. Adequacy of representation after Stephenson: a Rawlsian/behavioral economics approach to class action settlements. *Emory Law Journal*. Atlanta: Emory University School of Law, v. 55, p. 279-346, 2006.

DENTI, Vittorio. Relazione introduttiva. *Studi nelle scienze giuridiche e sociali:* Le azioni a tutela di interessi collettivi. Atti del convegno di studio. Padova: Cedam, v. 17, p. 3-12, jun. 1976.

DENTI, Vittorio. Giustizia e partecipazione nella tutela dei nuovi diritti. *In:* GRINOVER, Ada Pellegrini; DINAMARCO, Cândido Rangel; WATANABE, Kazuo (coords.). *Participação e processo*. São Paulo: Editora Revista dos Tribunais, 1988. p. 11-23.

DIDIER JR., Fredie. O controle jurisdicional da legitimação coletiva e as ações coletivas passivas (o art. 82 do CDC). *In:* MAZZEI, Rodrigo; NOLASCO, Rita Dias (coords.). *Processo civil coletivo*. São Paulo: Quartier Latin, 2005. p. 96-107.

DIDIER JR., Fredie. *Curso de direito processual civil*. 19. ed. Salvador: JusPodivm, 2017. v. 1.

DIDIER JR., Fredie; ZANETI JR., Hermes. *Curso de direito processual civil*. 8. ed. Salvador: JusPodivm, 2013. v. 4.

DINAMARCO, Cândido Rangel. *A reforma da reforma*. São Paulo: Malheiros, 2002.

DINAMARCO, Cândido Rangel. *A instrumentalidade do processo*. 13. ed. São Paulo: Malheiros, 2008.

DINAMARCO, Cândido Rangel. *Litisconsórcio*. 8. ed. São Paulo: Malheiros, 2009.

DINAMARCO, Cândido Rangel. *Instituições de direito processual civil*. 8. ed. São Paulo: Malheiros, 2016. v. I.

DINAMARCO, Cândido Rangel. *Instituições de direito processual civil*. 7. ed. São Paulo: Malheiros, 2017. v. II.

DINAMARCO, Pedro da Silva. *Ação civil pública*. São Paulo: Saraiva, 2001.

DINAMARCO, Pedro da Silva. Comentário ao art. 1º da Lei 4.717/65. *In:* COSTA, Susana Henriques da (coord.). *Comentários à Lei da Ação Civil Pública e lei da ação popular*. São Paulo: Quartier Latin, 2006. p. 30-66.

DOYLE, Charles. *Qui tam:* The False Claims Act and related federal statutes. Washington: BiblioGov, 2009.

EDGAR, Frank A. Missing the boat: the unconstitutionality of the qui tam provisions of the False Claims Act. *Idaho Law Review*. Moscow: University of Idaho College of Law, v. 27, p. 319-346, 1991

ERBSEN, Allan. From "predominance" to "resolvability"? A new approach to regulating class actions. *Vanderbilt Law Review*. Nashville: Vanderbilt University Law School, v. 58, p. 995-1088, 2005.

ESTADOS UNIDOS DA AMÉRICA. *The adequacy of representation in capital cases*. Hearing before the subcommittee on the Constitution of the committee on the Judiciary – United States Senate. Washington: U.S. Government Printing Office, 2008.

FADDA, Carlo. *L'Azione Popolare:* studio di diritto romano ed attuale. Roma: L'erma di Bretschneider, 1972. vol. I.

FENSTERSEIFER, Tiago. *Defensoria pública, direitos fundamentais e ação civil pública*. São Paulo: Saraiva, 2015.

FERRARESI, Eurico. A pessoa física legitimada ativa à ação coletiva. *In:* GRINOVER, Ada Pellegrini; MENDES, Aluisio Gonçalves de Castro; WATANABE, Kazuo (coords.). *Direito processual coletivo e o anteprojeto de Código Brasileiro de Processos Coletivos*. São Paulo: Editora Revista dos Tribunais, 2007. p. 136-143.

FERRAZ, Antônio Augusto Mello de Camargo. Inquérito civil: dez anos de um instrumento de cidadania. *In:* MILARÉ, Édis (coord.). *Ação civil pública*. São Paulo: Editora Revista dos Tribunais, 1995. p. 62-69.

FERRAZ, Antônio Augusto Mello de Camargo. Ação civil pública, inquérito civil e o Ministério Público. *In:* MILARÉ, Édis (coord.). *Ação civil pública:* 15 anos. São Paulo: Editora Revista dos Tribunais, 2001. p. 84-100.

FILOMENO, José Geraldo Brito. Ação coletiva consumerista: origens e evolução. *In:* MILARÉ, Édis (coord.). *Ação civil pública após 30 anos*. São Paulo: Editora Revista dos Tribunais, 2015. p. 461-476.

FISS, Owen. *Um novo processo civil:* estudos norte-americanos sobre jurisdição, Constituição e sociedade. Coord. da tradução Carlos Alberto de Salles. Trad. Daniel Porto Godinho da Silva e Melina de Medeiros Rós. São Paulo: Editora Revista dos Tribunais, 2004.

FITZPATRICK, Brian T. An empirical study of class action settlements and their fee awards. *Journal of empirical legal studies*. Ithaca: Cornell Law School, v. 7, n. 4, p. 811-846, 2010.

FORNACIARI, Flávia Hellmeister Clito. *Representatividade adequada nos processos coletivos*. Tese de Doutorado. São Paulo: Faculdade de Direito da Universidade de São Paulo, 2010.

FREIRE, Rodrigo da Cunha Lima. *Condições da ação:* enfoque sobre o interesse de agir. 3. ed. São Paulo: Editora Revista dos Tribunais, 2005.

FRIEDENTHAL, Jack H.; KANE, Mary Kay; MILLER, Arthur R. *Civil procedure*. 4. ed. Saint Paul: Thomson West, 2005.

GAJARDONI, Fernando da Fonseca. *Comentários à nova Lei de Mandado de Segurança*. São Paulo: Método, 2009.

GAJARDONI, Fernando da Fonseca. O processo coletivo refém do individualismo. *In:* ZANETI JR., Hermes (coord.). *Processo Coletivo*. Salvador: JusPodivm, 2016. p. 133-156.

GALLOTTI, Carolina. Pertinência temática nas ações coletivas. *Revista de Processo*. São Paulo: Editora Revista dos Tribunais, v. 142, p. 168-184, dez. 2006.

GAMBÔA, João Carlos Corsini. *As condições da ação coletiva para defesa de direitos individuais homogêneos* – Comparação com as class actions do direito norte-americano. Dissertação de mestrado. São Paulo: Faculdade de Direito da Universidade de São Paulo, 1999.

GARNER, Bryan A. (editor). *Black's Law Dictionary*. 8. ed. Saint Paul: Thomson West, 2004.

GIDI, Antônio. *Coisa julgada e litispendência em ações coletivas*. São Paulo: Saraiva, 1995.

GIDI, Antônio. A representação adequada nas ações coletivas: uma proposta. *Revista de Processo*. São Paulo: Editora Revista dos Tribunais, v. 108, p. 61-70, out./dez. 2002.

GIDI, Antônio. Class Actions in Brazil: a model for Civil Law countries. *University of Houston Law Center, Public Law and Legal Theory Research Paper Series*. Houston: Houston Law Center RPS, v. 2006-A-11, p. 311-408, 2006.

GIDI, Antônio. *A class action como instrumento de tutela coletiva dos direitos*. São Paulo: Editora Revista dos Tribunais, 2007.

GIDI, Antônio. *Rumo a um Código de Processo Civil coletivo:* a codificação das ações coletivas no Brasil. Rio de Janeiro: Forense, 2008.

GLENN, H. Patrick. *Legal Traditions of the world*. 4. ed. Oxford: Oxford Press, 2010.

GOES, Gisele Santos Fernandes. Amicus curiae e sua função nos processos objetivos. Necessidade de universalização do instituto para outras demandas. *In:* DIDIER JR., Fredie; CERQUEIRA, Luis Otávio Sequeira de; CALMON FILHO, Petrônio; *et al* (coords.). *O terceiro no processo civil brasileiro e assuntos correlatos:* Estudos em homenagem ao professor Athos Gusmão Carneiro. São Paulo: Editora Revista dos Tribunais, 2010. p. 265-276.

GRINOVER, Ada Pellegrini. A problemática dos interesses difusos. *In:* GRINOVER, Ada Pellegrini (coord.). *A tutela dos interesses difusos*. São Paulo: Max Limonad, 1984. p. 29-45.

GRINOVER, Ada Pellegrini. Ações coletivas para a tutela do ambiente e dos consumidores. *Revista de Processo*. São Paulo: Editora Revista dos Tribunais, v. 44, p. 113-128, out./dez. 1986.

GRINOVER, Ada Pellegrini. Assistência judiciária e acesso à justiça. *In:* GRINOVER, Ada Pellegrini. *Novas tendências do direito processual*. 2. ed. Rio de Janeiro: Forense Universitária, 1990. p. 243-251.

GRINOVER, Ada Pellegrini. Uma nova modalidade de legitimação à ação popular. Possibilidade de conexão, continência e litispendência. *In:* MILARÉ, Edis (coord.). *Ação civil pública – Lei 7.347/85:* Reminiscências e reflexões após dez anos de aplicação. São Paulo: Editora Revista dos Tribunais, 1995. p. 23-27.

GRINOVER, Ada Pellegrini. Mandado de segurança coletivo: legitimação, objeto e coisa julgada. *In:* GRINOVER, Ada Pellegrini. *O processo em evolução*. Rio de Janeiro: Forense, 1996. p. 97-106.

GRINOVER, Ada Pellegrini. O novo processo do consumidor. *In:* GRINOVER, Ada Pellegrini. *O processo em evolução*. Rio de Janeiro: Forense, 1996. p. 124-137.

GRINOVER, Ada Pellegrini. A ação civil pública no STJ. *In:* GRINOVER, Ada Pellegrini. *A Marcha do processo*. Rio de Janeiro: Forense Universitária, 2000. p. 24-41.

GRINOVER, Ada Pellegrini. Ações coletivas ibero-americanas: novas questões sobre a legitimação e a coisa julgada. *Revista Forense*. Rio de Janeiro: Forense, v. 361, n. 98, p. 3-12, mai./jun. 2002.

GRINOVER, Ada Pellegrini. A ação civil pública refém do autoritarismo. *In:* GRINOVER, Ada Pellegrini. *O processo* – Estudos & pareceres. São Paulo: DPJ, 2006. p. 236-247.

GRINOVER, Ada Pellegrini. Legitimidade da Defensoria Pública para ação civil pública. *Revista de Processo*. São Paulo: Editora Revista dos Tribunais, v. 165, p. 299-317, nov. 2008.

GRINOVER, Ada Pellegrini. Relatório geral – Civil Law. *In:* GRINOVER, Ada Pellegrini; WATANABE, Kazuo; MULLENIX, Linda. *Os processos coletivos nos países de civil law e common law:* uma análise de direito comparado. São Paulo: Editora Revista dos Tribunais, 2008. p. 17-252.

GRINOVER, Ada Pellegrini. Da class action for damages à ação de classe brasileira: os requisitos de admissibilidade. *In:* GRINOVER, Ada Pellegrini *et al.* (orgs.). *Processo Coletivo:* do surgimento à atualidade. São Paulo: Editora Revista dos Tribunais, 2014. p. 171-186.

GRINOVER, Ada Pellegrini. A tutela jurisdicional dos interesses difusos. *In:* GRINOVER, Ada Pellegrini; *et al.* (orgs.). *Processo Coletivo:* do surgimento à atualidade. São Paulo: Editora Revista dos Tribunais, 2014. p. 39-60.

GRINOVER, Ada Pellegrini. *Ensaio sobre a processualidade:* fundamentos para uma nova teoria do processo. Brasília: Gazeta Jurídica, 2016.

GRINOVER, Ada Pellegrini. Réquiem para a reforma dos processos coletivos. *Revista do Advogado*. São Paulo: Associação dos Advogados de São Paulo, v. 130, p. 9-13, ago. 2016, Ano XXXVI.

GRINOVER, Ada Pellegrini *et al. Código brasileiro de defesa do consumidor:* comentado pelos autores do anteprojeto. 12. ed. Rio de Janeiro: Forense, 2019.

HANDLER, Milton. The Shift from Substantive to Procedural Innovations in Antitrust Suits-The Twenty-Third Annual Antitrust Review. *Columbia Law Review*. Nova York: Columbia University Press, v. 71, p. 1-36, 1971.

HAREL, Alon; STEIN, Alex. Auctioning for loyalty: selecting and monitoring of class counsel. *Yale Law & Policy Review*. New Haven: Yale Law School, v. 22, p. 69-124, 2004.

HAZARD JR., Geoffrey C.; TARUFFO, Michele. *American civil procedure:* an introduction. New Haven: Yale University Press, 1993.

HENSLER, Deborah R. *et al. Class action dilemmas:* pursuing public goals for private gain. Santa Mônica: RAND Institute for Civil Justice, 2000.

HENSLER, Deborah R. The global landscape of collective litigation. *In:* HENSLER, Deborah R.; HODGES, Christopher; TZANKOVA, Ianika. *Class action in context:* how culture, economics and politics shape collective litigation. Northampton: Edward Elgar, 2016. p. 3-19.

HENSLER, Deborah R.; PETERSON, Mark A. Understanding mass personal injury litigation: a socio-legal analysis. *Brooklyn Law Review*.Brooklyn: Brooklyn Law School, v. 59, p. 961-1063, 1993/1994.

ISSACHAROFF, Samuel. Governance and legitimacy in the law of class actions. *The Supreme Court Review*. Chicago: The University of Chicago Press, v. 1999, p. 337-392, 1999.

JOLOWICZ, John Anthony. *On civil procedure*. Cambridge: Cambridge University Press, 2000.

KAHAN, Marcel; SILBERMAN, Linda. Matsushita and beyond: The role of state courts in class actions involving exclusive federal claims. *Supreme Court Review*. Chicago: The University of Chicago Press, v. 1997, p. 219-283, 1997.

KAPLAN, Benjamin. Continuing work of the civil committee: 1966 amendments of the federal rules of civil procedure (I). *Harvard Law Review*. Cambridge: Harvard University Press, v. 81, p. 356-416, 1967.

KAYE, Janice A.; SINEX, Donald F. The financial aspect of adequate representation under Rule 23(a)(4): a prerequisite to class certification? *University of Miami Law Review*. Coral Gables: University of Miami School of Law, v. 31, p. 651-673, 1977.

KLONOFF, Robert H. *Class actions and other multi-party litigation in a nutshell*. Saint Paul: West Group, 1999.

KLONOFF, Robert H. The judiciary's flawed application of Rule 23's "adequacy of representation" requirement. *Michigan State Law Review*. East Lansing: Detroit College of Law, v. 2004, p. 671-702, 2004.

KLONOFF, Robert H; BILICH, Edward K. M.; MALVEAUX, Suzette M. *Class actions and other multiparty litigation:* cases and materials. 2. ed. Saint Paul: Thompson West, 2006.

KONIAK, Susan P. Through the looking glass of ethics and the wrong with rights we find there. *Georgetown Journal of Legal Ethics*. Washington: Georgetown Law, v. 9, p. 1-30, 1995.

LAMY, Eduardo de Avelar; TEMER, Sofia Orberg. A representatividade adequada na tutela de direitos individuais homogêneos. *In:* GRINOVER, Ada Pellegrini *et al.* (orgs.). *Processo Coletivo:* do surgimento à atualidade. São Paulo: Editora Revista dos Tribunais, 2014. p. 911-930.

LATZ, Todd W. Who can tell the futures? Protecting settlement class action members without notice. *Virginia Law Review*. Charlottesville: Virginia Law Review Association, v. 85, p. 531-568, abril 1999.

LEAL, Márcio Flávio Mafra. *Ações Coletivas:* história, teoria e prática. Porto Alegre: Sérgio Antônio Fabris Editor, 1998.

LEAL, Márcio Flávio Mafra. *Ações coletivas*. São Paulo: Editora Revista dos Tribunais, 2014.

LENZA, Pedro. *Teoria Geral da ação civil pública*. 3. ed. São Paulo: Editora Revista dos Tribunais, 2008.

LEONEL, Ricardo de Barros. *Manual do Processo Coletivo*. 2. ed. São Paulo: Editora Revista dos Tribunais, 2011.

LEWANDOWSKI, Enrique Ricardo. Reflexões em torno do princípio republicano. *Revista da Faculdade de Direito da Universidade de São Paulo*. São Paulo: Universidade de São Paulo, v. 100, p. 189-200, 2005.

LIEBMAN, Enrico Tullio. O despacho saneador e o julgamento do mérito. *In:* LIEBMAN, Enrico Tullio. *Estudos sobre o processo civil brasileiro*. São Paulo: Saraiva, 1947.

LIEBMAN, Enrico Tullio. *Manual de Direito Processual Civil*. Trad.: Cândido Rangel Dinamarco. Rio de Janeiro: Forense, 1984. v. I.

LIEBMAN, Enrico Tullio. *Eficácia e autoridade da sentença e outros escritos sobre a coisa julgada*. Trad.: Alfredo Buzaid, Benvindo Aires e Ada Pellegrini Grinover. 4. ed. Rio de Janeiro: Forense, 2006.

LIMA, José Reinaldo de. Justiça e Poder Judiciário ou a virtude confronta a instituição. *Revista USP*. São Paulo: Universidade de São Paulo, Superintendência de Comunicação Social, v. 21, p. 23-33, mar./mai. 1994.

LIPSET, Seymour Martin. *American Excepcionalism:* a double-edged sword. Nova York: W. W. Norton, 1996.

LOVITT, Ara. Fight for your right to litigate: qui tam, article II, and the President. *Stanford Law Review*. Stanford: SLR Press, v. 49, p. 853-886, abr. 1997.

LOWMAN, Michael K. The litigating amicus curiae: when does the party begin after the friends leave? *The American University Law Review*. Washington: Washington College of Law, v. 41, n. 4, p. 1243-1299, out./dez. 1992.

MAIA, Diogo Campos Medina. A ação coletiva passiva: o retrospecto histórico de uma necessidade presente. *In:* GRINOVER, Ada Pellegrini; MENDES, Aluisio Gonçalves de Castro; WATANABE, Kazuo (coords.). *Direito Processual coletivo e o anteprojeto de código brasileiro de Processos Coletivos*. São Paulo: Editora Revista dos Tribunais, 2007. p. 321-344.

MAIA, Maurílio Casas. A legitimidade coletiva da Defensoria Pública para a tutela de segmentos sociais vulneráveis. *Revista de Direito do Consumidor*. São Paulo: Editora Revista dos Tribunais, v. 101, p. 351-383, set./out. 2015.

MANCUSO, Rodolfo de Camargo. Interesses difusos e coletivos. *Revista dos Tribunais*. São Paulo: Editora Revista dos Tribunais, v. 747, p. 67-84, jan. 1998.

MANCUSO, Rodolfo de Camargo. Ação civil pública como instrumento de controle judicial das chamadas políticas públicas. *In:* MILARÉ, Édis (coord.). *Ação Civil Pública – Lei 7.347/85:* 15 anos. São Paulo: Editora Revista dos Tribunais, 2001. p. 707-751.

MANCUSO, Rodolfo de Camargo. *Interesses difusos:* conceito e legitimação para agir. 6. ed. São Paulo: Editora Revista dos Tribunais, 2004.

MANCUSO, Rodolfo de Camargo. *Jurisdição coletiva e coisa julgada*. São Paulo: Editora Revista dos Tribunais, 2007.

MANCUSO, Rodolfo de Camargo. *Ação civil pública*. 13. ed. São Paulo: Editora Revista dos Tribunais, 2014.

MANCUSO, Rodolfo de Camargo. *Ação popular*. 8. ed. São Paulo: Editora Revista dos Tribunais, 2015.

MARCOS, Rui de Figueiredo; MATHIAS, Carlos Fernando; NORONHA, Ibsen. *História do Direito Brasileiro*. Rio de Janeiro: Forense, 2014.

MARCUS, David. Making adequacy more adequate. *Texas Law Review*. Austin: University of Texas School of Law, v. 88, p. 137-147, 2010.

MARTINS, Ives Gandra da Silva. Ação civil pública é veículo processual imprestável para proteção de direitos individuais disponíveis. *Revista dos Tribunais*. São Paulo: Editora Revista dos Tribunais, v. 707, p. 19-32, set. 1994.

MATTOS, Luiz Norton Baptista de. A litispendência e a coisa julgada nas ações coletivas segundo o Código de Defesa do Consumidor e os anteprojetos do Código Brasileiro de Processos Coletivos. *In:* GRINOVER, Ada Pellegrini; MENDES, Aluisio Gonçalves de Castro; WATANABE, Kazuo (coords.). *Direito processual coletivo e o anteprojeto de Código Brasileiro de Processos Coletivos.* São Paulo: Editora Revista dos Tribunais, 2007. p. 194-215.

MAZZILLI, Hugo Nigro. *A defesa dos interesses difusos em juízo.* 18. ed. São Paulo: Saraiva, 2005.

MAZZILLI, Hugo Nigro. O processo coletivo e o Código de Processo Civil de 2015. *In:* ZANETI JR., Hermes (coord.). *Processo Coletivo.* Salvador: JusPodivm, 2016. p. 185-214.

MENDES, Aluisio Gonçalves de Castro. *Ações coletivas e meios de resolução coletiva de conflitos no direito comparado e nacional.* 3. ed. São Paulo: Editora Revista dos Tribunais, 2012.

MENDES, Gilmar Ferreira. *Controle abstrato de constitucionalidade:* ADI, ADC e ADO. São Paulo: Saraiva, 2012.

MINNITI, Cindy Schmitt. The Fundamentals of class action certification. *In: Recent trends in class action lawsuits.* Nova York: Thomson Reuters/Aspatore, 2015. p. 7-26.

MIRRA, Álvaro Luiz Válery. Um estudo sobre a legitimação para agir no direito processual civil: a legitimação ordinária do autor popular. *Revista dos Tribunais.* São Paulo: Editora Revista dos Tribunais, v. 618, p. 34-47, abr. 1987.

MIRRA, Álvaro Luiz Válery. Ação civil pública em defesa do meio ambiente: a representatividade adequada dos entes intermediários legitimados para a causa. *In:* MILARÉ, Edis (coord.). *A ação civil pública após 20 anos:* efetividade e desafios. São Paulo: Editora Revista dos Tribunais, 2005. p. 33-57.

MIRRA, Álvaro Luiz Válery. A legitimidade ativa do Ministério Público para a defesa dos direitos individuais homogêneos. *In:* SALLES, Carlos Alberto de; SILVA, Solange Teles da; NUSDEO, Ana Maria de Oliveira (orgs.). *Processos coletivos e tutela ambiental.* Santos: Leopoldianum, 2006. p. 35-68.

MIRRA, Álvaro Luiz Válery. Associações civis e a defesa dos interesses difusos em juízo: do direito vigente ao projetado. *In:* GRINOVER, Ada Pellegrini; MENDES, Aluisio Gonçalves de Castro; WATANABE, Kazuo. *Direito Processual Coletivo e o anteprojeto de Código Brasileiro de Processos Coletivos.* São Paulo: Editora Revista dos Tribunais, 2007. p. 114-135.

MOREIRA, José Carlos Barbosa. Apontamento para um estudo sistemático da legitimação extraordinária. *In:* MOREIRA, José Carlos Barbosa. *Direito processual civil (ensaios e pareceres).* Rio de Janeiro: Borsoi, 1971. p. 55-65.

MOREIRA, José Carlos Barbosa. Notas sobre o problema da efetividade do processo. *Revista AJURIS.* Porto Alegre: Associação dos Juízes do Rio Grande do Sul, v. 29, p. 77-94, nov. 1983.

MOREIRA, José Carlos Barbosa. O juiz e a prova. *Revista de Processo.* São Paulo: Editora Revista dos Tribunais, v. 35, p. 178-184, jul. 1985.

MOREIRA, José Carlos Barbosa. La iniciativa en la defensa judicial de los intereses difusos y colectivos (un aspecto de la experiencia brasileña). *Revista de Processo.* São Paulo: Editora Revista dos Tribunais, v. 68, p. 55-58, out./dez. 1992.

MOREIRA, José Carlos Barbosa. A ação civil pública e a língua portuguesa. *In:* MILARÉ, Édis. *Ação Civil Pública – Lei 7.347/1985:* 15 anos. São Paulo: Editora Revista dos Tribunais, 2001. p. 304-308.

MOREIRA, José Carlos Barbosa. *Comentários ao Código de Processo Civil.* Rio de Janeiro: Forense, 2003. v. 5.

MOREIRA, José Carlos Barbosa. O futuro da justiça: alguns mitos. *In:* MOREIRA, José Carlos Barbosa. *Temas de Direito Processual.* São Paulo: Saraiva, 2004. Oitava série, p. 1-14.

MOREIRA, José Carlos Barbosa. A ação popular do direito brasileiro como instrumento de tutela jurisdicional dos chamados "interesses difusos". *In:* GRINOVER, Ada Pellegrini *et al.* (orgs.). *Processo Coletivo:* do surgimento à atualidade. São Paulo: Editora Revista dos Tribunais, 2014. p. 25-38.

MOREIRA, José Carlos Barbosa. Tutela jurisdicional dos interesses coletivos ou difusos. *In:* GRINOVER, Ada Pellegrini; *et al* (orgs.). *Processo Coletivo:* do surgimento à atualidade. São Paulo: Editora Revista dos Tribunais, 2014. p. 71-96.

MULHERON, Rachel. *The class action in common law legal systems:* a comparative perspective. Oxford: Hart Publishing, 2004.

MULLENIX, Linda. Taking adequacy seriously: The inadequate assessment of adequacy in litigation and settlement classes. *Vanderbilt Law Review.* Nashville: Vanderbilt University Law School, v. 57, p. 1687-1745, 2004.

MULLENIX, Linda. General Report – Common Law. *In:* GRINOVER, Ada Pellegrini; WATANABE, Kazuo; MULLENIX, Linda. *Os processos coletivos nos países de civil law e common law.* São Paulo: Editora Revista dos Tribunais, 2008. p. 253-300.

NAGAREDA, Richard A. Administering adequacy in class representation. *Texas Law Review.* Austin: University of Texas School of Law, v. 82, p. 287-380, 2003.

NAGAREDA, Richard A. *The law of class actions and other aggregate litigation.* Nova York: Foundation Press, 2009.

NAVARRO, Monica; VEZINA, J. Marc. *What is... qui tam?* Chicago: American Bar Association Press, 2015.

NERY JUNIOR, Nelson. O Ministério Público e as ações coletivas. *In:* MILARÉ, Édis (coord.). *Ação civil pública.* São Paulo: Editora Revista dos Tribunais, 1995. p. 356-366.

NERY JUNIOR, Nelson; NERY, Rosa Maria de Andrade. *Código de Processo Civil comentado e legislação extravagante.* 12. ed. São Paulo: Editora Revista dos Tribunais, 2012.

NERY JUNIOR, Nelson; NERY, Rosa Maria de Andrade. *Leis civis comentadas.* 3. ed. São Paulo: Editora Revista dos Tribunais, 2012.

NEVES, Daniel Amorim Assumpção. *Manual de Processo Coletivo.* 3. ed. Salvador: JusPodivm, 2016.

NOYA, Felipe Silva. *Representatividade e atuação adequada nas ações coletivas.* Rio de Janeiro: Lumen Juris, 2016.

OLIVEIRA, Cláudio Azevêdo da Cruz; MELO, Pedro J. Costa; FERREIRA, Rafael Silva. A intervenção do juiz na adequação do autor coletivo: um passo rumo a efetivação dos direitos fundamentais. *In:* DIDIER JR., Fredie; MOUTA, José Henrique (coords.). *Tutela Jurisdicional Coletiva*. Salvador: JusPodivm, 2008. p. 145-165.

OLIVEIRA, Swarai Cervone de. *Poderes do juiz nas ações coletivas*. São Paulo: Atlas, 2009.

OLIVEIRA JR., Waldemar Mariz de. Tutela jurisdicional dos interesses coletivos. *In:* GRINOVER, Ada Pellegrini (coord.). *A tutela dos interesses difusos*. São Paulo: Max Limonad, 1984. p. 9-28.

PACE, Nicholas M. Group and aggregate litigation in the United States. *The annals of the American academy of political and social science*. Filadélfia: Sage, v. 622, p. 32-40, mar. 2009.

PASSOS, J. J. Calmon de. Democracia, participação e processo. *In:* GRINOVER, Ada Pellegrini; DINAMARCO, Cândido Rangel; WATANABE, Kazuo (coords.). *Participação e processo*. São Paulo: Editora Revista dos Tribunais, 1988. p. 83-98.

PASSOS, J. J. Calmon de. Substituição processual e interesses difusos, coletivos e homogêneos. Vale a pena "pensar" de novo? *Livro de Estudos Jurídicos*. Rio de Janeiro: Instituto de Estudos Jurídicos, v. 6, p. 267-283, 1993.

PISANI, Andrea Proto. Appunti preliminari per uno studio sulla tutela giurisdizionale degli interesse collettivi (o piu esttamente: superindividuali) innanzi al giudice civile ordinaria. *Studi nelle scienze giuridiche e sociali:* Le azioni a tutela di interessi collettivi. Atti del convegno di studio. Padova: Cedam, v. 17, p. 263-286, jun. 1976.

POLIDORA, Roxane A. Changes in the class action landscape: a defense perspective. *In: Recent trends in class action lawsuits*. Nova York: Thomson Reuters/Aspatore, 2015. p. 97-114.

PRÁ, Carlos Gustavo Rodrigues Del. *Amicus Curiae* – Instrumento de participação democrática e de aperfeiçoamento da prestação jurisprudencial. Curitiba: Juruá, 2011.

PUOLI, José Carlos Baptista. Comentários à lei da ação civil pública – art. 1º. *In:* COSTA, Susana Henriques da (coord.). *Comentários à Lei da Ação Civil Pública e lei da ação popular*. São Paulo: Quartier Latin, 2006. p. 316-335.

RATLIFF, Jack. Parens patriae: an overview. *Tulane Law Review*. Nova Orleans: Tulane University Law School, v. 74, p. 1847-1858, 1999-2000.

RÉ, Aluisio Iunes Monti Ruggeri. A defensoria Pública como instrumento de acesso à justiça coletiva: legitimidade ativa e pertinência temática. *Revista de Processo*. São Paulo: Editora Revista dos Tribunais, v. 167, p. 231-249, dez. 2008.

REDISH, Martin H. *Wholesale justice:* constitutional democracy and the problem of class action lawsuit. Stanford: Stanford University Press, 2009.

RIBEIRO, Darcy. *O povo brasileiro*. São Paulo: Schwarcz, 2015.

RODRIGUES, Marcelo Abelha. *Ação civil pública e meio ambiente*. São Paulo: Forense Universitária, 2003.

RODRIGUES, Marcelo Abelha. *Fundamentos da tutela coletiva*. Brasília: Gazeta Jurídica, 2017.

ROQUE, André Vasconcelos. Origens históricas da tutela coletiva: da actio popularis romana às class actions norte-americanas. *Revista de Processo*. São Paulo: Editora Revista dos Tribunais, v. 188, p. 101-146, out. 2010.

ROQUE, André Vasconcelos. *Class actions – Ações coletivas nos Estados Unidos:* o que podemos aprender com eles? Salvador: JusPodivm, 2013.

RUBENSTEIN, William. Why enable litigation? A positive externalities theory of the small claims class action. *UMKC Law Review*. Kansas: University of Missouri-Kansas City School of Law, v. 74, p. 1-22, 2006.

RUBENSTEIN, William; CONTE, Alba; NEWBERG, Herbert H. *Newberg on class actions*. 5. ed. Saint Paul: Thomson Reuters, 2011. v. 1.

RUBENSTEIN, William; CONTE, Alba; NEWBERG, Herbert H. *Newberg on Class Actions*. 5. ed. Saint Paul: Thomson Reuters, 2012. v. 2.

SACCO, Rodolfo. *Introdução ao Direito Comparado*. Trad.: Véra Jacob de Fradera. São Paulo: Editora Revista dos Tribunais, 2001.

SALLES, Carlos Alberto de. A proteção judicial de interesses difusos e coletivos: funções e significados. In: SALLES, Carlos Alberto de (org.). *Processo civil e interesse público*. São Paulo: Editora Revista dos Tribunais, 2003. p. 131-138.

SALLES, Carlos Alberto de. Políticas públicas e legitimidade para defesa de interesses difusos e coletivos. *Revista de Processo*. São Paulo: Editora Revista dos Tribunais, v. 121, p. 38-50, mar. 2006.

SALLES, Carlos Alberto de. Class actions: algumas premissas para comparação. In: GRINOVER, Ada Pellegrini et al. (orgs.). *Processo Coletivo:* do surgimento à atualidade. São Paulo: Editora Revista dos Tribunais, 2014. p. 239-256.

SANTOS, Boaventura de Sousa. *Pela mão de Alice:* o social e o político na pós-modernidade. 7. ed. Porto: Edições Afrontamento, 1999.

SANTOS, Boaventura de Sousa. *Para uma revolução democrática da Justiça*. 2. ed. São Paulo: Cortez, 2008.

SCIALOJA, Vittorio. *Procedimiento civil romano*. Trad.: Santiago Sentis Melendo e Marino Ayerra Redin. Buenos Aires: Ediciones Jurídicas Europa-América, 1953.

SHIMURA, Sérgio Seiji. *Tutela coletiva e sua efetividade*. São Paulo: Método, 2006.

SILVA, José Afonso da. *Curso de Direito Constitucional Positivo*. 19. ed. São Paulo: Malheiros, 2001.

SILVA, José Afonso da. *Ação popular constitucional:* doutrina e processo. 2. ed. São Paulo: Malheiros, 2007.

SILVA, José Afonso da. *Comentário contextual à Constituição*. 3. ed. São Paulo: Malheiros, 2007.

SILVA, Ovídio Batista da. Democracia moderna e processo civil. In: GRINOVER, Ada Pellegrini; DINAMARCO, Cândido Rangel; WATANABE, Kazuo (coords.). *Participação e processo*. São Paulo: Editora Revista dos Tribunais, 1988. p. 98-113.

SILVER, Charles; BAKER, Lynn. I cut, you choose: the role of plaintiffs' counsel in allocating settlement proceeds. *Virginia Law Review*. Charlottesville: Virginia Law Review Association, v. 84, p. 1465-1540, 1998.

SILVESTRI, Elisabeta. L'amicus curiae: uno strumento per la tutela degli interessi non rappresentati. *Rivista Trimestrale di Diritto e Procedura Civile*. Milão: Giuffrè, v. 3, p. 679-698, set. 1997, ano LI.

STRECK, Lênio. *Legal opinion:* ADI 3943 – A pertinência dos embargos para declaração sobre a necessidade (ou não) da comprovação de hipossuficiência e a explicitação acerca do conceito de carência de recursos. *Consultor Jurídico*. Disponível em: http://s.conjur.com.br/dl/streck-defensor-debatem-competencia1.pdf. Acesso em: 20 fev. 2022.

TALAMINI, Eduardo. A dimensão coletiva dos direitos individuais homogêneos: ações coletivas e os mecanismos previstos no Código de Processo Civil. *In*: ZANETI JR., Hermes (coord.). *Processo Coletivo*. Salvador: JusPodivm, 2016. p. 109-132.

TALAMINI, Eduardo. *Amicus Curiae no CPC/15*. Migalhas, [s. l.], 1º mar. 2016. Migalhas de Peso. Disponível em: http://www.migalhas.com.br/dePeso/16,MI234923,71043-Amicus+curiae+no+CPC15. Acesso em: 20 fev. 2022.

TARTUCE, Fernanda. *Igualdade e vulnerabilidade no Processo Civil*. Rio de Janeiro: Forense, 2012.

TARUFFO, Michele. Observações sobre os modelos processuais de civil law e de common law. Trad.: José Carlos Barbosa Moreira. *Revista de Processo*. São Paulo: Editora Revista dos Tribunais, v. 110, p. 141-158, abr./jun. 2003.

TAVARES, Osvaldo Hamilton. A CVM como amicus curiae. *Revista dos Tribunais*. São Paulo: Editora Revista dos Tribunais, v. 690, p. 286-287, abr. 1993.

THEODORO JR., Humberto. *Curso de Direito Processual Civil*. 52. ed. Rio de Janeiro: Forense, 2011. v. 1.

TIDMARSH, Jay. Rethinking adequacy of representation. *Texas Law Review*. Austin: University of Texas School of Law, v. 87, p. 1137-1203, 2009.

TOCQUEVILLE, Alexis de. *A democracia na América*. Trad. Neil Ribeiro da Silva. 3. ed. Belo Horizonte: Itatiaia, 1987.

TUCCI, Rogério Lauria. Ação civil pública: abusiva utilização pelo Ministério Público e distorção pelo Poder Judiciário. *Revista dos Tribunais*. São Paulo: Editora Revista dos Tribunais, v. 802, p. 27-53, ago. 2002.

VENTURI, Elton. *Processo Civil Coletivo*. São Paulo: Malheiros, 2007.

VERNER JR., Jimmy L. Numerosity and Federal Rule 23: How many is too many? *UMKC Law Review*. Kansas: University of Missouri-Kansas City School of Law, v. 49, p. 312-319, 1980-1981.

VIGLIAR, José Marcelo Menezes. *Interesses difusos, coletivos e individuais homogêneos*. Salvador: JusPodivm, 2005.

VIGORITI, Vincenzo. *Interessi collettivi e processo*: la legittimazione ad agire. Milão: Giuffrè, 1979.

VIOLIN, Jordão. *Ação coletiva passiva*. Salvador: JusPodivm, 2008.

VIOLIN, Jordão. *Protagonismo Judiciário e processo coletivo estrutural*: o controle jurisdicional de decisões políticas. Salvador: JusPodivm, 2012.

VITORELLI, Edilson. *O devido processo legal coletivo*. São Paulo: Editora Revista dos Tribunais, 2016.

WALD, Arnoldo. Usos e abusos da ação civil pública: análise de sua patologia. *Revista AJURIS*. Porto Alegre: Associação dos Juízes do Rio Grande do Sul, v. 61, p. 75-98, jul. 1994.

WAMBIER, Luiz Rodrigues; WAMBIER, Teresa Arruda Alvim; MEDINA, José Miguel Garcia. *Breves Comentários à nova sistemática processual civil*. São Paulo: Revista dos Tribunais, 2007.

WATANABE, Kazuo. Acesso à justiça e sociedade moderna. *In:* GRINOVER, Ada Pellegrini; DINAMARCO, Cândido Rangel; WATANABE, Kazuo. *Participação e processo*. São Paulo: Editora Revista dos Tribunais, 1988. p. 128-135.

WATANABE, Kazuo. Demandas Coletivas e os problemas emergentes da práxis forense. *Revista de Processo*. São Paulo: Editora Revista dos Tribunais, v. 67, p. 15-25, jul./set. 1992.

WATANABE, Kazuo. *Da cognição no processo civil*. 3. ed. São Paulo: DPJ, 2005.

WATANABE, Kazuo. Relação entre demanda coletiva e demandas individuais. *In:* GRINOVER, Ada Pellegrini; WATANABE, Kazuo; MENDES, Aluisio Gonçalves de Castro (Coords.). *Direito processual coletivo e o anteprojeto de Código Brasileiro de Processos Coletivos*. São Paulo: Editora Revista dos Tribunais, 2007. p. 156-160.

WATANABE, Kazuo. Tutela jurisdicional dos interesses difusos: a legitimação para agir. *In:* GRINOVER, Ada Pellegrini *et al.* (orgs.). *Processo Coletivo:* do surgimento à atualidade. São Paulo: Editora Revista dos Tribunais, 2014. p. 61-70.

WESTBY, Sarah. Associations to the Rescue: Reviving the Consumer Class Action in the United States and Italy. *Transational Law and Contemporary Problems Law Review*. Iowa: The University of Iowa College of Law, v. 20-1, p. 157-196, mai. 2011.

WILLGING, Thomas E.; HOOPER, Laural L.; NIEMIC, Robert J. An empirical analysis of Rule 23 to address the rulemaking challenges. *New York University Law Review*. Nova York: New York University School of Law, v. 71, p. 74-185, abr./mai. 1996.

WOLFSON, Barry M. Defendant class actions. *Ohio State Law Journal*. Columbus: Ohio State Law – Moritz College of Law, v. 38, p. 459-497, 1977.

WOOLLEY, Patrick. The availability of collateral attack for inadequate representation in class suits. *Texas Law Review*. Austin: University of Texas School of Law, v. 79, p. 383-446, 2000-2001.

WOOLLEY, Patrick. Collateral attack and the role of adequate representation in class suits for money damages. *Kansas Law Review*. Lawrence: University of Kansas School of Law, v. 58, p 917-977, 2010.

WRIGHT, Charles A.; MILLER, Arthur R.; KANE, Mary K. *Federal Practice and Procedure*. 3. ed. Nova York: Thomson/West, 2005. v. 7A e 7B.

YEAZELL, Stephen C. Group litigation and social context: toward a history of the class action. *Columbia Law Review*. Nova York: Columbia University Press, v. 77, p. 866-896, 1977.

YEAZELL, Stephen C. From group litigation to class action part 1: The industrialization of group litigation. *UCLA Law Review*. Los Angeles: UCLA Press, v. 27, p. 515-564, 1979-1980.

YEAZELL, Stephen C. From group litigation to class action part 2: Interest, class, and representation. *UCLA Law Review*. Los Angeles: UCLA Press, v. 27, p. 1067-1121, 1979-1980.

YEAZELL, Stephen C. *From medieval group litigation to the modern class action*. New Haven: Yale University Press, 1987.

YEAZELL, Stephen C. *Civil Procedure*. 8. ed. Nova York: Wolters Kluwer, 2012.

ZANETI JR., Hermes. A tutela dos direitos coletivos deve ser preservada no Novo Código de Processo Civil: o modelo combinado de remédios e direitos como garantia de tutela. *In:* ZANETI JR., Hermes (coord.). *Processo Coletivo.* Salvador: JusPodivm, 2016. p. 23-48.

ZANETI JR., Hermes; FERREIRA, Carlos Frederico Bastos; ALVES, Gustavo Silva. A ratio decidendi do precedente STF/RE 573.232/SC: substituição processual v. representação processual. Desnecessidade de autorização assemblear nas ações coletivas em defesa ao consumidor. *Revista de Direito do Consumidor.* São Paulo: Editora Revista dos Tribunais, v. 108, p. 161-187, nov./dez. 2016.

ZAVASCKI, Teori Albino. Reforma do sistema processual civil brasileiro e reclassificação da tutela jurisdicional. *Revista de Processo.* São Paulo: Editora Revista dos Tribunais, v. 88, p. 173-178, out./dez. 1997.

ZAVASCKI, Teori Albino. *Processo Coletivo:* tutela dos direitos coletivos e tutela coletiva de direitos. 7. ed. São Paulo: Editora Revista dos Tribunais, 2017.

ZUFELATO, Camilo. Ação coletiva passiva no direito brasileiro: necessidade de regulamentação legal. *In:* GOZZOLI, Maria Clara *et al.* (coords.). *Em defesa de um novo sistema de processos coletivos:* Estudos em homenagem a Ada Pellegrini Grinover. São Paulo: Saraiva, 2010. p. 89-142.

ZUFELATO, Camilo. *Coisa julgada coletiva.* São Paulo: Saraiva, 2011.

ZUFELATO, Camilo. O caso "rolezinho" como ação coletiva passiva e a intervenção da Defensoria Pública para garantir representatividade adequada do grupo. *Revista de Processo.* São Paulo: Editora Revista dos Tribunais, v. 253, p. 273-298, mar. 2016.

Esta obra foi composta em fonte Palatino Linotype, corpo 10
e impressa em papel Pólen Bold 70g (miolo) e Supremo 250g (capa)
pela Gráfica Formato.